国家汉办规划教材
北大版专项汉语教材·汉字教程系列

简明实用汉字学

·第三版·

李大遂　编著

北京大学出版社
PEKING UNIVERSITY PRESS

图书在版编目(CIP)数据

简明实用汉字学/李大遂编著. —3 版. —北京：北京大学出版社，2013.3

(北大版专项汉语教材·汉字教程系列)

ISBN 978-7-301-21958-4

Ⅰ. 简… Ⅱ. 李… Ⅲ. 汉字—文字学—对外汉语教学—教材 Ⅳ. H195.4

中国版本图书馆 CIP 数据核字(2013)第 01243 号

书　　　名：	简明实用汉字学(第三版)
著作责任者：	李大遂　编著
责 任 编 辑：	杜若明
标 准 书 号：	ISBN 978-7-301-21958-4/H · 3232
出 版 发 行：	北京大学出版社
地　　　址：	北京市海淀区成府路 205 号　100871
网　　　址：	http://www.pup.cn　　新浪官方微博：@北京大学出版社
电 子 信 箱：	zpup@pup.pku.edu.cn
电　　　话：	邮购部 62752015　发行部 62750672　编辑部 62753374
	出版部 62754962
印　刷　者：	北京大学印刷厂
经　销　者：	新华书店
	890 毫米×1240 毫米　A5　13.125 印张　400 千字
	1993 年 10 月第 1 版
	2013 年 3 月第 3 版　2015 年 8 月第 2 次印刷
定　　　价：	39.00 元

未经许可，不得以任何方式复制或抄袭本书之部分或全部内容。

版权所有，侵权必究

举报电话：010－62752024　　电子信箱：fd@pup.pku.edu.cn

英文简介

This book aims to expound the basic knowledge of **Chinese character studies** succinctly and systematically, teach the methods of studying Chinese characters, offer learning materials about the studies, and introduce various knowledge on the Chinese character art and its academic development. As a theoretical and practical treatise on **Chinese character studies**, it is targeted at foreigners learning Chinese and their Chinese teachers as main readers. It also explains the profound ideas in simple terms but idiomatic Chinese with accurate English annotations.

第三版前言

《简明实用汉字学》作为第一本贯通古今的通论型对外汉字教材,自1993年出版以后,因其理论与实用并重,系统全面,深入浅出,在国内外汉语教学界产生了一定影响。有的院校将本书定为留学生教材,有的院校定为对外汉语教学本科、硕士研究生、汉语教师培训班的教材或主要参考书。有国外读者来信,在赞扬的同时,诚恳建议出版本书的英文本或中英文对照本;有学者将全书翻译为韩文,在韩国出版了韩文版;有学者表示,有条件的话要将本书翻译为德文、日文;有的读者来信请求允许他使用母语翻译本书部分章节,挂在自己大学的网上,供初学汉语同学下载学习。《简明实用汉字学》不仅在对外汉语教学领域有一定影响,也受到国内汉语言文字学领域学者的重视,有的大学中文系将其指定为文字学(汉字学)教材或参考书,读者范围进一步扩大。由于读者对本书具有持续稳定的需求,继2003年出版修订本之后,又得到出版第三版机会。

第三版是增订本,新增的主要内容,是作者近一二十年间对汉字系统性进行研究的成果。第五章"汉字的结构"几乎全部重写,着重探讨了汉字的内部结构以及由此产生的汉字理据、汉字字族和汉字的系统性。其他各章也根据新资料,做了必要的增改,其中第十五章"汉字的教学"增改幅度较大。

第三版还增加了《中国历史纪年简表》、《现代常用汉字文字学分类表》、《常用汉字义系字族表》、《常用汉字音系字族表》、《常见书法用品》和《常见书法样式举例》等附录。其中,《现代常用汉字文字学分类表》运用六书理论对现代常用汉字进行明确归类定位,可为汉字理据教学提供参考。《常用汉字义系字族表》、《常用汉字音系字族表》是1993年度国家哲学社会科学基金项目后续成果,多年用于教学,能有效帮助学习者以偏旁为纲系统学习汉字。在增订的同时,删去了现在看来意义不大的《生词索引》。

希望第三版有助于汉字进一步走向世界,有助于读者特别是外国朋友对汉字有更科学更深入的认识。也希望继续得到海内外读者和专家指正。

诚挚感谢北京大学出版社为出版《简明实用汉字学》第三版所做的一切。

作者

2012年10月于北京西山庭院

初版序

汉字以其独特的结构方式吸引了古今无数学者以毕生的精力去研究它。在过去"敬惜字纸"的时代,汉字处于不可侵犯的神圣地位,研究的内容主要只限于解析字形和追溯历史。近百年来,汉字的神圣地位逐渐动摇,到了五四时期,一下子从天上掉到地下,变成了被一些进步学者批判和诅咒的对象,当时的一些言论虽然未免偏激,但彻底打垮了过去对汉字的迷信,大大扩大了研究汉字的视野,功劳是不可磨灭的。自那时起,汉字的优劣和功过始终是引起广泛兴趣的问题,七十多年来,经过几次颇动感情的讨论和辩论,直到现在也还没有能得出比较一致的意见。目前迫切需要的是用现代化手段研究汉字,从语言学、心理学、社会学、教育学各个角度研究汉字,在比较全面地、科学地认识汉字以后,才有可能逐渐取得统一的认识。汉字的研究正在逐步成为一门跨学科的学问,今天非常需要一本能供各学科研究汉字时参考的全面介绍汉字各方面特点的入门书。

近十几年来,对外汉语教学蓬勃发展,各种教材如雨后春笋纷纷出版,其中有一些以介绍中国国情和文化为主,各有特色,可是惟独少见系统介绍汉字的,这不能不令人感到遗憾。汉字最能反映中国文化特色,是外国朋友学习汉语必须过的一道难关。在听说读写中,读和写的对象都是汉字。外国朋友初接触汉字,往往有一种畏难情绪,熟悉汉字以后,又容易产生一种神秘感,觉得汉字结构如此复杂,简直是不可思议的。汉字的艺术性更往往使一些外国朋友赞叹倾倒。为了帮助他们科学地了解汉字,今天也非常需要一本向外国朋友系统地介绍汉字特点的教材。

李大遂君的《简明实用汉字学》正能够同时满足以上所说的两种需要。李君在北京师范大学中文系读硕士研究生时就专攻文字学,毕业后到北京大学对外汉语教学中心工作,经常向外国学生讲授汉字方面的知识,很了解外国学生的需要。作者的初衷,正如本书前言里所说,主要是为了满足对外汉语教学的需要。但在我读过全书的校稿之后,觉得本书在客观上所能起的作用并不止于此。全书写得深入浅出,相当全面系统地介绍汉字各方面的知识,对所有关心汉字、想研究汉字的人都是一本很好的入门书,因此我不但愿意把它推荐给已有一定汉语基础的外国朋友和对外汉语教学工作者,也愿意把它推荐给一切关心汉字、想研究汉字的朋友。

林　焘

1992年8月于北京大学燕南园

初版前言

汉字是记录汉语的书写符号体系。要学习汉语,就得学习汉字;要学好汉语,就得尽可能系统熟练地掌握大量汉字。一般来说,一个人对汉字掌握的程度如何,是这个人汉语水平高低的重要标志。由于汉字数量多,形体、读音、意义也很复杂,学习起来会有许多困难。因此,学习汉字被看成是学习汉语必须通过的难关。

汉字虽然难学,但有内在的科学性。只要充分了解汉字的特点和规律,并且掌握一套较为科学的学习方法,就可以大大减轻学习的难度,提高学习的效率。目前,对外汉语教学中的汉字教学内容还相当薄弱,在一定程度上影响学生汉语水平的提高。因此,急需为他们增设或补足系统汉字知识这一课。学生需要一本帮助他们科学系统地学习汉字的教材,对外汉语教学教师需要一本汉字教学的参考书。本书主要是为满足这种需要而编写的。同时也希望对其他方面的读者有所帮助。

本书理论性与实用性并重,简要而系统地讲解汉字的基本理论知识,教授汉字学习的方法,提供汉字学习必要的资料,还介绍汉字艺术以及汉字研究概况等方面的知识。通过本书,读者能对汉字有全方位的、较深层次的认识和理解。有了这种认识和理解,不仅可以促进眼前的汉语学习更上一层楼,也为日后的汉语学习准备下无穷的后劲。

本书讲述力求深入浅出,通俗易懂。为进一步减轻阅读困难,较生僻或专业性较强的词语用"～～～～"标出,在每节之后依出现顺序列出生词表,加英文翻译,书后有"生词索引";国名、朝代名、地名、人名等专名用"————"标出。

汉字学是一门专业性、理论性很强的科学。要把汉字学的基本理论知识简单明了地讲授给外国读者,并且突出实用性,帮助他们系统学习掌握汉字，难度很大。作者编写本书是一次大胆的尝试，加之本人水平有限，疏漏不当之处，恳请读者和海内外专家指正。

本书编写过程中，参考吸收了前辈及当代汉字学家的许多研究成果，未能一一注明，敬祈原谅。

作为国家对外汉语教学科研项目，本书的编写，得到国家对外汉语教学领导小组和北京大学对外汉语教学中心领导的大力支持。林焘先生审阅了全书并为本书作序。胡双宝先生作为本书的审稿人之一和责任编辑，对本书定稿出版，帮助尤多。王谛同志承担了全书生词的英译。在此，谨向各位表示诚挚的感谢。

作　者

1992年3月于北大

目 录

第三版前言 ··· 1
初版序 ··· 1
初版前言 ··· 1

第一章　关于汉字评价的几个问题 ····························· 1
　第一节　汉字的性质 ······································· 1
　第二节　汉字的优点 ······································· 5
　第三节　汉字的缺点 ······································ 11
　第四节　汉字的遭遇与前途 ································ 15

第二章　汉字的起源、形成和发展 ···························· 18
　第一节　汉字起源和初步形成的时间 ························ 18
　第二节　汉字是怎样产生的 ································ 24
　第三节　汉字发展概况 ···································· 30
　※附录一　中国历史纪年简表 ······························ 35

第三章　汉字的字体 ·· 36
　第一节　汉字字体概况 ···································· 36
　第二节　甲骨文、金文 ···································· 39
　第三节　大篆、六国文字、小篆 ···························· 44
　第四节　隶书 ·· 50
　第五节　楷书 ·· 55
　第六节　草书、行书 ······································ 64

第四章　汉字的造字方法 ················ 74
第一节　六书概说 ····················· 74
第二节　象形和指事 ··················· 76
第三节　会意 ························· 79
第四节　假借 ························· 83
第五节　转注 ························· 89
第六节　形声 ························· 96
※附录二　现代常用汉字文字学分类表········ 100

第五章　汉字的结构 ···················· 107
第一节　汉字的结构单位 ················ 107
※附录三　汉字笔画名称表··············· 113
※附录四　部分汉字偏旁名称表············ 114
第二节　汉字结构单位之间的关系
　　　　——汉字的外部结构关系与内部结构关系········ 121
第三节　汉字的理据 ···················· 125
第四节　汉字的字族(上)
　　　　——字族、构形偏旁与形系字族 ·········· 131
第五节　汉字的字族(中)
　　　　——表义偏旁与义系字族············· 134
※附录五　常用汉字义系字族表············ 140
第六节　汉字的字族(下)
　　　　——表音偏旁与音系字族············· 163
※附录六　常用汉字音系字族表············ 168

第六章　汉字的读音···················· 191
第一节　一字一音节与一音节多字·········· 191
※附录七　常用易混同音字表············· 193
第二节　一字多音····················· 199
※附录八　常用多音字表················· 203
第三节　转注字、形声字的读音············ 211

第四节　汉字的声调……………………………………… 215
第五节　汉字读音的音变………………………………… 219

第七章　汉字的意义……………………………………………… 225
　　第一节　汉字一字一义特点……………………………… 225
　　第二节　汉字一字多义现象……………………………… 230
　　第三节　字义的发展演变………………………………… 233
　　第四节　字形与字义的关系……………………………… 237

第八章　汉字的书写……………………………………………… 241
　　第一节　汉字书写的基本要求和基本笔画的写法……… 241
　　第二节　汉字的笔顺……………………………………… 243
　　第三节　汉字的行款和汉字的手写体…………………… 245
　　第四节　努力消灭错别字………………………………… 247
　　※附录九　汉字形近偏旁表……………………………… 250

第九章　汉字艺术………………………………………………… 262
　　第一节　书法……………………………………………… 262
　　※附录十　常见书法用品………………………………… 269
　　※附录十一　常见书法样式……………………………… 271
　　第二节　篆刻……………………………………………… 273
　　※附录十二　古今篆刻作品举例………………………… 277
　　第三节　美术字…………………………………………… 283
　　※附录十三　常见美术字举例…………………………… 286

第十章　汉字的注音……………………………………………… 290
　　第一节　历史上使用过的几种注音方法………………… 290
　　第二节　汉语拼音方案…………………………………… 294

第十一章　汉字的简化和整理…………………………………… 300
　　第一节　20世纪的汉字简化运动………………………… 300
　　第二节　汉字简化工作的方针和方法…………………… 303

※附录十四 《简化字总表》第一表、第二表
（1986 年版）…………………………………………… 306
※附录十五 偏旁类推简化字例………………………… 312

第十二章 学汉字常用工具书及其排检方法………… 315
第一节 学汉字常用工具书简介…………………………… 315
第二节 汉字排检法………………………………………… 323

第十三章 汉字信息处理……………………………… 332

第十四章 汉字的研究………………………………… 336
第一节 中国古代的汉字研究（上）……………………… 336
第二节 中国古代的汉字研究（下）……………………… 341
第三节 20 世纪以来的汉字研究（上）
——普通汉字学……………………………… 346
第四节 20 世纪以来的汉字研究（中）
——古文字学………………………………… 352
第五节 20 世纪以来的汉字研究（下）
——现代汉字学……………………………… 357

第十五章 汉字的教学………………………………… 366
第一节 中国传统汉字教学………………………………… 366
第二节 对外汉字教学发展简况…………………………… 369
第三节 对外汉字教学研究主要成果……………………… 377
第四节 关系对外汉字教学全局的几个问题……………… 385

主要参考书目……………………………………………… 399
修订本后记………………………………………………… 401
第三版后记………………………………………………… 402

第一章 关于汉字评价的几个问题

第一节 汉字的性质

历史上关于汉字性质的讨论

文字是记录语言的符号体系,它通过视觉所能感知的形式来记录语言,从而把语言信息送到远方,传给后人。这是一切文字共有的性质。世界上的文字种类很多,有的文字学家根据它们表达方法的不同,将世界上的文字划分为两大类:表意文字、表音文字(又称拼音文字);有的文字学家根据它们记录语言或语音单位的不同,划分为三大类:词文字、音节文字、音素文字(又称音位文字)。

从比较文字学的角度来看,汉字与古埃及的圣书字和古代两河流域的楔形文字是同类型的文字。近代研究比较文字学的学者,起初把这种类型的文字称为表意文字。但这种类型的文字都含有大量表音的成分,把它们简单地称为表意文字显然是不妥当的。到 20 世纪 40 年代,有人又提出了"过渡文字"(指由表意向表音过渡的文字)的说法。但是,把汉字等有几千年历史的成熟的文字体系称为过渡文字,显然也不妥当。进入 50 年代以后,"表意文字"的名称继续广泛使用,一些人则接受布龙菲尔德(L. Bloomfield)的"词文字"、I. Gelb 的"词-音节文字"以及其他人提出的"音节-表意文字"等说法。1957 年,周有光提出"意音文字"说,很快为较多的人接受。在近年来开展的关于汉字性质问题的讨论中,一些学者从文字、词汇、语法的整体系列考虑,倾向于接受赵元任于 1959 年提出的"语素文字"说。1981 年,叶蜚声、徐通锵提出"语素-音节文字"说。还有些人认为,确定汉字的性质,可以有不同的标准、不同的角度。

关于汉字性质问题的讨论,虽然还没有得出一个比较一致的结论,但无疑大大深化了人们对汉字性质的认识。值得指出的是,不少学者从不同角度、不同侧面研究探讨汉字的性质,为我们较为全面正确地认识汉字的性质准备了条件。

如何认识汉字的性质

确定一种文字的性质应该根据这种文字所记录的语言单位及其表达语言的方法。此外,同一种文字的性质,在其发展过程中也会发生变化,不同时期可能会有所不同,应根据具体情况加以区别。从汉字记录的语言单位来看,它是语素－音节文字,这一点古今汉字是相同的。所谓语素,是语言中音义结合的最小单位。汉语的语素主要包括单音节词和单音节词素,国外的语言学家称之为"词－词素"。所谓音节,是语音中最小的结构单位,也是听觉上能够自然辨认出来的最小的语音单位。汉字体系中90%以上的字记录的是汉语的一个语素,几乎百分之百的字记录的是汉语语音中的一个音节。("廿"本读niàn,但实际生活中读作"二十",这是汉字中极罕见的。)如"水"这个字,记录的是汉语语音中"shuǐ"这个音节,它既记录汉语单音节词"水",也在"水管"、"水银"、"水池"、"水分"、"水饺"、"水龙头"、"矿泉水"、"汽水"、"墨水"、"露水"、"降水"、"洪水"等复音词中记录词素"水",记录的都是汉语的一个语素。

不过,这里有一点需要说明,汉字表音节与音节文字的字母不同,同一个音节往往要写成不同的汉字。如"yú"这个音节,常用的汉字就有"鱼"、"渔"、"于"、"余"、"逾"、"榆"、"愉"、"娱"等。

从表达语言的方法看,古代汉字和近现代汉字有所不同。秦代小篆以前的古代汉字是表意文字,汉代隶书以后的近现代汉字是表意兼表音的文字。

在古汉字阶段,象形字、指事字、会意字(象形字、指事字、会意字以及下文所说的假借字、通假字、转注字、形声字的定义,请参阅第四章)是汉字家族的主要成员。它们的字形结构当中没有表音的成分,完全以形表意。具有表音成分的转注字、形声字,虽然也在逐步发展,并占有一定比例,但从表达效果看,还是表意成分多一些。即使是纯粹表音的假借字、通假字,也还披着象形的外衣。因此,古代汉字是以表意为主要特点的文字体系,是表意文字。

　　隶书以后的汉字,从形体上已经脱离了象形色彩,彻底地符号化了。值得注意的是,这个阶段的汉字,在保持表意特点的同时,表音成分大大增加。一方面,纯粹表音的假借字、通假字还在普遍使用,另一方面,转注字、形声字大幅度增长。转注字、形声字在秦代大约只占汉字总数的50%,到了汉代,猛增至80%,发展到现代,这两种类型的字在汉字中的比例接近90%。转注字的字首,在造字时虽不是专为表音而设,但客观上起到了表音作用;而形声字的声旁则纯粹是为了表音而设的。也就是说,现在接近90%的汉字,都有起表音作用的偏旁。这些事实说明,在确定近现代汉字性质时,肯定汉字的表意性而否认其表音性,或者肯定汉字的表音性而否认其表意性,都是不符合汉字实际的。应该说,现代汉字是表意兼表音的文字体系,可以简称为意音文字。

　　以上我们分别从汉字记录语言的单位和表达语言的方法两方面做了一些分析。把两方面分析的结果综合起来,应该称汉字是表意兼表音的语素——音节文字。在强调汉字记录语言的单位或表达语言方法时,也可以简称为语素文字或意音文字。

生　　词

体系	tǐxì	(名)	system
信息	xìnxī	(名)	information; message
音节	yīnjié	(名)	syllable
音素	yīnsù	(名)	phoneme
比较文字学	bǐjiào wénzìxué		comparative graphology
圣书字	shèngshūzì	(名)	hieroglyphics
楔形文字	xiēxíng wénzì		cuneiform (characters); sphenogram
类型	lèixíng	(名)	type; kind; category
妥当	tuǒdàng	(形)	appropriate; proper
过渡	guòdù	(名)	interim; transition

语素	yǔsù	（名）	morpheme
确定	quèdìng	（动）	define; determine
角度	jiǎodù	（名）	point of view
深化	shēnhuà	（动）	deepen
侧面	cèmiàn	（名）	aspect; side
探讨	tàntǎo	（动）	inquire into; probe into
所谓	suǒwèi	（形）	what is called
词素	císù	（名）	morpheme
辨认	biànrèn	（动）	identify; recognize
罕	hǎn	（形）	rare; seldom seen
秦代	Qíndài	（名）	the Qin Dynasty (221~207 B.C.)
小篆	xiǎozhuàn	（名）	an ancient style of calligraphy, adopted in the Qin Dynasty for the purpose of standarizing the script
汉代	Hàndài	（名）	the Han Dynasty (206 B.C.~220 A.D.)
隶书	lìshū	（名）	official script, an ancient style of calligraphy current in the Han Dynasty, simplified from "xiao zhuan"
象形字	xiàngxíngzì	（名）	pictographic characters
指事字	zhǐshìzì	（名）	self-explanatory characters, e.g. 上(above) and 下(below)
会意字	huìyìzì	（名）	associative compound characters, formed by combining two or more elements, each with a meaning of its own, to create a new meaning
假借字	jiǎjièzì	（名）	phonetic loan characters, adopted to represent homophones

通假字	tōngjiǎzì	（名）	interchangeability of words of characters
转注字	zhuǎnzhùzì	（名）	a new-coined character with added sense-radical (in order to be more precisely expressing the meaning of a word)
形声字	xíngshēngzì	（名）	pictophonetic characters, with one element indicating meaning and the other sound
参阅	cānyuè	（动）	refer; consult
家族	jiāzú	（名）	clan; family
纯粹	chúncuì	（形）	pure; sheer
大幅度	dàfúdù		a wide (of big) margin
字首	zìshǒu	（名）	the leading word (of a group of words of the same origin)
设	shè	（动）	establish; set up
客观	kèguān	（名）	objectivity
声旁	shēngpáng	（名）	character components which show sounds
偏旁	piānpáng	（名）	character components
否认	fǒurèn	（动）	deny;
兼	jiān	（动）	also; together with
强调	qiángdiào	（动）	emphasize

第二节 汉字的优点

　　汉字历经几千年而不衰，即使在现代科学面前，也没有显得陈旧过时。甚至有人认为汉字是"最适合于电脑的文字"，是世界文字家族中最强健的老寿星，这实在是个奇迹。对此，许多人大感不解。但随着汉字研究的深入，人们对汉字的认识愈加全面、深刻。汉字长盛不衰,虽然有历史、文化等多方面的原因,但决定性的因素是它具有内在的合理性、科学性。汉字的优点可以概括为以下几方面。

信息量大

汉字信息量大与汉字的性质有关。汉字是意音兼表的语素—音节文字,汉字的性质决定它必然是集成的信息块。

汉字是语素文字,绝大多数汉字记录的是汉语的一个语素。一般来说,汉字具有形、音、义三要素,一个汉字就是一个形音义紧密结合的统一体。

汉字是意音文字,占汉字90%的转注字、形声字的字形结构中,有提示字义、字音的偏旁。如"清"字,偏旁"氵"提示其字义与水有关,偏旁"青"提示其读音与"青"相同。可以说,90%的汉字能通过字形同时提供字义、字音两方面的信息。

汉字信息量大,即使一篇文章用汉字写比用其他文字写简短得多,又为快速阅读理解汉语书面语提供了条件。

说汉字信息量大,还因为汉字是中国历史文化的一部分。汉字反映着中国历史不同时代的风貌,凝聚着汉民族对各种事物的观察与思考。比如:镜子的"镜"字,在甲骨文中写作 (监),像一个人站在水盆边看自己的容貌,可知商代是以水盆盛水做镜子;在秦 汉时期这个字写作鑑,又写作镜,可知铜器盛行之后,镜子是用铜制的。又如:在汉字家族中大凡木本植物的名称用字都有一个"木"字旁,大凡草本植物的名称用字都有一个草字头(艹)。这反映人们对植物门类的研究和认识,可以说,每一个汉字的后面都有一部小小的文化史,汉字是中国历史文化的一种特殊的化石,对于中国以及整个人类历史文化的研究,具有不可低估的价值。

孳生能力强,构词能力强

汉语普通话的音节只有415个,区别声调也只有1300多个,而汉语语素丰富,基本上又都是单音节,这样就造成了大量同音语素。为了明确区分同音语素,必须大量造字。汉字孳生能力强,它笔画偏旁众多,组合形式多样,可以使用六种造字方法为不同的语素造出不同的文字形体。汉字90％都是一字一语素,保证了古今汉语书面语记录语言的准确性。汉字发展到今天,总数达五六万,足见其孳生力之强。正因为如此,汉字才能出色地记录下中国悠久的历史文化。

汉字最初是为记录古代汉语而造的。古代汉语以单音节词为主,汉字记录古代汉语,基本上是一个字记录一个单音节词。后来,为了更精确地表达思想,汉语逐渐出现复音词。现代汉语中,从词汇平面讲,复音词已成为主体。汉字具有很强的构词能力,以并列、偏正、动宾等多种形式组合成复音词,适应了记录现代汉语的需要。

汉字孳生能力强、构词能力强,不仅能适应记录不同时代的汉语,也能适应外国语言的翻译,使外国文化在中国大地放出异彩。

超越时代　超越方言

一般来说,拼音文字记录语言最为方便,但据说500年前用英文写的书,不是专家就看不懂。而在中国,具有初中水平的人就能基本读懂500年前用汉字写的小说,如《三国演义》、《西游记》、《水浒传》等。具有高中水平的人,借助工具书,可以基本读懂2000年前用汉字写的书,如:《史记》、《汉书》等。因为汉字读音与字形的联系不像拼音文字那样密切,所以古今字音虽有不小变化,但字形相对稳定,字义变化也不大,我们今天仍然能认识古代的汉字,较容易地读懂古书。汉字超时代的特点,是中国历史文化继承和传播的最重要条件之一。

汉语方言众多,大的方言就有七种。方言之间差别很大,操不同方言的人彼此难以交谈,可是写成汉字,用书面语进行交际,就没有障碍了。汉字的这种超越方言的特点,适应众多方言区人们之间的交际需要,在维护民族团结和国家统一方面有不可低估的作用。

形体区别性强,形象性强、阅读速度快,容易记忆

汉字基本笔画虽然只有一、丨、丿、丶、、、㇀、乛、亅八种,但基本笔画和它们的变体可以组合成数百上千形体各异的独体字,而独体字与独体字组合,又可以造出数以万计的合体字。古今汉字有五六万,但形体却极少重复。每个汉字各具形态,使汉字具有很强的区

别性。文字区别性强,就容易辨认,阅读速度就快。一位研究汉字的日本学者指出:识别出一个汉字的时间,有可能在千分之一秒以下。所以有这种可能,就是因为每个汉字都是一个图形。他还发现这样一个事实:在现代高速公路上,以80公里速度行驶的车辆,对于标志地名的汉字,能准确地认出来,但对于汉字下面的罗马字,一般就很难完全认出了。汉字在识别上确有很高的效率。

汉字信息量大,再加上阅读汉字速度快。在同一时间内,通过汉字获得的信息要比其他拼音文字多。据统计,现代科学研究有30%～40%的时间是花在阅读文献资料上,随着人们阅读量的增加,阅读速度问题会变得更加突出。可以相信,汉字区别性强、阅读速度快的优点,会越来越受到人们的重视。

从记忆角度说,汉字区别性强,并以方块结构为单位,因而投影到人眼视网膜上造成的整体形象感要比拼音文字强,容易转化为人脑的视觉记忆。汉字是图像性强的文字,具有表意功能,字形或字形的某一部分常常会使人产生丰富的联想,起到加强记忆的作用。例如:象形字"山"可以使人想象到一座座挺立的山峰;形声字"烧"的偏旁"火",̈"跑"字的偏旁"𧾷"(足),都能引起读者对它们所表示的事物的联想,从而加深读者的记忆。在记忆方面,汉字比起拼音文字来有明显的优势。

汉字是"复脑文字",有利于右脑开发

近年来,中外神经心理学家的研究表明:人脑处理拼音文字信息时,主要使用语音编码;而处理汉字信息时,除了使用语音编码,还同时使用图形编码。所谓语音编码,就是阅读时看到字母后,需要先在头脑中经过语音处理才能进而了解意义。所谓图形编码,就是阅读时看到字形后,不经语音处理直接了解意义。这两种编码方式在人脑中所经过的神经通路不同,与大脑左右两半球的关系也不同。人脑处理拼音文字信息主要使用左脑,而处理汉字信息是左右脑并用。尤其是汉字书法,与右脑的关系更密切。因此,神经心理学家称拼音文字为"单脑文字",称汉字为"复脑文字",认为汉字具有促进左、右脑功能平衡发展的作用。

现在,许多科学家认识到,使用拼音文字的西方人左脑负担过重,左右脑发展不平衡。现代社会,人们从图书资料获得信息的数量越来越多,这种不平衡会更加严重。学习汉字,学习汉字书法,是开发右脑、促进左右脑平衡发展的途径之一。

此外,汉字在长期使用中发展出独一无二的书法艺术,为中国人民和世界人民所珍视。汉字的书写、印刷可横行、可直行、可左起、可右起,序列灵活,方便自由。用汉字印刷书报节约纸张等也是不可忽视的优点。

生　　词

历经	lìjīng	(动)	last (a period of time)
衰	shuāi	(形)	declining
电脑	diànnǎo	(名)	popular name for electric computer
强健	qiángjiàn	(形)	strong
老寿星	lǎoshòuxīng	(名)	a term of compliment for an aged person
大惑不解	dàhuòbùjiě	(成)	be extremely puzzled
愈加	yùjiā	(副)	even more; further
长盛不衰	chángshèng-bù shuāi	(形)	flourish for ever
内在	nèizài		inherent; internal
集成	jíchéng	(形)	integrated
绝大多数	jué dàduōshù		most; an overwhelming majority
要素	yàosù	(名)	essential factor; key factor
紧密	jǐnmì	(形)	close together; inseparable
统一体	tǒngyītǐ	(名)	entity; unity
风貌	fēngmào	(名)	style and features
凝聚	níngjù	(动)	form; embody
容貌	róngmào	(名)	appearance; looks

商代	Shāngdài	（名）	the Shang Dynasty (c. 16th ~11th century B. C.)
盛行	shèngxíng	（动）	be current (or rife); be in vogue
大凡	dàfán	（副）	generally; in most cases
木本	mùběn	（形）	woody
草本	cǎoběn	（形）	herbaceous
化石	huàshí	（名）	fossil
低估	dīgū	（动）	underrate; underestimate
孳生	zīshēng	（动）	multiply; breed
组合	zǔhé	（动）	make up; compose; combine
出色	chūsè	（形）	remarkably; outstanding
并列	bìngliè	（名）	coordinate
偏正	piānzhèng	（名）	modifier with what it modifies
动宾	dòngbīn	（名）	verb and its object
异彩	yìcǎi	（名）	extraordinary splendour
超越	chāoyuè	（动）	transcend
方言	fāngyán	（名）	dialect
三国演义	Sānguóyǎnyì	（书名）	*The Romance of the Three Kingdoms*
西游记	Xīyóujì	（书名）	*Pilgrims to the West*
水浒传	Shuǐhǔzhàn	（书名）	*All Men Are Brothers*
史记	Shǐjì	（书名）	*The Historical Records*
汉书	Hànshū	（书名）	*The History of the Han Dynasty*
相对	xiāngduì	（形）	relative
继承	jìchéng	（动）	carry on; inherit
彼此	bǐcǐ	（代）	that and this; each other
障碍	zhàng'ài	（名）	obstacle; barrier
变体	biàntǐ	（名）	variant
具	jù	（动）	possess; have
标志	biāozhì	（名）	mark; sign

文献	wénxiàn	（名）	document; literature
投影	tóuyǐng	（动）	project
视网膜	shìwǎngmó	（名）	retina
感	gǎn	（名）	sense of...; feeling of...
联想	liánxiǎng	（名）	association of ideas
挺立	tǐnglì	（动）	stand upright
优势	yōushì	（名）	superiority
神经心理学	shénjīng xīnlǐxué		neuropsychology
编码	biānmǎ	（名）	coding
平衡	pínghéng	（形）	in equilibrium
负担	fùdān	（名）	burden; load
途径	tújìng	（名）	way; avenue; channel
珍视	zhēnshì	（动）	value; prize; cherish
序列	xùliè	（名）	order; alignment
忽视	hūshì	（动）	ignore; overlook

第三节　汉字的缺点

汉字的缺点是显而易见的，可用两个字来概括：繁、难。汉字的繁难主要表现在以下几方面。

一、字数多　《汉语大字典》收字 54678 个（新版收字 60370 个）；《现代汉语通用字表》收字 7000 个；《现代汉语常用字表》收常用字 2500 个，次常用字 1000 个，共计 3500 个。只学习这 3500 个常用字、次常用字，数量就够大的了。

二、字形结构复杂　汉字以形别义，不同的语素要用不同的字形来表示，五六万汉字要各有各自的形体，就不能不在笔画、偏旁的变化上，在笔画与笔画、偏旁与偏旁的组合形式上表现出差异，其结果，必然造成汉字字形结构的复杂。现代通用汉字"齉（nàng）"多至 36 画，若用部件分析法分析，竟有九个部件。汉字字形复杂，给人们学习和书写汉字带来不小的困难。

三、字音难读 汉字虽然是意音文字,占汉字90%的转注字、形声字有表示字音的偏旁,但见到生字,并不一定能正确读出字音。原因之一,通用汉字中还有约10%是用象形、指事、会意等方法造出来的,这些字没有表音偏旁,读音必须死记硬背,这些字往往还是基本常用字。原因之二,由于古今语音的变化,现代通用汉字中,转注字、形声字的表音偏旁已多数不能准确表音,能准确表音的只占1/4左右。而且现代通用汉字中的表音偏旁多达1300个左右,常用的也有500个左右,要记住它们的读音,得有一个过程。

汉字字音难读,还表现为一字多音上,有的字因用法不同而有两个或两个以上不同的读音,例如:"好"有 hǎo、hào 两个读音。这种多音字常用的也有二三百个。

四、字义比较复杂 汉字最初都是一字一义,但有些汉字,特别是常用字,在长期使用中又出现相近或不同的意义,这就是一字多义现象。如:"道"字本义为道路,后来又有了法则、道理、道德、说等意义。有些字古今意义变化很大,如:"走"字在古代是"跑"的意思,这种用法,在现代汉语中偶尔还会出现,如"奔走"、"走马灯"等。字义复杂,必然会给阅读带来困难。

此外,汉字同音字多,形近字也比较常见,容易写错别字;汉字部首复杂,查字典比较难等等,都是汉字难学的原因。

汉字比较繁难,这使得外国朋友,特别是那些初学的人产生一些畏难心理,要使他们消除畏难心理,增强学好汉字的信心,有必要说明几点。

一、评价一种文字,要看其是否简单易学,更要看其使用效果。从使用效果来看,汉字是优点多于缺点的好文字。一般来说,精密高级的东西相对复杂一些,掌握起来必然也相对困难。

二、汉字缺点之一是数量大,但是,说汉字总数有五六万,是指自古以来汉字的总数,不是一个时代平面上的通用字,更不是常用字。学习汉字,当然主要是学习常用字和次常用字。据统计,在现代汉语文章中,2500个常用字的覆盖率达97.97%,3500个常用字、次常用字的覆盖率达99.48%。这就是说,读一篇10000字的现代汉语文章,如果掌握了2500个常用字,只有203个生字,掌握3500个常用字、次常用字,只有52个生字。具体到某篇文章或某部著作,使用的汉字也是有限的,老舍的《骆驼祥子》只用了2413个不同的汉字。而司马迁的《史记》,也只用了1761个不同的汉字。

三、学习一个汉字,不仅要认识它的字形,记住它的读音,也要了解它的比较固定的意义。在古代汉语中,因为单音节词占主体,往往学会一个字就等于学会了一个词。在现代汉语中,虽然从词汇平面看,复音词已占了主体,但这些复音词都是由单音节词发展起来的。复音词的词形,就是记录复音词汉字字形的连写;复音词的读音,就是记录复音词汉字字音的连读;复音词的意义,与记录复音词汉字字义有直接或间接的联系;学会一个汉字,就学会了一个单音节词,也为学习由它记录的复音词的读音和意义打下了基础。如:学会"木"字,不仅学会了"木"这个词,也为学习"木头"、"木板"、"松木"、"木桌"、"软木"、"独木桥"等复音词的读音和意义打下了基础。因为学习汉字同时也是在学习词汇,所以显得汉字难学。

四、从认字、写字角度看,汉字近95%都是合体字,大多以常用字为偏旁组合而成。学会常用来充当偏旁的独体字,就为学会以它为偏旁的一系列汉字打下了基础。例如:学了"木"字,就为学习以"木"为表义偏旁的"松"、"柏"、"桃"、"李"、"楼"、"桌"、"椅"、"板"、"架"、"森"、"林"等字的写法及意义打下了基础;而在学习以"木"为表音偏旁的"沐"字时,就能容易地学会它的读音和写法。

五、初学汉字,往往觉得汉字字形复杂,字音难读,意义也很难把握,学起来很困难。但是随着识字量的增多,就会慢慢发现,汉字的字形并非杂乱无章,汉字的读音、意义也不是无规律可循。事实上,汉字在形、音、义几方面都有比较明显的系统。只要学习者抓住这种系统性,有联系、有对比地学,就能大大提高汉字学习的效率,增加汉字学习的兴趣,就会觉得汉字越学越容易。

六、事物在一定条件下是可以转化的,近几十年,汉字的繁难也在逐步减轻。20世纪以来,特别是50年代以来,人们针对汉字的繁难,做了大量的整理和简化工作。现代通用汉字通过整理和简化,异体字大批淘汰,笔画大大减少。同时,现代通用汉字在定形、定音、定量、定序几方面也取得了明显的进展。此外,《汉语拼音方案》的公布,也为汉字教学提供了得力的工具。这些都大大降低了汉字学习的难度。

除以上几点之外,还有一点要说及的,即汉字的某些缺点与优点是共生的,没有某些缺点,也就相应地失去了某些优点。例如:没有汉字形体结构的复杂,也就没有汉字孳生能力强、区别性强的优点;没有偏旁表音不完全准确的缺点,也就没有汉字超越历史、超越方言的优点。了解这一点,也就不会责怪汉字的繁难了。

生　　词

通用字	tōngyòngzì	（名）	interchangeable word
差异	chāyì	（名）	difference
部件	bùjiàn	（名）	part; component
死记硬背	sǐjìyìngbèi	（成）	mechanical memorizing
本义	běnyì	（名）	original meaning
偶尔	ǒu'ěr	（副）	occasionally; once in a while
部首	bùshǒu	（名）	radicals by which characters are arranged in traditional Chinese dictionaries
畏难	wèinán	（动）	be afraid of difficulty
消除	xiāochú	（动）	dispel
覆盖率	fùgàilǜ	（名）	the rate of covering
有限	yǒuxiàn	（形）	limited
骆驼祥子	Luòtuo Xiángzi		*The Camel Xiangzi*
主体	zhǔtǐ	（名）	main part; main body
间接	jiànjiē	（形）	indirect; secondhand
把握	bǎwò	（动）	grasp
杂乱无章	záluànwúzhāng	（成）	disorderly and unsystematic
循	xún	（动）	follow
异体字	yìtǐzì	（名）	a variant form of a Chinese character
淘汰	táotài	（动）	fall into disuse

| 相应 | xiāngyìng | （副） | relevantly |

第四节　汉字的遭遇与前途

汉字在历史上的遭遇

　　汉字是人类文字史上最古老的文字之一。几千年来，中国人一直把它看做是圣人的造物，珍视它，赞扬它，引以为自豪。直到一百多年前西方拼音文字传入中国，才引起汉字与拼音文字的比较研究。那时，由于中国近代屈辱的现实，中国国内有许多希望富国强民的人认为，中国被动挨打的原因，在于教育不发达，而教育不发达又因为汉字太难、太落后。刚刚接触汉字的西方人，也认为汉字是落后繁难的文字，不如拼音文字记写语言方便。直到20世纪70年代，中外文字学家对汉字的评价基本上是否定的多，肯定的少。许多人认为，汉字难认、难写、难记，又不能准确地记录现代语言，是一种落后于拼音文字、并且迟早要被拼音文字取代的文字。

　　近年来，局面开始转变。由于汉字自身发展和汉字研究的深入，由于汉字信息处理技术的重大突破，也由于近年来学术空气的自由活跃，国内外都开始重新认识汉字。

　　1986年5月，在日本东京召开了"汉字文化的历史和将来"国际学术讨论会，研讨汉字发展与前途问题。1986年12月，中国社会科学院语言文字应用研究所在北京召开了以汉字的性质、特点、功能、演变和前景为主题的汉字问题学术讨论会。越来越多的人认识到：汉字是中国人民在长期文字实践中创造、完善起来的文字体系。汉字和拼音文字都是人类智慧的创造，是世界东方和西方的人类文明的两座高峰。从文字与所记录的语言的关系讲，汉字不仅能适应记录古代汉语的需要，也能适应记录现代汉语的需要；汉字不仅不会被信息时代所抛弃，而且被认为是最适合于"电脑"的文字。我们可以说，汉字确是一种有缺点的好文字。

汉字的前途

汉字未来的前途如何,这是中国人民和世界人民共同关心的大问题。可以这样回答:从近期看,汉字在相当长的时间内会保持稳定;从长远看,汉字不会灭亡,如果有所变化,也是朝着更完善、更科学的方向发展;在国际交流中,汉字的作用会越来越重要,学习汉字的人会越来越多。这样说是有根据的。

一、汉字"语素－音节"文字的性质、汉字以形别义、区别性强、信息量大、超越方言以及孳生力强、构词力强等优点完全适应汉语的特点和需要。过去,它适应了记录古代汉语的需要,今天,它也完全适应记录现代汉语的需要,在可以预见的将来,任何其他形式的文字都代替不了汉字,任何其他形式的文字都不能像汉字这样出色地记录汉语。

二、汉字以表意为最大特点,并且有较明显的系统性,因而稳定性强,有超越历史的优点,是最适合永久保存历史文化的文字。要把过去以及今天的文化传给子孙后代的人们,是不会抛弃汉字的。用汉字记载的中国五千年历史文化,内容极为丰富,价值不可估量,希望学习和了解中国文化的人们,都要学习汉字。

三、方块汉字在长期使用中,逐渐成为一种象征。它象征着中国的统一,象征着中华民族的繁荣和团结,象征着五千年的文明。汉字在维护和促进国家统一、民族团结等方面,发挥着重要作用。中国人民及海外华侨对汉字的深厚感情,也决定着汉字会世世代代传下去。

四、使用汉字的国家和地区,人口约占世界的四分之一。近年来,汉字文化圈内的国家和地区,在国际政治、经济、文化等方面的事务中地位逐渐提高。特别是中国实行改革开放政策以来,世界上形成一股汉语热,学习汉字的人越来越多。汉字正大踏步地走向世界。

五、在现代科技浪潮中,汉字电脑输入的研究也取得了惊人的进展。近年来,国内外出现大约500种汉字电脑输入方案,而且越来越精密,越来越方便。有些专家还指出,汉字比拼音文字更适合电脑存储记忆。

总之，汉字是极富生命力的文字，它作为中国的法定文字，不仅要继续为中国人民服务，还将更大范围地为世界各国人民服务，前途是不可限量的。我们应该用科学的态度和方法，学习使用汉字，进一步深入地研究汉字，让汉字为中国和世界的进步，发挥更大的作用。

生　　词

遭遇	zāoyù	（名）	experience
圣人	shèngrén	（名）	sage; wise man
自豪	zìháo	（形）	proud
屈辱	qūrǔ	（形）	humiliating
迟早	chízǎo	（副）	sooner or later
取代	qǔdài	（动）	replace
局面	júmiàn	（名）	situation
突破	tūpò	（动）	break through; make a breakthrough
演变	yǎnbiàn	（动）	evolve; develop
前景	qiánjǐng	（名）	perspective; prospect
主题	zhǔtí	（名）	subject; theme
实践	shíjiàn	（名）	practice
完善	wánshàn	（动）	be perfected
抛弃	pāoqì	（动）	cast aside
预见	yùjiàn	（动）	foresee; predict
记载	jìzǎi	（动）	put down in writing
象征	xiàngzhēng	（名）	symbol
文化圈	wénhuàquān	（名）	culture circle
…热	…rè	（名）	craze; in great demand
大踏步	dàtàbù	（动）	in big strides
浪潮	làngcháo	（名）	wave; tide
输入	shūrù	（动）	input
存储	cúnchǔ	（动）	memory; storage

第二章 汉字的起源、形成和发展

第一节 汉字起源和初步形成的时间

文字的起源和形成

世界上的文字都是从无到有,从个别孤立符号发展为具有一定数量、彼此联系、能准确有效地记录语言的符号体系。最初的书写符号虽然是少量、孤立的,但只要具有下列三个条件,就有了文字的性质,就可以称其为文字:

1. 有标识(zhì)事物的作用;
2. 同一符号被反复使用;
3. 与后来的文字有渊源关系。

只要这样的书写符号一出现,就可以说某种文字已经起源。

在文字起源阶段,由于文字数量少,只是分别与少数事物相对应,作为这些事物的记号,它们彼此孤立,不能排列起来记录语言。所以,这时还不能说某种文字已经形成。所谓某种文字形成,是指某种语言的书写符号体系已初步形成。一种文字体系初步形成,应该具备以下几个条件:

1. 字形书写比较固定,并有相当的数量;
2. 分别与语言中的词相对应;
3. 文字之间已经明显发生联系,能够排列起来,有效地记录一句话或一段话。

一种文字从起源到形成,需要经过一个漫长的过程,其间可能要经过几百年、上千年。

汉字是汉语的书写符号体系,汉字起源的时间,是指第一批具有文字性质的书写符号出现的时间；汉字形成的时间，是指汉语书写符号体系初步形成的时间。

汉字起源的时间

汉字起源的时间，目前还不能准确地判定。在甲骨文出土以前，人们根据史书记载，认为汉字起源于距今四千五百年左右的黄帝时代。甲骨文的出土，为人们探讨汉字起源的时间，提供了较早的文字资料。甲骨文使用的年代是三千多年前的商代后期。从甲骨文字数量、字形结构特点以及当时人们使用文字的熟练程度来看，甲骨文已经是能够完整地记录语言的成熟的汉字体系了。例如它所记录的"往来无灾"，"今日雨"，"今日不雨"，"今日大风"等，已经与其后的汉语甚至与现代书面语言一致了。虽然不能据此准确判断汉字起源的时间，但可以肯定，在甲骨文之前，汉字已经走过了很长的历史道路。

原始社会末期陶器上的刻画符号，为解决汉字起源的时间问题提供了宝贵的资料。

西安半坡古文化遗址出土的仰韶文化器物上，有文字性质的刻画符号达二三十种。例如：

Z ∫ L ↑ ∨ ∀ W K ↓ ↓ ‖ X ┼ T
↑ ⼷ ⺷ ⺷ ⺷

半坡村出土的这些符号，绝大多数刻在陶器口外沿，例外很少。据中国科学院考古研究所用同位素 C^{14} 测定，半坡遗址的年代距今有六七千年之久。郭沫若(1892～1978)认为，这些刻画符号，"可以肯定地说就是中国文字的起源，或者中国原始文字的孑遗。""故中国文字到了甲骨文时代，毫无疑问是经过了至少两三千年的发展的。"古文字学家于省吾(1896～1984)也认为它们是原始汉字，并且把它们和古汉字直接联系起来，认为"X"是"五"，"┼"是"七"，"∣"是"十"，"‖"是"二十"，"T"是"示"，"↑"是"矛"。虽然有的学者持有异议。

在同属仰韶文化的临潼姜寨古文化遗址，人们发现的刻画符号有 120 多个,共达 39 种,比同期的半坡遗址的符号多十几种,其中有不少与半坡的相同或相似,也有一些在别处从未见过的,例如:

非 六 丰 ፨

大汶口文化略晚于仰韶文化,主要分布在山东省。考古工作者在陵阳河遗址发现了 4 个象形符号(见图 1~4),在同时期的诸城前寨遗址,发现了一个残缺的象形符号(见图 5)。

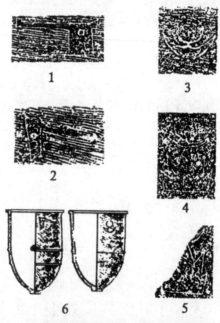

1~4. 莒县陵阳河遗址出土象形文字拓片
5. 诸城前寨遗址出土象形文字拓片
6. 莒县陵阳河遗址出土灰陶缸

唐兰(1901~1979)等大多数文字学家认为这几个象形符号都是古汉字。图 1 是古"戉(yuè)"字,像长柄大斧;图 2 是古"斤"字,像短柄的锛;图 3、4、5 是"炅"(古"热")字,其中图 3 是简体,图 4、5 是繁体。图 4、5 上面是日,中间是火,下面是山,像在太阳光照下,山上起

第二章　汉字的起源、形成和发展

了火；图3是日下有火。

这些象形符号刻画的特点是：

1. 都刻在同型陶缸口外沿处，图形醒目，位置显眼（见图6）。
2. 图形线条熟练，构图匀称，笔画固定。
3. 有的符号重复出现，而且出现繁简二体。

这说明，这些象形符号不是用作图饰，而是一种标志符号，而且是带有普遍性、习用性的标志符号，使用的时间至少已有几百年，因此，它们已经具有文字的性质。根据以上分析，可以说，汉字起源的时间，在距今大约六千年以前，最晚也不会晚于五千年以前。

汉字体系初步形成的时间

研究汉字体系初步形成的时间问题，出土的文字材料很少，而且也没有系统，能提供根据的是中国古代的史书和其他一些书籍。

战国时代史官所著的史书《世本》，是从黄帝开始的，记录了战国以前诸侯、大夫的氏姓、世系、事迹等史实。

汉代史学家司马迁（前135或前145～？）所著的《史记》，也是从黄帝开始的。

宋代文学家苏辙（zhé，1039～1112）参考《史记》和先秦古籍写成的《古史》，把中国有文字记载的历史上推到伏羲（xī）、神农、黄帝的三皇时代。

这些史书对黄帝、颛顼（zhuānxū）、帝喾（kù）、尧（yáo）、舜（shùn）等五帝事迹的记载虽然还比较简略，但事实是清楚的，核实验证于文物资料也是可信的。

另外，在先秦古籍中，很多地方可以见到关于三皇五帝时代史实的记载。例如《尚书》就梗概地记录了尧、舜、禹（yǔ）时代的史实。书中记录的周公讲话，说商朝的祖先已经有"殷革夏命"（商朝人推翻夏朝的革命）的典册。典册就是当时的国家文书或史书。更值得注意的是，春秋时代的大教育家孔子（前551～前479）传给学生的书中，有两本就较为详细地讲述了五帝的事迹和自黄帝以来帝王的世系。

如果没有文字记载，这些史实是不可能流传到两千年后的春秋战国时代的。从这些情况来看，汉字体系初步形成的时间，可能在黄帝时代,即公元前两千五百年左右,最晚也不会晚于夏代初期,即公元前二千一百年左右。

生　词

起源	qǐyuán	（动）	originate
孤立	gūlì	（形）	isolated
其	qí	（代）	that; it
渊源	yuānyuán	（名）	origin; source
对应	duìyìng	（动）	correspond
记号	jìhào	（名）	mark; sign
漫长	màncháng	（形）	very long
判定	pàndìng	（动）	judge; decide; determine
甲骨文	jiǎgǔwén	（名）	inscriptions on bones or tortoise shells of the Shang Dynasty (c. 16th~11th century B. C.)
出土	chūtǔ		be unearthed; be excavated
黄帝	Huángdì	（名）	Huangdi, or the Yellow Emperor, a legendary ruler
原始社会	yuánshǐ shèhuì		primitive society
陶器	táoqì	（名）	pottery; earthenware
刻画	kèhuà	（动）	carve; engrave
遗址	yízhǐ	（名）	ruins; relics
仰韶文化	Yǎngsháo Wénhuà		Yangshao culture, a culture of the Neolithic period, relics of which were first unearthed in Yangshao Village, Mianchi County, Henan Province, in 1921
器物	qìwù	（名）	implements
外沿	wàiyán	（名）	outer edge
考古	kǎogǔ	（名）	archaeology
同位素	tóngwèisù	（名）	isotope

测定	cèdìng	(动)	determine
孑遗	jiéyí	(名)	residue
大汶口文化	Dàwènkǒu Wénhuà		Dawenkou Culture
残缺	cánquē	(形)	incomplete; fragmentary
柄	bǐng	(名)	handle
锛	bēn	(名)	adze
缸	gāng	(名)	vat; jar
醒目	xǐngmù	(形)	eye-catching
显眼	xiǎnyǎn	(形)	conspicuous; showy
线条	xiàntiáo	(名)	lines
匀称	yúnchèn	(形)	well-proportioned; well-balanced
图饰	túshì	(名)	decorative pattern
习用	xíyòng	(名)	habitually use
战国	Zhànguó	(名)	the Warring States (475～221 B.C.)
诸侯	zhūhóu	(名)	dukes or princes under an emperor
大夫	dàfū	(名)	a senior official in feudal China
氏姓	shìxìng	(名)	family (clan) name; surname
世系	shìxì	(名)	genealogy; pedigree
史实	shǐshí	(名)	historical facts
宋	Sòng	(名)	the Song Dynasty (960～1279 A.D.)
参考	cānkǎo	(动)	consult; refer to
先秦	Xiānqín	(名)	pre-Qin
古籍	gǔjí	(名)	ancient books
三皇	Sānhuáng	(名)	the Three Emperors -Fuxi, Shennong and Huangdi; or Tianhuang, Dihuang and Renhuang

五帝	Wǔdì	（名）	the Five Emperors (of the legendary period, listed at least in three different ways, usually including Huangdi)
简略	jiǎnlüè	（形）	simple; sketchy; brief
核实	héshí	（动）	verify; check
验证	yànzhèng	（动）	test and verify
文物	wénwù	（名）	cultural relics; historical relics
梗概	gěnggài	（名）	main idea; gist
殷	Yīn	（名）	the Yin Dynasty, the later period of the Shang Dynasty
夏	Xià	（名）	the Xia Dynasty (c. 21st~16th century B.C.)
典册	diǎncè	（名）	ancient books and records
文书	wénshū	（名）	document
春秋	Chūnqiū	（名）	the Spring and Autumn Period (770~476 B.C.)

第二节 汉字是怎样产生的

文字的产生是社会发展的需要

　　语言因人类共同生活、生产的需要而产生，是人类最早的交际工具。有了语言，人们便可以利用它来交际。但是，语言受到时间和空间的限制，不能传到远方，不能留给后代。人类需要一种工具，把人的语言记录下来，传之久远，于是就创造了文字。汉字和其他文字一样，是为记录语言、扩大交际范围而产生的。

汉字主要起源于图画

　　世界上几种古老文字，如苏美尔的楔形字、古埃及的圣书字等，其字形的原始形式,都和汉字一样,是图画性的。在不同的国度、不同的时间独立发展的几种文字,彼此不谋而合地具有共同的原始状态,说明人类文字起源有共同的规律,即文字脱胎于图画。用图画来再现客观事物的形象,用指称事物的语词来说明事物的图画,再反过来用事物的图画来书写指称事物的语词,这是符合人们认识事物的规律的,也是在当时历史条件下,人们为记录语言而发明的最好办法。

丰富的考古材料证明,汉字起源于图画。大汶口文化的几个原始汉字,是文字,但同时又是图画。在仰韶文化遗址出土的彩陶上,画有鱼、鸟(鸟、隹原为一字)、鹿等图画,考古学家认为,这些图画,有的用于图饰,有的可能是民族的族徽,它们为汉字的产生提供了蓝图,准备了技术条件。把这些图画与金文中的族名写法及甲骨文里有关的字形相对照,可以显示出它们一脉相承的关系。如:

汉字造字初期创造的主要是象形字和指事字,它们的图像性很强,说明是从图画脱胎而来,是人们受图画的启发创造的,对于这一点,了解了汉字的造字方法及汉字的字体以后,认识会更加清楚。

汉字的另一源头是假定性符号

汉字另一个源头,是纯假定性符号。据古代史籍记载,在汉字产生之前,汉民族的祖先曾经使用"八卦"、"结绳"、"刻契"等假定性符号帮助记忆。

"八卦"是《周易》中的八种符号,相传是伏羲发明的。"八卦"由"—"和"--"两种基本符号组成,"—"代表阳,"--"代表阴。"八卦"的符号和名称是：☰乾(qián)、☷坤(kūn)、☳震(zhèn)、☴巽(xùn)、☵坎(kǎn)、☲离、☶艮(gèn)、☱兑(duì)。它们分别象征天、地、雷、风、水、火、山、泽八种自然现象。"八卦"又两两组合，演变为六十四卦，用来象征自然现象和社会现象的发展变化，具有朴素的辩证法因素。"八卦"最初是上古人们记事的符号，后来被用作卜筮符号，逐渐神秘化。

"结绳"是人类在文字产生以前的一种记事方法，是用绳子结成一个个绳结来帮助记事。绳结的大小、多少、颜色，可以代表各种不同的事物。中外许多民族都有过结绳记事的历史。

"刻契"是古人创造的另一种帮助记忆的方法，是在木条上或竹片上刻上锯齿或符号，用来记数记事。这种刻契，多作为契约用。

八卦、结绳、刻契作为帮助记忆的方法，它们所用的符号或多或少地传达着某种信息，具有帮助记忆的作用。虽然这种符号形式数量有限，记事笼统、模糊，不能和语言单位一一对应，还不适应人们记录语言的需要，但是，用假定的符号代表具体事物的方法，无疑会给初创文字的人们以启发。在仰韶文化遗址出土的原始汉字身上，往往可以看到八卦、结绳、刻契符号的影子。例如：和甲骨文"一"、"二"、"三"、"四"、"五"、"六"、"十"写法相同的"一、二、三、✕、∧、｜"。另外，丨、片、𠀐、等刻符可能就是受"八卦"、"结绳"、"刻契"符号的启发而创造的原始文字。所以，有人说汉字起源于"八卦"，有人说汉字起源于"结绳"，也有人说汉字起源于"刻契"，可能都有一点道理。

总之，原始汉字是中国社会发展到一定历史阶段的产物，是在原始社会标记性图画和各种假定性符号的启发下创造产生的。

关于仓颉造字的传说

汉字是谁创造的？自战国以来，流传最广、最权威的说法是"仓颉(jié)造字"。战国时代的史书《世本》说："仓颉作书（"书"就是"字"）"，"沮诵(Jūsòng)、仓颉，黄帝之史官"。《韩非子》、《吕氏春秋》等，也都有相同或相近的记载。秦代李斯(？～前208)所编的汉字课本《仓颉篇》，就直接以仓颉的名字作为书名。到了汉代，由于汉武帝(前156~前87)尊崇"五经",人们重视汉字的学习,因此仓颉的地位也被抬得很高。在传说为仓颉故乡的河南省南乐县(今濮阳市东北)吴村(古时称吴娄村),还修建了仓陵、仓庙,为他树碑立传,尊奉他为"圣人"。以后陵庙越修越大,方圆百里的人,每年农历正月二十四都要去"朝圣"。人们甚至把仓颉神秘化,说他长着四只明亮的眼睛,生下来就会写字,还说他创造了文字以后,感动得"天雨粟,鬼夜哭"。东汉许慎撰《说文解字》,在叙言中说:黄帝的史官仓颉,观察鸟和野兽的足迹,知道各种文理是可以互相区别的,就画出事物的图形,或刻下不同的记号,第一次造出文字。由于从汉代到清代,学者尊崇《说文解字》,所以,学习研究汉字的人,几乎都认为是仓颉创造了汉字。

当然也有不同说法。战国时期的学者荀子(前313~前238)说,喜欢造字的人很多,为什么只有仓颉造的字流传下来了呢?那是因为经过统一整理。① 现代学者章太炎(1869~1936)说:"仓颉以前,已先有造字的人。""大概仓颉开始对汉字进行统一整理,写字不许随便增减笔画。从此,人们随意画出来的符号,开始成为约定俗成的文字。"鲁迅(1881~1936)也发表过类似的观点。

如果仓颉确实是黄帝的史官,那么他生活的年代应是公元前两千五百年左右,距今约四千五百年,而在大约六千年前,原始汉字已经出现,足见仓颉不是最初创造汉字的人。另外,不同时期的原始汉字在各地都有发现,也说明汉字不是一个人创造的,因此,汉字是由许多人在不同地区、不同时期共同创造的。荀子、章太炎等人的说法是很有道理的。

然而原始汉字毕竟数量有限,通行范围有限,而且由于造字者是不同时期、不同地区的不同人,所以原始汉字在造字方法、形体结构等方面必定是纷乱的、极不统一的,因而很难有效地记言记事,更无法作为各地区人们之间的交际工具来使用。这就需要有人对原始汉字进行搜集、整理、提高的工作。

---

① 关于荀子的这一论述,有人根据《荀子》同时论及的舜、后稷、夔在义、稼、乐等方面的贡献,解释为在相关的方面有突出贡献。

我们已经知道,汉字体系初步形成在黄帝时代。那么,在当时一定有人做过原始汉字的搜集整理工作。他们对已有的汉字进行分析研究,总结归纳出一套制造使用汉字的原则和方法,然后又以这些原则和方法为指导,改造、统一原有的汉字,创造亟待使用的新汉字,从而在数量和规范化等方面极大地丰富发展了汉字,促使有一定字量、形体比较统一固定、可以连字成句成段地记录或传达汉民族语言的汉字体系形成。与此同时,他们运用规范以后的汉字记言记事,将黄帝时代的基本史实传给后人。从事这种工作的人,极可能就是仓颉以及以仓颉为首的一些人。如果说仓颉创造了汉字与事实有出入,那么,说仓颉为汉字体系的形成做出了卓越贡献,则基本上是可信的。后人崇拜仓颉,尊称他为圣人,也是可以理解的。

当然,说仓颉有四只眼睛,说他生下来就会写字,说他创造汉字之后感动神鬼,天上往下落米,鬼在夜里哭,就纯属虚构了。

生　　词

传之久远	chuánzhījiǔyuǎn		spread it far back
苏美尔人	Sūměi'ěrrén		Sumerian
国度	guódù	（名）	country; nation; state
不谋而合	bùmóuérhé	（成）	happen to hold the same view
脱胎	tuōtāi	（动）	emerge from the womb of
再现	zàixiàn	（动）	reappear; be reproduced
指称	zhǐchēng	（动）	indicate and call
鹿	lù	（名）	deer
族徽	zúhuī	（名）	clan emblem
蓝图	lántú	（名）	blueprint
金文	jīnwén	（名）	inscriptions on ancient bronze objects
对照	duìzhào	（动）	compare
一脉相承	yīmàixiāngchéng	（成）	can be traced to the same origin; come down in one continuous lines

字体	zìtǐ	（名）	style of calligraphy; form of a written or printed characters
源头	yuántóu	（名）	source
假定	jiǎdìng	（动）	postulate; suppose
八卦	bāguà	（名）	the Eight Diagrams
结绳	jiéshéng	（名）	tie knots
刻契	kèqì	（动）	engrave; score; carve
辩证法	biànzhèngfǎ	（名）	dialectics
卜筮	bǔshì	（名）	divination
上古	shànggǔ	（名）	ancient times (chinese history, before the 3rd century)
神秘化	shénmìhuà		make a mystery of
绳结	shéngjié	（名）	rope-knot
锯齿	jùchǐ	（名）	serration; sawtooth
契约	qìyuē	（名）	contract
笼统	lǒngtǒng	（形）	general; at large
模糊	móhu	（形）	vague; blurred
权威	quánwēi	（形）	authoritative
尊崇	zūnchóng	（动）	revere; worship
陵	líng	（名）	mausoleum; tomb
庙	miào	（名）	temple
树碑立传	shùbēilìzhuàn	（成）	glorify somebody by erecting a monument to him and writing his biography
尊奉	zūnfèng	（动）	address respectfully
方圆	fāngyuán	（名）	circumference
朝圣	cháoshèng	（动）	pilgrimage
天雨粟，	tiān yǔ sù		Grain falls from the sky.
鬼夜哭	guǐ yè kū		Ghosts weep at night.
东汉	Dōnghàn	（名）	the Eastern Han (24～220 A.D.)

叙言	xùyán	（名）	preface; foreword
野兽	yěshòu	（名）	beast
约定俗成	yuēdìngsúchéng	（成）	established by usage; accepted through common practice
毕竟	bìjìng	（副）	after all; all in all
纷乱	fēnluàn	（形）	numerous and disorderly
归纳	guīnà	（动）	sum up; induce; conclude
亟待	jídài	（动）	be in urgent need
规范化	guīfànhuà	（动）	standardize; normalize
出入	chūrù	（名）	discrepancy; divergence
卓越	zhuōyuè	（形）	outstanding; great; brilliant
崇拜	chóngbài	（动）	adore; worship
虚构	xūgòu	（动）	make up; fabricate

第三节 汉字发展概况

汉字自身的基本矛盾和发展规律

　　文字是记录传达语言的工具，人们对任何工具都要求它能最大限度地精确有效，方便省力。对文字这个工具的要求也是这样。创造使用文字的人，不仅要求它记录传达语言尽可能精确有效，同时也要求它在学习和书写时方便省力。文字记录传达语言的精确有效与学习书写的方便省力是一对对立而又统一的矛盾，是文字自身的基本矛盾。它存在于一切文字发展过程中，推动着各种文字不断向前发展。文字自身的基本矛盾具体表现在文字发展过程中增繁与趋简的相互关系上，文字在不断的增繁与趋简中完善、进步。一般来说，记录传达语言要精确有效，其体系就要繁，而且越繁越好；学习和书写要方便省力，其体系就得简，而且越简越好。由于矛盾双方既相互作用又相互制约，使文字既不会为记录传达语言求精确有效而无限地增繁，也不会因学习和书写求方便省力而过分地趋简。因此，文字的发展总是时而增繁,时而趋简;在某一方面增繁,又在另一方面趋简;以某种形式趋简,又以另一种形式增繁;呈波浪式前进。发展的总方向是:既能相对准确有效地记录传达语言,又能相对方便省力地学习书写的更高水平。

不过,文字是为记录语言服务的,其首要的价值在于尽可能精确有效地记录语言。所以,在记录传达语言的精确有效和学习书写的方便省力这对矛盾中,前者是矛盾的主要方面,后者是矛盾的次要方面,前者决定文字体系发展的总趋势。因此,文字发展的总趋势不可避免地都是相对增繁的。

汉字发展概况

汉字大约已有六千年的历史,它的发展,始终贯穿记录传达语言精确有效和学习书写方便省力这一基本矛盾,体现一般文字发展的基本规律。其间,在造字方法、字体、结构、字量、字音、字义等方面都有或大或小、或简单或复杂的发展变化。其发展变化可综合概括为以下几方面。

一、造字方法的发展。汉字有象形、指事、会意、假借、转注、形声六种造字方法。从出土的甲骨文可知,六种造字方法在商代后期就已经齐备了。不过这些造字法并不是同时发明并大量使用的,发明和大量使用的大致顺序是:象形、指事→会意→假借→转注→形声(详见第四章)。汉字造字方法的发展,促使汉字的性质由表意的语素—音节文字进步为表意兼表音的语素—音节文字,促使汉字的结构由独体变为以合体为主。因而,汉字在质量、数量方面能满足古今汉语的需要。

二、汉字字体的发展。根据现有资料,汉字在历史上有甲骨文、金文、大篆、六国文字、小篆、隶书、楷书、草书、行书等字体(详见第三章)。这些字体发展演变的大体顺序是[①]:

[①] 商代、周代都有甲骨文,商代、周代、春秋战国时代都有金文。所以,甲骨文和金文之间不是纯粹的承继关系。考虑到数量最多、最有代表性的甲骨文是商代甲骨文,数量最多、最有代表性的金文是周代金文,所以,这个字体演变简表将金文排在甲骨文之后。

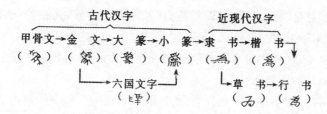

从"为"字不同书体的笔画姿态可以看出,古代汉字保留象形意味,近现代汉字已摆脱了象形意味,符号化了。汉字字体的发展一直是趋简的,这适应了人们书写求易求快的要求。

三、汉字结构的发展。汉字结构的发展与造字方法、书体发展有密切关系。从大趋势看,汉字的结构是由独体向合体发展,现代汉语通用字中 95% 是合体字,这是汉字结构增繁的一面。结构增繁可以提高文字的表达力和区别性。

汉字结构也有趋简的一面,例如:"羊"字,甲骨文写作 ,简化为 ,是独体字减少笔画;"败"字,金文写作 ,大篆写作 ,小篆简化为 ,这是省略偏旁重复部分;楷书"專"字简化为"专","財"字简化为"财",这是整体或偏旁减少笔画。结构趋简可以减轻汉字学习书写的难度。

四、汉字字量的发展。汉字的数量是越来越多的。由于战国以前没有文字数量的记载,我们只从秦代开始列举几个数字,可见汉字数量发展的大概。

秦代李斯等所写的识字课本《仓颉篇》、《博学篇》、《爰(yuán)历篇》共有 3300 字;汉代许慎编的中国第一部字典《说文解字》收字 9353 个;南朝顾野王所编字典《玉篇》收字 16917 个;宋代陈彭年等所编字典《广韵》收字 26194 个;清代《康熙字典》收字 47035 个;当代《汉语大字典》收字 60370 个。可见汉字的数量是在不断增加的。增加的新字,主要是为适应语言发展和文字表达语言力求精确的要求而造的,此外也有不少是随意造出的异体字、俗体字。不过,汉字总数虽然不断增加,但各时代的通用字最多不过六七千。为什么呢?一是因为记录传达新词语的新字产生,同时也伴随记录传达旧词语的旧字停止使用;二是因为各时代都有人从事文字规范化工作,限制不规范异体字、俗体字的使用。这样,汉字通用字在每一时期都能维持在一个适当的数量上。汉字总数不断上升,使汉字体系增繁以至混乱,而各时代的文字规范化工作,又使汉字体系得以纯洁和简化。

五、汉字音义的发展。每一个汉字初造时只有一个音,一个意义,但投入使用后,往往就会增加新的读音和意义,变成多音、多义字。多音多义字一般是常用字。

许多汉字使用的历史很长,由于古今字义的演变会造成古今义的不同,由于古今语音的演变会造成古今读音的不同,这是从历史上看。从同一时代来看,字音的增加主要是为了区别意义,其次是受方言的影响;字义的增加主要是文字的引申和假借所致。汉字音义的增繁虽然带来了某些学习和使用上的困难,但它节制了汉字数量的增加。

从以上汉字发展的简单情况来看,汉字发展的历史是曲折的复杂的,有增繁有趋简。增繁和趋简都是为了使汉字体系更完善。汉字发展到今天,其记录传达汉语的精确有效和学习使用的方便省力的程度都达到了历史最高水平,这是中华民族对理想文字长期苦心追求的结果,是中华民族智慧的结晶。

生　　词

尽可能	jǐnkě'néng	(副)	as far as possible; to the full; to the best of one's ability
基本矛盾	jīběn máodùn		basic contradiction
增繁	zēngfán		increase gradually in number or quantity
趋简	qūjiǎn		tend to simplicity
制约	zhìyuē	(动)	restrict; condition
呈	chéng	(动)	assume; take on
波浪式	bōlàngshì	(名)	wavelike
前者	qiánzhě	(名)	the former
后者	hòuzhě	(名)	the latter
贯穿	guànchuān	(动)	pervade; run through

齐备	qíbèi	（形）	all complete; all ready
大篆	dàzhuàn	（名）	an ancient style of calligraphy, current in the Zhou Dynasty (c. 1046 B.C. ~256 B.C.)
六国文字	liùguó wénzì		the written languages used in the Six States in the Warring States periods
楷书	kǎishū	（名）	(in Chinese calligraphy) regular script
草书	cǎoshū	（名）	(in Chinese calligraphy) characters executed swiftly and with strokes flowing together; cursive hand
行书	xíngshū	（名）	(in Chinese calligraphy) running hand
姿态	zītài	（名）	posture; carriage
意味	yìwèi	（名）	flavour; interest
摆脱	bǎituō	（动）	break away from; cast off
省略	shěnglüè	（动）	omit; leave out
南朝	Náncháo	（名）	the Southern Dynasties (420~589 A.D.)
清	Qīng	（名）	the Qing Dynasty (1644~1911 A.D.)
伴随	bànsuí	（动）	follow; accompany
维持	wéichí	（动）	keep; maintain
纯洁	chúnjié	（形）	pure
引申	yǐnshēn	（动）	extend (the meaning of a word, etc.)
致	zhì	（动）	cause; incur; result in
节制	jiézhì	（动）	control; be moderate in
结晶	jiéjīng	（名）	crystallization

附录一　中国历史纪年简表

五帝（黄帝、颛顼、帝喾、尧、舜）⋯约公元前26世纪—公元前21世纪

夏⋯约公元前21世纪—约公元前17世纪

商⋯约公元前17世纪—11世纪

周⋯公元前11世纪—256

—西周　公元前11世纪—771

—东周⋯⋯公元前770—256

—春秋⋯⋯公元前770—476

—战国⋯⋯公元前475—221

秦⋯⋯公元前221—前206

汉⋯公元前206—公元220

—西汉⋯公元前206—公元25

—东汉⋯⋯公元25—220

三国⋯⋯⋯公元220—280

—魏⋯⋯公元220—265

—蜀⋯⋯公元221—263

—吴⋯⋯公元222—280

晋⋯⋯⋯公元265—420

—西晋⋯⋯公元265—316

—东晋⋯⋯公元317—420

（十六国）⋯公元304—439

南北朝⋯⋯公元386—589

—北朝⋯⋯公元386—581

　北魏：公元386—534

　东魏：公元534—550

　北齐：公元550—577

　西魏：公元535—556

　北周：公元557—581

—南朝⋯⋯公元420—589

　宋：公元420—479

　齐：公元479—502

　梁：公元502—557

　陈：公元557—589

隋⋯⋯⋯⋯公元581—618

唐⋯⋯⋯⋯公元618—907

五代十国⋯⋯公元907—979

　后梁：公元907—923

　后唐：公元923—936

　后晋：公元936—946

　后汉：公元947—950

　后周：公元951—960

宋⋯⋯⋯　公元960—1279

—北宋⋯公元960—1127

—南宋⋯公元1127—1279

（辽）⋯⋯⋯公元907—1125

（西夏）⋯⋯公元1038—1227

（金）⋯⋯公元1115—1234

元⋯⋯⋯⋯公元1260—1368

明⋯⋯⋯⋯公元1368—1644

清⋯⋯⋯⋯公元1644—1911

中华民国⋯公元1912—1949

中华人民共和国⋯公元1949年10月1日成立

第三章 汉字的字体

第一节 汉字字体概况

汉字字体及其种类

字体也称"书体",指汉字书写的体态形式。汉字的字体和汉字的结构不同,一个汉字可以有不同的字体,但它的结构方式却比较固定。例如:"休"字自古至今有各种不同的写法,甲骨文写作㑉,金文写作㳖,小篆写作㦊,隶书写作休,楷书写作休,草书写作㣺,行书写作休,这些是"休"字的不同字体。但是从甲骨文到楷书、行书,都是由"人(亻)"、"木"两个偏旁字以左右结构组合而成,这个结构从未改变。

字体是不断发展的。汉字的不同字体,是汉字在不同历史阶段内通用的书写形式。汉字字体的种类很多,历史上最通行的说法是"真(楷)"、"草"、"隶"、"篆"四体。这种划分方法比较粗。还不能反映汉字字体的全貌。按照汉字字体演变情况,可以分为甲骨文、金文、大篆、六国文字、小篆、隶书、楷书、草书、行书等。甲骨文、金文、小篆、隶书、楷书在汉字发展史上都曾居于正统地位;而大篆、六国文字只分别在部分地区通行;草书、行书只作为辅助字体使用。甲骨文、金文、大篆、六国文字、小篆属于古代汉字,隶书、楷书、草书、行书为近现代汉字。古代汉字具有不同程度的象形性,近现代汉字则完全摆脱了象形性的束缚,成了纯粹的书写符号(参看第二章第三节汉字字体发展演变简表)。

汉字字体演变的基本情况

汉字的字体是不断发展演变的。这种演变一般是缓慢的、渐进的，不是新字体一出现，旧字体就废除不用，而是新旧字体并存一段时间以后，才由新字体代替旧字体，成为普遍通用的字体。旧字体基本不用之后，也不是一下子消灭掉，在某些场合还会使用。例如：汉魏时代通用的字体是隶书，但东汉许慎的《说文解字》仍使用小篆，魏《三体石经》（又名《正始石经》）仍旧用隶书与篆书对照。又如：楷书从汉末到现在已通行近两千年了，但人们写对联，特别是刻印章等还往往使用篆书或隶书。作为艺术的书法作品就更不用说了，古今各种字体应有尽有。由此可见，汉字字体的演变是有继承性的，新字体只是取代旧字体成为主要通行字体，并不是以消灭旧字体作为自己生存的条件。

另外，汉字不同字体还有长期并行的情况。例如：自从楷书成为主要通行字体以后，就有草书、行书，作为楷书的辅助字体与楷书长期并行。

不同字体形成的原因

汉字不断演变形成众多字体的原因，主要有以下几方面。

一、书写求简求快。文字首先是工具，使用起来当然希望简单方便，省力省时间。当感到原有的字体写起来麻烦费力时，人们就要创造新的字体代替它。人们对字体的要求不断提高，也就会不断出现新的字体。例如："女"字，甲骨文写作ᕓ，金文写作ᕓ，小篆写作ᕓ，隶书写作女，楷书写作女，草书写作ᕓ，从甲骨文到草书，一种字体比一种字体书写便利。

二、书写工具的改变。甲骨文是用刀子刻在龟甲或兽骨上的，所以笔画细硬。而范铸的金文，若笔画太细就铸不出来，即使铸出来，字迹也不清楚，所以金文的笔画粗肥，字形也大。再如：汉代发明了造纸术，在纸上写字比在竹简、木牍上写便利多了，所以就有了挥洒自如、龙飞凤舞的草书。

三、社会或某些个人力量的影响。汉字字体的形成有时与社会或某些个人力量的影响有关。例如：秦朝李斯(？～前208)根据大篆简化改进而成小篆，在秦始皇(前259～前210)的支持下，通过行政方法在全国推行，在短短十几年中，就废除了混乱的六国文字，使小篆成为全国统一的通行字体。

此外，人们在阅读上追求清晰、省力和迅速的心理，也是促进字体不断演变的原因之一。

生　　词

体态	tǐtài	（名）	posture; style
居	jū	（动）	be (in a certain position); occupy (a place)
正统	zhèngtǒng	（形）	legitimate; orthodox
辅助	fǔzhù	（形）	subsidiary; auxiliary
束缚	shùfù	（动）	fetter
缓慢	huǎnmàn	（形）	slow
渐进	jiànjìn	（动）	advance gradually; progress step by step
废除	fèichú	（动）	do away with
魏	Wèi	（名）	the Kingdom of Wei (220～265 A. D.), one of the Three Kingdoms
石经	shíjīng	（名）	classics engraved on stone tablets in various dynasties after exhaustive verification and research, made usually by orders of the emperors
对联	duìlián	（名）	antithetical couplet (written on scrolls, etc.)
印章	yìnzhāng	（名）	seal; signet; stamp

应有尽有	yīngyǒujìnyǒu	（成）	have everything that one expects to find
并行	bìngxíng	（动）	implement simultaneously; run parallel
龟甲	guījiǎ	（名）	tortoiseshell
范铸	fànzhù	（名）	mould-casting
竹简	zhújiǎn	（名）	bamboo slip (used for writing on during ancient times)
木牍	mùdú	（名）	inscribed wooden tablet
挥洒自如	huīsǎzìrú	（成）	wield freely
龙飞凤舞	lóngfēifèngwǔ	（成）	like dragons flying and phoenixes dancinglively and vigorous flourishes in calligraphy
清晰	qīngxī	（形）	distinct; clear

第二节　甲骨文、金文

甲 骨 文

　　甲骨文是现存的年代最早的成批汉字资料，是公元前 14 世纪到公元前 11 世纪商代后期通用的字体。因为它刻在龟甲或兽骨上，所以被称为"甲骨文"；因为它记录的内容大多是占卜之辞，所以又被称为"卜辞"；因为它是在商代后期都城殷的遗址出土的，所以也有人称它为"殷墟卜辞"。

　　1899 年，甲骨文在河南 安阳 小屯村首次发现，至今已发掘出有字甲骨十几万片。有的只刻几个字，有的刻有几十个字，多的有八九十个字。甲骨文的单字总数在四千五百个左右，已经考释出来的约有两千个。甲骨文基本上可以满足那个时代记录语言的需要，已经是相当发达的文字了。（见图一）

图 一

甲骨文是现存最早的成批的汉字资料,所以,是研究古代汉字极为珍贵的资料,也是研究中国古代社会的重要资料。

甲骨文有独具的特色,主要表现为以下几点。

一、图画意味浓厚。汉字是从图画文字脱胎而来的,甲骨文虽然已经是纯粹的文字,但还保留着汉字的许多原始形态,图画意味还较浓厚,图画性强的象形字、指事字、会意字占大多数。很多字,如:⋀⋀(山)、⁑(水)、☽(月)、☉(日)等,一眼就可以看出它表示的是什么东西;还有很多字,如❋❋(林)、☽☉(明)、⚔(刃)、❖❖❖(齐)等,看后也很快就明白它表示的是什么意思。

二、笔画细、硬,这与书写的工具材料有关。

三、很多字还没有完全定形,同一个字往往有好几种写法。有的字的几种写法繁简不同,结构各异,如"羊"字,有❦ ❦ ❦ ❦等不同写法;有的字可正写,也可反写,如"隹"字,可写作❦,也可写作❦;有的字可横写,也可竖写,如"目"字,可写作❦,也可写作❦;有的字可正面写,也可侧面写,如"龟"字,可写作❦,也可写作❦,有的字结构不同,如"牢"字,有🐂🐂两种写法,偏旁不同;有的字偏旁位置不同,如"降"字,可写作🐂,也可写作🐂。

四、同一处文字,字形大小极不统一,结构复杂的,字形就大,结构简单的,字形往往就小。整体字形出现朝竖长形发展的趋势。

五、甲骨文绝大部分是一字一体一格,但也有不少合文,如"文(五十)"、"🐂(祖乙)"、"🐂(十一月)"。据专家统计,这类合文在甲骨文中有三百多个。

六、甲骨文中某些字的字形出现表音成分。这些有表音成分的合体字多数是转注字,个别为形声字。如🐂(娶)、🐂(姓)、🐂(酒)、🐂(萌)、🐂(牡)🐂(牝),这是转注字;又如:🐂(凤[鳳])、🐂(鸡[鷄])、🐂(咙[嚨]),这是形声字。

金　文

金文是刻铸在青铜器上的汉字字体。古人称"铜"为"金",因此将青铜器上的文字称为"金文";又因为最常见的有字的青铜器具是钟和鼎,人们一般将"钟鼎"作为青铜器的总名,所以金文又被称为"钟鼎文"。由于铸造方法不同,金文分为两类,铸的字凹下去的叫阴文,凸起来的叫阳文。阴文称为"款",阳文称为"识(zhì)",合起来称作"款识",所以金文又称作"钟鼎款识"。

中国古代冶铜技术十分发达,商代的青铜器已十分精美,但刻铸的文字并不多。金文最发达的时期是周代,特别是西周。一口钟,一个鼎,一件普通的器具,差不多都要刻上字,通常是数十字、上百字,有的甚至有二三百字。西周前期的大盂(yú)鼎铭文有 291 个字,(见图二),西周末年的毛公鼎铭文有 497 个字(见图三),是现在所见到的最长的铭文。东周以后的青铜器铭文又渐趋简单。因此,我们所说的金文,主要指周代青铜器上的汉字字体。可以说,金文是周代通行的标准字体。

图 二

现存历史上出土的商周青铜器有五六千件,有单字 4000 多个,已考释出来的有 2000 个左右。金文也是研究古代汉字的重要资料,并具有重要的史料价值。除上述大盂鼎、毛公鼎铭文之外,散氏盘铭文、虢(guǒ)季子白盘铭文等,也都是有代表性的金文作品。

金文是以甲骨文为基础发展而来的,虽然早期金文与甲骨文有许多相同之处,但成熟的金文却具有自己的特点。

一、象形特点逐渐减弱,趋向线条化、符号化。

二、笔画一般比甲骨文圆肥,字形也大。因为青铜器的绝大部分铭文都是范铸的,如果笔画太细,或者铸不出来,或者铸出来不清楚,所以笔画粗肥,这样字形自然就大;又因为字是先刻在范上的,刻的时候可以细细加工,所以笔画比较圆润。

图 三

三、字形定型化程度有一定提高。虽然也有一字多形的特点，但比甲骨文要少多了。

四、整体字形显现出竖长形特征，字形的大小也基本均匀一致。

生　　词

占卜	zhānbǔ	（动）	divine
辞	cí	（名）	phraseology
卜辞	bǔcí	（名）	oracle inscriptions of the Shang Dynasty on tortoiseshells or animal bones
都城	dūchéng	（名）	capital
殷墟	Yīnxū	（名）	the Yin Dynasty ruins
发掘	fājué	（动）	eXCavate; unearth
考释	kǎoshì	（动）	verify and explain
浓厚	nónghòu	（形）	strong; pronounced
刻铸	kèzhù	（动）	inscribe and cast
青铜器	qīngtóngqì	（名）	bronze ware
钟	zhōng	（名）	bell, an ancient bronze object
鼎	dǐng	（名）	ding, an ancient cooking vessel with two loop handles and three or four legs

凹	āo	（形）	concave; hollow; sunken
阴文	yīnwén	（名）	characters cut in intaglio
凸	tū	（形）	raised; protruding
阳文	yángwén	（名）	characters cut in relief
款识	kuǎnzhì	（名）	inscriptions (on bronzes, etc.)
冶	yě	（动）	smelt (metal)
铭文	míngwén	（名）	inscription; epigraph
史料	shǐliào	（名）	historical data; historical materials
圆润	yuánrùn	（形）	round and lubricious
定型	dìngxíng	（动）	fall into pattern

第三节 大篆、六国文字、小篆

大　篆

  大篆就是籀文。籀文是《史籀篇》里使用的字体。西周末年周宣王(公元前 827～前 782)时的史官名字叫籀，《史籀篇》(十五篇)是他编的一部供人学习标准字的书，籀文因此得名。后人把籀文称作"大篆"。古人认为"篆"是"引书"，"引"有延长的意思。因为籀文字体的笔画是圆转延长的线条，所以称之为"篆书"，以后又相对后来出现的"小篆"而称之为"大篆"。

  大篆是在金文极大发展的基础上演变出来的字体，它主要在春秋战国时代的秦国通行。

  大篆的文字资料很少，现在惟一的真迹是公元前 8 世纪秦国的石鼓文(见图四)。石鼓文刻在十个一米多高馒头状的石鼓上，是唐朝初年在今陕西省凤翔(xiáng)县南发现的，现保存在北京故宫博物院。原文共六百多字，现在能看清的只剩二三百字，幸存的北宋拓本也只有近五百字，这是我们今天研究大篆的珍贵资料。此外,《说文解字》一书还收录了 223 个籀文，可能是以当时残留的《史籀篇》

(东汉时《史籀篇》还残留九篇)为根据的,但这些字经过历史上的传抄、刻印,很难说是原样了。

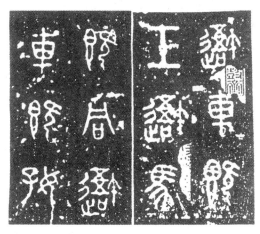

图 四

从石鼓文可以看出,大篆有以下几个特点:

一、笔画匀称工整,线条化、符号化的特点已经很明显。例如"车"字,金文一般写作𨍏,而大篆写作車;又如"隹"字,金文多写作𨾴,而大篆写作隹,都已线条化、符号化了。

二、整体字形竖长特征已基本形成。同一篇文章里的字形的大小完全一致。

三、有些字的结构比金文更合理。例如"柳"字,金文写作𣓤,大篆写作柳,比金文安排合理;有些字的结构非常复杂,这可能与当时大量出现合体的转注字、形声字有关。

六 国 文 字

严格地说,六国文字并不是一种具有统一风格的字体,它是战国时代齐、楚、燕(yān)、韩(hán)、赵、魏六个国家使用的文字的总称。春秋时代,周王朝的统治日益衰落,出现诸侯割据的局面。国家的分裂,造成了"文字异形"。到了战国时代,出现齐、楚、燕、韩、赵、魏、秦七国争雄的形势,文字异形现象更加严重,除秦国使用较规范的大篆以外,其他六国的文字各不相同。这是汉字发展史上大分化大混乱的时期。汉字学家把这六个国家使用的文字称为"六国文字"。六国文字最显著的特点是:

一、写法不同,有的差别很大,如"马"字,楚国写作𩡼,齐国写作𩡳,燕国写作𩡧,赵国写作𩡢,魏国写作𩡡,韩国写作𩡠。

二、简体字流行。如"安"字,大篆写作𡧑,而在战国时期,楚国写作𡧐,齐国写作𡧏,赵国写作𡧎,魏国写作𡧍,韩国写作𡧌,都比较简单。

三、出现所谓"鸟虫书"的美术字。如:

六国文字多见于日用的铜器。此外,也见于兵器、陶器、玺印、货币、竹简、丝帛等器物。

小　篆

小篆的名称是相对大篆而言的。小篆又称秦篆,是秦朝丞相李斯在大篆的基础上简化改进而成的,是秦代通行的标准字体。春秋战国时代,各诸侯国字体互不相同,秦始皇统一中国后,推行"书同文字"政策,以小篆为标准字体,用法令的形式在全国进行汉字规范化工作。经过小篆的规范化后,汉字体系达到空前的统一和纯洁,为汉字体系向近代化发展打下了基础,是古代汉字向近现代汉字过渡的一个关键阶段。由于小篆还保留着一些象形性的特征,如𣱵(水)、𣎳(木)、𩵋(鱼)、𤠣(鸟)等,有助于我们从小篆出发去认识甲骨文、金文,所以汉字学家一般都将小篆划归古汉字阶段。

现存的小篆资料主要有三类。一是秦始皇巡视各地时树立的记录功绩的刻石,有《泰山刻石》(见图五)、《琅(láng)邪(yá)台刻石》、《峄(yì)山刻石》(见图六)等数种。二是秦代法定的文字范本(也是识字用的课本),一共有三本:李斯编的《仓颉篇》,赵高编的《爰(yuán)历篇》,胡母(一作毋)敬编的《博学篇》。这三本书合称《三仓》,都是用标准小篆写成的,原本早已失传,现在只有王国维(1877~1927)等人的几种辑存本。三是《说文解字》用作字头的9353个字。这三类资料中,秦代刻石可以反映小篆的原貌。《三仓》、《说文解字》经历代传写刻印,只能大体反映小篆原貌了。

小篆作为通行的主要字体,使用的时间大概只有短暂的秦代和西汉前期。到了西汉中期,便被隶书取代。但这种字体并没有消失,还继续在表示郑重、严肃的场合使用。历代的印章字体差不多都用小篆,所以"篆"还用作印章的代称。此外,小篆在书法艺术中也占有重要的地位,并得到进一步发展。

图 五　　　　　图 六

小篆和它以前的字体相比较,主要有如下特点:

一、笔画线条化,它使用粗细一致、圆转绵长的线条,笔画安排疏密均匀。

二、象形程度进一步降低,汉字体系的符号性进一步增强。例如：大篆"涉"字写作🗌，小篆写作🗌。

三、字形结构开始统一化、定形化。大多数汉字的写法已经固定，而且一个字只有一种写法。笔画、偏旁的写法固定统一，笔画多少，由哪几个偏旁组成固定统一，笔画、偏旁在字中的位置也固定统一。

四、字形规整，大小完全一致；整体字形为竖长方形，汉字的方块特征基本形成。

五、多数汉字的小篆写法比以往字体简化。例如："中"字大篆写作🗌，小篆写作🗌，"原"字大篆写作🗌，小篆写作🗌。

生　　词

籀文	zhòuwén	（名）	a style of calligraphy, current in the Zhou Dynasty（c. 1046 B. C.～256 B. C.）
圆转	yuánzhuǎn	（形）	turning; circular
真迹	zhēnjì	（名）	authentic work（of painting or calligraphy）
石鼓文	shígǔwén	（名）	inscriptions on drum-shaped stone blocks of the Warring States Period（475～221 B. C.）
故宫博物院	Gùgōng Bówùyuàn		the Imperial Palace Museum
幸存	xìngcún	（动）	survive
北宋	Běisòng	（名）	the Northern Song Dynasty（960～1127 A. D.）
拓本	tàběn	（名）	a book of rubbings, rubbings made from inscriptions, pictures, etc. on a stone tablet or bronze vessel
残留	cánliú	（动）	remain; be left over
特征	tèzhēng	（名）	characteristic; feature
日益	rìyì	（副）	day by day; increasingly

衰落	shuāiluò	（动）	decline; be on the wane
割据	gējù	（动）	set up a separatist regime by force of arms
分裂	fēnliè	（动）	divide; break up
争雄	zhēngxióng	（动）	scramble for supremacy
分化	fēnhuà	（动）	become divided
简体字	jiǎntǐzì	（名）	simplified word
鸟虫书	niǎochóngshū	（名）	bird-insect writing form of words
美术字	měishùzì	（名）	artistic calligraphy
玺印	xǐyìn	（名）	imperial or royal seal; the formal seal of a state
丝帛	sībó	（名）	silk fabrics; silk
丞相	chéngxiàng	（名）	prime minister (in ancient China)
书同文字	shū tóng wénzì		writing in the same characters
关键	guānjiàn	（名）	crux; key
巡视	xúnshì	（动）	make an inspection tour
法定	fǎdìng	（形）	legal; lawful
范本	fànběn	（名）	model for calligraphy or painting
失传	shīchuán	（动）	not be handed down from past generations; be lost
辑存本	jícúnběn	（名）	a collection of different characters of forms from miscellaneous sources
字头	zìtóu	（名）	head word
短暂	duǎnzàn	（形）	of short duration
郑重	zhèngzhòng	（形）	solemn; serious
场合	chǎnghé	（名）	occasion; situation
代称	dàichēng	（名）	substitute name
绵长	miáncháng	（形）	continuous; far back
疏密	shūmì	（名）	density; spacing

| 均匀 | jūnyún | （形） | well-distributed |
| 规整 | guīzhěng | （形） | orderly and neat |

第四节　隶书

隶书的名称及源流

　　隶书是由小篆简化演变而成的一种字体,始于战国后期至秦代,通行于汉代。秦代通行的小篆虽然比大篆简易,但由于它笔画圆转绵长,字形规整,写起来很慢,下层办事人员使用起来仍不方便,于是他们在小篆的基础上创造了一种可以快速书写的字体。这种字体把小篆圆转绵长的线条变成平直方折的线条,大大加快了书写的速度。由于这种字体首先用于办理有关"徒隶"的文书,所以把这种字体称作"隶书"。古人说:"隶书者,篆之捷也。"可见秦代的隶书只是草率的篆书,还没有脱离小篆的形式。汉字学家称这种早期的隶书为"秦隶"或"古隶"。

　　到了汉代中期,经过美化加工,隶书成为一种风格特殊的字体。这种字体的突出特点是整体字形呈扁方形,其笔画在秦隶平直方折的基础上增加了波势和挑法。所谓波势,是指横、撇、捺有波浪起伏的姿态;所谓挑法,是指写撇、捺和较长的横收笔时,向上挑起。如横写作一,撇写作丿,捺写作㇏。这种字体相对秦隶、古隶被称作"汉隶"或"今隶"。又因为这种字体的笔画有波势,特别是撇笔和捺笔,像"八"字一样呈左右分开的形状,所以又有"八分书"之名。

　　书法艺术中的隶书,专指汉隶。

　　现存秦隶的资料不多,主要是秦代度量衡诏版、近几十年出土的秦简和若干兵器上的刻文。如秦代"高奴权"上的"奴"字就写作𢒈。汉代初年使用的文字也属于秦隶。如长沙 马王堆汉墓竹简、帛书上的文字(见图七)。从这些文字资料可以明显看出小篆向汉隶过渡的趋势。

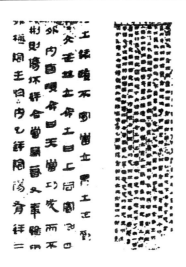

图　七

汉隶的资料非常丰富,仅东汉的碑刻就有上百种。例如《西狭颂》(见图八)、《曹全碑》(见图九)、《史晨碑》、《礼器碑》、《张迁碑》(见图十)、《熹(xī)平石经》(见图一一)等。

图　八

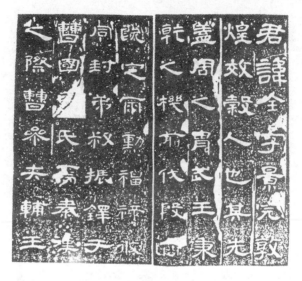

图 九

图 十

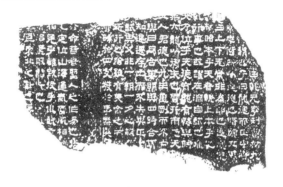

图 一一

隶 变

在汉字字体的演变过程中,由小篆变为隶书是最重要的一次变革。汉字学家把这一变革称作"隶变"。汉隶是隶变的结果。

隶变有三种形式:形变、省变和讹变。

一、形变。指结构不变,只是把小篆圆转绵长的线条变为隶书平直方折的笔画,隶书的横、竖、撇、捺、点、钩、折等笔画差不多都有来历,和小篆线条笔画相对应。例如:

这种隶变方式,汉字学家称为"隶古定",以后又简称"隶定",意思是把汉字的形体用隶书写法固定下来。由于笔画形式的变化,也带来整体字形的变化,隶书整体字形由小篆竖长方形变为扁方形。

二、省变。指在形变的同时进行简化,有省并笔画的,例如:

有省并偏旁的,例如:

有用简化变形的偏旁代替繁复或难写的偏旁的,例如:

巛—氵　犬—犭　艸—艹　辵—辶
皀—旬　朿—才　壴—叀. 丨. 小. 心

三、讹变。指在形变的基础上,不顾原字的结构原则,把小篆的一个形体分化为隶书的许多形体,或者把小篆的好几个形体混同成隶书的一个形体。例如:

隶变在汉字发展史上具有十分重要的意义,这次变革使汉字的面貌发生了巨大的变化。

第一,隶变从根本上消除了汉字的象形性,使汉字彻底地符号化,从而促进了汉字性质的改变。隶变是汉字体系由表意文字完全转变为意音文字的标志之一。

第二,隶变使汉字的结构进一步简化,从而使汉字的书写速度大大提高,汉字作为记录传达语言的工具,又向完美的方向前进了一大步。

生　词

徒隶	túlì	（名）	an unskilled labourer; a wretched labourer
捷	jié	（形）	quick; rapid
草率	cǎoshuài	（形）	careless; perfunctory
美化	měihuà	（动）	beautify; transfigure
起伏	qǐfú	（动）	undulate; rise and fall
度量衡	dùliànghéng	（名）	length, capacity and weight; weights and measures
诏版	zhàobǎn	（名）	imperial decree plates
若干	ruògān	（数）	several; a certain number or amount
帛书	bóshū	（名）	(ancient) book copied on silk
碑刻	bēikè	（名）	inscription on stone tablet
变革	biàngé	（动）	change; transform
讹	é	（形）	erroneous; mistaken
混同	hùntóng	（动）	mix up; confuse
完美	wánměi	（形）	perfect; consummate

第五节　楷书

楷书的名称及源流

　　楷书又叫真书、正书。"楷"是模范、标准的意思。因为这种字体是魏晋以来通行至今的规范标准的字体,所以叫"楷书"。楷书是在隶书的基础上发展演变出来的,是隶书横、竖、撇、捺、点、折、钩等笔画进一步发展形成的,它的结构与隶书基本相同,只有少数地方略有改动。

　　据说楷书是东汉末年一位叫王次仲(zhòng)的人发明的,但缺乏证据。一般汉字学家认为楷书始于三国时代的魏,两晋至南北朝时期开始作为主要字体广泛通行,但还属于发展时期。楷书发展到唐代,完全成熟定型,到今天已经大约有一千七百年历史了。

历代流传下来的楷书资料极为丰富。代表早期楷书风格的有:三国时期魏国钟繇(yáo,151～230)书《宣示表》(见图一二)、吴国的《九真太守谷朗碑》(见图一三)以及晋代的《爨(cuàn)宝子碑》(见图一四)等。代表发展时期楷书风格的有:晋代王献之(344～386)书《洛神赋(fù)》(见图一五),北魏《张猛龙碑》(见图一六)、《张玄墓志铭》(见图一七)等。代表成熟楷书风格的是唐代碑刻,有:欧阳询(xún)(557～641)书《九成宫醴泉铭》(见图一八)、颜真卿(qīng,709～785)书《勤礼碑》(见图一九)、柳公权(778～865)书《神策军碑》(见图二〇)等。

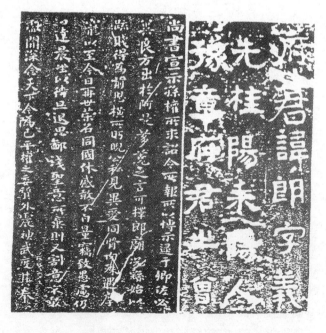

图 一二   图 一三

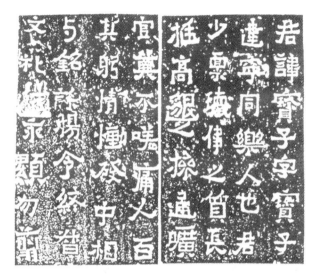

图 一四

楷书与隶书的区别

楷书是从隶书发展而来的,所以它和隶书十分接近,但这两种字体的区别还是很明显的,二者的区别主要表现在三个方面。

一、隶书的笔画基本平直,但有波势挑法。而楷书已失去波势、挑法。楷书横笔收笔变为停顿回旋,例如:三→三,作→作;撇笔笔稍细尖直出,例如:分→分,反→反;隶书的钩一般是平钩,有慢弯,楷书的钩一律是硬钩,例如:打→打,光→光,戈→戈。隶书笔画向楷书笔画变化的总原则是把不好写的变为好写的。楷书的笔画是各种字体中最容易掌握、书写最便利的笔画。

二、隶书的整体字形为扁方,楷书的整体字形基本呈正方;隶书严格要求字形方整平稳,楷书则是方整中有自由,平稳中有生动,使每个字的个性更加突出。有的字可以扁宽,例如:四、以;有的字可以竖长,例如:月、青;有的字可以上宽下窄,如:繁、胃。

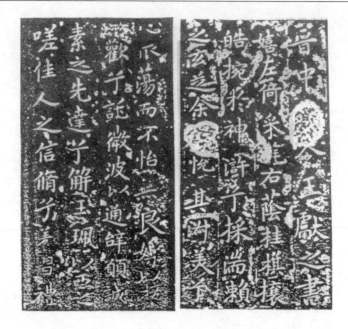

图　一五

三、隶书体态向外伸展分散,楷书向内收缩集中;隶书因笔画有波势而有婀娜飞动之态。楷书则因笔画无波势而显得挺拔端庄。例如:巾→巾,水→小,王→王,心→心。

总的看来,楷书最大限度地实现了"简"、"明"、"美"的统一。所谓"简"是简单易写;所谓"明"是字形明晰,个性突出,区别性好;所谓"美",即笔画匀称,自然而又端正。这是楷书通行至今始终不变的主要原因。

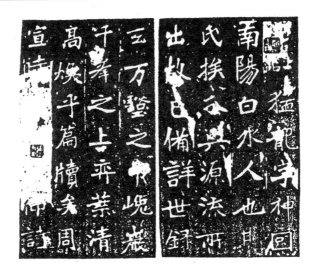

图 一六

图 一七

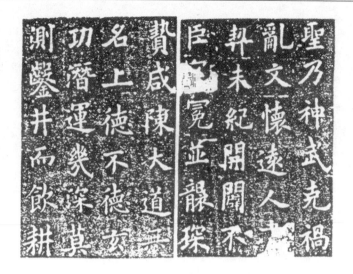

图 一八

图 一九

图 二〇

楷书的印刷体

中国是印刷术的发源地,据史籍记载大约在六七世纪的隋代,就有了雕版印刷术。11世纪的宋代,毕昇(?～约1051)发明了活字排版印刷术。应该说,自从有了印刷术,汉字就有了印刷体。不过从唐代到元代,汉字的印刷体都是手写楷书的刻印,还不是专门的印刷体,明代以后,印刷事业继续发展,专门的印刷体才逐步定型。这就是宋体字。

宋体,在现代印刷行业中又称老宋体。它的远源在宋代,但直接起自明代,沿用至今。宋体是现代印刷体中应用最广的字体。它的特点是,整体字形呈正方形,庄重大方;横平而细,竖直而粗,点似水珠,钩似鹅头,横及横折有装饰性的小三角点。

常用的楷书印刷体,除宋体以外,还有仿宋体、黑体、正楷体等。

仿宋体是摹仿宋版书的一种字体。特点是字体略长,端庄秀丽,横竖粗细相等,讲究顿笔,点呈三角,横略向上斜。常用于排印诗词的正文、一般文章的引文序言和图版说明等。

黑体,又称方头体、粗体。特点是笔画粗细相同,都是粗壮、显著的,黑体字常用于书报杂志的标题,或文章中着重的字、句、段。

正楷体与手写体接近,是雕版时代的手写楷书体,多用来印刷通俗读物、小学课本和儿童读物等。在长期印刷实践中,人们为了醒目或活跃版面还创造了许多变体,大致有二十多种,例如隶体、新魏碑体、长宋体、扁宋体等,这些变体一般用于标题。

常用印刷体举例

学习汉语	了解中国	(宋体)
学习汉语	了解中国	(楷体)
学习汉语	了解中国	(仿宋)
学习汉语	**了解中国**	**(黑体)**
学习汉语	了解中国	(长宋)

用于标题的字体举例

学习汉语	**了解中国**	**(标宋)**
学习汉语	了解中国	(行楷体)
学习汉语	了解中国	(细圆)
学习汉语	了解中国	(细黑)
学习汉语	了解中国	(新魏体)
学习汉语	了解中国	(隶书)
学习汉语	了解中国	(隶变)

因为印刷的需要不同,印刷体的字形又有大小之分。通常使用号数制,根据字形的大小进行编号,从一到七共七个号,除此之外,还有小几号、新几号、特号等。

生　　词

证据	zhèngjù	（名）	evidence; proof; testimony
三国	Sānguó	（名）	the Three Kingdoms (220～265 A. D.)
两晋	Liǎngjìn	（名）	the Western and Eastern Jin Dynasties (265～420 A. D.)
南北朝	Nán-Běicháo	（名）	the Southern and Northern Dynasties (420～589 A. D.)
吴	Wú	（名）	the Kingdom of Wu (222～280 A. D.), one of the Three Kingdoms
北魏	Běiwèi	（名）	the Northern Wei Dynasty (386～534 A. D.) one of the Northern Dynasties
停顿	tíngdùn	（动）	pause; stop; halt
回旋	huíxuán	（动）	circle round
便利	biànlì	（形）	convenient; easy
个性	gèxìng	（名）	individuality; personality
伸展	shēnzhǎn	（动）	extend; stretch out; spread
收缩	shōusuō	（动）	draw back
婀娜	ēnuó	（形）	(of a woman's bearing) graceful
挺拔	tǐngbá	（形）	tall and straight
端庄	duānzhuāng	（形）	dignified; sedate
明晰	míngxī	（形）	distinct; clear
发源地	fāyuándì	（名）	place of origin; birthplace
隋	Suí	（名）	the Sui Dynasty (581～618 A. D.)
雕版	diāobǎn	（名）	cutting blocks of wood for printing
活字排版	huózìpáibǎn	（名）	type composition; typesetting

元	Yuán	（名）	the Yuan Dynasty（1271～1368 A. D.）
沿用	yányòng	（动）	continue to use
庄重	zhuāngzhòng	（形）	grave, serious
装饰	zhuāngshì	（动）	decorate
摹仿	mófǎng	（动）	mimic; imitate
宋版书	sòngbǎnshū	（名）	books printed in the Song Dynasty
秀丽	xiùlì	（形）	beautiful; handsome
顿笔	dùnbǐ	（动）	pause in writing (in order to reinforce beginning or ending of a stroke)
魏碑	Wèibēi	（名）	1. tablet inscriptions of the Northern Dynasties（386～581 A. D.） 2. model calligraphy represented by the aforesaid inscriptions

第六节　草书、行书

草　书

　　草书是与隶书、楷书同时通行的辅助性字体。"草"是草率的意思。草书最突出的特点是写法简略自由，也就是"草率"。"草书"因此得名。草书有广、狭两义。从广义上说，不管什么字体，凡是写得草率的字，都可以算草书。而狭义的草书是一种特定的字体。它开始形成于汉代，作为隶书、楷书的辅助性字体被人们使用。本节讲的就是狭义的草书。

　　草书依其风格特点分为章草、今草和狂草三种。
　　草书与隶书、楷书的关系，以及三种草书之间的关系如下表：

一、章草　章草是由草率的隶书发展而成的。关于它的来源,有人说是由于东汉章帝喜欢提倡而得名。

章草的特点是:1.笔画有断有连,字形大小基本相同;2.字字独立,绝不相连;3.收笔仍有波势,保留汉隶的结构和体态;4.一个字一般只有一种草体写法;5.字体虽然简易潦草,仍比较容易识别。从东汉末期至晋代,是章草的兴盛时期。元、明两代是章草的中兴时期。

现在能见到的最早的章草资料,是汉代史游书《急就章》(见图二一)、三国皇象书《急就章》、晋代索靖(jìng,239～303)书《出师颂》(见图二二)等。元代赵孟頫(fǔ,1254～1322)书《急就章》等,也是较好的章草墨迹。

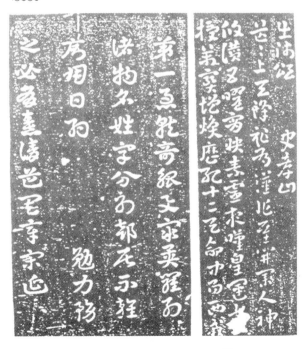

图　二一　　　　　　　图　二二

二、今草　今草是章草的继续,是楷书的快写体。今草之名是区别于章草而得的,据说是东汉末年的张芝(zhī,?～约192)创造的。但在汉代这种字体还未通行,使今草成为独立字体广泛通行,并达到极盛的是晋代王羲(xī)之(321～379)、王献之父子。今草是在章草的基础上形成的,简便、自由、快捷超过章草;今草也是在楷书广泛通行的基础上形成的,所以完全失去了波折之势,看不到隶书的痕迹。

今草的特点是:1.不仅一字之内笔画钩连不断,而且字与字间也往往互相连接;2.字形有大有小,有长有扁,有圆有方,是一种完全自由灵活的字体;3.从笔画到写法都达到极大的简化,所以今草的书写速度很快;4.同一个字常有多种写法。据有人研究,王羲之写自己名字的"羲"字,就有三十多种写法。

今草书写自由,写得快,也很漂亮,但由于它比章草更草,不容易辨认,所以长期以来,它只能作为极少数文人学者的交际工具,无法在群众中通行,实用价值不大。因此,今草逐步成为供人们欣赏的艺术品。

图　二三

历代今草资料很多,王羲之的《十七帖》(见图二三)、智永的《千字文》、怀素(725～785)的《论书帖》(见图二四)等,都是典型的今草作品。

三、狂草　狂草也称大草,是唐代以后在今草基础上发展兴盛起来的,是极端的草书。狂草大量改变字形、减少笔画,笔画的钩连一般人看不出规律,有时甚至一笔到底,由于字形诡奇,运笔疾速狂放,如醉如颠,故被称为"狂草"。人们经常用"龙蛇飞舞"、"一笔书"来概括狂草的特点,是很贴切的。

狂草完全失去交际的价值,只能作为表现线条美的书法艺术供人们欣赏。唐代张旭(xù)书《肚痛帖》(见图二五)、《古诗四帖》,怀素书《自叙帖》(见图二六)等,都是典型的狂草作品。

第三章 汉字的字体

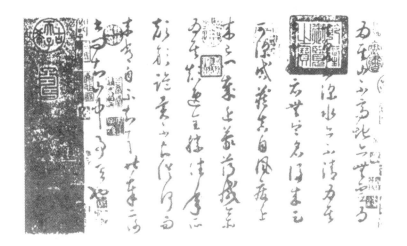

图 二四

图 二五

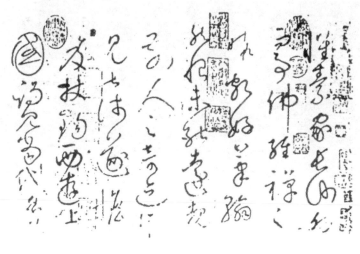

图 二六

行 书

行书是介于楷书与今草之间的一种流畅的字体,"行"是流动的意思,因为这种字体笔画连绵有序,呈流动之势,所以叫"行书"。

据说最早的行书是东汉末刘德升创造的,不过那时的行书是什么样子,我们已无法知道。现在所说的行书,是在楷书、今草发展形成的基础上产生的。楷书工整,写起来费力,速度也慢,不适于记录、书信、起草文稿等日常应用。草书写起来快捷省力,但难以辨认。人们需要一种书写流畅而又清晰易认的字体,于是就产生了行书。

行书没有一套规定的写法,写得规矩些,接近楷书的称作"行楷",写得放纵些,接近草书的称作"行草"。

历代流传下来的行书资料很多,各种法帖中以行书最多。古今公认最典范的行书作品是王羲之书《兰亭序》(见图二七),被称为"天下第一行书"。行楷可以欧阳询书《张翰(hàn)思莼(chún)帖》(见图二八)为代表,行草可以颜真卿书《祭侄季明文稿》(见图二九)为代表。此外,晋代王珣(xún)书《伯远帖》、唐代陆柬(jiǎn)之书《文赋》、宋代米芾(fú,1051～1107)书《蜀(shǔ)素帖》等,也都是典型的行书作品。

行书的特点及价值

行书似草非草,似楷非楷。它近于草书,可以使用连绵的笔画,同一段文章里的字或大或小、或长或扁,比较自由,写得也比较快,是楷书的草化;行书又近于楷书,写得比较规矩,各字独立,容易辨认,是草书的楷化。例如:"容"字楷书写作容,草书写作宂,行书写作客。又如"永"字楷书写作永,草书写作永,行书写作永。

由于行书兼有楷书和行书的优点,书写效率高,字形清晰易识,所以有很高的实用价值,成为楷书最主要的辅助字体。从日常使用的范围讲,行书是用处最广的字体,一般人写信、记录、抄写资料、起草文稿等,多半用的都是行书。此外,行书在书法艺术领域也占有很高的地位。

生　　词

狭	xiá	(形)	narrow
中兴	zhōngxīng	(名)	resurgence
墨迹	mòjì	(名)	somebody's writing or painting
痕迹	hénjì	(名)	mark; vestige
钩连	gōulián	(名)	hook and link
欣赏	xīnshǎng	(动)	admire; enjoy
典型	diǎnxíng	(形)	typical; representative
极端	jíduān	(形)	super; extreme
诡奇	guǐqí	(形)	weird
运笔	yùnbǐ	(动)	wield the brush (pen) in writing or painting
疾速	jísù	(形)	quick; fast
狂放	kuángfàng	(形)	unruly or unrestrained
如醉如颠	rúzuì rúdiān	(成)	be drunk with, be crazy about
贴切	tiēqiè	(形)	suitable; appropriate

介	jiè	（动）	lie between
流畅	liúchàng	（形）	supple; easy and smooth
连绵	liánmián	（形）	unbroken; continuous
规矩	guīju	（形）	(handwriting) showing care and training
放纵	fàngzòng	（形）	unbuttoned
法帖	fǎtiè	（名）	a model copy book of calligraphy
典范	diǎnfàn	（名）	standard; model
祭	jì	（动）	hold a memorial ceremony for

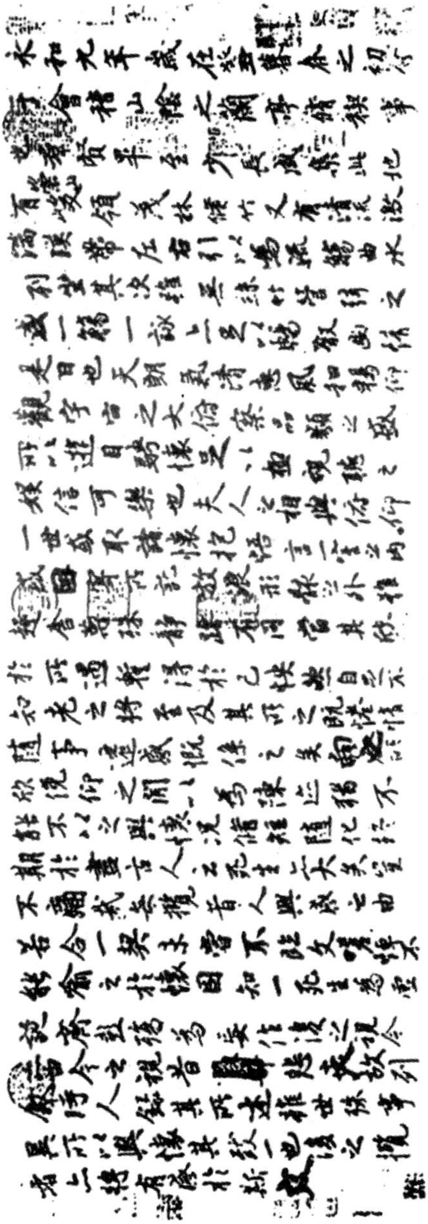

图二七

图 二八

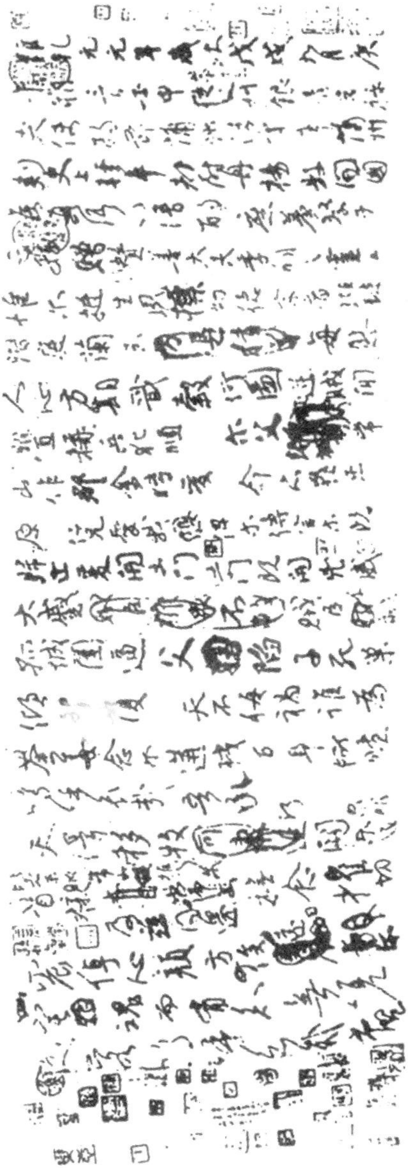

图二九

第四章 汉字的造字方法

第一节 六书概说

关于六书的记载

"六书"是中国古代汉字学家归纳出来的六种基本造字方法。"六书"一词最早见于记述周代制度的《周礼》一书。据史籍记载,周礼是周代初年周公制定的,可见周初或更早时就已经有"六书"了。《周礼·地官·保氏》中说:保氏的职责之一是用"六艺"教育贵族子弟,而"六艺"之一就是"六书"。但此处并没有说明什么是"六书"。

关于"六书"细目的记载最早见于汉代。汉代古籍记载"六书"细目的有三处:

班固(32~92)采录刘歆(xīn,?~23)《七略》的说法,著《汉书·艺文志》说:"古者八岁入小学,故周官保氏掌养国子,教之以六书,谓象形、象事、象意、象声、转注、假借,造字之本也。"

郑玄(127~200)为《周礼》作注解,引用郑众(?~83)的话说:"'六书':象形、会意、转注、处事、假借、谐(xié)声也。"

许慎(58~148?)的《说文解字·叙》说得最为详细:"周礼八岁入小学,保氏教国子,先以六书。一曰指事,指事者,视而可识,察而见意,上、下是也;二曰象形,象形者,画成其物,随体诘诎(jiéqū),日、月是也;三曰形声,形声者,以事为名,取譬(pì)相成,江、河是也;四曰会意,会意者,比类合谊,以见指𢯎(huī),武、信是也;五曰转注,转注者,建类一首,同意相受,考、老是也;六曰假借,假借者,本无其字,依声托事,令、长是也。"(许慎这段话的意思,以后几节将分别解释。)

从现有资料来看,最早记录"六书"一词的是《周礼》,最早解释

"六书"名称的人是刘歆,第一个对"六书"中各"书"进行解释的人是许慎。

六书的名称和排列顺序

从刘歆、郑众、许慎三人对"六书"的记叙来看,各人所用的名称和排列的顺序是不同的,这反映了他们对"六书"认识的差别,也反映了那时"六书"理论还很不严密。

"六书"命名不同,虽然反映他们对六种造字方法特点的认识不同,却并没有什么实质性的分歧,所以比较容易统一,后代汉字学家绝大多数采用许慎所用的名称。

"六书"排列的顺序可不那么简单。虽然起初对"六书"的记叙可能是不全面的,没有什么顺序先后的问题,但后代汉字学家却认为,排列的顺序应反映出六种造字方法产生的先后顺序。由于"六书"顺序是关系到汉字发展史的重大理论问题,所以关于"六书"排列的顺序,一直存在争议。有人赞成刘歆、班固的顺序,有人赞成许慎的排列。比较起来,采用刘歆、班固排列顺序的学者居多。

值得重视的是现代著名学者钱玄同(1886～1939)、黎锦熙(1890～1978)提出的新见解。他们认为"六书"发展的先后顺序应该是:指事、象形、会意、假借、转注、形声。钱、黎这一观点是吸收甲骨文、金文研究的最新成果之后提出的,虽然影响还不那么大,却越来越被证明是科学的,逐渐为学术界所接受。

六书理论的价值

"六书"理论是适应创造汉字、学习汉字的需要而总结出来的。在汉字的发展中,新字的创造、字形的整理和规范,都以"六书"为依据;在汉字的学习中,教师和学生常以"六书"为指导;在汉字的研究中,考释古文字、推寻字源,常以"六书"为桥梁。所以说,"六书"理论促进了汉字的发展,推动了汉字的学习和研究。它不仅具有实际的效用,而且富于理论价值,是汉字学的宝贵遗产。

由于"六书"是古代汉字学家根据古代汉字总结出来的理论,所以自然不能用它来分析每一个现代汉字。但是现代汉字是从古代汉字发展而来的,许多汉字的形体结构基本没有改变,并且许多新汉字也是依据"六书"原则创造的。因此,"六书"理论仍然是全面系统地认识汉字、研究汉字的钥匙。没有这把钥匙,进入汉字世界,就会觉得汉字杂乱无章;有了这把钥匙,再进入汉字世界,会发现,汉字虽然数量多,形体复杂,却是组织严密、规律性很强的文字体系。所以,研究汉字、讲汉字的造字方法,必须从"六书"开始。

生　　词

职责	zhízé	（名）	duty; responsibility
贵族子弟	guìzú zǐdì		scion of a noble family
细目	xìmù	（名）	enumeration
采录	cǎilù	（动）	collect and record
掌	zhǎng	（动）	be in charge of
严密	yánmì	（形）	tight; close
分歧	fēnqí	（名）	difference; divergence
依据	yījù	（名）	dasis; foundation
推寻	tuīxún	（动）	seek step by step
字源	zìyuán	（名）	the original shape, sound and meaning of a word
效用	xiàoyòng	（名）	effectiveness; usefulness

第二节　象形和指事

象形造字法

什么是象形造字法？许慎的《说文解字·叙》说:"象形者,画成其物,随体诘诎,日、月是也。"这句话是说:象形造字法就是画出一个实物的形体,笔画随着物体的形状曲折变化,日、月就是用这种方法造出来的象形字。"日"、"月"甲骨文写做⊙、☽,或⊖、☽,字形就像太阳、月亮的样子。因为象形字画的是物体的形状,所以也有人称之为"象物"。

象形造字法是原始性的造字方法,有很大的局限性。客观事物千差万别,复杂的事物,形象难画;相似的事物,难以区别;抽象的事物,无形可象。所以,据清代汉字学家王筠(yún,1784~1854)统计,《说文解字》的9353个字中,象形字不过264个。

汉字的主要源头是图画,象形文字是从图画脱胎而来的,但它和图画有本质的区别。文字是一种书写符号,不可能也不需要画得细致、逼真,只要通过字形大概能看出是什么东西就行。根据象形法画物的不同方式,象形字大体可分为三种类型。

一、画实物的全体。创造这类象形字时,一般是画物体的轮廓或骨架。例如:

人　目　山　水　艸(草)　木　鱼　豕　壶

二、画物体的局部。创造象形字,有时为了简便,也为了和其他字形相区别,就只抓住物体最有特征的部分进行描画,以局部代全体。例如:

羊　牛　又(右手)

三、连带有关的物体一起画出。有一些东西的形状很难单独画出来,或者孤立地画出来后很容易与其他字相混,所以为这类东西造象形字时,需要把有关的事物一起画出来。有人称这类字为复杂象形字。例如:

瓜　州(洲)　果　身　眉　面　天　牢

这三类象形字当中,第一种类型数量最多,产生的时代也比较早。

指事造字法

指事是怎样一种造字方法？许慎的《说文解字·叙》说："指事者，视而可识，察而见意，上、下是也。"这句话是说：用指事造字法造出来的字，一看就知道是个什么字，细心察看体会就能明白这个字所表示的意思，上、下就是用这种方法造出来的指事字。"上"、"下"，甲骨文写作 ニ、二，或 二、二，或 凵、凸，用笔画、符号之间的位置关系表示"上"、"下"两个方位词的意思。因为这种造字方法一般用于表示无形可象或较为抽象的事物，而且是通过符号指示出来的，所以叫"指事"。也有人称之为"象事"。

在六种造字法中，指事法造字量最少，据王筠统计，《说文解字》一书中，指事字只有129个，后世几乎没有创造指事字。

指事字大体有两种类型：

一、受原始社会假定性符号启发而创造的。例如：

　一　二　三　四　五　上　下　八

这些字用纯粹的符号组合起来，表示数目或其他比较抽象的事物。

二、在象形字上增加一个指事符号而造成的。最常见的指事符号是"·"和"—"。例如：

　刃　本　末　朱　寸　亦（腋字的本字）

这类字是指事字的主体。它们表示的事物，有些比较抽象，有些比较具体。

这两类指事字中，第一种类型产生的时代可能比象形字还要早些，这是许多人将指事字放在"六书"之首的主要原因。第二种类型是以象形字为基础创造的，产生的时代可能与象形字同时，或稍晚一些。

生　　词

局限性	júxiànxìng	（名）	limitation
千差万别	qiānchāwànbié	（成）	differ in thousands of ways
细致	xìzhì	（形）	delicate
逼真	bīzhēn	（形）	almost real; life-like
轮廓	lúnkuò	（名）	outline
骨架	gǔjià	（名）	framework; skeleton
局部	júbù	（名）	part
后世	hòushì	（名）	posterity
本字	běnzì	（名）	original character, created for the immediate expression of the sense of a word, it allows no later alternation in form nor taking another word as its substitute
首	shǒu	（名）	the first place

第三节　会意

会意之名的解释

许慎的《说文解字·叙》说："会意者，比类合谊，以见指㧑，武、信是也。"意思是说，会意造字法是合并几个意义上有关联的字，显示出新组成字的意义。"武"字甲骨文写作𠚥，小篆写作𣅼，由"止"、"戈"两个字组成。"止"是"趾"的本字，就是脚，在"武"字中表示行走的意思；"戈"是古代的武器，两个字合起来表示手持武器前去战斗，因此"武"是一种英雄的行为或形象。"武"字的意思是会合"止"、"戈"两个字得出来的。"信"字本义是信息、消息。不论是口头的信息还是书面的信息，都是人说的话，所以，"人"、"言"两个字合并起来表示信息的意思。"武"、"信"就是会意字。这种造字法之所以被称为"会意",就因为它是会合几个字的意义以后,产生新字的意义。又因为会意字以象形字为基础,所以,也有人把这种造字法叫做"象意法"。

会意字的类型

会意字是合并两个或两个以上现成的字组成新字,会合出新字的意义。组合的形式是多种多样的,但概括起来,不过两大类型:同体会意和异体会意。

一、同体会意字。同体会意字的几个偏旁是同一个字,按偏旁的组合形式可分为四类。

1. 并列式　常见的并列式会意字一般是两体结构,如:

林　从　比　北　赫　珏　棘　众

2. 重叠式　常见的重叠式会意字一般也都是两体结构,如:

友　炎　多　哥　步　枣(棗)

3. 品字式　品字式会意字只限于三体结构,如:

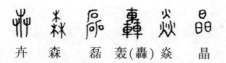

卉　森　磊　轰(轟)　焱　晶

4. 并列重叠式,并列重叠式会意字数量很少,只限于四体结构,如:

第四章 汉字的造字方法

艸 品 炎 鱻
芔 品 焱 鱻

二、异体会意字。异体会意字数量多,组合的形式也多种多样。根据不同的会意方法,可以大体分为四类:

1. 图形会意式　这类会意字由图像性很强的象形字组合而成,可以通过几个偏旁之间的图画性关系,使人悟出字的意思。如"寇"(kòu)字,金文写作⿳宀元攴,本义是侵犯、劫掠,由"宀(mián)"、"元"、"攴(pū)"三个字组合而成,像手持棍棒之类的武器进入房子里打人。"休"字,甲骨文写作㱎,本义就是休息,由"人"、"木"两个字组合而成,像一个人在树下休息。"焚(fén)"字,甲骨文写作燓,由"林"、"火"两个字组成,像火烧林木。其他如"及( )"、"取( )"等也是这类会意字。

2. 意象会意式　这类会意字是通过偏旁字义间相互关系,使人产生某种意象,从而领会出这字的意义。如"尖"字,由"小"、"大"两个字组成,通过这两个字的字义和它们的位置关系,使人产生某种一头大一头小的形象,从而领会出字义。"忐忑(tǎntè)"是联绵字,"忐"由"心"、"上"两字组成,"忑"由"心""下"两字组成,看到这两个字,人们仿佛看到一个人的心在上上下下地跳动,领会到"忐忑"的字义是人的心情极度不安。其他如"卡"、"掰(bāi)"、"孙(孫)"等字,也是用这种方法造出来的。

3. 偏旁字义连接会意式　这类会意字的字义,是偏旁字义连接起来得出的。如:奊(dā),字义是大耳;嵩(sōng),字义是山高;尘,字义是小土、灰尘;岩,字义是山石;歪,字义是不正;籴(dí),字义是买入米;粜(tiào),字义是卖出米;俩,字义是两个人。

4. 指事性会意字　这类会意字以表示整个人或动物的象形字为基础,添加表示身体某一器官的字组成,表示器官的字在新字中起指示符号作用,如:

見　鳴　吠　臭

"臭"读 xiù,本义是用鼻子闻,后来这个字用于表示气味,后又特指难闻的气味,读 chòu,给"臭"加"口"旁,另造一个"嗅",读 xiù,表示用鼻子闻。

除了同体会意和异体会意这两大类会意字之外,还有几种字人们通常也把它们看做会意字。例如:"甩(shuǎi)"字,造字的人把"用"字中间的一竖拉长向右拐一个大弯,像把用完的东西顺手扔掉的样子。也有写一半或改变方向会意的。例如:"片"字,小篆写作"片",取"木"字的一半,表示木片;"叵(pǒ)"字是"可"的反写,意思是"不可"。这类会意字数量极少,这里只是附带一谈。

会意法的进步与局限

会意是在象形、指事的基础上发明的造字方法。象形法、指事法在造字数量和表意方面都有很大的局限性,远远不能满足记录传达语言的需要。会意法突破象形、指事两种造字方法的局限,把两个或两个以上现成的字组合起来,表示一个新的意义,组合的形式灵活多样,表意的方法也更丰富。与象形、指事相比,会意法的进步在于:

一、会意法所造的字,字义更加明显,容易理解,也便于记忆。特别是,会意法所造的字,能表示许多抽象的意义或概念,这就大大提高了汉字的表意能力。

二、会意法开辟了合体造字的道路,为汉字大量孳乳提供了条件。因此,会意造字法的发明,是汉字发展史上的重大进步。据王筠统计,《说文解字》的 9353 个字中,会意字共有 1254 个。会意法直到近现代还在被人们使用,如"甭"、"歪"、"尘"、"泪"、"灶"、"体"等,就是近现代新造的会意字。

但是,会意字有不能标音的缺点,记录语言仍然不方便;在表意方面也存在表意不明确、不全面的缺点;在造字量方面,虽然比象形、指事有大幅度增加,但也有一定限度。社会在进步,语言日益丰富,人们还要有新的造字方法才能满足记录和传达语言的需要。

生　　词

关联	guānlián	（动）	be related; be connected; relevance
重叠	chóngdié	（动）	superpose
悟	wù	（动）	understand; realize
劫掠	jiélüè	（动）	plunder; loot
棍棒	gùnbàng	（名）	cane; stick
意象	yìxiàng	（名）	imagery
领会	lǐnghuì	（动）	understand
联绵字	liánmiánzì	（名）	a group of words that form a term, expression or idiomatic usage, which shall be meaningless if separated
连接	liánjiē	（动）	join together
器官	qìguān	（名）	organ; member
通常	tōngcháng	（副）	generally; usually; habitually
附带	fùdài	（副）	by the way,...; in passing
开辟	kāipì	（动）	open up; start
孳乳	zīrǔ	（动）	bear or beget abundantly; grow and multiply
限度	xiàndù	（名）	limit; measure

第四节　假借

假借之名的解释

许慎的《说文解字·叙》说："假借者,本无其字,依声托事,令长是也。"意思是说,语言中有某个词但没有记录这个词的字,不为这个词专门造字,而借用一个现成的、读音与这个词相同或相近的字来记录这个词,这种字因同音而被借来记录与自己造字本义无关的词,所以被叫做假借字,如:"令",甲骨文写作 ❡,古文字学家一般认为 A 像倒写的"口(日)"字,像一个人在说话,❡ 像一个人跪在那里听候命令,本义是发布命令。语言中有个官名,音与"令"相同,没有字记录,不为这个词专门造字,而借用同音的"令"来记录这个词。"长"甲骨文写作 ❡、❡,意思是头发长或年老。语言中有个官名音与"长"相同,没有字记录,不为这个词专门造字,而借用"长"来记录。"令"、"长"表示官名的时候就是假借字。可见假借字在表示假借义时,是一个纯粹的表音符号。假借法虽然没有造出新的字形,却使语言中许多词有了记录传达它们的字,所以被人们称为"不造字的造字法"。

假借法产生的原因

为什么会出现假借法呢?因为随着社会和人类思维的进步,语言日益丰富精密,词汇量不断增加,需要有更多的文字来如实地记录它、传达它。象形、指事、会意三种造字方法有明显的局限性,已不能满足语言发展的需要。一是这三种造字法造字数量有限,有些字难以造出来,这些字不但包括那些只有语法意义的虚词,也包括某些实词;二是这三种方法造出来的字都是没有表音成分的表意字,也不适应如实记录传达有声语言的需要。于是人们发明了假借法。

假借字的类型

假借字按照发展情况可以分为长期使用的假借字和被新造的专用字取代的假借字两大类。

一、长期使用的假借字。这类假借字一般出现时期比较早,它们记录的多是常用词,所以使用一段时间以后往往成了假借义的专用字,人们不得不为它们的本义另外造字,这样更加强了它们的稳定性。因此这种假借字能长期使用,有许多一直使用至今。如:

求:甲骨文写作 ❡、❡,小篆写作 ❡,是象形字,本义是皮衣。由于声音相同,假借为"请求"、"要求"、"追求"、"探求"的"求",一直使用至今,人们不得不另造一个"裘(qiú)"字来表示"求"的本义。

易:金文写作 🦎,是个象形字,是"蜥蜴"的"蜴"的本字。由于声音相同,假借为"容易"、"平易"的"易"和"贸易"、"更易"的"易",一直使用至今。人们不得不另造一个"蜴"字来表示它的本义。

其:古文字写作 🧺、🧺,是象形字,本义是"簸箕",由于声音相同,假借为指示代词"其"、语气词"其"。

我:甲骨文写作 🗡,是象形字,本是古代一种武器的名称,由于声音相同,假借为第一人称"我",一直使用至今。

其他如:本义是"鼻子"的"自",假借为"自己"的"自"、"自然"的"自";本义是"胡须"的"而",假借为连词"而";本义是"斧子"的"斤",假借为量词"斤";本义是一种麦子的"来",假借为"来往"的"来";本义是"相背"的"北",假借为"东西南北"的"北"等等,都属于这一类假借字。另外,音译外来词有很多也是长期使用假借字来记录的,如"莎士比亚"、"巴尔扎克"、"纽约"、"伦敦"、"尼龙"、"巧克力"、"法西斯"等等,古今许多外来地名、人名几乎用的都是这种假借字。

二、后来被新造的专用字取代了的假借字。大概因为这类假借字的本义常用,或因为其他假借义常用,所以这类假借字使用时间不很长,后来为了区分假借义与本义,或为了区分一个假借义与另一个假借义,就为这些假借义造了专用字。汉字学家称它们为"后起本字"。后起本字与原来的假借字并用一段时间后,一般就取代了假借字。例如:有一种鸟名字叫"仓庚(gēng)",没有专用字来表示,因为同音的关系,就假借"仓库"的"仓"和干支字的"庚"来记录,后来人们又分别为这两个字添加了表示类别的偏旁"鸟"作"鸧"、"鹒",假借字"仓"、"庚"逐步被后起本字"鸧"、"鹒"所取代。又如:"竹竿"的"竿"原来没有专用字表示,就假借同音的"干犯"的"干"来记录,后来又为"干"添加了表示类别的偏旁"竹"作"竿",假借字"干"逐步被后起本字"竿"所取代。其他如:被"蜈蚣(wúgōng)"取代的"吴公"、被"槽(cáo)"取代的"曹"、被"谓"取代的"胃"、被"狮"取代的"师"、被"徜徉(chángyáng)"取代的"尚羊"等等,都是这类假借字。

假借字与通假字的区别

在汉语书面语中,特别是古代书面语中,有很多有本字的词也使用别的同音的字来代替,这些借来代替本字的字,有时使用得很广泛,有些后来竟然完全或基本取代了本字。例如:"草木"的"草",本字是"艸",后来借用同音的"草头"(一种植物果实)的"草"来代替,一直通行到现在。体育运动用的"球",本字是"毬(qiú)",后来借用同音的玉名"球"字来代替,一直通行到现在。其他如,借"说"代"悦",借"畔(pàn)"代"叛(pàn)"等等。

古代汉语书面语里原来有本字的同音代替字,与现在的同音别字大概没有什么不同,可能是写文章的人,写字时不会写本字或忘记本字的写法,就临时用一个同音字来代替。当然后来也有有意写同音或音近代替字的,多数是为了简化字形,如:借"只(zhǐ)"代"隻(zhī)",借"斗(dǒu)"代"鬥(dòu)",借"姜(jiāng)"代"薑(jiāng)",借"灵"代"靈(líng)",借"杰(jié)"代"傑(jié)",借"参(shēn)"代"葠(shēn)",等等。有些是为了区别字形,或为了让人不能改动,如账目单据上用大写数字,以"壹"、"贰"、"叁"、"肆"、"伍"、"陆"、"柒"、"捌"、"玖"、"拾"、"佰"、"仟"分别代替"一"、"二"、"三"、"四"、"五"、"六"、"七"、"八"、"九"、"十"、"百"、"千"。此外,也有些是因避讳而用同音代替字的,如:孔子名"丘",清代为了避孔子讳,规定用"邱"代替姓氏中的"丘";明代人不喜欢元朝,就用"原"代替"元来"、"元由"的"元",作"原来"、"原由"等。

从本质上说,这种方法不是"本无其字,依声托事"的假借造字法,而是临时变通的用字法,汉字学家称这种字为"通假字"。有的汉字学家认为这种字也是因同音而借用的,便也称其为"假借字",这是不妥当的。

假借的进步作用和不良后果

假借字不仅有自己独具的特性,而且数量很大,作用也很大,"假借"是汉字发展史上一个重要阶段。假借造字法突破表意文字的局限,不另造新字,而借用现成的同音字作为标音符号来记录语言中没有文字表达的词,具有重要而深远的意义。一方面,假借法使汉字在如实地记录传达有声语言方面前进了一大步,是汉字体系性质由表意文字向意音文字进步的一个转折点;另一方面,假借法省去造字的麻烦,也节制了字形的发展。所以,假借法不但解决了表意的象形字、指事字、会意字难造,不能满足记录语言需要的问题,而且扩大了汉字的应用范围。

但是,假借法也给汉字体系带来了一些不良后果。

第一,表意是汉字的特点,也是汉字的优点。由于假借字的假借义和表示本义的形体毫无关系,所以假借字的大量使用,严重地削弱了汉字的表意性。

第二,由于假借字大量使用,造成"一字借表多词"和"一词借用多字"的现象。例如:本义为"触犯"的"干"字,历史上曾被假借为与"盾"同义的"干"、与"岸"同义的"干"、"干燥"的"干"、"旗杆"的"干"、"若干"的"干"、"阑(lán)干"的"干"以及"干部"的"干(gàn)"等,一个"干"字被借去表示十几个意义完全不同的词。这是一字借表多词。一词借用多字的现象也很普遍,例如:从隋代至元代,中国的台湾叫做"流求",又写作"流虬(qiú)"、"留仇(qiú)"、"留求"、"琉求"、"瑠求"等。

"一字借表多词"和"一词借用多字",与文字记录语言应该明确、精密的要求是矛盾的。所以,假借法的出现,虽然给记录有声语言带来了方便,省去造字的麻烦,但同时也给阅读带来许多困难。古书中的假借字很多,这是我们阅读古书格外困难的原因之一。

生　　词

无关	wúguān	(动)	have nothing to do with
听候	tīnghòu	(动)	wait for (a decision, settlement, etc.)
发布	fābù	(动)	issue (orders)
思维	sīwéi	(名)	thought; thinking
如实	rúshí	(副)	as things really are; right
语法意义	yǔfǎ yìyì	(名)	grammatical meaning

虚词	xūcí	（名）	function word
实词	shící	（名）	notional word
专用字	zhuānyòngzì	（名）	word used exclusively for
稳定性	wěndìngxìng	（名）	fixity
蜥蜴	xīyì	（名）	lizard
簸箕	bòji	（名）	dustpan; winnowing fan
音译	yīnyì	（名）	transliteration
莎士比亚	Shāshìbǐyà	（人名）	Shakespeare
巴尔扎克	Bā'ěrzhākè	（人名）	Balzac. de
纽约	Niǔyuē	（地名）	New York
伦敦	Lúndūn	（地名）	London
尼龙	nílóng	（名）	nylon
巧克力	qiǎokèlì	（名）	chocolate
法西斯	fǎxīsī	（名）	fascist
干支	gānzhī	（名）	the Heavenly Stems and Earthly Branches (two sets of signs, with one being taken from each set to form 60 pairs, designating years, formerly also months and days)
账目	zhàngmù	（名）	account
单据	dānjù	（名）	documents attesting to the giving or receiving of money, goods, etc. such as receipts, bills, vouchers and invoices
避讳	bìhuì	（名）	taboo on using the personal names of emperors, one's elders, etc.
变通	biàntōng	（动）	be flexible; accommodate sth. to circumstances

深远	shēnyuǎn	（形）	profound and lasting
转折点	zhuǎnzhédiǎn	（名）	turning point
削弱	xuēruò	（动）	weaken
触犯	chùfàn	（动）	violate; offend
盾	dùn	（名）	shield

第五节 转注

转注之名的解释

许慎的《说文解字·叙》说："转注者，建类一首，同意相受，考、老是也。"对这个定义，古今汉字学家有多种不同的解释，至今争论不休。其中影响比较大的有"义转说"、"互训说"、"引申说"、"声首说"、"亦声说"、"假借字加表义偏旁说"等。"义转说"的代表人物是五代时期南唐的徐锴(kǎi)(920～974)，他认为，凡是既有表义偏旁又有表音偏旁的字都是转注字。"互训说"的代表人物是清代的戴震(1723～1777)和段玉裁(1735～1815)，他们认为，凡是能够互相注释的两个字就是转注字。"引申说"是清代朱骏声(1788～1858)提出来的，他认为，一个字出现引申义，这个字在表示引申义时就是转注字。"声首说"是清末民初的章太炎提出来的，他认为，为派生词所造的字就是转注字。"亦声说"的代表人物是清末民初的姜忠奎(kuí)，他认为，文字出现引申义，就为这个字增加一个表义偏旁，造出新字表示引申义，原字在新字中既表义亦表音，这种造字方法就是转注法。"假借字加表义偏旁说"的代表人物是现代学者黎锦熙，他认为，为假借字增加表义偏旁，造出新字，表示文字的假借义，这样的新字就是转注字。在这几种观点中，"互训说"、"引申说"与造字毫无关系；其他几种观点都有一定道理，但也存在不同程度的片面性，其中"亦声说"、"假借字加表义偏旁说"，最接近许慎定义的原意。

根据以往汉字学家对转注问题的研究，以及我对转注问题的探索，对转注的解释应该是这样的：转注造字法是一种为原来使用的文字增加表义偏旁造新字的方法。具体做法是:建立一系列表示事物类别的类符,以形体表义不太明确的文字为字首,遇到类符字与字首字可以表示同一个词的时候,就互相接受,组合成新字。新字或记录字首字的本义,或记录字首字的引申义,或记录字首字的假借义。在新字中,类符表示事物的类别,字首字既表义又表音。用这种方法造出来的字就是转注字。由于这种造字方法是把类符字的形、义和字首字的形、音、义同时转移到一个新字中去,类符和字首在表达词义方面互相灌注,所以叫做"转注"。因为在转注字中,字首的地位、作用比类符更重要,所以在考虑文字系统的时候,称以某个字为字首转注而成的新字为这个字的转注字。可见转注字就在一般所谓的形声字之中。一般所谓亦声字、形声兼会意字、会意兼形声字都是转注字,一般所谓累增字、加旁字、分别文及古今字中的今字,大部分属于转注字。古往今来的转注研究者,除民国时期姜忠奎在《说文转注考》中以六百余文系联《说文》转注字外,皆限于举例而已。本书附录二《现代常用汉字文字学分类表》,明确开辟转注字一栏,收列从一般所谓形声字中离析出来常用转注字九百余个,希望有助于读者认识转注真面目。①

　　人们之所以对转注有种种不同的解释,关键是没有弄清"考"、"老"两个例字形音义的演变过程。许慎著《说文解字》,可能是按前人的说法举"考"、"老"为例字,但他具体解释这两个字时,却把"考"解释为形声字(《说文解字·老部》:"考,从老省,丂声。"),把"老"解释为会意字(《说文解字·老部》"老,从人、毛、匕")。而且许慎在解

---

① 在历史上,"转注"除了汉字造字法名以外,还是一种疾病名。转注病也叫注病、转病或易病。古籍多有记载。汉代刘熙(xī)《释名·释疾病》说:"注病,一人死,一人复得气,相灌注也。"汉代刘安《淮南子·俶(tì)真训》说:"昔公牛哀转病也,七日化为虎,其兄启户而入觇(chān)之,则虎搏而杀之。"隋代巢元方《诸病源候总论·注病诸候》说:"凡注之言住也,谓邪气居于人体内,故名为注"。"转注,言死又注易旁人"。"注者,住也,言其连滞停住,死又注易旁人也"。杨树达《淮南子证闻》卷二《俶(tì)真训第二》说:"转病又名注病,转注二字声同,义亦相近。……按:公牛哀化为虎,与《释名》、《素问》言注易旁人者有人兽之不同,其为转注则一也。又按今有所谓借尸还魂者,即此病也。"前人关于转注病的论述记载,或许有助于我们对六书转注名实的认识和理解,特略述于此,仅供参考。

释文字的时候,对象形、指事、会意、假借、形声几种类型的文字,往往直接或间接地指出其造字方法,却从未说明哪个字是转注字。这说明,许慎虽然记录下前人对转注的解释,但在实践上却可能没有弄清什么样的字是转注字。"考"、"老"两字的形体、读音、意义等方面的发展演变比较复杂,目前还没有令人满意的考证。

转注字产生的原因

汉字发展到假借阶段,汉字体系出现了三种情况:

一、假借法是在社会进步、语言发展、需要大量文字记录新词,而象形、指事、会意三书,已经很难造出更多文字的情况下发明的。假借字的大量使用,虽然临时解决了造字难与用字多的矛盾,并使汉字在记录传达有声语言方面前进了一大步。但这只是权宜之计。后来假借字使用得太滥了,"一字借表多词"、"一词借用多字"成为常见现象,这就造成了汉字这一符号体系的混乱。

二、原有的文字在使用过程中,往往出现引申义,常常是一个字不仅要表示它的本义,还要表示众多的引申义,这种现象也不符合文字明确记录语言的要求。

三、原有表意的象形字、指事字、会意字日益符号化,它们的形体有许多已经不能反映它们的本义,加上假借字的大量使用,汉字体系的表意性受到了严重的削弱。

这些情况表明,汉字似乎到了山穷水尽的地步。为了解决这些问题,一种为担负引申义或假借义的文字添加表义偏旁,为因符号化而失去表意功能的文字添加表义偏旁的造字方法应运而生,这就是转注造字法。

转注字的类型

转注字按造字目的可分为三大类:

一、为明确表示本义而造的转注字。这类转注字又可分为三小类:

1. 原有的象形字、指事字、会意字符号化以后,形体已不能表示本义,为加强这个字的表意功能,为它们添加表义的类符造转注字。例如:

"颐",古文字作"㈣",横看本是下巴的象形字,后写作"臣",形体表意不明,后来人们为它添加类符"首"或"页",作"䭫"、"頤"、"䭫"和"頤"就是"臣"的转注字。

"蛇",甲骨文作 ⁊、⁊,小篆作 ⁊,即"它"。后来因"它"的形体表意功能下降,添加类符"虫",作"蛇","蛇"就是"它"的转注字。

其他如:"𠕀(yuān)"加类符"水(氵)"作"渊(淵)","鬲(lì)"加类符"瓦"作"甄","㲟(qī)"加类符"水(氵)"作"漆","掬(jū)"加类符"手(扌)"作"掬","靣(lǐn)"加类符"禾"作"稟",再加类符"广"作"廪"。"渊"、"甄"、"漆"、"掬"、"稟"、"廪"等,都是这种转注字。

2. 文字出现引申义,为区别本义与引申义,为本义造转注字,例如:

"益",甲骨文作 ⁊,小篆作 ⁊,本义是水满流出,是"溢"的本字。由于"益"字又出现"增长"、"富裕"等引申义,而且这些引申义经常被使用,人们反而不太知道它的本义,为区别本义与引申义,也为更好地表示本义,为"益"添加类符"水(氵)"作"溢",专门表示"益"字的本义。"溢"是"益"的转注字。

"州",甲骨文作 ⁊、⁊,小篆作 ⁊,是象形字,本义是河流中的小块陆地,后来出现行政区域名这一引申义,而这引申义比较常用,为了区别本义与引申义,为"州"添加类符"水(氵)"作"洲",专门表示"州"的本义。"洲"是"州"的转注字。

其他如:"方"加类符"舟"作"舫(fǎng)","尊"加类符"缶"或"木",作"罇(zūn)"或"樽(zūn)"。"舫"、"罇"、"樽"等,都是这种转注字。

3. 文字出现假借义,为区别本义与假借义,为本义造转注字。例如:

"求",本义为皮衣,被假借为动词"请求"、"要求"的"求",而且假借义成了常用义,为区别本义与假借义,更明确地表示本义,为"求"添加类符"衣"作"裘",专门表示"求"的本义。"裘"是"求"的转注字。

"然",金文作 ⁊,小篆作 ⁊,"然"的本义为"烧",后来假借为如此、是、但是等义,而且比较常用,于是就为"然"添加类符"火",作"燃",表示"然"的本义。"燃"是"然"的转注字。

其他如:"其"加类符"竹(⺮)",作"箕","来(來)"加类符"禾"作"秾","孰"加类符"火(灬)"作"熟","新"加类符"艸(艹)"作"薪"。"箕"、"秾"、"熟"、"薪"等都是这类转注字。

二、文字出现假借义,为区别假借义和本义,为假借义造的转注字。这类转注字就是在"假借字"一节中提到的"后起本字",如:"蜈"、"蚣"、"倘"、"佯"、"菜"、"槽"、"狮"、"谓"、"感"等。

这里再举几个例子说明:

"干"字,本义为"触犯",假借表示竹竿义,因为"干"字形体与竹竿毫无关系,字形不能表示竹竿这一假借义,为区别本义与假借义,为"干"添加类符"竹(⺮)"作"竿",专表竹竿这一假借义。"竿"是"干"的转注字。

"莫",甲骨文作 ![], ![],本义为"傍晚",后来被假借而有思慕、帷幕、空旷、辽阔等义,于是分别为"莫"添加表义类符"心(忄)"、"巾"、"水(氵)"作"慕"、"幕"、"漠",来分别表示思慕、幕、空旷辽阔这些假借义。"慕"、"幕"、"漠"是"莫"的转注字。

其他如:"皇"(本义是"大")加类符"心(忄)"作"惶",加类符"火"作"煌";"早"加类符"艸(艹)"作"草"等等。"惶"、"煌"、"草"都是这类转注字。

三、文字出现引申义,为区别引申义与本义、引申义与引申义,为引申义造的转注字,这类转注字也可按引申义的两种类型再分的两小类:

1. 为引申的转义造的转注字,如:

"右",小篆写作 ![],本义是手和口互相帮助,后来引申出人对人的帮助和神对人的帮助等意义,为了明确表示引申义,为"右"添加类符"人(亻)"、"示(礻)"作"佑"、"祐",表示"右"字的人对人的帮助和神对人的帮助两个引申义,而"右"后来则专门表示"左右"的"右"。"佑"、"祐"是"右"的转注字。

"解",甲骨文写作 ![],本义是用刀分解牛角,后来引申出精神分散、松懈的转义,为明确表示引申义,为"解"添加类符"心(忄)"作"懈"。

"立",甲骨文写作🔲,本义是"站立",后来有了"位置"这个引申义,为了明确表示这一引申义,为"立"添加类符"人(亻)"作"位"。"位"是"立"的转注字。

其他如:"取"加类符"女"作"娶";"府"加类符"肉(月)"作"腑";"贯(贯)"加类符"心(忄)"作"慣(惯)";"弟"加类符"女"作"娣",加"心(忄)"作"悌(tì)",加"木"作"梯"等等。"娶"、"腑"、"惯"、"娣"、"悌"、"梯"等字都是这类转注字。

2. 为引申出来的比喻义造的转注字。如:

"止",甲骨文写作🔲,本义是足、脚,引申以后,凡在下面像人脚一样的部分都可称作"止"。为"止"加类符"土"作"址",表墙壁的基础。"址"是"止"的转注字。

"京"本义是"人造的大土堆",有一种鱼体形很大,像"京",于是为"京"添加类符"鱼"作"鲸","鲸"成为这种大鱼的名字。"鲸"是"京"的转注字。

"川"甲骨文作🔲 小篆作🔲,本义是"流水"。水可引导,顺从人意。马像流水一样顺从人的意志,于是为"川"添加类符"马"作"驯(xún)",作为马顺从人意的专用字。"驯"是"川"的转注字。

转注法的重大意义

转注是汉字重要的造字方法,也是汉字发展史上一个重要的阶段。转注法的发明对汉字体系的繁荣与进步,具有极为重要的意义,其意义表现在以下几方面:

一、转注法克服了假借、引申给文字带来的兼职过多的问题,增强了汉字表意的简明性和准确性,保持了汉字形体表意的优点。

二、转注解决了象形、指事、会意三书造字量少的问题,大大提高了汉字的孳乳能力。转注字的大量出现,在相当大的程度上满足了语言发展的需要。

三、转注字既有表义成分,又有表音成分,是典型的意音文字。转注字的出现,使汉字体系的性质开始由表意文字向意音文字转变。这一转变是汉字体系了不起的进步。

四、类符和字首的出现,使汉字体系开始在读音和意义上有了一定程度的系统性。具有同一类符的转注字,意义上都与类符字有不同程度的联系;具有同一字首的字,不仅意义与字首字相同或相近,读音也与字首字相同或相近。

五、转注字类符表义,字首既表义又表音,启发人们创造半边表义、半边谐音的形声字,来记录层出不穷的新词及外来词。

生　　词

不休	bùxiū	(动)	endlessly
南唐	Nántáng	(名)	Southern Tang, during the Five Dynasties, lasting from 937 to 975 A. D.
类别	lèibié	(名)	category; classification
类符	lèifú	(名)	radical on one side of a character, which expresses its classification
转移	zhuǎnyí	(动)	transfer
灌注	guànzhù	(动)	impregnate; perfuse
考证	kǎozhèng	(动)	textual criticism; textual research
权宜之计	quányízhījì	(成)	an expedient measure
滥	làn	(形)	overflowing; excessive
山穷水尽	shānqióngshuǐjìn	(成)	where the mountains and the rivers end-at the end of one's rope (or tether, resources)
担负	dānfù	(动)	take on
添加	tiānjiā	(动)	add; increase
应运而生	yìngyùnérshēng	(成)	emergea as the times require
下巴	xiàba	(名)	the lower jaw
思慕	sīmù	(动)	think of sb. with respect
帷幕	wéimù	(名)	curtain
空旷	kōngkuàng	(形)	open; empty; spacious
辽阔	liáokuò	(形)	vast; broad

转义	zhuǎnyì	(名)	transferred meaning
松懈	sōngxiè	(动)	relax; let down
比喻义	bǐyùyì	(名)	metaphoric meaning
鲸	jīng	(名)	whale
顺从	shùncóng	(动)	obey; comply (with)
兼职	jiānzhí	(名)	plurality; concurrent post
层出不穷	céngchūbùqióng	(成)	emerge in an endless stream; emerge one after another

第六节 形声

形声之名的解释

许慎的《说文解字·叙》说:"形声者,以事为名,取譬相成,江河是也。"意思是说:所谓形声,就是用表示事物类别的字作为形符,再选一个与事物名称声音相同或相近的字作为声符,组合成新字,来表示这个事物,"江"、"河"就是典型的形声字。"江"、"河"这两个事物都是"水",就以"水(氵)"作形符,再选用与"江"、"河"这两个事物名称音同或音近的"工"、"可"做声符,组成"江"、"河"两个字,来表示这两个事物。因为形声字是通过形符字的形体表示字的意义或提示字的意义类别,又通过声符字的读音表示事物名称的声音,所以这种造字法被称作"形声"。也有人把这种造字方法称作"谐声"或"象声"。

形声字产生的原因

转注法客观上使汉字形体中有了表音成分,转注法造的字既表义又表音,易于理解,便于认读。转注字给阅读带来的方便,使人们对原有单纯表意文字中没有表音成分感到不满,于是就为原有的一些表意文字添加了表音的声符。例如:"凤(鳳)"开始是纯粹的象形字,甲骨文写作 ,后来为它添加了表示声音的" (凡)",作 ,又如:"鸡(鷄)"甲骨文开始写作"▲",是纯粹的象形字,后来为它添加了表示声音的▲(奚),作▲(形符同时简化)。这些是现在可以看到的最早的形声字。可见,为表意文字添加表音成分是形声字产生的最初原因和形式。不过,这类形声字在古文字时期的数量要比转注字少得多。

转注造字法发明以后,汉字与有声语言的关系越来越密切。然而,语言中还是有许多新词,特别是那些方言词、外来词,很难用转注法为它们造字。于是,就在转注字既表义又表音优点的启发下,在早期以注音为目的制造形声字的基础上,发明了半边表义、半边表音的形声造字法。

形声字的类型

形声字按形旁和声旁的组合结构,可分为八种类型[①]:

一、左形右声,这是形声字最基本的格式,在形声字中数量最多。例如:铜、泳、烤、培、值、抢、肌、补、狼、骑、跟、饭、砖、航、姑、咖、啡、蚂、蚁。

二、右形左声,例如:领、放、和、视、功、部、鸭、群、瓶。

三、上形下声,例如:箭、蓝、雾、界、岗、罩、星、空。

四、下形上声,例如:煮、聋、盎、剪、悲、常、璧、点、瓷、费、资、婆、努。

五、内形外声,例如:闻、闷、问、辩、辫、徽。

六、外形内声,例如:园、裹、匪、幽、街、固、闺、阔。

七、义符占一角,例如:疆、载、栽、颖、颍、腾、岛。

八、声符占一角,例如:旗、近、病、房、赶、氧、氢。

---

① 形声字形符和声符的组合结构类型与转注字类符和字首的组合结构类型相同,也可以此分析转注字类符和字首的组合结构类型。不过应改称"左类符右字首、右类符左字首……"。此外,转注字与形声字的区分是很复杂很困难的工作,现在刚刚开始。因此,所举例字当中,可能有个别转注字,还没有被作者认出。以后将要讲到的"省形省声与偏旁更换"问题,情况与此相同。

省形省声与偏旁更换

一、省形、省声　形声字的形旁和声旁都是现成的字组成的。有的形声字造出来以后，或形体过大，或结构不平衡、不合理，于是人们就把形旁或声旁的一部分省略掉。这就是所谓"省形"、"省声"。

省形的如："星"原来写作🞄，后来形旁"晶"被省略为"日"；"晨"的形旁"日"也是"晶"的省略；"亭"的形旁"亠"是"高"的省略（古代亭有楼，故从高）；"寐（mèi）"的形旁"冖"是"瘝（mèng）"的省略。

省声的如：疫（yì）"的声旁"殳"是"役"的省略；"炊"的声旁"欠"是"吹"的省略；"徽（huī）"的声旁"𢽾"是"微"的省略。

形声字的省形、省声并不都是开始造字时就省略的，有些是在使用过程中省略掉的。如"岛"字，小篆写作𢁉，声旁"鸟"没有省略，后来隶书写作"𪔏"，声旁"鳥"才被省略成"鸟"。

省形和省声，一般是以基本不影响表义表音为原则的，但也有少数字省形或省声后影响了表义或表音的。

二、偏旁的更换　形声字在使用发展过程中，由于表义、表音或书写等方面的需要，有一种更换偏旁的现象。有更换形旁的，有更换声旁的。

更换形旁主要是为了更好地表义。例如：最早的炮是一种发射石头的武器，因此写作"砲"。火药发明以后，使用火药发射炮弹，于是，就把形旁"石"更换为"火"作"炮"。其他如：帬→裙；秔稉→粳（jīng）；暉、煇→輝（辉）；驩→歡（欢）等。

声旁的更换有三种情况：

1. 因语音演变，声旁不能准确表音而更换。如：袴→褲（裤）；證→証（证）等。
2. 因笔画繁复、不便书写而更换。如：蹟→跡（迹）；僊→仙等。
3. 因表音不准、笔画繁复二者兼有而更换。如：螾→蚓；纖→纤等。

在古代，特别是隶变以后，形声字偏旁的更换，一般是缓慢的，更换偏旁后的形声字也较难成为正式的通用字。成批更换形声字偏旁，并使它们很快地成为正式的通用字，是近几十年的汉字简化运动。这一点我们在《汉字的简化》一章中还要谈到。

形声法发明的深远意义

形声字是汉字造字法发展的最高阶段,形声法的发明,在汉字发展史上具有重大而深远的意义。

一、形声字有很强的孳生能力。由于形声字造法简易灵活,人们可以用形声法方便自如地为层出不穷的事物造字,提高了汉字的应变能力。汉字可以随着汉语的发展及时地补充丰富自己的符号体系,满足记录语言的需要。形声法造字数量比转注法还多,居六种造字法之首。

二、形声字的形体一半表义,一半纯粹表音。形声字的大量出现,改变了汉字表意的性质,使汉字成为成熟的意音文字体系,大大提高了这一文字体系的科学性。

三、形声字在转注字的基础上,加强了汉字意义和读音的系统性。具有同一形旁的形声字在意义上(不包括假借义),都有不同程度的联系;具有同一声旁的形声字在读音上都相同、相近或相关。这就使人们可以系统地学习和掌握汉字,减轻学习负担。

生　　词

认读	rèndú	（动）	read, recognize
更换	gēnghuàn	（动）	change; replace
发射	fāshè	（动）	send up; let fly
繁复	fánfù	（形）	numerous and complicated

附录二 现代常用汉字文字学分类表①

说　明

1. 本表收 HSK《汉字等级大纲》和《现代汉语常用字表》所收现代常用字 3536 个。先按汉字外部结构关系分为独体、合体两大类,然后按内部结构关系分为象形、指事、会意、转注、形声、义系半符号、音系半符号、独体符号、合体符号等九类,再依 HSK《汉字等级大纲》将各类大纲字分为甲、乙、丙、丁四级,同时设纲外常用一级,收《现代汉语常用字表》收录而《汉字等级大纲》未收的常用字。
2. 各类各级汉字按读音顺序排列,读音相同按笔画多少顺序排列。
3. 本表原则上从现代汉字字形出发,对汉字进行分类。鉴于汉字形体演变复杂,同时要兼顾汉字内部结构分类,也作了一些灵活处理。某些现代字形如合体字的象形字、指事字,现字形与古字形承继关系明显便于溯源者视为独体象形字、指事字,如:"音"、"孔";反之,则视为合体符号字,如:"要"、"它"。某些汉字笔画交叉在一起如独体字,但构字理据清楚,容易分析,就遵从字理归入合体字,如:"秉"、"兼"。
4. 本表以传统的六书理论为指导,采用偏旁分析法,对汉字进行文字学分类。鉴于假借没有造出新字形,某些汉字字形演变后理据全部丢失或部分丢失,本表构字理据栏设象形字、指事字、会意字、转注字、形声字、义系半符号字、音系半符号字、独体符号字、合体符号字九类,以符合现代汉字内部结构类型的实际情况。
5. 在考察合体汉字偏旁是否具有表义、表音功能时,兼顾偏旁和所构合体字的古义、古音。
6. 古往今来的转注研究者,除民国时期的姜忠奎在《说文转注考》中以六百余文系联《说文》转注字外,皆限于举例而已。本表作者积多年转注研究心得,从一般所谓形声字中离析出常用转注字九百余个,希望有助于人们最终认识转注真面目。
7. 繁体字有理据,大部分简化字也有理据。本表依据简化字造字理据为简化字归类。如:繁体"電"、"雲"属合体字,是转注字,现在简化为"电"、"云"(采用古字),属独体字,是象形字,就归入独体的象形字。繁

---

① 本表初稿是作者出席 2012 年 1 月埃及苏伊士运河大学"首届埃中语言与文化论坛"时提交论文《现代常用汉字文字学分类研究》的第二部分,作为本书附录收入时,作了较大幅度修订。

体"發"、"頭"属合体字,是形声字,现在简化为"发"、"头"(行草书楷化),就归入独体符号字。

8. 为现代常用汉字做文字学分类,似乎尚属首次。限于作者水平,难免有遗漏错误之处,希望得到读者和专家指正。

外部结构	构字理据	甲级字(800)	乙级字(804)	丙级字(601)	丁级字(701)①	纲外字(630)
现代常用汉字(3536) 独体字(280)	象形字(217)	白不才厂车出大单刀弟电儿而反飞非丰夫父干高个工广果行黑互户火几己见交角斤九久口来了离力立六马毛么门米面民母目内牛女片平其气且求人日肉山身生示手首术束水天文我五午西习小心辛言羊也页衣已易音永用尤又鱼雨元月云之只直中子自足(109)	巴卜册虫帝斗豆耳凡革瓜乎壶夹巾金京井巨龙率矛免木鸟皮欠入弱伞勺升石士丝田土兔王网未象血牙央羽止竹(48)	丙丑串垂丁弓甲卵丘曲申氏瓦亡亚燕乙予(18)	凹卑贝臣辰川歹丹刁戈龟函禾鹿乃犬尸鼠凸屯乌夕熏日爪兆舟州(28)	匕鼎甫丐亥曰卤皿矢玄夭夷乍卒(14)
	指事字(21)	八本二七三上十下一(9)	叉尺寸孔甩玉至(7)	甘末朱(3)	刃亦(2)	
	独体符号字(42)	必产东发方更今开乐买南年农史市书头万为幸业长重(23)	击令失肃卫无乡由于与丈专(12)	斥匆尔丧丸(5)	卢勿(2)	

---

① 1992年版和2001年修订版《汉语水平词汇与汉字等级大纲》都标注收丁级字700字。但两个版本《汉字等级大纲·按级别排列的汉字等级大纲·丁级字附录》都有"埔"无"浦",《汉字等级大纲·按音序排列的汉字大纲·附录》都有"浦"无"埔",应视为"浦"、"埔"兼收。故HSK《汉字等级大纲》丁级字表实收701字。

（续表）

合体字 3256	会意字 (340)	安班般北比笔便别步朝初穿床吹次从等典丢对多法烦分负改告哥各公国寒好合后划画回或集计加家间件建解介局卡看科哭困里利连名明拿男器秋取容色设社食是世事双死四宿算讨体同突外屋希喜夏先相向些信休须需阳医宜因阴赢友有右育占章找正支周祝族左坐做 (115)	败拜宝闭辟扁兵标采承充闯臭此呆吊断队乏肥付古官冠光规鬼灰获及即季既尖肩竟绝军肯泪料林脉美梦棉灭某闹弄盘品妻奇企启弃穷染森杀傻闪扇射守司套甜歪尾委武析悉鲜闲兄寻叶益引印灾赞折阵制众逐庄尊 (92)	罢暴蚕尘旦奠兑罚番谷兼焦筋库昆牢隶帘劣苗蔑鸣牧奴凭顷辱若删涉甚圣要宋孙索妥威卧咸凶旋旬岩艳窑饮狱御冤匀粥宗 (53)	掰斑秉驳岔昌畜炊兜伐伏赫蕙霍吉脊茧崬匠皆劫戒晶君寇履枚绵尿彭雀乳瑞桑屎竖爽巫孝崒炎衍役殷盈孕岳宰枣灶斩 (51)	泵彪巢蠢吠焚羔羹篝夯宦棘祭楞吏觅虐卿囚闰黍崇曼彤器晋逸肘赘 (29)	
	转注字 (959)	把百包饱抱被遍菜唱晨城持窗词答得低第定锻顿富福歌故馆惯很化花继假驾坚践教饺叫界紧经酒桔句决考快览老例联两俩辆留楼论卖满慢忙冒帽奶你您爬派跑篇漂评苹汽	岸按案傲傍榜膀背壁避编冰薄藏策插倡翅崇传刺挡德底递渡繁吩纷粉份蜂逢否浮附杆港搁功攻供骨鼓贯毫盒贺恨厚呼慌婚伙货稼降郊骄警	癌扒伴瓣胞爆甭辩剥波勃博残舱潮撤撑唇蠢审搓逮诞抵殿蹬凳盯钉陡恶返峰缝岗膏钩裹旱焊憾豪狠衡患荒煌晃魂疾辑嫁碱贱鉴胶捷鲸径灸	艾昂澳捌芭霸扳谤雹堡崩蹦鄙弊贬辨瓣簸埠剎掺猖敞潮惩秤痴驰侈绸畴踌稠锄搋锤磋蒂缔淀碟叮舵讹恩贰阀帆贩诽芬锋敷俘辐斧赋竿秆阁	庵鞍懊耙靶苞褒匾彬鬓跛簿权茌汊澈逞弛淳醇祠篡祷佃甸碉谍锭痘敦墩吨钝踱扼愕鳄筏孵柑篙蛤诡酣憨涵蒿壕嚎唬恍幌茴蛔讳畸箕稽柳贾	
		(115)	(92)				

(续表)

			钱浅桥	敬境纠俱	矩聚倦刊	恭躬拱围郭	荚洞荆阱
			切如少	卷均菌砍	枯窟筐愧	罕葫徊贿谎	犾眷诀倔
			深神什	抗颗扣跨	廓姥裂淋	绘祸惑嫉剂	坎吭拷胯
			拾使始	捆扩懒励	陵窿垄逻	挟颊奸俭娇	摇肋敛燎
			试视室	恋列烈铃	锣瞒漫盲	绞轿诫锦茎	咧鳞吝赁
			收舒输	漏轮萝律	氓茅闷蒙	颈拘鞠菊掘	篓峦伦沦
			熟睡说	馒貌秒妙	盟眯谜眠	凯炕抠旷	裸曼蔓幔
			太堂庭	命摸漠墨	寞墓幕欧	框眶勒陋垒连	莽楣媚朦
			停挺通	磨慕耐脑	趴攀畔袍	链磷珑陋抡	縻靡娩冕
			忘危围	泥扭判盼	泡臀贫葡	笋螺滤芒茫	悯蜢摹昵
			位舞误	胖炮捧披	漆恰腔侨	耄玫昧镁萌	溺拗懦糯
			洗息现	匹飘拼坡	翘俏倾娶	渺铭莫拇姆	湃螃胚澎
			想像校	普悄趣圈	拳壤饶溶	暮穆纳恼尼	霹瓢坪蒲
			姓许眼	缺却燃忍	柔揉塞骚	逆纽呕叛	圃崎栖契
			宴谊意	荣撒沙稍	纱赏哨盛	刨烹坯孵僻	跷憔峭擒
			迎影泳	蛇伸牲狮	蚀梳衰伺	萍埔浦谱瀑	擎蚯岖驱
			游愉原	施授叔刷	饲搜狩纹	歧掐洽钳遣	痊瓢踩儒
			圆院愿	顺私撕台	诬稀媳峡	遣嵌怯券榷	蠕褥蕊搔
			在咱增	探烫梯桶	陷削淆墟	仁韧熔砂厦	杉膳赡甥
			张照整	托拖挖微	悬芽崖淹	裹捎梢渗誓	恃嗜抒枢
			政知主	违慰温伍	掩毅婴蝇	疏讼穗隧癱	秫赎曙恕
			桌字祖	线械型性	涌幼渔域	潭碳膛滔陶	漱墅涮溯
			嘴最作	胸熊修讯	裕愈怨悦	屉剃湾悦妄	嘶遂琐胎
			座(145)	训摇仰腰	晕躁赠宅	桅伪熄隙狭	苔谭袒颓
				沿咬依	债盏仗帐	霞贤弦衔馅	褪囤臀宛
				仪议姻营	胀障浙振	祥肖销谐薪	婉腕苇纬
				悠援源遭	震挣枝智	腥汹羞嗅酗	猬紊嬉徙
				造涨招哲	忠衷骤嘱	蓄喧巡汛逊	匣侠懈芯
				征睁证值	砖纵	妖淫鹰颖佣	漩驯涎腺
				植址致终	(174)	庸咏幽诱舆	涯蚜腌蜒
				株筑抓转		榆欲喻韵蕴	奄檐唁谚
				暂仔综醉		攒葬噪贬榨	堰漾肴揶
				遵(189)		寨瞻彰辙侦	溢茵蚓癔
						筝肢脂蜘挚	莹蛹佑
						洲瞩缀酌啄	迂逾渊藻
						琢滋籽(238)	栅栈杖账
							狰拯趾窒
							仲蛀坠谆
							茁(213)

(续表)

形声字 (1643)		啊矮爸吧 摆搬板办 帮杯倍变 病播部擦 彩操草查 常场成吃 迟抽除础 楚处船磁 村错打代 戴但倒到 道的灯地 点店掉懂 都读短段 饿嗯翻饭 房访放啡 府辅附复 傅该概感 刚钢搞给 根跟够姑 刮挂哈孩 海喊号喝 何和河红 候忽湖话 换活机基 级极挤记 纪技济寄 绩检简健 江将讲蕉 脚觉较接 街节结姐 借进近睛 精净静究 就橘咖棵 咳可渴刻 客课空苦 块况拉啦 蓝篮冷理 脸练炼凉 谅零领路	阿哎挨暗 拔版扮悲 碑笨逼鼻 币宾饼玻 伯脖膊补 捕猜材踩 餐厕测察 拆柴肠抄 超吵彻沉 衬趁称诚 程池冲愁 厨触创聪 粗促醋催 脆存措搭 达待袋担 胆淡弹党 岛稻登滴 钓跌顶订 冻洞抖逗 堵肚端堆 吨蹲夺躲 鹅犯泛范 防仿纺肺 费愤佛肤 扶符幅腐 副肝赶糕 胳割格隔 贡狗构购 估固怪管 罐逛跪滚 锅害含汗 航嘿哼猴 胡糊护滑 挥恢辉悔 混圾积激 迹价架拣 捡剪箭酱阶 劲禁惊景	哀唉碍熬 叭坝柏绑 棒磅辈彼 柄拨菠怖 财裁惭惨 灿苍侧铲 颤偿畅钞 炒扯齿仇 酬喘纯瓷 丛凑摧挫 耽档蹈瞪 堤垫惦雕 爹蝶督毒 哆俄额妨 废沸氛坟 疯讽俯缚 袱溉纲缸 稿鸽葛耕 沟孤辜股 雇灌轨柜 棍耗呵阁 核痕横宏 洪喉吼蝴 哗猾缓唤 慧浑饥肌 籍寂佳歼 监煎荐舰 溅浆僵疆 浇椒狡搅 揭洁竭谨 浸揪舅坑 酷夸垮狂 亏喇兰滥 廊愣黎梁 疗僚溜柳 咙笼拢搂 喽炉掠络 骆驴铝梅 霉猛孟泌	埃蔼隘袄 芭疤颁拌 邦狈怠绷 毙痹碧蔽 臂鞭憋滨 泊舶搏睬 槽蹭诧搀 逸馋缠蝉 闸澄耻筹 躇储疮慈 雌葱崔粹 翠瘩贷怠 嫡碘玷蚪 胺垛遏饵 矾菲忿枫 麸脯橄肛 镐埂蚣苟 垢脯沽卦 祛剑骇悍 撼翰杭褐 鹤鸿弧桦 涣焕惶蟥 海晦荤叽 唧妓鲫钾 缰礁嚼矫 窖醉秸芥 襟靖窘鸠 驹沮炬鹃 楷铐苛蚪 坷盔窥魁 傀坤莱癫 澜缆榄琅 榔烙酪偏 鲤莉莉痢 砾疠寥撩 嘹缭瞭镣 琳凛檩蹒 菱岭翎琉 熘胧庐颅

(续表)

绿	妈	吗	镜	救	居	拒	剧	勉 敏 摩 抹	硫 榴 瘤 聋 隆	啰 洛 缕 氯 蟆
嘛	妹	们	据	距	绢	扛	烤	陌 谋 捏 宁	芦 房 赂 碌 骒	玛 锚 铆 锰 咪
哪	那	呐	靠	恳	恐	控	裤	凝 拧 噢 哦	侣 屡 蚂 蛮 茂	缅 瞄 藐 闽 馍
呢	念	娘	筷	宽	矿	括	阔	偶 培 佩 棚	媒 酶 檬 弥 谬	茉 牡 沐 募 钠
努	暖	怕	垃	拦	烂	郎	狼	蓬 膨 屁 婆	膜 蘑 魔 沫 睦	娜 捺 馁 匿 腻
拍	排	碰	朗	浪	捞	梨	璃	剖 棋 谦 琴	囊 挠 拟 捻 撵	蔫 碾 镊 孽 狞
批	啤	瓶	李	哩	粒	怜	梁	勤 屈 润 尚	酿 柠 挪 殴 徘	泞 脓 诺 鸥 藕
破	期	骑	粮	聊	邻	龄	露	摄 沈 婶 逝	潘 庞 沛 嚉 撇	帕 咆 砰 硼 鹏
起	铅	墙	虑	落	略	码	骂	慎 驶 饰 逝	频 聘 屏 颇 魄	蓬 翩 菩 喊 祈
青	轻	清	埋	猫	贸	煤	迷	匙 拴 霜	仆 沏 柒 凄 淇	荠 脐 畦 鳍 迄
情	晴	请	秘	密	蜜	描	模	税 烁 斯 诵	泣 砌 迁 锹 茄	乾 黔 呛 荞 撬
球	确	然	默	浓	怒	牌	陪	颂 艘 嗦 锁	窃 钦 芹 氢 蜻	窍 寝 琼 蛆 攘
让	认	任	赔	配	喷	盆	疲	塌 踏 摊 坦	驱 趋 痊 鹊 任	纫 茸 蓉 榕 臊
赛	烧	绍	牌	偏	骗	泼	迫	倘 桃 萄 腾	绒 融 腮 啥 筛	僧 霎 苫 芍 赊
省	胜	剩	扑	铺	朴	戚	欺	蹄 惕 亭 筒	珊 擅 晌 奢 呻	赦 笙 拭 淑 蜂
识	适	数	旗	签	歉	枪	抢	徒 吞 驮 驼	绅 肾 侍 薯 耸	栓 吮 瞬 硕 髓
谁	嗽	诉	敲	瞧	巧	侵	渠	蛙 娃 顽 挽	蒜 笋 唆 踢 汰	梭 檀 棠 搪 淌
酸	所	他	裙	群	嚷	扰	绕	枉 蚊 吻 翁	贪 痰 炭 唐 塘	剔 啼 舔 笤 廷
她	抬	态	惹	扔	仍	软	锐	侮 惜 晰 锡	涛 淘 藤 涕 帖	瞳 蜕 鸵 洼 偎
谈	汤	糖	洒	嗓	嫂	晒	衫	虾 瞎 嫌 宪	蜓 艇 桐 捅 屠	薇 巍 萎 蔚 嗡
躺	特	疼	伤	绳	诗	湿	式	厢 宵 欣 卸	椭 拓 唾 豌 汪	瓮 芜 蜈 捂 鹉
踢	提	题	似	势	柿	释	瘦	朽 绣 锈 叙	旺 唯 惟 魏 瘟	坞 涡 蜗 犀 熙
调	跳	痛	殊	蔬	暑	属	述	询 循 押 鸭	窝 沃 呜 梧 晤	蟋 铣 暇 锨 舷
图	推	腿	摔	松	俗	速	塑	讶 焰 秧 氧	溪 膝 辖 仙 镶	湘 萧 硝 箫 哮
脱	袜	完	随	碎	损	缩	塔	遥 遮 钥 耀	翔 嚎 啸 邪 携	楔 蝎 蟹 猩 咩
玩	晚	碗	毯	趟	掏	逃	添	冶 伊 遗 倚	泄 泻 屑 锌 匈	旭 恤 婿 轩 癣
望	伟	喂	填	挑	贴	铁	厅	哟 踊 犹 娱	吁 徐 絮 靴 穴	炫 薛 勋 殉 衙
闻	问	握	铜	统	偷	投	透	愚 屿 宇 浴	鸦 哑 雅 雁 殃	阎 砚 鸯 吆 佾
物	险	响	途	涂	吐	哇	弯	寓 豫 缘 猿	杨 痒 蚁 翼 吟	姚 披 椰 谒 腋
消	笑	鞋	维	味	谓	污	悟	砸 栽 载 凿	樱 忧 铀 郁 鸢	胰 屹 绎 奕 肄
谢	新	星	雾	吸	牺	吓	纤	泽 渣 炸 沾	咋 贼 轧 闸 诈	莺 缨 鹦 茨 淤
续	学	呀	掀	限	献	箱	详	崭 罩 遮 珍	沼 蔗 汁 芝 侄	隅 芋 鸳 辕 耘
颜	演	药	项	晓	效	歇	斜	诊 枕 镇 蒸	掷 滞 诸 蛛 拄	陨 赃 憎 喳 铡
扬	样	椅	醒	雄	袖	序	绪	症 殖 帜 稚	妆 拙 咨 棕 踪	毡 绽 蘸 樟 昭
夜	以	椅	宣	选	咽	烟	厌	肿 宙 皱 驻	揍(327)	斟 榛 疹 怔 吱
亿	艺	译	洋	邀	爷	野	液	柱 铸 赚 柱		盅 轴 贮 撰 椎
银	英	邮	姨	移	疑	忆	异	壮 姿 阻		锥 灼 姊 滓 诅
语	预	遇	映	硬	拥	勇	优	罪(305)		(341)

(续表)

		园远运脏澡责怎站掌真织纸指志治钟种猪助住注装准租组昨(296)	油约阅跃越允糟燥择扎摘窄粘战召职秩置珠煮著状撞追捉资紫钻(374)				
	义系半符号字(214)	爱报边表布层茶差春带蛋导冬动度封敢共顾观贵过还汉坏欢会鸡急举克劳累礼亮乱旅麻没难千全热散商舍师时实树思送虽岁条团退往务系细香雪研员早展这走(69)	保盗敌独盾朵夺妇盖拐环昏际届仅具款雷厘厉陆麦迈庙亩牵强区劝扫善舌受素胃稳席戏显羡形秀延盐则针执质(48)	奔仓陈赤辞粪宫寡乖怀幻毁汇蜡辣猎刘眉嫩抛权陕售兽叹吴袭巷协胁抑隐赵烛(34)	呈邓奉耿袭侯津晋栗鲁罗聂潜秦泉叁帅寺肆苏泰坛秃刑邢杏疫誉袁贞郑昼拽卓浊(35)	瘪罿樊凫芙拂蝠韩韭爵娄疟飒涩煞虱蜀庶酥粟誊恬尉昔邑蚤咒帚(28)	
	音系半符号字(30)	半参凤服历每旁声义(9)	毕尝巩虎皇艰奖另虚养(10)	勾华奈(3)	凤凰乞岂乔旨(6)	禀瑟(2)	
	合体符号字(70)	备当关黄旧康录能朋票齐前亲去它听写兴要应杂再者着总(25)	并曾乘叠尽竞类丽良量临灵乒乓庆替童县享压严余皂争(24)	奥卤归截壳寿(6)	冈亢吕杰奏萨壹粤禽兢畏曹(12)	仑冗斋(3)	

第五章 汉字的结构

汉字是记录汉语的书写符号体系,是一个复杂庞大的系统。前人创造完善这个体系,是一个系统工程;今天我们学习掌握这个体系,也是一个系统工程。系统论认为:结构是系统整体存在的基础,对系统整体的功能有巨大影响,系统的属性与功能,只有通过结构这个中介才能体现出来。因此,认识掌握汉字这个符号体系,必须从结构入手。

现代汉字是从古代汉字发展而来的,因此现代汉字和古代汉字在结构方面有共同之处,也有一些不同的地方。本章主要根据现代通用汉字字形结构,从汉字的结构单位、结构单位之间的关系、偏旁与字族、汉字形音义系统等方面进行分析介绍。

第一节 汉字的结构单位

独体字与合体字

汉字形体众多,结构复杂,但并不是长短线条杂乱的堆积。整个汉字体系呈现着较为分明的结构系统,是可以分析的。汉字的结构系统首先可以分为独体、合体两大类。古时候,人们把独体字叫"文",把合体字叫"字",合起来叫"文字",现在一般统称"字"。在现代通用汉字中,独体字的数量少,约占总数的5%;合体字的数量多,约占汉字总数的95%。

独体字是由笔画直接组成的,其结构单位有两个层次:笔画、整字,如:"上"由丨、一、一三个笔画组成,"丰"由一、一、一、丨四个笔画组成。其他如:"日"、"月"、"山"、"水"、"大"、"小"、"手"、"口"等。

合体字是由两个或两个以上的字组成的,其结构单位有三个层次：笔画、偏旁、整字。如："休"由"亻(人)"、"木"两个字组成，而"亻"又由丿、丨两个笔画组成，"木"由一、丨、丿、丶四个笔画组成。其他如："明"、"林"、"森"、"问"、"看"、"笔"、"纸"、"把"等。

汉字的笔画

笔画是汉字最小的结构单位。写字时，从落笔到收笔，叫做"一笔"或"一画"。一笔一画写出的各种形态的点和线就是笔画。笔画又分基本笔画和变体笔画。

汉字的基本笔画有八种：一(横)、丨(竖)、丿(撇)、丶(捺)、、(点)、㇕(折)、㇀(提)、亅(钩)。其中一、丨两种笔画出现的频率最高。汉字的八种基本笔画又产生种种变体，例如："钩"除了亅(竖钩)外，又有㇇(横钩)、㇂(弯钩)、㇁(斜钩)、乚(卧钩)等变体。八种基本笔画及其变体还往往结合在一起，形成组合式变体，例如："风"字的第二笔"㇇"(横折斜钩)，是由一、㇕、乚三种笔画组合而成的变体笔画。汉字的基本笔画及其常见变体笔画共有三十多种，形成了汉字的笔画系统。(见附录三《汉字笔画名称表》)

笔画有构形的功能，或者说区别字形的功能。笔画数、笔画位置都相同的字，依靠不同形态的笔画来区别，如："千"和"干"。有时两个字的笔画数、笔画位置、笔画形态都相同，要靠笔画的长短来区别，如是："土"、"士"。

汉字的偏旁

偏旁是合体字中介于笔画和整字之间的结构单位。古代称合体字的左半部分为"偏"，右半部分为"旁"，统称"偏旁"。现在，合体字的上、下、左、右、内、外各组成部分统称为"偏旁"，例如："想"字的偏旁是"相"和"心"，"晴"字的偏旁是"日"和"青"，"闻"字的偏旁是"耳"和"门"，"园"字偏旁是"囗(wéi)"和"元"。

偏旁最初由独体字充当，后来合体字也可以充当偏旁。独立的字进入合体字充当偏旁以后，为适应合体结构的要求，也因为汉字形体的演变，往往发生形体上的变化。例如："人"变为"亻"，"心"变为"忄"、"⺗"，"水"变为"氵"、"氺"、"⺀"，"颖"字的偏旁"顷"变为"顷"；

"岛"字的偏旁"鸟"省略为"乌","毫"字的偏旁"高"省略为"亩"等。有些偏旁虽然现在已不作为字通行了,但在汉字的早期是独立通行的字,例如:"宀"、"疒"、"匚"、"虍"。因此,可以说汉字的偏旁都是字及其变体。

汉字的偏旁系统相当庞大。因为从原则上讲,任何一个汉字都可以充当另外一个汉字的偏旁。据统计,,构成现代汉语合体通用字的偏旁约为 1480 个(不包括变体)。其中成字偏旁约为 1450 个,非成字偏旁约为 30 个。在成字偏旁中,通用字为 1180 个,非通用字约为 270 个。

学习使用汉字的时候,人们时常要对汉字的形体进行结构分析,这就需要每个偏旁有个便于称说的名称。到目前为止,汉字的偏旁还没有十分统一的名称。不过,不成字偏旁和变体偏旁,在长期使用中,一般都有约定俗成的称呼,如:"氵"叫"三点水","辶"叫"走之儿","夛"叫"侵字边"等。能够独立成字的偏旁,可以根据它们在字中所处的部位命名,在上部称"×字头",在下称"×字底",在左称"×字旁",在右称"×字边",在外称"×字框",在内称"×字心"。如"日"字这个偏旁,在"晨"字中称"日字头",在"暮"字中称"日字底",在"时"字中称"日字旁",在"阳"字中称"日字边",在"间"字中称"日字心"。详见附录四《部分汉字偏旁名称表》。

偏旁不但有构形功能,而且还有表示读音和意义的功能。一般来说,合体字的偏旁或表义,或表音,或既表义又表音。如:"城"字的偏旁"土"和"成"都有构形功能,同时,"土"和"成"分别表示"成"的意义信息和读音信息。由于历代形变、简化等原因而产生的纯构形偏旁只是极少数。

偏旁所具有的表示音义的功能是造字者赋予的。从"造字法"一节我们知道,造字者造某个字时使用什么造字方法,决定了所造合体字的偏旁具有什么功能。例如:"桐"是树木名用字,造字者造"桐"字时,想让偏旁"木"表示"桐"是一种树木,让偏旁"同"表示"桐"的读音。这样,"桐"字的偏旁"木"就有了表义功能,"桐"字的偏旁"同"就有了表音功能。而造字者创造本义是洗头发的"沐"字时,让偏旁"氵(水)"表示"沐"的字义与"水"有关,让"木"表示"沐"的读音。这样,

"氵(水)"就成了"沐"字的表义偏旁,"木"就成了"沐"的表音偏旁。可见,由于造字法不同,有时同一个偏旁在不同的合体字中功能不同。

偏旁与部首、部件

这里有两个容易与偏旁混淆的概念需要区分。

第一,偏旁和部首不是对等的概念。部首是编字典词典时,为便于编排检索,在某一部类汉字中归纳出来的共有的结构单位。由于部首在字典词典的某一部类汉字中起统领作用,所以叫部首。早期部首的确立,从文字学角度考虑较多,如《说文解字》的540部首;后代部首的确立,主要从汉字排检的角度出发。如《字汇》、《康熙字典》的214部首,《新华字典》的189部首(第十版改用201部首)。而偏旁是组成合体字的结构单位。部首一般都是偏旁,而偏旁中只有少数是部首;部首一般都表义,大体与表义偏旁(也称意符、形旁)相合,而偏旁之中,有的表义,有的表音,有的只参与构形。因此,把部首和偏旁两个概念等同起来不是对的。

第二,偏旁和部件也不是对等的概念。偏旁和部件是不同汉字结构分析方法的产物。偏旁和部件虽然都是汉字结构的中级单位,但偏旁是汉字学家为汉字教学和汉字结构研究特别是内部结构研究而对汉字进行结构分析所得的中级结构单位,部件是从事汉字信息处理的专家们为汉字输入编码而对汉字进行结构分析所得的中级结构单位。以汉字教学为目的的偏旁分析,有严格的文字学理据,而且历代相承,科学严谨;以计算机编码为目的的部件分析,遵循无理切分的原则,百家争鸣,各不相同。汉字偏旁家族队伍比较大,如上所述,通用汉字偏旁约为1480个,如果算上它们的变体,总数将近1700个。部件家族大小不一,少的几十个,多的六七百个。为了结束"万码奔腾"的混乱局面,1997年12月1日,中华人民共和国教育部、国家语言文字工作委员会发布了《信息处理用GB13000.1字符集汉字部件规范·汉字基础部件表》(语文出版社,1998),收部件560个,1998年5月1日实施。2009年3月24日,中华人民共和国教育部、国家语言文字工作委员会又发布了《现代常用字部件及部件名称规范》(语文出版社,2009),收部件514个,其中独立成字部件

311个,2009年7月1日试行。

汉字整体字形的方块特征

整字是汉字结构单位的最高层次。汉字的整体字形是以方块形为特征的。不管一个字有多少笔画,不管一个字有几个偏旁,字形都严格地限制在一个无形的方格之内,毫无例外。两画的"人"如此,36画的"龘"也如此。

商代后期的甲骨文中,汉字竖长方形的趋势已经呈现出来了。西周时的金文竖长方形特征已非常明显。秦代的小篆一般都是均匀整齐的竖长方形。汉代的隶书由小篆的长方形一变而为扁方形。魏晋以后的楷书避小篆之"长"与隶书之"扁",定型于正方形。现代印刷体的各种字体,有的在正方形基础上略有调整。这种正方形字形不仅书写方便,在印刷排版、阅读等方面也都显出很强的优越性,因此长期使用,至今不变(参见第三章附图)。

汉字形成并保持方块形特征的原因很多,最主要的因素有以下几点:

一、早期汉字在使用中不断符号化,象形的曲线型线条不断减少,而直线型线条逐渐增多,这是汉字出现方块化趋势的基本原因。汉字的方块化趋势反过来又使更多的曲线型线条转变为直线型线条,形成汉字笔画以直线条为主的特点,这是汉字形成和保持方块形特征的基本条件。

二、汉字笔画在隶变特别是楷化以后,平直的横笔和垂直的竖笔使用的频率最高。据中国文字改革委员会和武汉大学计算机科学系合作统计,在1979年版《辞海》所收11834个正体字中,横笔、竖笔出现的频率分别是30.3023%和19.3792%,二者合起来约占汉字笔画出现频率50%。如果把折笔看做横笔竖笔的组合,把钩笔中的横钩、竖钩看做横笔、竖笔同其他笔画的组合,那平直垂直笔画的出现频率就更高了。平直垂直的笔画多,横笔平行线和竖笔平行线必然也多。大多数汉字就是靠这些平直的横笔和垂直的竖笔,为整个字形奠定了方正的骨架,使汉字方块形特征有了不可动摇的基础。

三、汉字笔画、偏旁的组合形式及自身的变化努力适应方块形的原则。人们在长期造字写字的实践中，创造出丰富的笔画、偏旁组合形式，创造出许多笔画偏旁变体，使笔画与笔画、偏旁与偏旁巧妙和谐地共处于既定的方格之中。笔画变体、偏旁变体的创造，笔画与笔画、偏旁与偏旁的协调配合，又反过来加强了汉字方块特征的稳定性。

此外，汉民族在造型美学上求方正、尚平稳，恐怕也是汉字方块形特征形成并保持的因素之一。

生　词

庞大	pángdà	（形）	enormous; huge; colossal; big
系统论	xìtǒnglùn	（名）	)system theory
中介	zhōngjiè	（名）	medium; intermediary
结构单位	jiégòudānwèi		structural unit
统称	tǒngchēng	（动）	be called by a joint name
层次	céngcì	（名）	step
频率	pínlǜ	（名）	frequency
统领	tǒnglǐng	（动）	command; lead
理据	lǐjù	（名）	basis; grounds
严谨	yánjǐn	（形）	stern; strict; rigorous; compact; well-knit
遵循	zūnxún	（动）	follow; abide by; comply with
百家争鸣	bǎijiāzhēngmíng	（成）	a hundred schools of thought contending
趋势	qūshì	（名）	trend; tendency
优越性	yōuyuèxìng	（名）	superiority
奠定	diàndìng	（动）	establish
和谐	héxié	（形）	harmonious
既定	jìdìng	（形）	set; fixed; established
协调	xiétiáo	（形）	in concert; coordinate
美学	měixué	（名）	aesthetics
尚	shàng	（动）	esteem, set great store by; value

附录三 汉字笔画名称表

笔画	名称	运笔	例字	笔画	名称	运笔	例字
一	横		二工王	ㄴ	竖折		区亡山
丨	竖		十丰川	ㄥ	撇折		红乡台
丿	撇		人少须	ㄴ	竖弯		四西西
一	平撇		千斤毛	ㄟ	横折弯		沿没般
丿	竖撇		月用几	一	提		冰珍习
ㄋ	横折撇		水夕冬	ㄴ	竖提		饭银衣
ㄋ	横折折撇		进及延	ㄱ	横折提		说语
ㄣ	撇折折撇		专	亅	钩（竖钩）		丁寸利
㇏	捺		八大又	一	横钩		买军皮
㇏	平捺		之远建	丿	弯钩		狗家象
丶	点		汉寒主	乚	斜钩		代钱成
ノ	左点		小心完	ㄴ	卧钩		心必
丶	长点		对不这	ㄱ	横折钩		刀同句
〈	撇点		女巡好	乙	横折弯钩①		吃忆
乛	折（横折）		口且书	乙	横折弯钩②		几九丸
乙	横折斜钩		风气飞	ㄴ	竖弯钩		礼见也
ㄋ	横折撇弯钩		陪都	ㄣ	竖折折钩		与马鸟
ㄋ	横折折折钩		乃扬				

附录四 部分汉字偏旁名称表

说 明

1. 本表按笔画数和笔画顺序排列。
2. 本表收常用偏旁近 200 个,注明名称,配以例字,以便教学。出于教学需要,部分偏旁名称和例字及结构分析法,与传统汉字学略有出入。
3. 为方便教学,除有习惯名称者外,依偏旁在字形结构中的位置,分别以头、底、旁、边、框、心命名,依次列出,罕见位置,略而不录。
4. 古字或罕见字充当偏旁,无习惯名称者,酌情注音,以便称说。
5. 常用字充当偏旁不发生形变者不收。

偏旁	名 称	例字	偏旁	名 称	例字
一画			讠	言字旁	说
乚 yà	乚字边	礼		厶字头	允
二画			厶 sī	厶字底	公
匚 yáng	三框儿(匠字框)	医		厶字边	弘
丂 kǎo	丂字底	考		丩字旁	收
	丂字边	巧	丩 jiū	丩字边	叫
刂	立刀儿(侧刀边)	利	廴	建之旁	廷
刀	刀字心	班	卩 jié	单耳刀	却
刂	师字旁	帅	阝(左)	左耳刀	陪
冂 yáng	同字框	冈	阝(右)	右耳刀	都
亻	单人旁(单立人)	你	三画		
几	风字框	凤	艹	草字头	花
勹 bāo	包字头	句	工	工字旁	功
𠂊	角字头	争	土	提土旁	地
冫	两点水	冷	扌	提手旁	把
冖 mì	秃宝盖	军	弋 yì	弋字边	代

续表

偏旁	名称	例字	偏旁	名称	例字
廾 gǒng	弄字底	算	阝 yáng	杨字边	场
丌	典字底	兵	四画		
囗 wéi	方框儿	国	丰	青字头	素
凡 xùn	凡字边	讯	耂	老字头	者
乇 tuō	乇字底	宅	木	木字旁	板
	乇字边	托	宏 hóng	宏字底	宏
彳 chì	双人旁（双立人）	行		宏字旁	雄
彡 shān	三撇旁	须		宏字边	肱
	三撇边	形	车	车字旁	轮
夂	折文头	条	王	斜玉旁	玩
	折文底	夏	日	扁日头	量
	折文旁	处		扁日底	昌
犭	反犬旁	狗		扁日心	莫
饣	食字旁	饭	収 qiān	坚字头	贤
忄	竖心旁	情	月	肉月底	背
氵	三点水	汉	攴 pū	攴字边	敲
宀	宝盖头	室	手	斜手头	看
辶	走之儿	远		斜手旁	拜
丬 pán	将字旁	状	壬 rén	壬字边	任
孑	子字旁	孩	攵	反文边	放
纟	绞丝旁	组	殳 shū	殳字边	投
女	女字旁	好	牜	牛字旁	物
幺 yāo	幺字旁	幼	爫	爪字头	受
巛	三拐头	巢	卬 áng	卬字底	昂
	三拐边	巡		卬字边	仰

续表

偏旁	名称	例字	偏旁	名称	例字
亢 kàng	亢字边	抗	钅	金字旁	钢
㐬 tū	育字头	充	疒 zhěn	疒字底	疹
文	文字旁	刘		疒字边	趁
	文字边	这	乍 zhà	乍字头	怎
	文字心	闵		乍字底	窄
火	火字旁	烧		乍字边	作
灬	四点底	热	禾	禾木旁	秋
礻	示字旁（补示旁）	社	矢	矢字旁	知
夬 guài/jué	夬字边	缺	刍 chú	刍字旁	皱
				刍字边	趋
服 fú	服字边	报	卯 mǎo	卯字边	聊
忄	竖心底	恭	卯	留字头	贸
予 yú/yǔ	予字旁	预	夗 yuàn	夗字头	鸳
	予字边	野		夗字底	宛
五画			㓱 yǎn	船字边	沿
夫	春字头	奉	立	立字旁	站
戋 jiān	戋字底	笺	疒	病字头	疾
	戋字边	浅	𰀁	学字头	觉
䒑 yíng	莹字头	营	穴 xué	穴宝盖儿	空
东 jiǎn	炼字边	练	衤	衣字旁（补衣儿）	被
发 bá	拔字边	跋	疋 shū	疋字头	蛋
戉 yuè	戉字边	越		疋字底	楚
𰀁 jiān	监字头	览		疋字边	旋
罒	四字头（扁四儿）	罪	正	正字旁	疏
皿 mǐn	皿字底	盆	圣 jīng	圣字底	氢
且	且字旁	助		圣字边	轻

续表

偏旁	名称	例字	偏旁	名称	例字
睪 yì/zé	译字边	泽	兆 zhào	兆字边	挑
旣	即字旁	既	亦 yì	亦字头	变
癶 bó	登字头	癸	囟 nǎo	囟字边	脑
六画			羊	羊字头	美
耒 lěi	耒字旁	耕	𦍌	斜羊头	着
亘 gèn	亘字底	宣		斜羊旁	羚
	亘字边	恒	米	米字头	类
𢦒 zāi	戋字头	栽	米	米字旁	精
朿 cì	朿字头	枣	龹 juàn	卷字头	拳
	朿字底	策	兴	兴字头	举
	朿字旁	刺	良	良字旁	朗
	朿字边	棘	聿 yù	聿字边	津
襾 yà	西字头	要	糸 mì	绞丝底	紧
尧 yáo	尧字旁	翘	七画		
	尧字边	烧	臣 yí	臣字旁	颐
虍 hū	虎字头	虚		臣字边	姬
缶 fǒu	缶字底	窑	豆	豆字旁	豌
	缶字旁	缺	酉 yǒu	酉字底	酱
竹	竹字头	笔		酉字旁	醋
血	血字旁	衅		酉字边	酒
臼 jiù	臼字头	舅	孛 bó	孛字旁	勃
	臼字底	舀		孛字边	脖
	臼字边	柏	辰 chén	辰字头	唇
舛 chuǎn	舛字头	桀		辰字底	晨
	舛字底	舞		辰字边	振

续表

偏旁	名称	例字	偏旁	名称	例字
肙 yuàn	肙字边	捐	隹 zhuī	隹字头	集
足	足字旁	跑		隹字底	翟
呙 wāi wō	呙字底	窝		隹字边	谁
	呙字边	祸	夌 líng	夌字边	陵
佥 qiān	佥字底	签	豖 zhuó	豖字底	冢
	佥字旁	敛		豖字边	琢
	佥字边	脸	奄 yān	奄字底	庵
釆 biàn	釆字头	悉		奄字旁	鹌
	釆字旁	释		奄字边	掩
豸 zhì	豸字旁	豹		奄字心	阉
奂 huàn	奂字底	痪	厓 yá	厓字底	崖
	奂字边	唤		厓字边	涯
夆 féng	夆字边	峰	匋 táo	匋字底	萄
㐬 liú	㐬字边	梳		匋字边	淘
兑 duì	兑字边	税	匊 jū	匊字底	菊
	兑字心	阅		匊字边	掬
侵 qīn	侵字边	浸	臽 xiàn	臽字边	陷
贝 suǒ	贝字边	锁		臽字心	阎
甬 yǒng	甬字头	勇	咅 pǒu	咅字底	菩
	甬字底	痛		咅字旁	部
	甬字边	桶		咅字边	陪
夋 qūn	夋字边	酸	罙 shēn	罙字边	深
八画			九画		
雨	雨字头	雷			

续表

偏旁	名称	例字	偏旁	名称	例字
畐 fú	畐字底	富	冓 gòu	冓字底	篝
	畐字旁	副		冓字旁	觏
	畐字边	福		冓字边	遘
壴 zhù	壴字头	喜	㒼 mán	㒼字边	瞒
	壴字旁	鼓	尃 fū	尃字边	傅
贲 bēn fén	贲字边	愤	敖 áo	敖字头	熬
				敖字底	廒
耑 duān	耑字边	端		敖字边	傲
			昴 tà	昴字边	塌
昷 wēn	昷字底	瘟	朕 zhèn	腾字头	滕
	昷字边	温	舀 yǎo	舀字边	稻
曷 hé xiē	曷字底	葛	䍃 yáo	䍃字旁	鹞
	曷字旁	歇		䍃字边	摇
	曷字边	喝	高 gāo	高字头	膏
咠 qì	咠字底	葺	亠 gāo	高字头（省）	毫
	咠字边	辑	寒 sāi sè	塞字头	赛
咢 è	咢字底	萼	十一画		
	咢字旁	鄂	堇 jǐn	堇字旁	勤
	咢字边	谔		堇字边	谨
爰 yuán	爰字边	暖	啬 sè	啬字底	蔷
毚 chán	毚字边	搀		啬字边	墙
十画			桼 qī	桼字边	漆
鬲 lì gé	鬲字底	鬻	商 dí	商字边	滴
	鬲字旁	融	敝 bì	敝字头	弊
	鬲字边	隔		敝字底	蔽
髟 biāo	髟字头	鬈			

续表

偏旁	名　称	例字
十二画和十二画以上		
覃 tán	覃字底	簟
	覃字边	潭
寮 liáo	寮字边	僚
菐 pú	菐字边	璞
敦 dūn	敦字边	墩
畝 chè	畝字边	撤
粦 lín	粦字旁	鄰
	粦字边	磷
巽 xùn	巽字边	撰
畺 jiāng	畺字边	僵
喿 zào	喿字边	操
敫 jiǎo	敫字边	缴
詹 zhān	詹字边	瞻
亶 dǎn	亶字旁	颤
	亶字边	擅
羸 luó	羸字框	赢
辡 biàn	辡字框	辩
雚 guàn	雚字旁	鹳
	雚字边	灌

第二节　汉字结构单位之间的关系
——汉字的外部结构关系与内部结构关系

笔画之间的关系

笔画是汉字最基本的结构单位。笔画与笔画,可以组成独体字,可以组成偏旁。由于汉字的笔画除"一"、"丨"、"丿"、"丶"等个别汉字笔画之间的结构关系可以概括为三种类型:

呼应型,如:三、八、川、心、氵、灬等;

连接型,如:人、工、刀、丁、几、口等;

交叉型:如:十、又、力、廴、扌、艹等。

汉字笔画之间的不同结构关系,具有区别字形的作用。例如:"人"、"入"、"八"、"乂(yì)"四个字,都是由一撇一捺组合而成,因笔画间的结构关系不同而构成不同的字。其他如"开"、"井"、"亓(qí)"三个字,"甲"、"申"、"由"、"田"四字,都是由因笔画间的结构关系不同,而成为不同的字。

偏旁之间的关系

汉字偏旁间的结构关系比笔画间的结构关系复杂得多,不仅有形式多样的外部结构关系,还有隐藏其后的内部结构关系。所谓外部结构关系,指偏旁之间纯粹形体上的配合关系,是用眼睛可以看到的,是显性的。所谓内部结构关系,指偏旁之间在表示字义、字音方面的配合关系,是眼睛无法看到的,是隐性的。

一、偏旁之间的外部结构关系

汉字偏旁都有构形作用,因此偏旁间都存在外部结构关系。由于汉字偏旁间存在外部结构关系,从而形成了汉字外部结构系统。汉字偏旁间的外部结构关系可以概括为四大类:

（一）左右结构　左右结构的图形为▯。有的左边大些,如:副、引、影、都;有的右边大些,如:海、语、体、愉;有的左右均等,如:朋、如、林、放。

(二)上下结构,上下结构的图形为▭。有的上边大些,如:热、意、盘、臀;有的下边大些,如:军、室、草、笔;有的上下均等,如:男、要、志、尘。此外,有些呈品字形的字,也可以归入这一类,如:品、森、淼、磊。

(三)包围结构,包围结构比较复杂,可以分为以下三个小类:

1. 全面包围结构,结构图形为▢。如:国、园、因、图。

2. 三面包围结构,其中有上方三面包围的,如:问、闹、风、冈,其结构图形为⌂;有左方三面包围的,如:医、匠、匪、匡,结构图形为⊏;有下方三面包围的,如:凶、函、画,结构图形为⊔。

3. 两面包围结构,其中有右上两面包围的,结构图形为⌐,如:句、旬、匈、岛;有左上两面包围的,结构图形为⌜,如:庆、居、厦、病;有左下两面包围的,结构图形为⌞,如:这、建、旭、赶。

(四)<u>嵌插结构</u> 嵌插结构也比较复杂,也可以分为以下三个小类:

1. 上下拉开嵌插结构,结构图形为⊟。如:衷、哀、裹、器。
2. 左右拉开嵌插结构,结构图形为⊟。如:街、辨、班、弼。
3. 框架嵌插结构,结构图形难以用图形表示。如:爽、噩、幽、坐。

汉字偏旁画之间的外部结构关系,也具有区别字形的作用。例如:"杏"、"呆"都由"木"、"口"两个偏旁构成,因偏旁间的结构关系不同而构成不同的字。其他如:"架"与"枷"、"部"与"陪"、"音"与"昱"、"吴"与"吞"、"古"与"叶"等,都是由因偏旁间的外部结构关系不同,而成为不同的字。

二、偏旁之间的内部结构关系

在上一节我们谈到,偏旁除了有构形功能外,还有表示读音和意义的功能。汉字偏旁中的绝大多数,不仅能够成构字形,同时还有表示字义、字音的作用。一般来说,一个偏旁在某个合体字中,除了构形之外,或表义,或表音,或表义兼表音。例如:偏旁"子"在"孩"、"孤"、"孙"、"孕"、"学"、"仔(zǐ)"、"孜"、"仔(zǎi)"、"字"、"籽"等字中都有构形作用,同时又在"孩"、"孤"、"孙"、"孕"、"学"诸字中表义,在"仔(zǐ)"、"孜"中表音,在"仔(zǎi)"、"籽"中既表义又表音。因此,绝大多数的合体汉字,偏旁之间在表示字义、字音时,具有内在的分工配合关系。依照偏旁在合体字中的作用,可以把汉字的偏旁分为四类:表义偏旁、表音偏旁、表义兼表音偏旁,纯构形偏旁。① 其中纯构形偏旁只是个别的,它们在与其他偏旁组合时只有外部结构关系,没有内部结构关系,不表义也不表音,如"赵"、"冈"等字中的"ㄨ"。表义偏旁、表音偏旁、表义兼表音偏旁与其他偏旁组合时,既有外部结构关系,也有内部结构关系。由于偏旁在合体字中的功能不同,偏旁之间的内部结构关系也不同。从造字和析字两个角度考虑,汉字偏旁间的内部结构关系,可用公式形式表示如下:

> 表义偏旁+表义偏旁+…⇔会意字
> (如:明、从、尘、林、森、寇)
> 表义偏旁+表义兼表音偏旁⇔转注字
> (如:婚、授、洲、蛇、薪、裘)
> 表义偏旁+表音偏旁⇔形声字
> (如:江、湖、铜、铝、氧、硅、远)

考虑到转注字在形式上与形声字近似,一般人很难区分,在汉字教学的基础阶段着力分辨的必要性也不太大,所以,也可以权将它们视为形声字。这样,合体汉字偏旁之间的内部结构关系公式可以相应简化为:

> 表义偏旁+表义偏旁+…⇔会意字
> 表义偏旁+表音偏旁(含表义兼表音偏旁)⇔形声字(含转注字)

此外,有极少数合体字是由纯构形偏旁和表音偏旁或表义偏旁

---

① 以往对功能不同偏旁的称谓比较混乱。从概念上说,"形符"或"形旁"只限于形声字有表义功能的偏旁,"声符"或"声旁"只限于形声字有表音功能的偏旁。"义(意)符"或"义(意)旁"虽可涵盖形声字和会意字有表义功能的偏旁,但不包括转注字有表义兼表音功能的偏旁(字首)。至于"表义(意)部件",由于部件分析法完全是据形切分,要切分到无法再切的最小的笔画组合,且不考虑切分出来的形体结构单位是否具有表示音、义的功能。如:"韵"字表示意义的偏旁"音",部件分析法要把它分析为"立"、"日"两个部件。这样,不要说具有表义兼表音功能的偏旁,就是骨、齿、舌、穴、帛、青、羽、黍、舛、男、殳这样传统具有表义功能的偏旁也要被排斥在外。本书采用表义偏旁、表音偏旁、表义兼表音偏旁,纯构形偏旁,可以准确地为每一个偏旁作功能上的分类定位。

组合而成的,其内部结构关系是残破不全的。这类字很少,主要是省形字、省声字和符号代替的简化字。例如:据《说文解字》,"疫"字是从疒役省声的形声字,表音偏旁"役"省略为"殳",与古代一种有棱无刃竹制兵器"殳"同形,完全失去表音功能;又如:简化字仅、叹、汉、艰、难、鸡、劝、权、观、欢、戏、邓、凤诸字的偏旁"又",在这十几个合体简化字中只有构形作用,完全失去表义和表音功能。为此,人们一般将这种合体字叫做半符号字或半记号字。由于这样的合体字仍有一个偏旁保留着表义功能或表音功能,可以说它们也有部分内部结构关系,其内部结构关系也可以用公式表示为:

> 表义偏旁 + 纯构形偏旁 ⇔ 义系半符号字
> (如:鸡、汉、叹、对、权、劝)
> 表音偏旁 + 纯构形偏旁 ⇔ 音系半符号字
> (如:毕、华、虚、巩、风、凤①)

至于偏旁都是纯构形符号的合体字,是没有内部结构关系可言的,如:"童",据《说文解字》,本义是犯罪后充当奴仆的男子从古文字字形看,金文上从辛(音 qiān)下从重,小篆上从辛下从重省。从该字早期内部结构说,"辛"表义(意思是"有罪"),"重"表音。形变后上面成为"立",下面成为"里","立"和"里"都成了既不表义也不表音的构形符号。这样的字一般被叫做合体符号字或合体记号字,"它"、"庆"、"朋"等字都属于这类字。

汉字偏旁间的内部结构关系具有极重要的意义,它是汉字理据之所在,是汉字读音系统、意义系统形成的主要因素。这些我们将在下一节论述。

---

① "风"、"凤"二字的繁体分别是"風"、"鳳",表音偏旁是"凡",简化后的"风"、"凤"均为凡省声。

生　　词

呼应	hūyìng	（动）	echo; work in concert with
交叉	jiāochā	（动）	cross
隐藏	yǐncáng	（动）	hide; remain under cover
显性	xiǎnxìng	（形）	dominance
隐性	yǐnxìng	（形）	recessiveness
构形	gòuxíng	（动）	form a shape
均等	jūnděng	（形）	equal; fair
嵌插	qiànchā	（动）	let into; inset
框架	kuàngjià	（名）	frame
公式	gōngshì	（名）	formula

第三节　汉字的理据

汉字的理据的界定

汉字是理性的文字，其构形、表示意义、表示读音都是有依据的，至少在造字初期是这样。汉字的理据，就是汉字构形、读音、意义的依据或道理。也就是一个字之所以有某种写法，读某个音或某些音，表某个义或某些义的依据或道理。汉字的理据体现在形、音、义三个方面，可分为构形理据、读音理据、意义理据。例如：我们根据古文字"▲▲"的字形，知道"山"是通过描摹山峰的样子造出来的，表示的是由土石构成的山峰这个意义。又如：我们从"鲤"的字形结构可以判断"鲤"的读音是 lǐ，意义与鱼有关。

由于在汉字形、音、义三要素中，有表里之分，形为表，音、义为里，其中义为终极之里。字形的理据一般是显性的，字音、字义的理据是隐性的。就文字性质说，古代汉字属于表意文字体系，主要特点是以形表义，因此，那时的汉字的理据主要指构形理据和意义理据，也有部分汉字有读音理据。近现代汉字是意音文字，主要特点是以偏旁表音表义。因此,就近现代汉字而言,汉字的理据,主要指汉字读音理据和意义理据。

汉字的理据是经许慎《说文解字》的归纳揭示而凸显的。今天我们要考察一个字的理据,首先依据的最权威的文献,还是《说文解字》。随着甲骨文、金文等古文字不断发现和汉字研究的深入,今天我们在学术上对汉字理据的认识更科学更深入了。

我们也应注意到,随着时间的推移、语音的演变、字体的演变、假借的应用、形体简化等原因,汉字理据已有相当程度的缺失。有个别字的理据失传了,少数字记载下来的理据可能与本来的理据有误差,少数字的理据发生了变异。给汉字教学造成了困难。更值得重视和警惕的是,现在,这种理据缺失还在加剧。其主要表现是:部件分析法普遍使用,客观上使相当大一部分偏旁的表义功能或表音功能化为乌有;俗文字学说解泛滥,使汉字理据说解沦为儿戏。长此以往,后人将很少有人知道汉字理据是什么。

汉字理据的由来

汉字的理据是怎么来的呢?从根本上说,汉字的理据是以仓颉为首的无数造字者设定的。每个汉字具有什么样的理据,取决于造字者采用的造字方法。造字法不同,造出来的字理据就不同。

在汉字的早期阶段,主要是象形、指事、会意三种方法所造的字,这三类字没有表音成分,其理据主要体现在形义方面,即只有构形理据和意义理据。象形字是据物构形表义,如:"𣎳(木)"、"𩵋(鱼)"。指事字用两个符号构形表义或在象形字基础上添加指事符号构形表义,如:"二(二)"、"刃(刃)"。会意字是把两个或两个以上物象放在一起构形表义,如:"林(林)"、"休(休)"。汉字发展到转注、形声阶段,开始出现表音成分,即转注字(会意兼形声或形声兼会意字)、形声字有了读音理据。转注字半边表义半边表义兼表音,如:转注字"婚"的偏旁"女"表义,"昏"表义兼表音。形声字半边表义半边表音,如:形声字"洋"的偏旁"氵(水)"表义,"羊"表音。由于转注、形声两类合体字都有表音成分,就使汉字的理据性从形、义两方面扩展到形、音、义三方面。

在小篆(包括小篆)以前的古文字时期,以形表义是汉字理据的主要特点。在小篆以后的近现代汉字时期,以偏旁表示合体字读音、意义是汉字理据的主要特点。在隶变的冲击,汉字从根本上消除了象形性,汉字的性质发生了根本的改变,汉字体系由表意文字转变为意音文字。在隶变楷化后的近现代汉字中,以象形、指事方法造出来的独体字,因象形性消失,其构形理据也大体消失,往往要采取溯源方法才能发现它们的构形理据,一个没有学习过汉字的人,很难根据字形判断出"日"表示的是太阳,"月"表示的是月亮。以会意、转注、形声方法造出来的合体字,虽失去象形性,却仍能通过构字偏旁表义,如:会意字"明"的偏旁"日"、"月"都表义;转注字"洲"的偏旁"氵(水)"表义,"州"表义兼表音;形声字"湖"的偏旁"氵(水)"表义,"胡"表音。

繁体字有理据,大部分简化字也有理据,简化字的理据是造简化字的人们设定的。例如:《说文解字·心部》:"懼,恐也,从心,瞿声"。显然,造"懼"字的人让"忄(心)"表义,让"瞿"表音。那么,造简体字"惧"的人,应该是有感于"懼"的表音偏旁"瞿"繁难罕用且表音不准,于是另造"惧"字,让"忄(心)"表义,让"具"表音。归纳历史上的汉字简化方法,大体有行草书楷化、采用古字、更换偏旁、局部删改、同音音近或异音代替、另造新字和简化偏旁类推等七种。其中更换偏旁、另造新字(指抛开原字字形而造新字)和简化偏旁类推三类是理据性最强的。其他除同音、音近或异音代替简化字外,行草书楷化、采用古字、局部删改三类简化字也有大约一半尚有一定理据。

汉字理据的存续状况

汉字已经有五六千年的历史,古代汉字构形理据比较强,近现代汉字构形理据比较弱。现代汉字读音、意义的理据,因语音演变、字义发展,已不像造字之初那么明显,规律性那么强。我们对外汉语教学用字的理据有多少?现代常用汉字的理据还有多少?根据本书第四章附录一《现代常用汉字文字学分类表》显示的数据,我们作了两个统计表(见[表1]和[表2]),可以从中看出对外汉语教学用字和现代汉语常用字理据存续状况。

[表1] HSK《汉字等级大纲》所收常用汉字理据存续状况统计表（2906字）①

字类\字级	独体字			合体字						合计
	象形	指事	独符	会意	转注	形声	义半	音半	合符	
甲级字	109	9	23	115	144	296	69	9	25	800
乙级字	48	7	12	92	189	374	48	10	24	804
丙级字	18	3	5	53	174	305	34	3	6	601
丁级字	28	2	2	51	238	327	35	6	12	701
合计	203	21	42	311	746	1302	186	28	67	2906
所占比例%	6.99	0.72	1.45	10.70	25.67	44.80	6.40	0.96	2.31	100
	9.15（266字）			90.85（2640字）						100

从[表1]可以看出或计算出：在HSK《汉字等级大纲》所收2906个常用字中，独体字266个，占大纲总字数的9.15％；合体字2640字，占大纲总字数的90.85％。在独体字中，有理据独体字（象形字＋指事字）224个，占大纲字总数的7.71％；无理据独体字（独体符号字）42个，占大纲总字数的1.45％。在合体字中，有理据合体字（会意字＋转注字＋形声字＋义系半符号字＋音系半符号字）2573个，占大纲总字数的88.54％，无理据合体符号字67个，占大纲总字数的2.31％。在有理据合体字中，含有表音偏旁的合体字（转注字＋形声字＋音系半符号字）2076字，占大纲总数字的71.44％,；含有表义偏旁的合体字（会意字＋转注字＋形声字＋义系半符号字）2545字，占《大纲》字总数的87.58％。总体计算，在大纲所收汉字中，有理据汉字（象形字＋指事字＋会意字＋转注字＋形声字＋义系半符号字＋音系半符号字）2797个，占大纲总字数的96.25％；无理据汉字（独体符号字＋合体符号字）109个，占大纲总字数的3.75％。

如果把考察的汉字扩大到《汉字等级大纲》和《现代汉语常用字表》所收全部常用汉字，有理据字的比例还会略有提高。

---

① 1992年原版和2001年修订本《汉语水平词汇与汉字等级大纲》都标注收字2905字。但两个版本《汉字等级大纲》中，《按级别排列的汉字等级大纲·丁字附录》都有"埔"无"浦"，《按音序排列的汉字等级大纲·附录》都有"浦"无"埔"，只能视为"浦"、"埔"兼收。故HSK《汉字等级大纲》实际收字2906字。

[表2] HSK《汉字等级大纲》和《现代汉语常用字表》
所收全部常用汉字理据存续状况统计表(3536字)

字级\字类	独体字			合体字						总数
	象形	指事	独符	会意	转注	形声	义半	音半	合符	
甲级字	109	9	23	115	145	296	69	9	25	800
乙级字	48	7	12	92	189	374	48	10	24	804
丙级字	18	3	5	53	174	305	34	3	6	601
丁级字	28	2	2	51	238	327	35	6	12	701
纲外字	14	0	0	29	213	341	28	2	3	630
合计	217	21	42	340	959	1643	214	30	70	3536
所占比例%	7.47	0.59	1.19	9.62	27.12	46.46	6.05	0.85	1.98	100
	7.92(280字)			92.08(3256字)						100

通过[表2]可以看出或计算出:HSK《汉字等级大纲》和《现代汉语常用字表》共收独体字280个,占现代常用字的7.92%。其中有理据独体字(象形字+指事字)238字,占现代常用字的6.73%;无理据独体字(独体符号字)42个,占大纲总字数的1.19%。HSK《汉字等级大纲》和《现代汉语常用字表》共收合体字3256个,占现代常用字的92.08%。其中有理据合体字(会意字+转注字+形声字+义系半符号字+音系半符号字)3186个,占现代常用字的90.10%;无理据合体字(合体符号字)70个,占现代常用字的1.98%。在有理据合体字中,含有表音偏旁的合体字(转注字+形声字+音系半符号字)2632字,占现代常用字的74.43%;含有表义偏旁的合体字(会意字+转注字+形声字+义系半符号字)3156字,占现代常用字的89.25%。总体计算,现代常用汉字中有理据字总数为3424个,占常用汉字的96.83%。而无理据常用字(独体符号字+合体符号字)的总数为112个,占现代常用字的3.17%。也就是说,只有大约3%的常用汉字是无理据可言的。

也许有人提出,象形字和指事字一般需要借助溯源手段方可窥见其理据,音系半符号字和义系半符号字理据偏缺不全。我们不妨将这些字视为半理据字,将它们所占比例数据减半。从数据统计表可知,常用象形字、指事字、音系半符号字、义系半符号字总计482

字,占常用汉字的 13.63%,减半以后的比例是 6.82%。即使如此,有理据汉字在现代常用汉字中的比例仍占 90.01%。

可见,至今 90% 以上的常用汉字是有理据可讲的,凡有表义偏旁的合体字字义都与表义偏旁有不同程度的联系;凡有表音偏旁的合体字字音都与表音偏旁有不同程度的联系。这可给我们利用理据推展汉字教学以足够的信心。

有一点需要说明的是,我们这里没有考虑表音率(度)和表义率(度)的问题,而是注意有理据字在常用汉字中的比例。原因是目前还没有完全令人满意的表音率(度)和表义率(度)考察计算方法,而且对指导汉字理据教学意义不大。不管表音率(度)和表义率(度)高低,我们在推展合体汉字教学的时候,都要利用表音偏旁读音信息和表义偏旁的意义信息。高的话,我们会得心应手;低的话,也许更显得珍贵。有一点就利用一点,利用一点,教学的困难就小一点。

汉字理据研究的意义

汉字理据的研究具有重要理论意义和应用价值。其一,汉字理据特别是合体汉字读音、意义理据,是汉字读音、意义系统性所由形成的主要因素。清楚了解汉字的理据,才能正确认识汉字这个文字系统。其二,汉字理据是先人留给我们的文化遗产,是人类文化史研究的宝贵资源。汉字理据是汉字文化的核心内容,离开汉字理据去研究汉字文化,要单薄得多苍白得多。其三,汉字理据在汉字教学方面有极高价值。一方面,利用理据可提高单字教学的效率,减轻汉字学习难度。另一方面,利用理据可以迅速提高学习者系统掌握汉字的能力。刘又辛曾指出:"过去的汉字教学,基本上采取了死记硬背的办法,把汉字一律当作无理性的符号"。他认为:"汉字绝大多数都是有理性的文字。只要教师懂得一点文字学,便可使汉字教学发生新变化"[①]。

[①] 刘又辛《谈谈汉字教学》,《语言教学与研究》1993 年第 3 期。

生　词

界定	jièdìng	（动）	judge; determine
理性	lǐxìng	（名）	rationality; reason
表里	biǎolǐ	（名）	outside and inside
终极	zhōngjí	（名）	ultimate
揭示	jiēshì	（动）	reveal; find out
凸显	tūxiǎn		highlighting; raised
权威	quánwēi	（形）	authority
推移	tuīyí	（动）	pass; develop
变异	biànyì	（动）	variation
加剧	jiājù	（动）	aggravate; intensify
化为乌有	huàwéiwūyǒu	（成）	vanish into the void
俗文字学	sú wénzìxué		vulgar philology
沦为儿戏	lúnwéi érxì		be reduced to trifling matter
设定	shèdìng	（动）	hypothesize; set up; if
存续	cúnxù	（动）	remain and last

第四节　汉字的字族（上）
——字族、构形偏旁与形系字族

字　族

通过前面的论述我们已经知道，一个汉字进入合体字以后就成了偏旁，偏旁是合体字的结构单位。依照偏旁在合体字中的作用，可以把它们分为四类：表义偏旁、表音偏旁、表义兼表音偏旁和纯构形偏旁。

所谓字族，指某个偏旁字和由它孳乳出来的合体字组成的字群。偏旁在这个字群中起着统领的作用，如树之根，水之原（源），所以有人称之为"字根"或"字原"。偏旁字和它孳乳出来的一系列合体字，除了都有形体上的联系以外,或有意义上的联系,或有读音上的联系,或既有意义上的联系又有读音上的联系。依照偏旁在字族字中所起的作用,字族又可以分为形系字族、义系字族和音系字族。含有同一个偏旁形体的合体字是这个偏旁的形系字族字,以同一个偏旁为表义偏旁的合体字是这个偏旁的义系字族字,以同一个偏旁为表音偏旁的合体字是这个偏旁的音系字族字。

在某一历史时期使用的通用汉字中,有多少偏旁就有多少形系字族,有多少表义偏旁就有多少义系字族,有多少表音偏旁就有多少音系字族。其中,一部分合体字的表音偏旁兼有表义作用(或说表义偏旁兼有表音作用),这些合体字既可以列入这个偏旁的音系字族,也可以列入这个偏旁的义系字族。如:"坪"是"平"的转注字,《说文·土部》"坪,地平也,从土从平,平亦声","坪"既是"平"的义系字族字,也是"平"的音系字族字,也是"土"的义系字族字。

由于偏旁孳乳出来的字族字多寡不一,字族的大小不同。据统计,在现代通用汉字中,只组一个字的字族达 460 多个,组字最多的"水(氵、氺、 ）"组字达 410 多个。

以偏旁系联字族字,可以看出汉字形、音、义的系统性,可以看出整个汉字体系是以偏旁为纲建立起来的,我们可以从《合体汉字生成示意》[汉字生成坐标](见插页)和《常用汉字义系字族表》(附录五)、《常用汉字音系字族表》(附录六)清楚地看出偏旁与字族字之间的纲目关系。因此,字族的系联和研究,无论在对汉字本体研究方面,还是在汉字教学方面都具有重要意义。

构形偏旁与形系字族

所谓构形偏旁,就是合体字结构中具有构形功能的偏旁。由于凡是偏旁都有构形功能,所以,在某一范围的汉字中,有多少偏旁,就有多少构形偏旁。据统计,现代通用汉字大约共有偏旁 1680 个(包括变体),也就是说,现代通用汉字约有构形偏旁 1680 个。其中绝大部分偏旁在合体字中或表义、或表音、或表义兼表音,只有极少数偏旁既不表义,也不表音,是只有构形功能的纯构形偏旁,如赵、冈、凤、区等字的偏旁"×",仅、叹、汉、艰、难、鸡、劝、权、观、欢、戏、邓、对、凤

合体汉字生成示意（汉字生成坐标）

李大遂编制

注：
1. ▇ 为表义偏旁，从原点开始，按组字多少顺序排列； ▇ 为表音偏旁，从原点开始，按笔画多少顺序排列； ▇ 为

纯构形符号，其表音也不表义。 ▇ 为转注字， ▇ 为

2. 在合体汉字中，有个别字的偏旁都成了符号，既不表音也不表义，如"童"、"临"，这种情况本图暂未涉及。

3. 本图表的雏形产生于上个世纪90年代初，于2005年在德国美因兹大学召开的西方学习者汉字认知国际研讨会上正式
   发表。载顾安达、江新、万业馨主编的《汉字的认知与教学——西方学习者汉字认知国际研讨会论文集》，北京语言
   大学出版社，2007；又载《暨南大学华文学院学报》，2006年第1期。

等字的偏旁"又"。我们称这种偏旁为纯构形偏旁。

前面已经谈到,具有同一个偏旁形体的合体字是这个偏旁的形系字族字。那么,这个偏旁和它的形系字族字就组成一个形系字族。例如:"又"和其他偏旁构成叉、支、友、殳、双、圣、奴、驭、取、叔、受、爱、度、叟、曼、燮、矍、变、叙、亟、仅、叹、汉、艰、难、鸡、劝、权、观、欢、戏、邓、对、凤等 32 个合体通用字,不管"又"在这些合体字中有没有表示音义的功能,这 32 个合体字都是"又"的形系字族字。又如:以"马"系联合体通用字,可以系联出为构形偏旁的冯、吗、犸、闯、妈、玛、码、弩、驾、蚂、骂、笃、鹜、骜、鳌、蓦、腾、羁、驭、驮、驯、驰、驱、驳、驴、驵、驶、驷、驸、驹、驺、驻、驼、驿、骀、骁、骄、骅、骆、骇、骈、骊、骋、验、驿、骎、骏、骐、骑、骡、骓、骖、骗、骙、骚、骝、骟、骠、骡、骢、骡、骤、骥、骧等 64 个合体通用字。这 64 个合体字的形体中都有"马"这个形体,无论"马"在这些合体字中表音还是表义,都是"马"的形系字族字。

汉字形系字族的系联,在字形教学方面可以发挥一定作用,有利于加深学习者对汉字字形系统的认识。但较之义系字族字系联和音系字族字系联,意义要小得多。

生　　词

字族	zìzú	（名）	character race
多寡不一	duōguǎ bù yī		vary in amount or number
以偏旁为纲	yǐ piānpáng wéi gāng		take character components or basic structural parts as the outline
坐标	zuòbiāo	（名）	coordinate
纲目	gāngmù	（名）	compendium; detailed outline
形系	xíngxì	（名）	characters sorted out or classified according to the shape
义系	yìxì	（名）	characters sorted out or classified according to the meaning
音系	yīnxì	（名）	characters sorted out or classified according to the pronunciation

| 系联 | xìlián | （动） | relate to; bear on |
| 本体研究 | běntǐ yánjiū | | the main part studies |

第五节　汉字的字族(中)
——表义偏旁与义系字族

表 义 偏 旁

所谓表义偏旁，就是合体字结构中具有表义功能的偏旁，它包括组成会意字的义(意)符、转注字的字首和类符、形声字的形符(形旁)。也就是说，表义偏旁遍布在会意、转注、形声三种文字的结构之中，其外延既大于一般所谓的"形符"、"形旁"，也大于一般所谓的"义(意)符"、"义(意)旁"，更大于一般所谓的"表义(意)部件"。

从现有资料看，对表义偏旁及其字族的认定研究，始于许慎《说文解字》。许慎依据小篆字形结构归纳确立的540部首，就是小篆时期汉字的表义偏旁系统[①]。此后，表义偏旁及其字族的研究，多集中于形符(形旁)及其孳乳的形声字。定性研究较多，定量研究很少。各时期汉字形符数量研究成果有以下几种：

邹晓丽等《甲骨文字学述要》从认定的257个甲骨文形声字中归纳出形符81个；

汤馀惠主编《战国文字编》从所收6000左右战国文字中归纳出形符300个[②]；

[①]　在《说文解字》的540个部首中，从表面看，有35个部首没有属字（义系字族字），这35个部首是三、凵、久、才、毛、瓠、克、彔、嵩、丏、易、冄、舃、茻、能、亼、燕、率、它、开、四、五、六、七、甲、丙、丁、庚、壬、癸、寅、卯、未、戌、亥。这35个部首之所以没有明确列出属字，是因为作为字典，字不能两收。这些表义偏旁孳乳的字族字或列在其他部首之下，如："五"作为部首没有属字，但可以在人部找到"五"的义系字族字"伍"，"五"在"伍"字中表义兼表音；或以重文身份出现，如："它"作为部首没有属字，但我们可以发现"它"的重文异体为"蛇"，"它"在"蛇"字中表义兼表音；或作为部首单独立部，如："虫(huǐ)"部未列义系字族字"蚰(kūn)"、"蠱(chóng)"，而"蚰"、"蠱"另立为部首。

[②]　陈枫《汉字义符研究》，中国社会科学出版社，2006。

李国英《小篆形声字研究》从 8233 个小篆形声字中归纳出义符378 个;

康加深《现代汉语形声字形符研究》从现代通用的 5631 个形声结构汉字中归纳出通用字形符 246 个;

实际上,除了许慎的 540 部首(表义偏旁),所有关于汉字形符的数量统计,都比实际少。尤其是现代汉字形符的统计,比现代汉字表义偏旁数量少得多。原因主要有二:一、形符不包括会意字表义偏旁在内。如:偏旁"元"在寇、冠等会意字中都是表义偏旁,但在形声字中却不是形符。二、形符不包括转注字表义兼表音偏旁在内。如:"伍"字的偏旁"五"表义兼表音,枝、肢、翅、歧等字的偏旁"支"表义兼表音,但不能作为形符收入。既然我们研究的是汉字的表义偏旁及其义系字族,会意字的表义偏旁和转注字的表义兼表音偏旁就应该成为汉字表义偏旁系统成员。

我们将会意字的表义偏旁列为汉字表义偏旁系统成员名正言顺,将转注字的表义兼表音偏旁列为汉字表义偏旁系统成员也是有依据的。许慎《说文解字》一方面将"丩"、"句"、"幺"、"包"等表义兼表音偏旁立为部首,另一方面以"从某从某,某亦声"说解形式,指明这些合体字表义兼表音偏旁的表义作用,如:《说文解字·土部》:"坪,地平也。从土从平,平亦声"。说明许慎已将这类偏旁视为特殊的表义偏旁。一般文字学家将含有表义兼表音偏旁字称为"会意兼形声字"或"形声兼会意字",说明人们也普遍承认这类偏旁的表义作用。因此,我们有充分的理由将表义兼表音偏旁列为汉字表义偏旁系统成员。据考察,在现代汉语常用字中,有表义偏旁约 730 个,其中 500 多个兼有表音功能。

表义偏旁在指事造字法出现阶段,就已初露端倪。指事字中有一类是以象形字为基础增加一个指事符号(一般是"·"和"一")造成的,如:本、末、寸、刃等。许慎在《说文解字》一书中,对"本"、"末"二字的说解分别是:"从木,一在其下"和"从木,一在其上"。说明许慎说解"本"、"末"这样的指事字时,已承认构成"本"、"末"二字的象形字"木"和指事符号"一"具有表义作用的。只是由于我们习惯上把指事字视为独体字,不加分析,才被人们忽略。如果教学需要,而且可以分析的话,应该承认构成指事字的象形字和指事符号已具有表义偏旁的性质。或者说,构成指事字的象形字和指事符号就是表义偏旁的远源。

一般来说,偏旁是随着合体字的产生而产生,随着合体字的发展而发展的。合体字是是由会意、转注、形声三种造字方法造出来的。表义偏旁是随着会意字的产生而产生,随着转注字、形声字的大量出现而发展的。最早出现的合体字是"比类合谊,以见指㧑"的会意字。会意字是用两个或两个以上的字组合成新字,会合出新字的意义,参与构成会意字的偏旁都是表义偏旁。

最初个别的表义偏旁还没有表示事物类别的作用。当一个表义偏旁被反复用来组成多个合体字,表示同一事物及其相关事物的时候,这个表义偏旁就有了表示某种类属的作用。特别是"建类一首,同意相受"的转注字和"以事为名,取譬相成"的形声字大量出现以后,表义偏旁表示某一事物类属的作用越来越明显,造字者利用表义偏旁造字的意识也愈加强烈。以致后来形成一种强大的惯性,出现陆德明《经典释文·序录》所指出的现象:"飞禽即须安'鸟',水族便应著'鱼',虫属要作'虫'旁,艸类皆从两'屮'。"与此同时,用字者利用表义偏旁识字、用字也越来越自觉。

总之,汉字表义偏旁系统的形成与发展,与造字法的演进密切相关。汉字表义偏旁系统在指事阶段萌芽,在会意阶段形成并得到初步发展,在转注阶段得到大发展并逐步趋向成熟,在形声阶段完备定型。

许慎《说文解字》,从 10516 字(正字 9353,重文 1163)的合体字中归纳出 540 部首,第一次整理描写出汉字的表义偏旁系统,标志着汉字表义偏旁系统已经成熟。此后,虽然汉字的总数增加了好几倍,但除了因某些汉字不再通用,通用汉字的表义偏旁数量有所减少,作为整个汉字体系的表义偏旁系统几乎没有变化。

义 系 字 族

所谓义系字族,指某一表义偏旁以及由它孳乳出来的一组合体字字群。像表义偏旁包括表义兼表音偏旁在内一样,义系字族也包括表义兼表音偏旁孳乳的字族字。例如:以"心(忄、⺗)"为表义偏旁的现代汉语通用字有志、忑、忒、忐、忘、闷、忌、忍、态、忠、怂、念、忿、忽、思、怎、怨、急、怒、怼、怠、恝、恚、恐、恶、虑、恩、恁、息、恋、恣、恙、恳、恕、悫、悬、患、悉、悠、您、惠、惹、惠、惑、惩、惫、想、感、愚、愁、愆、愈、意、慈、愿、愿、慧、愁、憨、憨、慰、憩、憋、懋、懑、戆、芯、忆、忉、忖、忏、忙、忧、忮、怀、怄、忧、忡、忤、忾、怅、忻、松、怆、忤、忱、快、忸、怔、怯、怙、怵、怖、怦、怛、怏、性、怍、怕、怜、怩、怫、怊、怿、怪、怡、怞、恃、恒、恢、恹、恍、恫、恺、恻、恬、恤、恰、恂、恪、恼、恽、恨、悖、悚、悟、悭、悄、悍、悝、悃、悒、悔、悯、悦、悌、悢、悛、情、惬、悴、惜、惭、悱、悼、惝、惧、惕、惘、悸、惆、惚、惊、惇、惦、悴、惮、惋、惨、惯、愤、慌、惰、愠、惺、愦、愕、愣、愣、愀、愎、惶、愧、愉、憎、慨、愫、慑、慎、慥、慊、慢、慷、慵、懂、懔、憔、懊、憧、憎、憷、懒、憾、懈、懦、懵、忝、恭、慕等 200 个。这些合体字都是思想、感情、气质等心理方面的用字,字义都与"心"有程度不同的联系。加上偏旁字"心","心"的义系字族由 201 字组成。具有表义功能的常用汉字偏旁约有 730 个(其中 500 多个兼有表音功能),以这些表义偏旁系联现代汉语合体常用字,就可以系联出 730 多个义系字族。参见本书附录五《常用汉字义系字族表》。

汉字已经有五六千年的历史,字义的演变非常复杂。字族是一个历时的文字现象,如同民族、家族一样。因此,判定一个偏旁是否表义,既要从现代意义出发,也要作历史的考察。有些合体字,依据现代义已看不出偏旁与合体字有什么意义上的联系,但如果有文献资料确实能证明该合体字与偏旁有意义上的联系,就应该视为偏旁表义。如:据《新华字典》,"笨"字的现代义为"不聪明"、"不灵巧"、"粗重,费力气的",这几个义项均与偏旁"竹"意义无关。但《说文解字·竹部》:"笨,竹里也。从竹本声。"《玉篇》、《广韵》虽没有对字形加以分析说解,但对"笨"字字义的说解与《说文解字》相同。毫无疑问,从字源上说,"笨"的偏旁"竹"具有表义功能,应归属"竹"义系字族。

表义偏旁与义系字族字意义上的关系

字族字的字义与表义偏旁字的意义都有程度不同的联系,同族字之间也有意义上的联系。这种联系可以分为三种类型:相同、相近、相关。

1. 字族字的字义与表义偏旁字的意义基本相同。其中,有些表义偏旁字与其义系字族字字义自古及今都基本相同,例如:"舟"和"船"。《说文·舟部》:"舟,船也"。段注:"《邶风》:'方之舟之',《传》曰:'舟,船也。古人言舟,汉人言船'"。《说文·舟部》:"船,舟也"。段注:"古言舟,今言船。如古言屦,今言鞋"。可见,自古至今"舟"和"船"的字义是完全相同的。又如:"目"和"眼"。《说文·目部》:"目,人眼也"。《说文·目部》:"眼,目也"。后来这两个字字义有所扩大,但基本义一直是相同的,泛指人和动物的眼睛。

有些表义偏旁字与其义系字族字字义原来略有不同,但经过长期发展,字义变得基本相同。例如:"攴"和"敲"。《说文·攴部》:"攴,小击也"。《说文·攴部》:"敲,横擿(zhì)也"。两个字都有"击打"义,只不过一个是用力不大的击打,一个是横向击打,现在早已不加区分。又如:"自"和"鼻",《说文·自部》:"自,鼻也";《说文·鼻部》:"鼻,引气自畀也"。原来"自"指鼻子,"鼻"指用鼻子闻。在很早以前,由于"自"被假借表示自己、自然等义,"鼻"的意义就和"自"的本义完全一致了。其他如:"犬"和"狗","木"和"树","香"和"馥","父"和"爸","口"和"嘴",差不多都属于这种情况。

2. 字族字的字义与表义偏旁字的意义相近。例如:表义偏旁"舟"的义系字族字有舢、舣、舰、舨、舱、般、航、舫、舸、舻、舳、舴、舶、船、舷、舵、艄、艇、艏、艋、艘、艚、艟、艨等24个。除"船"与"舟"字义完全相同以外,有相当一部分是表船名的,与"舟"字意义相近。"舢(shān)"、"舨(bǎn)"是一种小船名用字;"舴(zé)"、"艋(měng)"也是一种小船名用字,"艇"指轻便小船;"舰"指大型战船;"艨(méng)"、"艟(chōng)"也是战船名用字;"舫(fǎng)"本义指并连两条船,后来泛指船;"舸(gē)"、"舶"的本义都是大船,后泛指船;"艚(cáo)"指载货的木船;"艘"本义是船的总称,后来成为表船舶的量词。这些字所表示的对象,统言之都是"舟",都与"舟"字意义相近。

再比如:松、柏、杨、柳、桃、杏、梨、李、榆、槐、梅、桂等树名用字表示的对象,统言之都是"木",都是"树",都与"木(树)"字意义相近。泉、江、河、湖、海、泽、溪、汉、渭、湘、洛等水名用字表示的对象,统言之都是"水",都与"水"字意义相近。

3. 字族字的字义与表义偏旁字的意义相关。在上述"舟"的义系字族字中,有一部分是表船舶部位的或是表用船行为的,与"舟"字义相关。"舱"是船内载人装货的空间;"舷(xián)"指船的两侧;"舵(duò)"指安在船尾以控制行船方向的装置;"舻(lú)"指船头(也可指船);"舳(zhú)"、"艄(shāo)"都指船尾(其中"舳"也可指船);"舾(xī)"指船上装置设备的总称;"舣(yǐ)"是停船靠岸;"般"本义是用篙使船旋转;"航"的本义是船,后引申指行船。

再比如:在以"木"为表义偏旁的义系字族字中,株、根、枝、杈、条、梢、果等字表树木的不同部位,林、森、柱、榣(yáo)、杴(yāo)等字表树木的形态,材、朴、板、柴等字表树木砍伐后得到的木料及其形态,楼、榭、梁、桥、柱、椽、梯、楣、框等字表用木材建造的建筑物及构件名称,桌、椅、案、床、榻、枕、架、柜、梳、柄、桎(zhì)、梏(gù)、棺、椁(guǒ)表用木材打造器物,休、析、采、集等字表与树木有关动作,杳、杲等字表与树木有关的现象。

由于表义偏旁在其义系字族字中表示的意义主要是类属义,故表义偏旁与义系字族字意义相同的情况不多,而相近或相关的情况占大多数。

生　　词

外延	wàiyán	(名)	extension
确立	quèlì	(动)	establish; set up
定性研究	dìngxìng yánjiū		qualitative investigation
定量研究	dìngliàng yánjiū		quantitative investigation
初露端倪	chūlù duānní		begin to show an inkling of a matter
远源	yuǎnyuán	(名)	far source
惯性	guànxìng	(名)	inertia
萌芽	méngyá	(动)	sprout; bud; shoot forth

附录五　常用汉字义系字族表①

凡　　　例

1. 本表以表义偏旁为纲系联而成，收现代汉语常用字表义偏旁及其字族约 730 个，其中表音偏旁因为兼有表义作用而入列的表义偏旁约 420 个。
2. 本表偏旁按笔画多少顺序排列，笔画相同的偏旁按起笔一、丨、丿、丶、乛顺序排列。
3. 部分偏旁后面带（　），内注偏旁来源及读音。
4. 变体偏旁及其字族排列于正体偏旁及其字族之下，以见流变，变体偏旁用〔　〕标志。
5. 同形异源偏旁分别排列，以加注号码方式区别。如：匚 1（fāng），匚 2（匸 xì）。
6. 同字族字按笔画多少顺序排列，笔画相同的字按另一构字偏旁起笔一、丨、丿、丶、乛顺序排列。
7. 含有表义兼表音偏旁的字族字用"■"标志。
8. 一个合体字有几个表义偏旁就分列入几个义系字族。如"寇"有宀、元、攴 3 个表义偏旁，"寇"就分别出现于宀、元、攴所属的 3 个义系字族。
9. 本表依《汉语水平词汇与汉字等级大纲》为字族字标明等级。"//"前为《汉语水平词汇与汉字等级大纲》所收 2905 字以内的常用字、次常用字。其中无标记者为甲级字，下标"…"者为乙级字，标"～"者为丙级字，标"＿"者为丁级字。"//"后为 2905 字以外的常用字、次常用字。

---

① 本表以表义偏旁为纲系联现代常用汉字中的义系字族字，以展示汉字义系字族谱系，展示汉字意义的系统性。作者 2002 年出席第七届国际汉语教学讨论会时，提交论文《常用汉字义系字族表并序》，被收入《第七届国际汉语教学讨论会论文选》(北京大学出版社，2004)，题目改为《常用汉字义系字族表》。这里节选该文字族表部分作为附录收入，同时作了一定幅度的修订。

1 画

一① －二三灭丛百旦或//韭
丨(gǔn)－引
丿(piě)－丢
、1(zhǔ)－主
、2(示义符号)－太
乚(yà)－乳
乙－//乾

2 画(一、丨)

二－仨
[冫３]－冯次
十－什计叶古协章博
厂1(hǎn//chǎng)－厚原
厂2　同广
ナ1(zuǒ)－左
ナ2　同又
匚1(fāng)－匠医匣//匣匾
匚2(匸xì)－区//匿
七－切
丂－考
卜1－外//卦
[卜]－占贞
卜2同人
刂同刀
八－分公扒趴
[丷]－兑
[儿2]－匹
人1－介从队闪企众//囚

[亻]－仁什仆化仇仅仍仗付代仙
们仪仔他伟传休伍伏优伐件任
伤价份仰仿伙伊伪似估体何但
伸作伯伶佣低你住位伴伺佛佳
侍供使侄侦侣侧侨佩侈依便俩
例俏保促俐俄悔俭俗俘信侵俊
债借值倚倾倒倘俱倡俯倍倦健
做偿偶偷停偏假傲傅雁傍储催
傻像僚僵僻//仲伦佑佃侠侥俺
倔偎傀僧儒傲

[儿]－允兄充光先兑鬼党竟
(宀)－饰
[コ]－司
[匕]－死此顷
(勹2)－负
[卜2]－卧
[几2]－秃//冗
人2(入rù)－全//黍
人3　同亼
乂(yì)－艾

---

① 依照传统文字学,旦、或、灭为会意字,韭为象形字,二、三、丛、百为指事字。"一"在这些字中或为象征性符号,或为指事性符号,都有表义作用,而且都能拆分。为教学计,我们权将二、三、丛、百、韭视为准合体字,将"一"视为表义偏旁。

㐅－杀①凶②
⺈1同刀
⺈2同人
匕1(bǐ)－尼旨匙
匕2同人
七(huà)－化
儿1同人
儿2同八
几1－凯凭亮凳
几2同人
九－染
勹1(bāo)－勺包旬匈//甸
勹2同⻖

2画(丶、乛)

冫1(仌bīng)－冰冻况冷冶凌凄凉凝//凛
冫2同水
冫3同二
⺀(仌bīng)－冬寒
刂同刀
讠同言
冖1(mì)－军冠冤
冖2(宀)－写//冗
凵(kǎn)－凶出凿③
丩(jiū)－叫纠收
[勹2]－句勾
卩(jié 曲体的人)－印却即卸
阝1(阜 fù,居左)－队阵阳阶阴防陆际阿陈阻附陲陌陕降限陡除险院陵陶陷陪隐隙隔隧障隧//阡陨隅

阝2(邑 yì,居右)－邓邦邢邪那邮邻郁郊郑郎都郭部鄙
力－办劝功加务幼动劳励抛劣劫助男穷努劲虏勃勉勇勘筋勤
刀－切分初券剪解劈
[刂]－刊刑列划刚则创刘别利删刨判刺制刮刹剂刻刷削罚剑剃剖剥剧副剩割//刽剔剿
[刂]－班辨
[ク1]－绝
又1－叉支友双圣奴取叔受度//曼
[𠂇2]－友右有灰
[寸2]－//爵

---

① "杀"为"殺"的简化字,《说文》:"殺从殳杀声",而《说文》无"杀"字。段玉裁《说文解字注·殳部》"殺"字下注:"按张参曰:'杀,古杀字'。张说近是。""首字下当云:'从殳从杀,或讹为杀声也'。"朱骏声疑"殺"字从殳从义会意,术声。窃以为"义"本义为割(草、谷)与"杀"字义近。北京郊区农村称割芝麻为"杀芝麻",称用镰刀等收割庄稼为"杀秋"。疑"杀"字从义从木,本义"以刀砍割草木",后字义引申而有"使人或动物失去生命"义,又添加表义偏旁"殳"以明义。为教学计,可将"义"、"木"视为表义偏旁。

② 一般认为"凶"是指事字,从凵从㐅,凵为陷坑,㐅为指事符号。凶与吉相对,㐅作为符号有不吉利的意思。为教学计,可以将"凶"视为会意字,将凵、㐅均视为表义偏旁。

③ 凿"是"鑿"的简化字。简化后完全失去原字字理。"凵"表凹陷,与"凿"意义相关;"举"音 zhuó,与"凿"读音相近。为教学计,可将"凿"视为从凵举声的形声字。

[彐]—寻//帚
[⺕]—秉兼
又2同支
乃—奶
廴—延建
厶1(sī)—私//篡
厶2(目yǐ)—台
卩(㔾jié)—卷

3画(一)

三—叁
十同丰
工—左巧功式攻巫
干—奸杆旱①秆竿
士—吉壮
土1—圣在尘圾庄②地场坛坏址坚坝坐均坟坑坊灶社块垭垄坦坡型垮城垫垦埔埋埃堵基域堂堆埠培堕堪塔堤堡墓填塥塘塑塞墙墟境墨增疆壁壤//坎坞坠坷坪坤垢垛埂堰墅墩壕
土2同大1
艹(艸cǎo)—艺艾节芒芝芽花芹芬苍芳芦芭苏苦若茂苹苗英范茄茎茅荐草茧茶荒茫③荡荔药莲荷荻著萌萝菌菜萄菊菠菇葫葛董葡葱蒋蒂落葵蒜蓝蓬蓄蒙蒸蔽蔗蔼蕉蔬蕴蕾薯薪薄藏藤蘑//芋芍芙芜苇芥芯茉苟苦苟苞茁苔荆茸荏茵茴荞荠荤荸莱莉菱菲萎菩萧萨蒿蒲蓉蔫蔓蔚蕊薛薇貌藕藻

下—卡④
宀(穴)—在
1(丌jī)—典
2(廾)—兵共且
廾(gǒng)—异弄弃戒弊
六[丌jī2]—兵共具
大1(丌jī)—太夸尖因奇美套奢爽衡//夯奄契奕
[土2]—赤
大2(丌jī)—奠
丈—仗//杖
扌同手
寸1—付讨对寺夺守寻导封耐将射冠辱尊//尉
寸2同又

3画(|)

上—卡
少(tà)—步
口1—古叶右号占叮可只叭句兄司吖叫叨加召叹台呼吉吐吓扣同吊吃后合名各吸问如吗呈吞吴呆否呕吨呀吵呐告吟含盼吻吹呜兑启君局吧咖吼味哎呵咙

---

① "干"为"乾(gān)"的简化字,故可以将"旱"字的偏旁"干"视为表义兼表音偏旁。
② "莊"简化为"庄",原字字理全失。为教学计,可将"广"、"土"视为表义偏旁。
③ 也有人认为"茫"从水芒声。这里依高树藩《中文形音义综合大字典》说。
④ "卡"是由"上"、"下"合成的会意字,共用中间的一横(一)。

呻知咋和咐命呼周鸣咏呢哇哄
哑咸品咽哞咱响哈哆咬哀咨咳
哪哟哲唇唠哨哩哦唤哼唐商害
啊唉唆啦啄啡啃唱唾唯售啤啥
啸喷喜喇喊喝喂喘喉喻善喽喧
嗦嗯嗅噪嗓嗽嘛嘲嘿噢嘱嘴噪
嚼嚷//叽吃吱吠呛吭吮咕咆咧
咪哞哺啃嗜啰喳啼嗜嗡嗤喊
嘀嘶嘹嚎

口2 同口

冂同凡

囗(wéi)—因团回①园围困国固
  图圆圈//囚囤圃

[口2]—回或//邑

山—屿岗岔岛岸②岩岭岳峡幽峰
  峻崖③崭崔崩崇密嵌//屹岖峦
  峭崎

巾—币布帅吊帆帐希帖帜佩帘饰
  刷帮带席常幅帽幕幢//帕帚
  帻幔

3画(丿)

乇(tuō)—托宅

川—训顺//驯

[巛1]—巡

彳(chì)—彻役征往彼径待徊律
  很徐徘得御循微德履

彡—形须修彩彭彰影//杉彤彬彪

亼(jí)—合舍

[人3]—仓④会⑤食⑥//仑

爫同爪

犭同犬

凡—帆

[冂]—同

久—灸

夕—外名多梦

夂1(zhǐ)—处各

夂2(夊 suī)—复麦夏履

夂3(zhōng 终本字)—冬

亽同食

3画(丶)

广(yǎn//guǎng)—庄床库扩旷
  序庞店庙府底废庭席座麻廊廓
  廉//庇庐庶庵

[厂]—厅厕厢厨厦

亡—芒忙妄忘盲氓

门—闪闭闯闲间闷闸闹⑦闺阀阁
  阂阅闸阔//闻阎

忄同心

———

① "回"本象形字,本义旋转、环绕,形变后似合体字。"囗"与"回"义近。为教学计,也可以将"囗"视为表义偏旁。

② 据《说文》,"岸"字从屵(àn/yǎn)干声。这里依曹先擢、苏培成《汉字形义分析字典》说。

③ 据《说文》,"崖"字从屵(àn/yǎn)圭声。这里依曹先擢、苏培成《汉字形义分析字典》说。

④ 依邹晓丽《基础汉字形义释源》说。

⑤ "会"为"會"草书楷化简化字,为教学计,将"会"分析为"亼"、"云",将"亼"视为亽的变体。

⑥ 《说文》:"食,亼米也。从皀亼声。"或说:'亼皀也'"。朱骏声《说文通训定声》认为"从亼皀会意"。

⑦ "闹"的繁体作"鬧",从門(dòu)从市。简化后偏旁"鬥"更换为"门",仍可视为表义偏旁(门庭若市)。

宀(mián)—宁穴宇守宅字安完宋宏牢灾宝宗定宜宙审官实宣室宫客宽家宵宴宾宰害容寇寄寂宿富寓寞寡察//宠宦宛寝寥

氵同水

辶(辵chuò)—辽边过达迈迁迅巡进远违还运连近返迎这迟述迫选适追逃迹送迷逆退逊逝速逗逐造透途逛逢递通逻逮随逼遇遗道遍遣遥遭遮遵邀避//迂迄逞逸遏逾遂

3画(㇇)

彐同又

彑同又

卂(xùn)—讯汛迅

尸1—尼屁尾屉居届屎展屑屠辟履

尸2(尾省)—尿屈属屡

尸3(象屋形)—层刷屋屏

巳(sì)—包

己—改

弓—引躬张弥弦弯弹强①//弛弧

也—驰施//弛

女—奶奴妆奸妄安妒妇好她妈妙妖妥妨妻妹姑姐姓委始姿姆娃姥威耍姨姻娇姜娱娘婴婚婆婶媒嫂嫁娶媳嫉嫌嫩//妓姊姚娜娓婉媚婿嫡嬉

刃—忍

小—孙②

[小]—少尘尖雀

[⺌]—肖

又—//权杈

子—孔仔孕存字好孙孝季孟孤学孩籽教//孽

马—冯驮闯驰驱驳驴驾驶驻驼骄骆验骑腾骗骚骡骤//驯驹骇骏

纟同系

幺(yāo)—幼

巛2(象小鸟)—//巢③

巛1同川

4画(一)

丰—艳

王1—皇④//闰

王2同玉

井—//阱

天—蚕

―――

① 依《说文》，"强"本虫名，初作"强"，从虫，弘声。异体作"强"。后多借"强(彊)"代"彊"(强有力)，今为"彊"的正体。考虑到"强"在现代汉语中已无"虫名"的意义，专表"彊"字所有的各个义项，为教学计，权将"弓"视为"强"字的表义偏旁，而将"虽"视为纯构形偏旁。

② "孙"的繁体作"孫"，从子从系。简化后偏旁"系"更换为"小"，失去原字部分字理。但仍可将"小"视为表义偏旁(比子更小的一辈是孙)。

③ "巢"本象形字，形变后似合体会意字。为教学计，可将"巛2"、"果"视为表义偏旁，"巛2"象巢中的小鸟，巢形若"果"形。

④ 依朱骏声《说文通训定声》说。

夫－规
元－冠寇
韦(韋 wéi)－围违韧//讳苇纬韩
云－魂//昙
专(專)－传转砖
弋同戈
耂1－考老孝①
耂2同父
木－朵休杳呆床闲李宋林采某荣查柔柒染架栗柴桌桨案桑梨梁森集//棠
[朩]－杀②条茶③亲④寨
[木]－朽朴机权⑤杆杜杠材村极闲杨困柱林枝杯柜枚析板松枪构枕标枯柄栋相柏柳柱柿栏柠树栽框桂档桐株桥桃桅格桩校核样根械梗梧梢梅检梳梯桶棒棱棋植森椅椒棵棍棉棚棕棺椭槐榆楼概模榴榜榨椎横槽樱橡橘檬//杖杉权枢枫杭栈柑栅枷梆栖桦栓梭椰椎榔楔椿楷榄楞楣榛榕樟橄橱橙檐檩檀
五－伍
帀(zā)－师
支1－枝歧肢翅
支2同父
不－否歪甭
犬－伏状狱突获哭臭献器默//吠莽
[犭]－犯狂犹狈狐狗狭狮独狡狱狠获狸狼猜猪猎猫狙猛猾猴猿//狞狰猩猬

区(區)－抠//岖枢躯
尤－//犹
歹1(歺 è//dǎi)－死歼殃残殊殖//殉
歹2(歺 liè)－列
友－爱⑥
厄(è)－//扼
车(車)－轧轨军阵库连转斩轮软轰轻载轿较辅辆辈辐辑输辖舆辙//轩轴辕
屯－顿//囤吨钝
戈－划伐戏戒或战//戳

———
① 依《说文》，"老"和"孝"都是会意字，"老"从人毛匕，"孝"从老省从子。"考"是形声字，从老省丂声。但据甲骨文、金文，"耂"像老人形，"匕"、"匕(比)"、"丂、丁(万)"分别是女性和男性的标识字。"老"、"考"是转注字，"孝"是会意字。
② 见2画"乂(乂)"字字族"杀"字脚注。
③ "茶"本作"荼"，本义是苦菜，从艹余声，音tú。后因茶叶味苦，故也指茶树，唐以后音chá。为与苦菜义区别而减一笔作"茶"，"木"亦可表义。
④ 依《说文》，"亲"本木名，是"榛"的本字，从木，辛声，形变为"亲"。今为"亲"简体。
⑤ 依《说文》，"权"本木名，即黄华木，从木，雚声。今简化为"权"。
⑥ 《说文》："爱，行貌，从夊，㤅声。"又："㤅，惠也。从心，旡声。"后借"爱"代"㤅"，"爱"行而"㤅"废，"对人或事物有深的感情"成为"爱"基本义。今"爱"简化为"爱"，失去原字字理，为教学计，可将"友"视为表义偏旁。

[弋]—武
比—皆昆
旡(jì)—既
牙—穿
瓦—瓷瓶//瓮

4画(丨)

止—企此址步武歧肯卸
[㐄]—走
[生2]—先
攴—敲寇
[支2]—鼓
攵—收攻改枚败牧放政故致①
　敌效敿教救敏敢散敬数敷繁//
　敛敦赦
(又2)—变叙②
臤(臥 qiān//xián)—坚贤竖
少—劣沙③妙纱秒砂
业同火
曰(yuē)—昌
冃(冃 mào)—冒最//冕
日—旦早旬阳旱时旷间旺昆昌明
　昏昂春昧是显映星昨晋晒晓
　晃晌晕晤晨晚暂晴暑晰朝④晶
　智晾景普暖暗暮暴//旭昔昭晦
　暇曙
月同肉
冉(冄象襄衣形 suō/shuāi)—衰
中—忠衷//仲
冈(岡)—岗
内—纳
贝(貝)—贞负贡财责贤败贩贬购
　货质贪贫贯贵贱贴贷贸费贺赅
　赂资贰赏赋赌赔赖赚赛赠赞
　赢//账贮贾赃赁赊赎赐赘赡
见(見)—观现规视览觉

4画(丿)

牛—件牢牵犁解//犀
[牛]—牧物牲特牺//牡
[生1]—告
手—挚拿拳掌掰摩攀//挈摹擎
[扌]—扎打扑扒扔扛扣托执扩扫
　扬扶抚技抠扰拒找批扯抄折抓
　扳抢扮抢抑抛投抗抖护扭把报
　拟抹拓拢拔栋担押抽拐拖拍拆
　拥抵拘抱拄拉拦拌拧拙披拨择
　招抬拇挂持拱挎挟挠挡拽挺括
　拴拾挑指挣挤拼挖按挥挪捞捕
　振捎捍捏捉捆捐损捌捡挫换挽
　捣捅挨捧措描掩捷排掉捶推掀
　授捻掏掐掠掂接掷控探据掘掺

---

① 据《说文通训定声》，"致"从夂(suī)至，至亦声。后来表义偏旁"夂"更换为"夊(攴)"，与致字表达义相关，故将"致"归入"攴"字字族。
② "变"本从攴，后形变从攵，今从又。"叙"，甲骨文从又，篆文从攴，楷书有叙、敘、敍三个异体，今以"叙"为正体。
③ 依黄德宽《古文字谱系疏证》说。
④ 依《说文》，"朝"从倝，舟声。后隶变作"朝"。甲骨文作"𣎎"，从日，从月，日的上下是草木，表示日月同现于草木之中，日始出而月尚存之时即早晨。隶变后的楷体字形结构正与甲骨文相合。

揍搭揽提揭插揪搜援㧐搁搓搂
搅握揉摄摸搏摆携搬摇搞摊撒
摧摘撵撕撒撑播撞撤摔操擅擦
攒//扼抒拂拗拭拷拯捂捺捌披
掸揩挥揣摇搪撩撮撬擒撰撼
撂攘

[龶]－看拜掰
[羊]－拜
[卄]－举奉
毛－尾笔毫毯氅//毡
气－汽氘氢氧氮//氨氯
止1同牛
止2同止
午－许
壬(rén)－任
夭－乔①妖
夊1同攴
夊2同文
长(镸)－帐张胀//账
化－讹花货
片－版牌//牍
斤－匠兵折析斩斧所断斯新
爪－爬抓
[爫]－受妥采//觅舀
[㔾]－印
反－扳返贩叛
介－界
从(两人)－坐纵
父－爷斧爸爹
爻－驳//肴
爻(yáo)－驳//肴
[耂2]－教

仑(侖)－论抡轮//伦沦
凶－汹酗
凵(象牙齿)－齿
分－份芬吩岔纷盼贫纷掰寡
公－讼
乏(fá)－贬眨
仓(倉)－舱
月1－明朗望期霸阴朝②//胧朦
月2同肉
尸(wēi)－危③
丹－//彤
小同火
风(風)－飘//飒
欠－次欢吹饮欧欣砍④钦欲款欺
嵌⑤歇歌歉//坎
衤同衣
匀(yún)－均韵
夕同肉
卬(áng)－仰迎昂

---

① 依《说文》，"乔(喬)"为从夭从高省
的会意字。朱骏声《说文通训定声》："按：
高亦声。一宋本作高省声"。汉字简化后
失去部分字理。鉴于"夭"、"乔"二字韵母
相同，为教学计，可以将"夭"视为表义兼表
音偏旁。
② 同"日"字字族"朝"字下注。
③ 依戴侗《六书故》说。
④ 依高树藩《中文形音义综合大字
典》说。
⑤ 依《说文》，"嵌"从山欿(kǎn)省声。
"欿"罕用，且又省声，难于利用其字理。
"欠"与"嵌"音同音近，意义相关，为便教
学，权将"欠"视为表义兼表音偏旁。

殳(shū)－设役殴段毁①殷般殿毅
勾同句
皀(gǔ)－盈

4画(丶)

文－纹斑//吝紊
[夂2]－致
亢－抗炕//吭
亠(厺 tū)－充弃育
火－灭灰伏灸灾炎炭秋耿烫//焚
[火]－灯灶灿炒炊炕炉炼炸烁炮烂烤烘烦烧烛烟焊焰煤煌熄熔燃燥爆//灼炬炝炫烙焕焙燎
[灬]－点热烈烹煮焦照煎熬熟//庶熙
[小]－赤
[⺍]－光
为－伪
斗－科料斜//魁斟
礻同示
户－启肩房扁扇
罒(网变体)－罕
心－志忘闷忌忍态念忽思怎怨急怒怠恐恶恩息恋恳悬患悉悠您惹惠惑悲惩怠想感愚愁愈意慈愿慧憋慰//芯忿恕憨
[忄]－忆忙怀忧快怯怖性怕伶怪恰恼恒恢恨悟悄悔悦情惜惭悼惧惕惟惊惦惋惨愤慌惰愣愧愉慢慷懂懒憾慨慎//忧怔恃恍恬恤悍恼悴愕惶懊憔憎懈懦
[⺗]－恭慕

4画(㇕)

尹(yǐn)－君
丑－扭纽钮羞
夬(guài/jué)－决快缺//诀
巴1－把爬笆//耙靶
巴2(卩 jié)－绝肥
月(尺)－局
引－//蚓
队(隊)－//坠
办－协②
⺌同心
予－舒//抒
毌(guàn)－贯
水－冰汞尿泉③浆//泵
[氵]－汁汇汉汗污江汛池汤汪沛
    汰沥沏汽沃汹泛沟没沪沉沈沫
    浅法泄河沽泪油泊沿泡注泣泻
    泌泳泥沸沼波泼泽治洁洪洒柒
    染浇浊洞测洗活衍派洽济洋洲
    浑浓津涛浙涝浦酒涉消浩海涂
    浴浮淙流润涕浪浸涨涌萍清添
    淇淋淹渠渐混淮淆淫渔淘液淡

---

① "毁"本是从土毇省声的形声字,因省声形变,字理全失。为教学计,可将"殳"视为表义偏旁。

② "协"的繁体作"協",从十,从劦,劦亦声。简化后失去原字部分字理,同时也产生新的字理:十、办会意,正与"协"字共同、协助等义相合。

③ "泉"本象形字,形变作"泉",可将"泉"的偏旁"水"视为表义偏旁,"白"为纯构形符号。

淀深梁渗港滞湖渣渺湿温渴溃
溅滑湾渡游滋溉满漠源滤滥滔
溪溜滚滨溶滩漆漂漫滴演漏潜
潮潭潦澳潘澄澡激瀑灌//沐沦
沧沽沮泞洼涎洛涡涣润涩涯淑
淌渊淳淤涮涵渤湘湃漓溢溯滓
溺漱漩漾澎澈澜濒

[氵2]①—冲决净准凑减

[兴]—益

[氺]—泰//黍

5画(一)

弍—贰

玉—国宝//莹璧

[王2]—全弄玖玩环现玫珑珍玲
珊玻珠球理琢瑚瑞瑰碧璃//玛
玷琐琉琅琳琼

示—宗标②禁//崇祭

[礻]—礼社视祖神祝祥祸福//祈
祠祷

未—昧

戋(戔)—浅线残贱盏钱践//栈

正—证征政歪整

[疋]—定是

去—丢却劫法罢

甘—某钳甜③嵌④//柑酣

世—屉

古—枯故

艹(芔,拟音 yíng)⑤—荣营//莹萤

可—哥

本—体

厉(厲)—励

丕(pī)—坏//胚

厈—岸⑥

石—岩矿码研砖砌砂砍砸础破硅
硬确硫碍碑碎碰碗碌碧碟碱碳
磋磁磕磅磨磷//矾砚泵砰砾硝
碘硼碉碴碾磺礁

右—若⑦//佑

而—耍需

龙(龍)—垄珑

戊—戚

平—评苹秤//坪

---

① 这里的"氵"是汉字简化时从"氵"简化而来。

② "标"的繁体作"標",从木票声。简化后失去原字部分字理。鉴于偏旁"示"字义与"标"字"记号,标志"、"以文字或其他事物表明"等意义相关,为教学计,可以将"标"视为从木从示的会意字。

③ 依朱骏声《说文通训定声》说。

④ 据说文"嵌"本从山欹(kǎn)省声。"欹"罕用,且又省声,难于利用其字理。考虑到"甘"与"嵌"音义相关,为便教学,权将"甘"也视为表义兼表音偏旁。

⑤ 据《说文》,荣、营、莹、莺、萤诸字的繁体都从"熒"省声,现在,"艹"是"熒"的类推简化偏旁。为教学计,权为"艹"拟音为 níng,并将"艹"也视为"艹"的音系字族字。

⑥ 据《说文》,"岸"字从户(àn/yǎn)干声。这里依曹先擢、苏培成《汉字形义分析字典》说。

⑦ 《说文》:"若,择菜也。从艸右。右,手也。"

5 画（丨）

北－乖①背冀

⺗（臨〈監〉jiān）－览鉴

目－盯盲泪相省冒看盾盼眨眉眠
　眶睁眯眼督睛睹睦睡睬瞒瞎瞽
　瞧瞩瞪瞻//盹眷瞄瞭瞬瞳

旦－昼//昶

且－祖

田1－亩男苗奋画界留畜畔略
　畴//佃甸畦畸

田2（象兽掌）－番

甲－//匣

申－伸畅神

[电]－//奄

兄－祝

𠂤（𠂤 duī）－官

另－别拐②

罒（网变体）－罗罚罢署置罪罩

皿－盆盈盏监盗益盛盘盒盖盟//
　盅盔

冎（guǎ）－骨

5 画（丿）

钅同金

生－性姓牲隆//甥

矢－医知矩疾族短矮//矫

乍－作

禾－秃秀委季香秦//黍

[禾]－利私秆秒种秋科秤租秧积
　秩称秘秒移程稍稀税稚颖稠稳
　稻稿稼穆穗//秕秋秸

丘－岳//蚯

付－咐

白－皆的百

瓜－瓣//瓢瓤

令－铃

[令]－命

乎－呼

用－佣甬

[用]－周

[甩]－庸

氏（dǐ）－低抵底

𠂉（yǎn）－沿

句（jù/gōu）－拘

[勹]－钩

册－删//栅

[冊]－扁

冬－终

⻏（丣 yǒu）－留

夗（yuàn）－怨//宛

鸟（鳥）－鸡鸣鸦鸭鸽鹅鹊鹰//鸠
　鸥莺鸯鸵鸳鸿鹃鹉鹏鹤鹦

包－刨抱饱泡胞炮袍跑鲍//苞

尔（爾）－你

5 画（丶）

市－闹③

立－位竖站端竭//竣靖

疒－疗疙疮疯疫疤症病疾疼疲痒

---

① 一说"乖"从"兆"。
② "拐"本从扌，冎声。后冎讹变为另，失去部分字理。为教学计，可将"另"视为表义偏旁。
③ 同"门"字字族"闹"字下注。

痕瘊痛痹痴痰瘩瘟瘦瘤瘫瘸
癌//疟疚疹痊痘痢瘪瘾癫癣
玄—弦畜
半—伴胖畔苹
[䒑]—判叛
兴同水
穴—究穷空帘突穿窃窄窑窜窝窗
窟窿//窈室窖窘窥
它—蛇
[⻊]—拖
衤同衣
永—咏泳脉

5画(一)

⺈(皂 jí)—即既
司—伺词饲//祠
尼—泥//昵
屌(㕚〈shuā〉省声)—刷
民—氓
疋(shū)—旋疑①
[⺪]—疏
加—驾贺//枷
召—招
皮—坡披波皱被簸//跛
圣(巠 jīng)—茎径经颈
台(yí/tái)—始//苔胎
氺同水
矛—茅柔
癶(bō)—登
母—拇姆
幼—//拗

6画(一)

匡—框眶
耒—耕耗②//耘耙
韧(qiè//qì 契的本字)—//契
式—试
刑—型
圭(guī)—闺
寺—等持//侍
吉—桔
考—//拷
老—姥
[耂1]—孝
巩—筑
耳—取闻耻耿聂耸耽聋职聊联聘聪
艹(舜 mǎng)—葬//莽
芔(舜 mǎng)—莫
共—供拱巷恭暴
亚(亞)—恶
臣1—//宦
臣2(象竖目)—卧
覀(襾 yà)—覆//贾
西—//栖
卤(lòu)—陋束(cì)—枣刺//棘
在—//茬
有—贿
而—耐耍

---

① "疑"字构形不明。据朱骏声说,疑从子、止,矣声。形变后子、止变为疋。疋、止义同,权将"疋"视为表义偏旁。

② "耗"本作"秏",后更换表义偏旁作"耗"。

页(頁)—项顶顷顺须顽顾顿颁颂烦预领颇颈颊频颗题颜额颠颤//硕颃颓器
戍—咸威
列—例烈裂//咧
死—毙葬
成—城盛
夹(夾)—挟峡狭颊//侠荚
执(執 zhí)—蛰
尧(堯)—饶翘//跷
至—到室致屋//窒

6画(丨)

朩(shú)—叔
贞(貞)—侦
虍(hū)—//虐
师(師)—狮
光—晃//恍
[光]—辉耀
当(當)—挡
早—卓
曳—拽
虫—虹茧虾虽蚀蚂蚁蚕蚊蛇蛋蛙蛛蜓蛮蛾蜡蝇蜘蝉蜜蝶蜂蜻蝴蝗螺//闽蚤蚌蚜蚣蚪蚓萤蛆蚯蛉蛙蛔蛤蜀蜕蛹蝾蜈蝠蝎蝌蝙蟆螃蟋蟀蟹蠕
叩(xuān)—骂①哭//咒②
因—姻恩//茵
回—徊//茴蛔
岂—凯
肉—腐

[月2]—肌肝肚肠肤肺肢肿胀股肪肥胁胡胆胞胖脉脆脂胸胳脏胶脑脚脖脸脱腊筋脾腔腰腥腮腹腿膜膊膀膝膛膨//肋肛肘肮胚胎胯胰脐脓脯腌腋腕腻腺膘膳膜
[月]—有肖肯肾育肩背胃骨脊散膏臂//肴臀
[夕]—//祭
两(兩 liǎng)—两

6画(丿)

朱—株
缶—缸缺窑罐
先—洗
廷—挺庭
舌—甜辞//舔
舟1 同舟
舟2 同舠
⺮(竹)—竿笔笋笆笨笼笛符第筐等筑策筛筒答筋筝筹签简筷算箩管箱箭篇篮篱籍//笙笤筏箍箕箫篓篷篙簇簿
乔(喬)—侨娇骄桥轿
伐—阀//筏
延—诞//涎蜒
攸 同攸

---

① "骂"本从䍐(网)马声,形变后从叩。

② "咒"本作"呪",后形变作"咒"。为教学计,可将叩视为表义偏旁。

任－凭//赁
乑(zhòng)－聚①
自－咱臭息鼻
由(fú)－鬼
血－衅
行－衍衔街衡//衙
身同身
舟－舰舱般航舶船舵艇艘//舷
[𦣩1]－履
𠂢(pài)－派
全－//痊
会(會)－绘
杀－刹
合－拾恰洽拿盒答//蛤
危－桅//诡
旨－脂//稽
皃(兆gǔ)－兜②
匈－胸
舛(chuǎn)－舞
夅(jiàng)－降
名－铭
各－阁
多－侈够
色－艳
争(爭)－挣睁筝//狰

6 画（、）

亦(戀luán)－恋//峦
齐(齊)－剂
交－郊咬饺绞校胶
囟(𦥔nǎo)－恼脑
𠂉(㫃yǎn)－施旅旋族旗

丱(羋guāi)－脊
衣－依袭袋裂裁装裳
[衤]－补初衬衫袄袜袖袍被袱裕
　　裤裙//衩祖裆褂裸褥襟褐褪
[衣]－衰衷裹//褒
[𧘇]－表袁③
𢛳(huāng)－荒
羊－祥善群鲜④
[⺶]－美羑//羔
[𦍌]－羞
并－拼
关(𢆉juàn)－券卷拳//眷
米1－梁籽粉料粘眯粗粒粥粮精
　　粹糊糖糕糟糠//粟糙糜糯
米2(像粪便、污物)－屎粪
屰(nì)－逆
州－洲

————

①　依《广韵》，"乑"音yín,为众人站立的样子。依《正字通》、《字汇》，"乑"音zhòng(之仲切),为古众字。本表从《正字通》、《字汇》说。

②　依《说文》，"兜"为从兆(gǔ)从皃省的会意字。实际上"兜"是从兆从皃的会意字，不是省略了"皃"的小偏旁"儿"，而是两偏旁共用"儿"。

③　"表"本是从毛从衣的会意字，"袁"本是从衣叀(zhuān)省声的形声字。都因形变失去原文理。为教学计，可以将二字视为省形字，将"𧘇"视为省形的表义偏旁。

④　"鲜"本从鱼羴省声，形变作"鲜"。为教学计，可将"羊"也视为表义偏旁(羊肉味道鲜美)。

氓(máng)－茫①
汤(湯)－烫
氹(wā)－挖
安－按案//鞍
军(軍)－晕
宫(宮)－营②

6 画(乛)

聿(yù)－建律//肆
艮(gèn)－很狠恨眼
屉(刷shuā 省声)－刷
如－//恕
羽－翅翁扇翘翔翠翼翻//翎翩翰
厽(lěi)－垒
叒(ruò)－桑
买(買)－卖③
孙(孫)－逊
丞(chéng)－//拯
糸(mì)－系素索紧累紫絮徽//綮
[纟〈糹〉]－纠红纤级约纪纯纱纲纳纵纷纸纹纺纽线练组绅细织终绍经绑绒结绕绘给络绝绞统绢绣继续绪续绳维绵绷绸综绿缀缎缓缔编缘缚缝缠缩缴辫//纫纬绊绎绰缅绽缆缕缤缭缨缰
丝(yōu)－幽

7 画(一)

麦(麥)－//麸
镸(长)－套肆
戒－诫械

走－赴赵赶起陡越趁趋超趣趟
赤－赫
直－植//蠹
孛(bó/bèi)－勃
甫(fǔ)－埔浦//圃
更－便
声(𣪘gǔn 省④)－囊
豆1－豌
豆2－登
两(兩)－俩辆
酉－酌酒配酝酗酱酬酷酶酿酸醋醉醒//酣酥酪醇醇醮
辰(chén)－辱唇振晨震
巫(wū)－诬
百(同首)－夏
豕－家逐豪
连(連)－莲链
折(zhé/shé)－哲浙誓

7 画(丨)

步－涉
肖－削俏捎哨悄消梢销稍//峭
员(員suǒ)－//琐
旱－焊

---

① 依高树藩《中文形义综合大字典》说。
② 据《说文》，"营(營)"从宫荧省声。隶变楷化简化后，表义偏旁"宫"省作"宀"，并与表义兼表音偏旁"声"共用中间的"冖"。
③ 依朱骏声《说文通训定声》说。
④ 依《说文》。也有人认为"囊"字从橐省。

里—厘①野
呈—//逞
吴(吳)—误
助—锄
县(縣)—悬
晏(yàn)—宴
旱(hòu)—厚
𧾷(足)—趴距跃践跌跑跨跳踩跪
路跟踌踊踢踏踩踪蹄蹋蹈蹴蹦
蹲蹭蹬躁//趾跛跋跷踱蹂蹒
男—舅//甥

困—捆
串—患窜
咼(喎 wāi/uō)—祸
员(員)—圆
别—捌

7 画(丿)

身—射躬躲躺//躯
[月]—殷
皃(貌的本字)—兜②貌③
囱(cōng/chuāng)—窗
辵(辶 chuò)—徒//徙
坐—座
希—稀④
佥(僉 qiān)—俭//敛
谷—豁容欲裕
釆(biàn)—番释悉
豸—//豺豹
孚—乳俘浮//孵
免—//娩冕
角—触解

[龟]—衡
夆(féng)—峰逢锋蜂
卵—//孵

7 画(丶)

言—信誉誓警譬//詟喑
[讠]—计订认讥讨让训议讯记讲
讶许讹论讼讽设访证评识诈诉
诊词译试诗诚话诞询该详诧诚
诬语误罚诱狱说诵请诸读诽课
谁调谅谈谊谋谎谐谓逸谜谢遥
谤谦谨谬谱遣辩//讳诀诅诡海
诺谆谍谒谚谭
声(庚 gēng)—庸
辛—宰辜辟辣

声同高

亨(hēng)—烹
㐬(liú)—流梳疏
间(間 jiān/jiàn)—//涧
闵(閔 mǐn)—//悯
迷(鼗 jì)—继断

---

① "厘"的繁体作"釐",从里斄声,本义是治理邑里,简化后失去部分字理。为教学计,可将"里"视为表义兼表音偏旁。

② 见154页6画"兒(㝹)"字字族"兜"字脚注。

③ "貌"本作"皃",后变成从皃豹省声的形声字。"豸"(zhì)不能表音,而"貌"与"皃"同音,为教学计,可将"皃"视为表义兼表音偏旁。

④ 《说文》有"稀"、"莃"等字而无"希"字。据《汉语大字典》、《汉字古今形义大字典》,"希"为"稀"本字。

兑(yuè//duì)—说悦
弟—剃递梯
[弔]—第
完—院

7 画（乛）

艮(皀 jí//xiǎng)—食
张(張)—涨
甬(yǒng)—涌通桶//蛹

8 画（一）

奉(fèng)—捧
武—赋
青—静
责(責)—债
玨(珏 jué)—斑班
夌(líng)—陵
其—//箕
取—娶最聚趣
苹—萍
苜(首 mò)—蓂
林—淋楚//彬焚
苟(苟 jì//gǒu)—敬
叀(叀 zhuān)—惠
直—值植
或—域惑
雨—雪雷零雾雹需震霉霍霜霞露//雳雯霹
卖(賣 mài/yù)①—//赎
厓—崖②//涯
奇(qí/jī)—//崎畸
奄(yǎn)—掩淹//庵腌

豖(zhù)—啄琢
疌(jié)—捷
斩(斬)—暂
顷(頃)—倾颖

8 画（丨）

非—诽靠//靡
肯—啃
齿(齒)—龄
虎—//唬彪
尚(shàng)—敞
[龸]—堂赏裳
具—俱
[昇]—算
导(dé)—得果—裹颗//巢③裸裸
昌—倡唱猖
明—萌盟
黾(黽 měng/mǐn)—蝇④
罗(羅 luó)—萝逻锣箩
囷(qūn)—菌
贝(賏 yīng)—婴

---

① "卖"作为独立的通用字，音 mài；作为偏旁，音 yù。
② 据《说文》，"崖"字从厂(àn/yǎn)声。这里依曹先擢、苏培成《汉字形义分析字典》说。
③ "巢"本象形字，形变后似合体会意字。为教学计，权将"巛"、"果"视为表义偏旁，"巛"象巢中的小鸟，巢形若"果"形。
④ 一般认为"蝇"是从黾从虫的会意字，也有人认为"蝇"是从虫黾声的形声字。

8画（丿）

无（無省声）—舞
知—智痴蜘
垂（chuí）—捶睡锤
隹—难集雅雀雁雄焦雇雌霍雕//雏
帛—绵棉锦 舍—舒
泉同灥
阜（fù）—埠
征—惩
金—鉴
[钅]—钉针钓钙钞钟钢钥钩钮钱钳钻铀铁铃铅铜铝衔铭铲银铸铺链销锁锄锅锈锋锌锐错锡锣锤锦键锯锹锻镀镁镇镜镰镶//锭锰镘镐镣
肴（yáo）—淆
夘（yuān）—//渊
烮（lǐ）—爽
采—菜
垩（yín）—淫
受—授
朋—崩
周—绸稠//碉
昏—婚
鱼（魚）—渔鲁鲜鲸//鲤鲫鳄鳍鳌鳞
兔—冤
匋（táo）—陶
臽（xiàn）—陷掐馅

8画（丶）

京—就鲸
享1（亯xiǎng/guō）①—郭
享2（亯xiǎng/chún）②—//淳淳敦醇
㐭（lǐn）—//禀③
卒—醉
卷—倦圈
並—普
宗（zōng）—崇综
定—淀//锭
宜—谊
官—馆
空—腔
宛—惋//婉腕
罙（shēn）—探深

8画（㇇）

录（彔）—剥
隶（dài//lì）—逮
刷—//涮

---

① "享1"作为独立的通用字，音xiǎng；作为"郭"的偏旁，音guō。

② "享2"作为独立的通用字，音xiǎng；作为"谆"、"淳"、"敦"、"醇"等字的偏旁，音chún。

③ 据《说文》，"禀"是从㐭从禾的会意字。据朱骏声《说文通训定声》，"禀"是从禾㐭声的形声字。其实，"㐭"是"禀"的本字，"禀"是"㐭"的转注字，"禾"表义，"㐭"表义兼表音。后来"禀"也写作"禀"，现在成为规范字，"㐭"表义兼表音，"示"基本成为构形符号。

屈－掘窟//倔
参(參)－掺渗
叕(zhuó)－缀
贯(貫)－惯
函(hán)－//涵

9畫(一)

春－蠢
壴(鼓的初文 gǔ//zhù)－喜彭鼓嘉
革－勒靴鞋鞠鞭//靶鞍
巷－港
枼(yè)－碟//谍
荒－谎慌
故－做
胡－葫
相－想
匽(yǎn/yàn)－//堰
畐(fú/bì)－富辐福
要－腰
皆－谐

9畫(丨)

眇(miǎo)－渺
耳(qì)－辑//揖
冒－帽
昷(wēn)－温
星－腥
昭(zhāo)－照
胃(wèi)－//猬
咢(è)－//愕鳄
炭(tàn)－碳

骨－//髓

9畫(丿)

拜－//湃
舌(chā)－插
段－锻
保－堡//褒
皇－煌
叟(sǒu)－搜
泉(quán)－//腺
[𢱀]－原
鬼－愧魂魄魔
俞(yú)－喻愉榆输愈//逾
爰(yuán)－援
食－餐
[饣]－饥饪饭饮饱饲饶蚀饺饼饿馅馆馈馋馒//饵馁馍馏
匍(pú)－葡

9畫(丶)

彎(彎)－湾
亭－停
度－渡//踱
斿(yóu/liú)－游
音－章竟韵意
彥(彦 yàn)－//谚
帝－蒂缔
阁(閣 gé)－搁
美－镁//羹
差－搓磋
迷－谜
娄(婁 lóu)－楼//篓

酋—尊奠
夊(suì)—//遂
兹—滋
宣—喧
扁—遍编篇//匾

9画(㇀)

退—//褪
叚(jiǎ)—假霞
屯(tún)—殿
眉—//媚楣
蚤(zǎo)—骚//搔
柔(róu)—揉//踩

10画(一、丨)

敖(áo)—傲//骜
琴(qín)—琴
髟(biāo)—髦//鬟
耆(qí)—//嗜
㒼(㒼 mán)—满瞒
莫—墓摸幕漠寞暮慕//摹
尃(fū)—博
[甫]—敷
哥—歌
鬲(lì)—融
辱(rǔ)—//褥
夏—厦
原—源愿
虑(慮)—滤
㣇(xì)—隙
散(wēi)—微
晃(huǎng/huàng)—//幌

冓(qiǎn)—遣

10画(丿、丶、㇇)

貝(舁 yú)—舆
臭(xiù/chòu)—嗅
息—媳熄
䍃(yáo)—谣摇遥
舀(yǎo)—滔稻蹈
逢—缝
高—//蒿篙
[亯]—膏
[亳]—毫豪
郭—廓
疾—嫉
旁—傍谤榜膀//螃
畜—蓄
羔(gāo)—羹
益(yì)—//溢
朔(shuò)—//溯
浦(pǔ)—//蒲
赛(寨 sè//sāi)—塞寨
家—嫁稼
宾(賓)—鬓
容—溶熔
窄(zhǎi)—榨
冡(méng)—蒙
冥(míng)—//螟
隺(hè/què)—榷//鹤
弱—//溺
能—熊
难(難)—滩瘫

11画（一、丨）

敕（chì）－整①
桼（qī）－漆
曹－遭
欶（sòu/shuò）－嗽//漱
票－漂飘//瓢
虚（虛）－墟
堂－膛
野－//墅
啚（bǐ）－鄙
曼（màn）－馒慢漫//蔓幔
[㗊]－//嫚
異（yì）－戴
累（lěi/lèi）－螺
崩（bēng）－蹦

11画（丿、丶、乛）

黍（shǔ）－黎②
徆同微
冕（miǎn）－偃
象－像豫
孰（shú）－熟
麻－磨//糜糜
旋（xuán/xuàn）－//漩
章－障彰
竟－境
豙（yì）－毅
羕（yàng）－//漾
敝（bì）－弊
敢－//憨
尉（wèi）－慰
屚（lòu）－漏

属（屬 shǔ/zhǔ）－嘱
隆－//窿
隐（隱）－//瘾
缊（縕 yùn）－蕴

12画（一、丨）

喜－//嬉
彭－//澎
斯－撕//嘶
散－撒
敬－警//擎
朝－嘲潮
惠（huì）－穗
悳（悳 dé）－德
覃（tán）－潭//谭
尞（liáo/liào）－//燎
掌－撑
景－影
䖵（kūn 虫类的总称）－蠢
朋1（jí）－//噩器
朋2（象众多器皿）－器
嵒（yán）－癌
黑－墨//黔
嵬（wéi）－//巍

---

① 《说文》："整，齐也。从攴，从束、正，正亦声。"《说文通训定声》："按：从敕，正声。许书无敕部，故附支部。"本表从朱骏声说。

② 《说文》："黎，从黍秎〈利〉省声"。也可以说"黎"的两个偏旁合用一个小偏旁"禾"，是从黍秎(利)声的形声字。

12画（丿、丶、㇇）

兟(shēn)—赞
焦(jiāo)—//憔
奥—澳//懊
番(fān/pān)—播
禽(qín)—//擒
然—燃
敦(dūn)—//墩
啻(chè)—撤辙//澈
善—//膳
普—谱
粦(lín)—磷//鳞
尊—遵
遂—隧
曾(zēng//céng)—增
惢(ruǐ)—//蕊
属(屬 shǔ/zhǔ)—嘱瞩
登—凳蹬
缊(縕 yùn)—蕴

13画

蒙—//朦
赖(賴 lài)—懒
感—憾
雷—//擂
觜(zuǐ)—嘴
杲(zào)—噪躁

緐(絲 fán)—繁
詹(zhān)—瞻//檐赡
解(jiě/xiè)—//懈蟹
雁(yīng)—鹰
新—薪
羸(臝 luó)—赢
溥(pǔ)—薄//簿
殿—//臀
辟—僻劈壁避臂//霹

14画

聚—骤
臧(zāng)—藏
需—//儒懦蠕糯
箕(jī)—簸
算—//篡
豪—//壕嚎
辡(biàn)—辨辩辫瓣

15—17画

樊(fán)—攀
暴—瀑爆
赞(贊)—攒
澡—//藻
霂(gé/pò)—霸
襄(xiāng)—壤//瓤
[襄]—囊

第六节　汉字的字族(下)
——表音偏旁与音系字族

表 音 偏 旁

所谓表音偏旁,指合体字结构中具有表音功能的偏旁,即合体汉字中携带读音信息的偏旁。例如:"城"、"诚"两字的读音是由"成"显示的,"成"就是"城"、"诚"二字的表音偏旁。表音偏旁包括转注字的字首和形声字的声符(声旁)。也就是说,表音偏旁分布在转注和形声结构之中,其外延既大于一般所谓的"声符"、"声旁",也大于一般所谓的"表音部件"。

在汉字发展的早期,即有半边表义,半边表音的形声字,如:凤凰的"凤",甲骨文有写作 、 的,也有写作 、 的,前两个形体属独体象形字,后两个形体是合体的形声字,凵(凡)在后两个形体的"凤"字中是表音的。不过,那时这种形声字数量很少。

从合体汉字造字法发展的顺序来说,转注法发明大体在前,形声法发明在后。从主观上说,人们在为原来使用的文字添加表义偏旁造转注字时,目的是维护和加强汉字的表意性,但客观上却使字首在新造的合体字中既表义又表音。也就是说,在转注字出现时期,合体汉字结构中开始出现具有表音功能的偏旁。例如:"然"本义就是燃烧,加"火"作"燃",仍表示"然"的本义,"然"在"燃"字中既表义又表音;"新"的本义是做饭取暖的柴火,加"艹"作"薪",仍表示"新"的本义,"新"在"薪"字中既表义又表音。

在转注造字法大量使用阶段,具有表义兼表音功能的偏旁数量已不太少,到了形声造字法大量使用的阶段,具有表音功能偏旁的数量又大幅度增加。汉字发展到形声字阶段,原则上说,每一个既有的汉字都可以拿来充当形声字的声旁,独体字可以充当,合体字也可以充当。因此,汉字表音偏旁相对于表义偏旁来说,队伍显得很庞大。各时期汉字声符数量有代表性研究成果有以下几种:

邹晓丽等《甲骨文字学述要》从认定的 257 个甲骨文形声字中归

纳出声符 175 个；

张再兴《西周金文文字系统论》从 2837 个西周金文中的 811 个形声结构汉字中归纳出声符 311 个；

段玉裁《说文解字注·古十七部谐声表》从《说文解字》一书归纳出谐声偏旁 1521 个；

李国英《小篆形声字研究》从 8233 个小篆形声字中归纳出声符 1670 个[①]；

沈兼士《广韵声系》从《广韵》所收形声字中归纳出主谐字（表音偏旁）共计 2593 个[②]；

倪海曙《现代汉字形声字字汇》从 5990 个形声字中归纳出 1522 个声旁；

李燕、康加深《现代汉语形声字声符研究》从现代通用的 5631 个形声结构汉字中归纳出声符 1325 个。

此外，有些"以声为经"编排的字典，也对声符数量的研究也有贡献，如朱骏声《说文通训定声》归纳出基本声符 1137 个，高本汉《汉文典》(1957 修订本)归纳出声符 1260 个声符，李卓敏《李氏中文字典》(1981 年，收字 12800 多字)归纳出 1172 个声符。不过这些字典归纳声符的目的是以声符为部首，归纳出来的声符是基本声符，那些包孕着基本声符的合体声符不在其中，因而不是全部声符。

这些研究成果中所谓声符、谐声偏旁、主谐字，相当于我们所说的表音偏旁；他们所谓的形声字，相当于我们所说的音系字族字。

音 系 字 族

所谓音系字族，指某一表音偏旁以及由它孳乳出来的一组合体字字群。例如：由"工"孳乳出来的讧、功、邛、扛、巩、江、红、杠、贡、攻、肛、汞、空、项、虹、缸、豇等 17 个通用合体字，连同它们的表音偏

[①] 段玉裁在《古十七部谐声表》表末写道："右十七部谐声，凡不可知者及疑似不明者缺之，不以会意淆，不以汉后音韵惑。溯洄沿流，十得其八九矣。"这当是李国英统计数字大于段玉裁统计数字的原因。

[②] 《广韵声系》整理出来的 2593 个主谐字（表音偏旁）中，第一主谐字 947 个，第二主谐字 966 个，第三主谐字 327 个，第四主谐字 51 个，第五主谐字 9 个。

旁"工",就构成了"工"字的音系字族。

像表义偏旁包括表义兼表音偏旁在内一样,音系字族也包括表义兼表音偏旁孳乳的字族字。例如:"包"在苞、抱、饱、泡、胞、炮、袍、雹等合体字中既表义,又表音。苞、抱、饱、泡、胞、炮、袍、雹等字既是"包"的义系字族字,也是"包"的音系字族字。

音系字族有单代和复代之分。例如:以"刀(刂)"为表音偏旁的通用字有"叨"、"召"、"切"、"刎"、"钊"、"到"等6字,"刀"和"叨"、"召"、"切"、"刎"、"钊"、"到"构成"刀"字第一代音系字族字。"刀(刂)"的第一代音系字族字"到"、"召"又分别孳乳出"倒"、"捯"和"诏"、"邵"、"劭"、"苕"、"招"、"沼"、"怊"、"迢"、"绍"、"韶"、"昭"、"笤"、"超"、"貂"、"龆"、"韶"、"髫"等19字,它们分别是"到"、"召"的第一代音系字族字,同时也是"刀(刂)"的第二代音系字族字。"刀(刂)"的第二代音系字族字"昭"又孳乳出"照","照"是"昭"的第一代音系字族字,是"召"的第二代音系字族字,是"刀(刂)"的第三代音系字族字。"刀"和它的第一代、第二代、第三代总计26个音系字族字,就构成"刀"字复代音系字族。其中只有一代字族字的属于单代音系字族,有两代以上字族字的属于复代音系字族。朱骏声的《说文通训定声》、沈兼士的《广韵声系》,系联的都是复代音系字族,是全面描写汉字音系字族系统。在教学上具有显著作用的是单代音系字族字系联,是局部展示汉字音系字族系统。

在某一特定范围的汉字中,单代音系字族的数量与表音偏旁的数量是相同的。换句话说,有多少表音偏旁就有多少单代音系字族。具有表音功能的常用汉字偏旁约有970个(其中500多个兼有表义功能),以这些表音偏旁系联现代汉语合体常用字,就可以系联出970个音系字族。字族字的字音与偏旁字字音都有程度不同的联系,同族字之间也有读音上的联系。有关表音偏旁与音系字族的情况,可参见本书附录六《常用汉字音系字族表》。

表音偏旁与音系字族字读音上的关系

一般来说,在某个音系字族字刚造出来的时候,其读音与表音偏旁的读音是相同的或基本相同的。但由于语音的演变,在现代汉语中,某些音系字族字的读音与表音偏旁的读音已经不那么一致了,关系变得复杂了。表音偏旁与音系字族字读音的关系,大体分为以下几种:

1. 声、韵、调完全相同(表音准确)。如:罗(luó)——萝逻箩锣猡椤(luó),唐(táng)——溏塘搪瑭螗糖(táng)。

2. 声、韵相同,调不同(表音较准确)。如:青(qīng)——情晴(qíng)请(qǐng);非(fēi)——菲(fēi)腓(féi)诽匪菲悱斐蜚翡(fěi)剕痱(fèi)。

3. 声同韵近或韵同声近(基本表音)。声同韵近的如:明(míng)——萌盟(méng),录(lù)——绿氯(lǜ)。韵同声近的如:干(gān、gàn)——汗旱(hàn)奸(jiān)刊(kān)。

4. 声同韵不同或韵同声不同(表示部分读音)。声同韵不同的如:黄(huáng)——横(héng)横(hèng)黉(hóng),立(lì)——垃拉(lā)。韵同声不同的如:立(lì)——泣(qì),岁(suì)——刿(guì)秽哕(huì)。

5. 声、韵都相近(曲折表示读音)。如:仓(cāng)——疮创(chuāng)创(chuàng);分(fēn)——颁(bān)扮(bàn)盼(pàn)。

6. 声近或韵近(曲折表示部分读音)。声近的如:不(bù)——丕(pī)否(fǒu)否(pǐ)抔(póu)。韵近的如:生(shēng)——星(xīng)性姓(xìng)。

7. 声韵不同也不近(完全不能表示读音)。也(yě)——地(dì)他(tā)施(shī)池(chí),野(yě)——墅(shù)。

此外,还有一种值得注意的形声枝出现象,就是由于语音演变或表音偏旁用字异读等原因,同一表音偏旁孳乳的音系字族字读音呈现两个甚至更多系统。韵母呈不同系统的如:

工(gōng)—
├ 扛肛缸(gāng)杠(gàng)江豇(jiāng)虹(jiàng)
│ 扛(káng)项(xiàng)[韵母是 ang 或 iang]
├ 功攻(gōng)巩汞(gǒng)贡(gòng)红虹(hóng)
│ 讧(hòng)空(kōng)空(kòng)邛(qióng)
└ [韵母是 ong 或 iong]

声母呈不同系统的如：

并(bìng)—$\begin{cases}拼(bēn)迸(bèng)栟(bīng)饼屏(bǐng)[声母是 b]\\ 骈胼(pián)拼姘(pīn)屏帡洴瓶(píng)[声母是 p]\end{cases}$

由于字体字形变化等原因，有些过去有表音偏旁的字，后来变成独体字，有些字的表音偏旁变成纯构形符号。例如："年"，小篆作秊，表音偏旁是"千(千)"；"更"，小篆作更，表音偏旁是"丙(丙)"，现在"年"、"更"都成了独体字，已经没有偏旁表音了。"急"，小篆作急，表音偏旁是"及(及)"，"急"的偏旁"刍"与"芻"的简体"刍"同形，成了纯构形符号。"春"，小篆作萅，表音偏旁是"屯(屯)"，隶变后作春，楷书作春，已看不到表音偏旁"屯"的踪影，而"夫"只是个构形的符号，当然谈不到表音了。

此外，某些汉字的简化也使一些转注字、形声字的表音偏旁失去表音作用。如"鄧"简化为"邓"，"趙"简化为"赵"等。

生　　词

携带	xiédài	（动）	carry
以声为经	yǐ shēng wéi jīng		take word sounds as warp
包孕	bāoyùn	（动）	contain and be pregnant with
单代	dāndài	（名）	one generation
复代	fùdài	（名）	many generations

附录六　常用汉字音系字族表①

凡　　例

1. 本表以表音偏旁为纲系联而成,收现代汉语常用字表音偏旁及其字族约 970 个。部分字族字的表音偏旁兼有表义作用,这些字用"■"标志。
2. 本表偏旁按笔画多少顺序排列,笔画相同偏旁按起笔一、丨、丿、丶、乛顺序排列。
3. 同字族字按笔画多少顺序排列,笔画相同的字按另一构字偏旁起笔一、丨、丿、丶、乛顺序排列。
4. 部分偏旁后面带（　）,内注偏旁来源及读音。
5. 变体偏旁及其字族排列于正体偏旁及其字族之下,以便了解流变。变体偏旁用[　]标志。
6. 部分同形异源表音偏旁,因偏旁本身和字族字读音呈截然不同的系统,且历史较长。为明确区分,加注号码,分别排列。如:厶 1("私"本字,音 sī)、厶 2(古"以"字的变体,音 yǐ)。
7. 部分字族字的表音偏旁兼有表义作用,这些字用"■"标志。
8. 本表依《汉语水平词汇与汉字等级大纲》为字族字标明等级。"//"前为《汉语水平词汇与汉字等级大纲》所收 2905 字以内的常用字、次常用字。其中无标记的字为甲级字,标"……"的字为乙级字,标"～～"的字为丙级字,标＿＿的字为丁级字。"//"后为 2905 字以外的常用字、次常用字。

---

① 本表以表音偏旁为纲系联现代常用汉字中的音系字族字,以展示汉字音系字族谱系,展示汉字读音系统性。音系字族有单代和复代之分,鉴于单代字族字系联在教学上的作用直接显著,本表只系联单代音系字族字,属于局部展示汉字音系字族系统。2005 年作者出席第八届国际汉语教学讨论会时,提交论文《常用汉字音系字族表并序》。该文序言部分阐述编制《常用汉字音系字族表》的依据、原则和方法等,修改后以《以表音偏旁为纲展示汉字读音的系统性——谈〈常用汉字音系字族表〉的编制》为题发表于《汉语教学学刊》第 4 辑(北京大学出版社,2008)。该文字表部分曾在王宁先生主编的《汉字教学与研究》第一辑(北京语言大学出版社,2011)上以《常用汉字音系字族表》为题发表。这里将《常用汉字音系字族表》作为附录收入,同时作了一定幅度的修订。

1—2 画

丿(piě)—币①
、(zhǔ)—主
乚(乙yà)—扎轧
乙—乞②亿艺忆
十—什叶汁针
厂(chǎng//hǎn)—厌③雁
七—切柒
丁—厅订打叮宁灯盯钉顶亭
[亅]—成
丂(kǎo)—亏巧号考朽
卜(bǔ)—仆扑处朴补赴
人—认
[亻]—仁
八1—扒叭穴④趴
[儿2]—匹
[丷]—半
八2同羊
义(yì)—艾
匕(bǐ)—比尼此旨
七(huà)—化
几—讥饥机肌//叽
几同凡
九—仇轨究//旭鸠
勹1(bāo)—包
勹2同丩
冫(仌bīng)—冯冰
刀—叨
[刂]—到
刁(diāo)—叼
卩(jié)—节爷

丩(jiū)—叫纠收
[勹2]—句勾
力—历另⑤勤//肋
乃—仍扔奶
厶1(私本字,音sī)—私
厶2(音yǐ)—允以台
了(尞)—辽疗
㔾(hàn)—犯

3 画(一)

三—叁兰⑥
干—刊汗奸杆旱肝䍩岸秆竿赶//
轩

---

① "幣"简化为"币",失去原字部分字理。"丿"与"币"读音相近,为便教学,权将"丿"视为表音偏旁。

② 《说文》无"乞"字,"乞求"之义原借"气"来表示。后为区别,在表"乞求"义时将中间一横去掉作"乞"。"乙"与"乞"韵母相同,为便教学,权将"乙"视为表音偏旁。

③ 表示餍足、嫌恶意义的本字作"猒(yàn)",后作"饜"。"厌"本作"猒",从厂(hǎn)猒(yàn)声,本义是压迫,这个意义后作"壓",今简化作"压"。文献多借"猒"表示"饜"字的意义,今又简化为"厌"。由于假借和简化,偏旁"厂"已与原字字理无关。为便教学,权将"厂(hǎn)"视为表音偏旁。

④ 也有人认为"穴"是象形字或会意字。

⑤ "另"字内部结构不明,为便教学,权将"力"视为表音偏旁。

⑥ "兰"的繁体是"蘭",从艸,闌声。简化后作"兰",失去原字字理。"三"与"兰"韵母相同,为便教学,权将"三"视为表音偏旁。

于—吁宇//芋迂
亏(kuī/yú)—夸污
工—功扛巩江红杠贡攻汞空项虹缸//肛
土—吐徒杜肚//牡
士—声①志
下—吓虾
才同才
大(dà/dài)—太夺②达驮
丈—仗//杖
万(萬)—迈③
与(與)—屿
才—材财//豺
[才]—在存
寸—村衬
弋(yì)—代式
上—让
小—少④
[⺌]—肖
口—扣
山—仙灿

3画(丿)

千—迁纤歼
毛(tuō/zhé)—托宅
乞(qǐ)—吃疙//屹迄
川—训顺//驯
[巜]⑤—巡
彡(shān)—衫参//杉
久—玖灸//疚
勺—约钓的酌//芍灼豹

凡—帆//矾
[凡]—佩
[几]—风凤
及—圾吸级极
饣(食)—饰蚀

3画(丶、乛)

丬(片 qiáng 变体)—壮妆状
亡—芒忙妄忘盲氓望
广—庄⑥扩旷矿
门(門)—们问闷闻//闽
义(義)—仪议蚁
之—芝
卂(xùn)—讯汛迅
己—记岂⑦纪改忌起配
弓—躬
也—他地池她驰施//弛

---

① "聲"简化为"声",失去原字字理。"士"与"声"声母相同,为便教学,权将"士"视为表音偏旁。

② "奪"简化为"夺",失去原字部分字理。"大"与"夺"声母相同,为便教学,权将"大"视为表音偏旁。

③ 依朱骏声《说文通训定声》说。

④ 依朱骏声《说文通训定声》说。

⑤ "巜",古川字。因"川"为通行正体,故视"巜"为"川"的变体。

⑥ "莊"简化为"庄",失去原字字理。"广"与"庄"韵母相同,为便教学,权将偏旁"广"视为表音偏旁。

⑦ "岂"的繁体是"豈",从豆,微省声,因省声和简化,原字字理全失。"己"与"岂"韵母相同,为便教学,权将"己"视为表音偏旁。

易(昜 yáng)－场扬汤杨肠畅
女－如
刃(rèn)－忍韧//纫
叉－//权杈
子－字仔李籽
马(馬)－吗妈码蚂骂//玛
幺(yāo)－幼①//吆
巛 同川

4画（一）

丰1(fēng)－邦//蚌
丰2(gài)－害
龶1 同束
龶2 同生
王1－皇②
王2(皇 huáng)－汪狂柱旺
井－讲进耕//阱
[开]－刑邢形
天－吞
夫－扶肤//芙麸
元－远园完玩顽
无(無)－抚//芜
韦(韋 wéi)－伟围违//讳苇纬
云－运酝魂//耘
专(專)－传转砖
丐(gài)－钙
木－//沐
五－伍
市(fú)－沛肺
支－技枝歧肢翅//吱妓
不－否杯甭

太－汰态
区(區 qū/ōu)－呕抠驱殴欧//岖枢鸥躯
历(歷)－沥//雳
尤－优扰忧犹就③
厷(gōng/hóng)－宏雄
歹(歺 liè)－列
厄(è)－//扼
巨－拒柜矩距//炬
屯(tún)－吨纯顿//囤饨钝
比－毕批屁毙//庇秕
切－彻沏窃砌
牙－讶邪芽呀鸦雅//蚜

4画（丨）

止－址扯齿耻//徙趾
ᕡ(ᕢ qiān/xián)－坚肾贤紧
少－抄吵沙④妙纱炒砂省⑤钞秒
冃(mào)－冒
㡀(㡀 suō/shuāi)－衰
中－冲肿忠钟种衷//仲盅
冈1(冈 gāng)－刚岗钢
冈2(罔 wǎng)－纲
内(nèi/nà)－呐纳//钠
贝(貝)－坝狈败
见(見 jiàn/xiàn)－现舰//砚

---

① 依尾崎雄二郎等《角川大字源》说。
② 依朱骏声《说文通训定声》说。
③ 依朱骏声《说文通训定声》说。
④ 依黄德宽《古文字谱系疏证》说。
⑤ "省"本从目生声，形变后从目少声。

4画（丿）

午－许卸
毛－耗毫
气－汽
壬(rén)－任饪
夕(拟音 shāng)－伤
夭(yāo)－乔① 沃妖袄笑跃
夂同文
长(長)－帐张胀//账
化－华讹花货靴
斤－芹近欣//祈
爪(zhǎo/zhuǎ)－抓
反－扳饭返板版贩
介－价阶界//芥
爻(yáo)－驳//肴
[耂]－教
父－斧
从(從)－丛② 纵耸
凶③－匈汹酗
今－吟含贪念琴//黔
分－份芬扮盼纷贫氛盼盆颁粉//忿
公－讼松颂翁//瓮蚣
乏(fá)－泛贬砭
仑(侖)－论抡轮//伦沦
仓(倉)－创苍抢枪疮舱//呛沧
月－钥
尢(wēi)－危④
氏(shì)－纸
朿(zǐ)－//姊
勿－吻物忽

4画（丶）

欠－软⑤ 砍嵌⑥//坎
风(風)－讽疯//枫
匀－均韵//钧
勾1同(句 gōu)－沟构购
勾2(冓 gòu)－沟构购⑦
鸟(鳥省声)－岛
乌(烏)－呜//坞
卬1(áng)－仰迎昂
卬2(印 yìn 变体)－抑
殳1(shū)－投股
殳2(殳 mò)－没

4画（丶）

文－坟纹蚊//吝紊

---

① 依《说文》，"乔(喬)"为从夭从高省的会意字。朱骏声《说文通训定声》："按：高亦声。一宋本作高省声。"汉字简化后，失去部分字理。"夭"与"乔"韵母相同，为便教学，权将"夭"视为表义兼表音偏旁。

② "丛"本作"叢"，"丛"是汉字简化时为"叢"另造的简化字。表音偏旁"从"不是从"從"简化来的。

③ "凶"在某些意义上繁体作"兇"。但作为表音偏旁，在"匈"、"酗"两字中本作"凶"；而"汹"字的表音偏旁本作"匈"。

④ 依戴侗《六书故》说。

⑤ 依《说文》，"软"本吹声，后讹变为欠声。

⑥ "嵌"本从山欺(kǎn)省声。"欺"罕用，且少省声，难于利用其字理。"欠"与"嵌"读音相同，意思相关，为便教学，权将"欠"视为表义兼表音偏旁。

⑦ 虽然"沟"、"构"、"购"三字的繁体偏旁都是"冓"，简体偏旁都是"勾"，但这三字不是偏旁类推简化字，而是个体简化字。

[攵]－玫

方－仿访防坊芳妨纺放肪房旁

亢(kàng)－坑抗炕航//吭杭肮

火－伙

为(爲)－伪

斗－抖//蚪

宀(zhù)－//贮①

冘(yín)－沈枕耽//忱

户－护芦沪妒驴炉雇//庐

[戶]②－所

礻同示

心－//芯

4 画（¬）

尹(yǐn)－伊笋

丮(卂 rǎn)－那

丑－扭纽钮羞

尺－迟

夬(guài/jué)－决块快缺//诀

引－//蚓

队(隊)－//坠

巴－芭把吧爬爸疤笆//耙靶

𠬝(fú)－服

爿(chuāng)－梁

以－似拟

允－//吮

予－序预野舒豫//抒

孔－吼

毌(guàn)－贯

5 画（一）

式(èr)－贰

玉－国

未－味妹昧

末－抹沫袜//茉

示－奈

[礻]－视

戋(戔 jiān)－浅线残贱钱盏践//栈

巧－//窍

去－却怯

世－泄屉

甘－钳甜嵌③//柑酣

古－估苦固居姑枯故胡辜//咕沽

艾(ài)－哎

𦾔(熒，拟音 yíng)④－荣营//荧莹莺萤

---

① "贮"本作"貯"，从贝宁(zhù)声，汉字简化后"寧"简化为"宁"。"宁"作为"寧"的简化字与繁体字"貯"、"佇"、"苧"、"紵"的表音偏旁"宁"同形。为免由此造成的读音错误，而将"貯"、"佇"、"苧"、"紵"分别简化为"贮"、"伫"、"苎"、"纻"。因"宀"是从"宁(zhù)"变来的，且从"宀"得音的"伫"、"苎"、"纻"、"贮"等字均读 zhù，故为"宀"拟音 zhù，将其视为表音偏旁。

② 从汉字发展史来说，"户"是"戶"的变体，从应用角度来说，"户"是现代通用字的正体。这里从应用角度考虑，权将"戶"视为"户"的变体。

③ 据说文"嵌"本从山欺(kǎn)省声。"欺"罕用，且又省声，难于利用其字理。考虑到"甘"与"嵌"义意相关，为便教学，权将"甘"也视为表义兼表音偏旁。

④ 据《说文》，荣、营、莹、莺、萤诸字的繁体都从"熒"省声，现在，"𦾔"是"熒"的类推简化偏旁。为教学计，权为"𦾔"拟音为 níng，并将"𦾔"也视为"𦾔"的音系字族字。

本—笨

术—述//秫

丙—柄病

可—何阿呵河//坷苛

正—证征政症整//怔

[正]—定

匝(zā)—砸

厈—岸①

厉(厲)—励

丕(pī)—坏//胚

石(shí/dàn)—拓//硕

右—//佑

布—怖

龙(龍)—垄拢咙庞珑聋笼//宠胧

戊(wù)—茂

发(bá)—拔//跋

平—评苹秤//坪砰

东(東)—冻栋

朿(束 jiǎn 变体)—拣练炼

戉(yuè)—越

5画(丨)

北—背

占—帖店沾战贴点钻站粘//苫玷毡

卢(盧 lú)—//颅

览(臨〈監〉jiān 变体)—览监②鉴

且(qiě/jū/zǔ)—阻助姐组祖租粗//诅沮蛆

旦—但坦担查胆//袒

田—//佃甸

由—邮抽油宙铀袖笛//轴

申—伸呻审绅神//坤

[电]—//奄

甲—押闸鸭//钾匣

史—驶

只—识帜织积职③

央—英殃映秧//鸯

兄—况

厂(厂 àn/hǎn 变体)—炭

皿(mǐn)—孟

冎(呙 guǎ)—骨

5画(丿)

钅(金)—钦衔锦

生—性姓星牲胜//笙甥

[耒2]—青

矢—知疾

失—秩铁跌

乍(zuò/zhà)—作诈咋昨炸怎窄

禾(hé)—和

它同它

丘(qiū)—//蚯

---

① 据《说文》,"岸"字从厂干声。这里依曹先擢、苏培成《汉字形义分析字典》说。

② "ᄊ"是"临〈監〉"的类推简化偏旁,"监"是"監"的行草书楷化的个体简化字。为教学计,权将"ᄊ"视为"监"的表音偏旁。

③ 在"只"字音系字族字中,"识"、"帜"、"织"、"职"都是表音偏旁"戠"类推简化为"只"。"积"的繁体是"積",是更换偏旁的个体简化字。

代－贷袋
付－附呋府符
白－百伯拍怕泊迫柏舶碧魄//帕
斥(chì)－拆
瓜－狐孤//弧
㐱(zhěn)－诊珍趁//疹
乎－呼
令－伶冷邻岭怜玲铃领零龄//蛉翎
[令]－命
用－佣拥甬
[用]－庸
氐(dǐ)－低抵底
㕣(㕣 yǎn)－沿铅船
句(jù/gōu)－拘狗够//苟驹
[勾]－钩
册1(cè)－//栅
册2(删 shān 省声)－珊
卯1(𡅕 mǎo)－聊//铆
[𡅕1]－贸
卯2(𡅕 yǒu)－柳
[𡅕2]－留
冬－图终疼
务－雾
夗(yuàn)－怨//宛鸳
刍(芻 chú)－皱趋//雏
包－刨抱饱泡胞炮袍跑雹//苞咆
尔(爾 ěr)－你弥
乐(樂)－烁//砾

5画(丶)

主－住拄注驻柱//蛀
市－柿
立－位垃拉泣粒
玄(xuán)－弦//炫舷
兰①－拦栏烂
半－伴拌胖畔//绊
[半]－判叛
氾(fàn)－范
⺍(⺍,拟音 xué)②－学觉
宁(寧)－拧柠//泞狞
它－驼蛇砣
[它]－拖
必－泌秘//瑟
写(寫)－泻
永－咏泳

5画(𠃌)

𠃌(𠃌 jí)－即
司－伺词饲//祠

---

① "兰"是"蘭"的简化字。而字族字"拦"、"栏"、"烂"是将原字表音偏旁"闌"更换为"兰"的个体简化字,不是偏旁类推简化字。

② "学"字繁体作"學"。甲骨文有 𢇻 𢇼 等不同写法,从𦥑(jù)从爻,爻兼表音,或从𦥑(jù)从宀(mián)从爻(yáo),爻兼表音。金文和小篆加表义偏旁"子"作"學",或又加表义偏旁"攴"作"斅(敩)"。"觉"字繁体作"覺",从見學省声。简化后"学"、"觉"二字均失去部分字理。为便教学,权将"⺍"视为"学"、"觉"二字的表音偏旁,并为其拟音。

弗(fú)－佛沸费//拂
民－眠
弔同弟
尼－呢泥//昵
疋(shū)－楚
[疋]－疏
出－拙屈础//茁
奴－努怒
加－茄咖驾架贺嘉//枷
召－招沼绍超//昭笤
皮－坡披彼波玻破疲被颇簸//跛
发(發)－拨废泼
圣(kū/shèng)－怪
睪(睪 yì/zé)－译择泽释//绎
圣(巠 jīng)－劲茎径经轻氢颈
台(yí/tái)－冶抬治始怠//苔胎
矛－茅柔
母－每拇姆毒①
幼－//拗

6 画(一)

匡－框眶筐
挈(qià/qì)－//契
邦－帮绑//梆
式－试//拭
刑(xíng)－型//荆
戎(róng)－绒
圭(guī)－佳挂哇街圉娃桂硅崖
　　　蛙鞋卦洼睚
寺(sì)－侍诗持待特//恃
吉－洁结桔//秸

考－烤//拷铐
老－姥
巩(gǒng)－恐
𢦏(zāi/cái)－栽载裁戴
耳－//茸饵
共－供拱哄洪烘恭
卄(舛 mǎng)－葬//莽
芖(舛 mǎng)－莫
芴(𦮂 tāng/dàng)－荡
亚(亞)－哑恶
亙(gèn/xuān)－恒宣
吏(lì)－使
襾(yà)－//贾
朿(cì)－刺策
[圭1]－责
陋(lòu)－陋
西－洒晒牺//栖
百－陌
在－//茌
有－郁贿
而－耐
存－荐
夸－垮挎跨//胯
灰－恢//盔
夹－挟峡狭颊//侠荚
列－例烈裂//咧

―――――

① "毒"本从中毒声的形声字(朱骏声《说文通训定声》认为"毒"字是从生从毋的会意字),形变后失去原字字理。"母"与"毒"韵母相同,为便教学,权将"母"视为"毒"的表音偏旁。

成－诚城盛
至－侄室致//窒
夷(yí)－姨//胰
执1(執 zhí)－垫挚
执2(執 yì)－势热
尧(堯 yáo)－挠饶浇绕晓烧翘//侥跷

6画(丨)

未(shú)－叔戚
此－柴紫雌
贞(貞 zhēn)－侦
虍(hū)－虎①唬虑虚
师(師)－狮筛
光－晃//恍
当(當)－挡档//裆铛
早－草
虫－触融
同－洞桐铜筒
吕－侣铝
因－咽姻烟恩//茵
岁(歲)－秽
回－徊//茴蛔
岂(豈 qǐ/kǎi)－凯
则(則)－厕侧测//铡
[貝]－贼
两(兩 liǎng)－俩

6画(丿)

朱－珠株殊蛛
先－洗宪选//铣
廷－挺庭蜓艇

舌1(shé)－适②敌③
舌2(昏 guā变体)－刮话括活
旨同甾
竹－筑
乔(喬)－侨娇骄桥轿//荞矫
伏－袱
延－诞//涎蜒
伐－阀//筏
攸同攸
任－//赁
华(華)－哗//桦
自－咱息
臼(jiù)－舅
自(duī)－追
血－//恤
向－响晌
[向]－尚
后－//垢
行(xíng/háng)－衡
辰(pài)－派
全－拴//栓痊
会(會)－绘//刽
合－拾哈恰洽给盒鸽答//蛤

---

① "虎"本独体象形字,形体演变为合体,《说文》释为从虍。"虍"与"虎"声韵相同,为便教学,权将"虍"视为表义兼表音偏旁。

② "适"本读 kuò,现为"適"的简化字,常用音读 shì。

③ "敌"本作"敵",更换偏旁简作"敌"。

杀－刹
兆(zhào)－挑逃桃跳//姚
危－桅脆跪//诡
旬(xún)－询//殉
匈－胸
夅(jiàng)－降
名－铭
各－阁客骆络格赂胳略路//洛烙酪
多－侈哆爹移
朵－跺躲//垛
旨－指脂//稽
争(爭)－净挣睁筝静//狰

6画(丶)

壮(壯)－装
丬同将
亦(巒 luán)－变弯恋蛮//峦
庄①－桩脏//赃
齐(齊)－剂挤济//荠
交－郊咬佼狡绞校较效胶
卤(鹵 nǎo)－恼脑
扩(廾 yǎn)－旋
亦－迹//奕
衣－依哀
[脒]－夜
产(產)－铲
次－咨姿资瓷
亥(hài)－刻该咳阂孩核//骇
亢(huāng)－荒
充－统
羊－详洋样氧祥痒

[羋]－养翔
[羊]－姜
并－拼饼屏瓶
关(聟 juàn)－券卷拳//眷
关－联
米－迷眯//咪
屰(nì)－逆
州－洲酬
江－//鸿
汒(máng)－茫②
汤(湯)－烫
宅(zhái)－诧
穵(wā)－挖
安－按案//氨鞍
军(軍)－挥浑晕辉//荤
农(農)－浓//脓

6画(一)

聿(yù)－律
艮(gèn)－限艰垦很狠恨根恳痕眼跟
那－挪哪//娜
刷(㕚 shuā省声)－刷
降(降省声)－隆
如－絮//恕

————

① "庄"是"莊"的简化字。而字族字"桩"是将原字表音偏旁"舂"更换为"庄"造出来的，"赃""脏"是将"臟"、"臟"的表音偏旁"藏"更换为"庄"造出来的。而"髒"简化为"脏"的方法是音近代替。

② 依高树藩《中文形音义综合大字典》说。

劦(xié)—荔
买(買)—卖①
厽(lěi)—垒
约(約)—药哟
孙(孫)—逊
幺(yōu)—幽
丞(chéng)—//拯

7画(一)

寿(壽)—涛铸畴筹踌//祷
戒(jiè)—诫械
走—陡
赤(chì)—//赦
却—脚
孝—//哮酵
苋(莧 xiàn)—宽②
劳(勞)—捞唠涝
孛(bó/bèi)—勃脖//荸
更—梗硬//埂
甫(fǔ)—埔捕浦辅铺//哺圃脯
吾(wú)—语悟梧晤//捂衙
束—速
豆—逗短//痘
酉(yǒu)—酒
两—俩辆
辰(chén)—唇振晨震
巫(wū)—诬
来(來)—//莱
连(連)—莲链
求—球救
折(zhé/shé)—哲浙逝誓

7画(丨)

步—频
歼(cán)—餐
肖—削俏捎哨悄消宵屑③梢销稍//崤硝
责(貢 suǒ)—锁//琐
旱—捍焊//悍
里—厘④埋哩狸理//鲤
呈(chéng)—程//逞
圼(niè)—捏
吴(吳)—误娱//蜈
助—锄
县(縣)—悬
晏(yàn)—宴
甹(pīng)—聘
旱(hòu)—厚
足—促捉
肙(yuān)—捐绢//鹃
困—捆
串—患窜
呙(咼 wāi/wō)—祸锅窝//涡蜗
员(員)—损圆//陨勋
别—捌

---

① 依朱骏声《说文通训定声》说。
② "宽"繁体"寬"本从宀莧(kuān)声。
③ 据《说文》,"屑"本从尸肙声,隶变后表音偏旁变为"肖"。
④ "厘"的繁体"釐",从里赘声,简化后失去原字部分字理。"里"与"厘"声韵相同,意义相隔较远。为便教学,权将"里"视为表音偏旁。

7画(丿)

告—浩造酷靠//窖
利—俐梨犁//莉痢
[秒]①—黎②
秃(tū)—//颓
秀—诱透绣锈
我—俄哦饿鹅蛾
每—侮悔海梅敏酶霉//诲晦
兵—宾
何—荷
攸(yóu)—悠
[攸]—修
你—您
皃(mào)—貌③
囱(cōng/chuāng)—窗
希—稀
坐—挫座//锉
佘(shé)—//赊
余—除叙徐涂途斜
佥(佥 qiān)—俭剑险捡验检脸签//敛
谷(gǔ/yù)—俗浴欲裕
孚(fú)—俘浮//孵
奂(奂 huàn)—换唤痪//涣焕
免—勉挽晚//娩冕
角(jiǎo/jué)—确
狂—逛
矣(yí)—疑//肆
夆(féng)—峰逢锋蜂
条(條)—涤
岛(島)—捣

7画(丶)

言—//喑④
亨(hēng)—哼烹
库(庫 kù)—裤
声(庚 gēng 省声)—唐
辛—锌
㐬(tū/liú)—流梳硫//琉
快—筷
闰(閏 rùn)—润
间(間 jiān/jiàn)—简//涧
闵(閔 mǐn)—//悯
㡭(繼 jì)—继
兑(duì)—说阅悦脱锐税//蜕
弟—剃涕递梯
[弟]—第
氵(梁省声)—梁
完—院
良—狼浪娘粮酿//琅
[良]—郎朗

---

① 从字源上说，"利"字小篆作"𥝫"，隶变作"利"。但考虑到"利"隶变后成为正体，通行已久，故权视"秒"为"利"的变体。

② 《说文》："黎，从黍秒(利)省声"。也可以说"黎"的两个偏旁合用一个小偏旁"禾"，是从黍秒(利)声的形声字。

③ "貌"本作"皃"，后变成从皃豹省声的形声字，而"豸"(zhì)不能表音。"貌"与"皃"同音，为便教学，权将"皃"视为表义兼表音偏旁。

④ 依尾崎雄二郎等《角川大字源》说。

7画（乛）

君－裙群//窘

寻(拟音 qīn)①－侵浸//寝

即－//唧鲫

张（張）－涨

阿－啊

甬（yǒng）－诵勇捅涌通桶痛踊//蛹

矣（yǐ）－埃挨唉

夋（qūn）－俊竣峻酸//骏梭竣

8画（一）

奉（fèng）－捧棒

武－赋//鹉

青－请猜清情晴睛蜻精//靖

责（責）－债绩

规（規）－//窥

忝（tiǎn）－添//舔

卦（guà）－//褂

者－诸都堵奢猪屠绪著暑赌煮睹署

坴（lù）－睦

夌（líng）－凌陵棱//菱

其－基淇棋期欺斯旗//箕

耶（yē）－//椰

取－娶最聚趣

昔1（xī）－借措惜错鹊醋

昔2（鼠 liè）－猎腊蜡②

苹－萍

苗－描猫//瞄锚

若－惹//匿诺

苟（gǒu/苟 jì）－敬

直－值真③植殖置

析－晰

林－淋禁//彬琳

或－域惑

卖（賣 mài/yù）④－读续//犊赎

厓（yá）－崖⑤//涯

奈（nài）－//捺

奇（qí/jī）－倚寄骑椅//崎畸

奄（yǎn）－掩淹//俺庵腌

豖（zhù）－啄琢

妻－凄

疌（jié）－捷

---

① 据文献，"侵"从人、又、帚，为会意字，"伒"、"骎"、"寑"为侵省声，"浸"、"寝"为 寖省声。为教学计，权为"寻"拟音 qīn，将侵、浸、骎、伒、寑、寝诸字均视为从"寻"得声的形声字。

② "猎"与"獵"、"蜡"与"蠟"、"腊"与"臘"，原来都是不同的字。汉字简化时用异音代替法将"獵"、"蠟"、"臘"分别简化为"猎"、"蜡"、"腊"，"昔"失去表音作用。但"猎"、"蜡"、"腊"三字读音相同或相近，可以用类比联想的方法记忆字音，故权将它们视为以"昔"为表音偏旁的形声字。

③ 据《说文》，"真"本作"眞"，是从匕、从目、从乚、从八的会意字，后形变为"真"。考虑到因形变原字字理几乎完全丧失，而"直"与"真"声母相同，为便教学，权将"真"视为从八直声的形声字。

④ "卖"作为独立的通用字，音 mài；作为偏旁，音 yù。

⑤ 据《说文》，"崖"字从屵（àn/yǎn）圭声。这里依曹先擢、苏培成《汉字形义分析字典》说。

斩(斬)－崭惭渐暂
杲(榘 jǔ 省声)－渠
顷(頃)－倾颖
拉－啦
到－倒

8画(丨)

非－匪诽排啡徘辈悲罪//菲
肯－啃
叔－寂椒督//淑
卓(zhuó)－掉悼罩//绰
[卜]－桌①
虎－//唬
尚(shàng)－倘敞趟躺//淌
[􀀀]－党堂常赏掌裳//棠
[􀀀]－尝
具－俱惧
㝵(dé/ài)－得碍
果－课棵裹颗//裸
畀(bì)－鼻痹
昆(kūn)－混棍
昌－倡唱猖
朋－萌盟
易－惕锡踢//剔赐
典－//腆
黾(鼆 miǎn/mǐn/měng)－
  绳②蝇③
罗(羅 luó)－萝逻锣箩//啰
困(qūn)－菌
贝(賏 yīng)－婴

8画(丿)

知－智痴蜘
垂(chuí)－捶唾睡锤
无(無 wú 省声)－舞
委－矮魏//萎巍
隹(zhuī)－准谁堆推唯崔惟淮维
  稚//椎锥
卑(bēi)－啤牌脾碑
泉同泵
阜(fù)－埠
欣(xīn)－掀//锨
征(徵)－惩
舍－啥舒
肴(yáo)－淆
肙(㫙 yuān)－//渊
采－菜彩睬踩
圣(yín)－淫
受－授
念－捻
朋－崩绷棚//硼鹏
周－调绸稠雕//碉
昏－婚

---

① "桌"本作"卓",后作"桌"。"桌"为卓省声。

② 《说文》等著作认为"绳(繩)"是从糸蝇省声的形声字。考虑到"黾"独立成字,且读音与"绳"相近,权将"绳"视为从糸黾声的形声字。

③ 《说文》等著作认为"蝇(蠅)"是从黾从虫的会意字。这里依桂馥《说文解字义论》说。

鱼（魚）－渔

匋（táo）－陶萄掏淘

臽（xiàn）－陷掐馅焰//阎

备（備）－惫

匊（jū）－菊鞠

夵（肰 rán 变体）－然

8 画（丶）

京－凉谅掠惊景晾鲸//琼

享1（xiǎng/guō）①－郭

享2（xiǎng/chún）②－//谭淳敦醇

㐭（lǐn）－//禀③

店－掂惦

夜－液//掖腋

府－俯腐

卒（zú）－碎粹翠醉//悴

于（yú/wū）－//淤

咅（pǒu）－剖倍陪部培赔//菩焙

妾（qiè）－接//霎

郑（鄭）－掷

卷－倦圈

並－普碰

单（單）－阐弹蝉//掸

炎（yán）－谈淡氮毯痰

波－菠婆

宗（zōng）－崇综棕踪

定－淀//绽锭

宜－谊

审（審）－婶

官－馆棺管

空－控腔

宛（wǎn）－惋碗豌//婉腕

宓（mì）－密蜜

郎－廊//榔

罙（shēn）－探深

8 画（㇉）

建－健键

肃（肅）－啸//萧箫

录（彔）－剥绿碌//氯

隶（lì/dài）－逮

居－剧据锯

刷－//涮

尾（尾 wěi 变体）－//犀

屈－掘窟//倔

陏（隋 suí/duò 省声）－随④堕椭

姑－菇

参（參）－掺惨渗

叕（zhuó）－缀

贯（貫）－惯

孟－猛//锰

---

① "享1"作为独立的通用字，音 xiǎng；作为"郭"的偏旁，音 guō。

② "享2"作为独立的通用字，音 xiǎng；作为"谭"、"淳"、"敦"、"醇"等字的偏旁，音 chún。

③ 据《说文》，"禀"是从 从禾的会意字。据朱骏声《说文通训定声》，"禀"是从禾 声的形声字。其实，"㐭"是"禀"的本字，"禀"是"㐭"的转注字，"禾"表义，"㐭"表义兼表音。后来"禀"也写作"稟"，现在成为规范字，"㐭"表义兼表音，"示"基本成为构形符号。

④ 依朱骏声《说文通训定声》说。

沓(tà)—踏
函(hán)—//涵

9画(一)

贰(貳 èr)—//腻
奏—凑揍
春—蠢//椿
契(qì)—//楔
贲(賁 bì/bēn)—喷愤
壴(zhù/gǔ)—鼓
某—谋媒煤
甚—勘堪//斟
巷(xiàng)—港
枼(yè)—碟蝶//谍
带(帶)—滞
荅(dá)—塔搭瘩
荒—谎慌
胡—葫湖瑚蝴糊
南—献①
相—厢想箱霜//湘
查(chá/zhā)—渣//喳碴
勃(bó)—//渤
匽(yǎn/yàn)—//堰
剌(lā/là)—喇
[艹]—赖
畐(fú/bì)—副幅富逼辐福//蝠
[复]—复
要—腰
育(隋 duò/suí 省声)②—惰
咸—减喊感碱
面—//缅

皆—谐//揩楷

9画(丨)

览(覽)—揽//缆榄
尝—偿③
是—匙堤提题
眇(miǎo)—渺
耳(qì)—辑//揖
禺(yú)—偶寓遇愚//隅
冒—帽
[昌]—//曼
显—湿
昷(wēn)—温瘟
星—腥醒//猩
曷(hé)—葛揭喝渴歇竭//谒遏褐蝎
昭(zhāo)—照
畏(wèi)—喂//偎
胃(wèi)—谓//猬
贵(貴)—馈溃遗
思—腮
咢(è)—//愕鳄
耑(duān)—喘端//揣
[耳]—段
炭(tàn)—碳

---

① "献"简化为"献",失去原字部分字理。"南"与"献"韵母相近,为便教学,权将"南"视为表音偏旁。

② 读音依段玉裁《说文解字注》说。

③ "尝"是"嘗"的简化字。"偿"本作"償",汉字简化时,将表音偏旁"賞"更换为"尝"作"偿"。

罗(楞 léng 省声)－愣

贱(賤)－溅

骨－滑猾

9 画(丿)

卸－御

拜－湃

重－董

复－腹

臿(chā)－插

秋－揪愁鳅

科－蝌

段－缎锻

便－鞭

保－堡褒

皇－凰煌蝗惶

叟(sǒu)－搜嫂瘦艘

泉(quán)－腺

[皁]－原

鬼－愧瑰槐傀魁

禹－属

侯(hóu/hòu)－候①喉猴

盾(dùn)－循

俞(yú)－偷喻愉榆输愈逾

爰(yuán)－援缓暖

匍(pú)－葡

兔(毚 chán 变体)－搀馋逸

怱(cōng)－葱

9 画(丶、乛)

弯(彎)－湾

亭－停

将(將)－蒋

[丬]－奖桨浆酱②

度－渡镀踱

斿(yóu/liú)－游

亲－新

音－暗意

彦(彦 yàn)－颜谚

帝－蒂缔蹄啼

阁(閣 gé)－搁

差－搓磋

美－镁

迷－谜

娄(婁 lóu)－搂喽屡楼数篓缕

前－剪煎箭

首－道

㐬(suì)－遂

兹(zī)－滋慈磁

总(恖)③－聪

活－阔

洛(luò)－落

觉(覺)－搅

宣－喧

客－额

扁－偏遍编骗篇匾蝙翩

———

① "候"小篆作䧿,从人矦(同"侯")声,后形变作"候"。

② "酱"小篆作䜳,从酉,从爿(肉),爿(qiáng)声,后楷书作"醬",將声。

③ "总"是"緫"的简化字,作为偏旁,"总"是从"恖"简化来的。

退－腿//褪
既－慨溉概
叚(jiǎ)－假霞//暇
屯(tún)－殿
屋－握
眉－//媚楣
胥(xū)－//婿
癸(guǐ)－葵
蚤(zǎo)－骚//搔
柔(róu)－揉//蹂
彖(tuàn)－缘

10画(一)

秦－//榛
敖(áo)－傲熬
祘(suàn)－蒜
袁(yuán)－猿/辕
耆(qí)－//嗜鳍
盍(hé)－磕
聂(聶 niè/shè)－摄//镊
㒼(mán)－满瞒
莫－墓摸幕漠寞模暮膜慕//募馍
   摹蟆
真－填慎镇颠
倝(gàn)－//翰
[草]－//乾
[卓]－//韩
配(yí)－//熙
索(suǒ)－嗦
尃(fū)－博傅搏缚膊
[勇]－敷

哥－歌
鬲(lì/gé)－隔
尌(尌 shù 省声)－厨
辱(rǔ)－//褥
夏－厦
原－源愿

10画(丨)

虑(慮)－滤
监(監 jiān/jiàn)－蓝滥篮
举(zhuó)－凿①
舃(xì)－隙
㕣(qiǎn)－遣
晃(huǎng/huàng)－//幌
眔(tà)－塌蹋
恩－嗯
罢(罷)－摆
散(wēi)－微

10画(丿)

造－//糙
乘－剩
隽(juàn/jùn)－携
畀(舁 yú 变体)－與
臭(xiù/chòu)－嗅
息－媳熄
射－谢
皋(pí)－蓖

---

① "鑿"简化为"凿",失去原字字理。
考虑到"举"音 zhuó,与"凿"字读音相近,为
便教学,将"凿"看作从凵举声的形声字。

繇(yáo)－谣摇遥
舀(yǎo)－滔稻蹈
奚(xī)－溪
翁(wēng)－//嗡
朕(朕 zhèn 变体)－腾
般－搬
逢－蓬缝//篷
留－溜榴瘤//馏

10 画（丶、乛）

高－搞敲稿//蒿镐篙
[亯]－膏
[亳]－毫豪
郭－廓
厘(廛 chán 省声)－缠
疾－嫉
衮(gǔn)－滚
离－璃篱//漓
唐－塘糖//搪
旁－傍谤榜膀磅//螃
畜(xù/chù)－蓄
羔(gāo)－糕
益(yì)－隘//溢
兼(jiān)－谦廉嫌赚歉
朔(shuò)－塑//溯
浦(pǔ)－//蒲
害－割辖瞎豁
塞(sāi/sè)－塞塞赛
家－嫁稼
宾(賓)－滨//缤鬓
容－溶熔//蓉榕

宰(zǎi)－//滓
窄(zhǎi)－榨
冡(méng)－蒙
诸(諸)－储
冥(míng)－//螟
隺(hè/què)－榷//鹤
展－//辗
弱－//溺
蚩(chī)－嗤
能－熊
难(難)－摊滩瘫
桑(sāng)－嗓
烝(zhēng)－蒸

11 画（一、丨）

彗(huì)－慧
焉(yān)－//嫣
著－踏
堇(qín/jǐn)－谨勤
黄－横//磺
桼(qī)－漆膝
啬(sè/qiáng)①－墙
勇同尃
曹－遭槽糟
欶(sòu/shuò)－嗽//漱

---

① 啬(嗇)本音 sè,"墙"本作"牆",从啬片声。"墙"是"牆"的异体,从土牆省声,今简化为"墙",成为正体。考虑到"墙"和通用字"蔷"、"嫱"、"樯"都是牆省声,都读 qiáng,将"啬"视为表音偏旁更便于教学,权为"啬"拟音 qiáng。

票－漂飘//膘瓢
戚(qī)－//慽
虚－墟
堂－膛
野－//墅
畐(bǐ)－鄙
曼(màn)－馒慢漫//蔓嫚
異(yì)－冀翼
累(lěi/lèi)－骡螺
崔(cuī)－催摧
崩(bēng)－蹦
婴(嬰 yīng)－樱//缨鹦

11画(丿、丶)

悉－//蟋
曑(mù)－穆
徵同微
象－像橡
祭(jì)－察
孰(shú)－熟
庶(shù)－蔗遮
麻－嘛摩磨魔//糜靡
康－糠慷
族－//簇
旋(xuán/xuàn)－//漩
章－障彰//樟
竟－境镜
豙(yì)－毅
啇(啻 dí/chì 变体)－摘滴//嘀嫡
率(shuài/lǜ)－摔//蟀
羕(yàng)－//漾

敝(bì)－蔽弊撇憋瞥//鳖
寅(yín)－演
宿－缩
谒(謁 yè)－藹
敢－//橄憨
尉－慰//蔚
扇(lòu)－漏
隆－//窿
隐(隱)－//瘾
㿻(jiā)－瘸
翏(liù)－谬//寥
巢(cháo)－//剿

12画(一、丨)

辇(輦 niǎn)－搽
喜－//嬉
彭－膨//澎
斯－撕//嘶
散－撒
董－懂
敬－警//擎
朝－嘲潮
棥(fán)－//樊
惠(huì)－穗
悳(惪 dé)－德
覃(tán)－潭//谭
遀(随 suí 省声)－//髓
尞(liáo/liào)－僚潦//撩嘹缭燎瞭镣

① 依朱骏声《说文通训定声》说。

掌－撑
最－//撮
景－影
嵒(yán)－癌
黑－墨嘿默

12 画(丿、丶、㇇)

毳(cuì/qiāo)－//撬
焦(jiāo)－蕉瞧//憔礁
奥－噢澳//懊
复(fù)－覆
番(fān/pān)－播潘翻
舜(shùn)－//瞬
禽(qín)－//擒
然－燃
敦(dūn)－//墩
童－撞幢//瞳
敞(chè)－撤辙//澈
阑(闌 lán)－//澜
善－//膳
普－谱
粦(lín)－磷//鳞
尊－蹲遵
遂(suì/suí)－隧
曾(céng/zēng)－增赠蹭//僧憎
惢(ruǐ)－//蕊
属(屬 shǔ/zhǔ)－嘱瞩
巽(xùn/zhuàn)－//撰
疏－蔬
登－凳澄瞪蹬//橙
矞(yù)－橘

缊(緼 yùn)－蕴

13 画

蒙－檬//朦
禁－//襟
畺(jiāng)－僵//缰
赖(賴 lài)－懒//癞
感－憾//撼
雷－蕾//擂
频(頻 pín)－//濒
觜(zuǐ)－嘴
遣－遣
路－露
吳(zào)－操噪澡燥躁//臊
署(shǔ)－薯//曙
緐(緐 fán 变体)－繁
敫(jiǎo)－激邀缴
辥(辥 xuē 变体)－//薛
微－//薇
[微]－徽
詹(zhān)－瞻//檐赡
解(jiě/xiè)－//懈蟹
禀(稟 lǐn/bǐng 异体)－//凛檩
亶(dǎn)－擅颤//檀
雁(yīng)－鹰
廉(lián)－镰
新－薪
溥(pǔ)－薄//簿
殿－//臀
辟－僻劈壁避臂譬//璧霹

14 画

耤(jí/jiè)－籍
聚－驟
蔺(藺 lìn)－//躪
臧(zāng)－藏
需－//儒懦蠕糯
算－//篡
貌－//藐
鲜(鮮)－//癣
疑－凝
豪－//壕濠
辡(biàn)－辨辩辫瓣
[八]－办①
察－擦
翟(dí/zhái)－耀//戳

15－17 画

耦(ǒu)－//藕
樊(fán)－攀
暴－瀑爆
畾(léi)－//儡
裹同裏
滕(téng)－藤
薛(xuē)－//孽
赞(贊)－攒
磨－蘑
澡－//藻
彊(qián)－疆
雚(guàn)－灌罐
霉(gé/pò)－霸
爵(jué)－嚼

襄(xiāng)－壤嚷镶//攘瓢
[襄]－囊
醮(zhàn)－//蘸

---

① "辦"简化为"办",表音偏旁"辡"简化为"八"。为便教学,权将"八"视为表音偏旁。

第六章 汉字的读音

第一节 一字一音节与一音节多字

一字一音节

汉语的语词是由音节组成的,有单音节词,也有复音节词。汉字是记录汉语的书写符号,它是怎样记录汉语语词的呢?简单地说,是一字一音节。单音节词用一个汉字记录,如:"天"、"地"、"人"、"物"、"听"、"说"、"读"、"写"等;复音节词用两个或两个以上的汉字记录,如:"学生"、"老师"、"办公室"、"大使馆"、"耳闻目睹"等。只有个别汉字例外,如记录儿化音的"儿",不代表一个音节,一些已经淘汰的计量单位名称用字,如"瓩(qiānwǎ)"、"浬(hǎilǐ)",记录两个音节。

汉语音节是由声(声母)、韵(韵母)、调(声调)组成的,因而记录汉语的汉字的读音也具有声、韵、调。

汉字一字一音节的特点是创作诗、词等文学作品的条件之一。例如唐代大诗人杜甫(fǔ)(712—770)的绝句诗:

两个黄鹂鸣翠柳,一行白鹭上青天。
窗含西岭千秋雪,门泊东吴万里船。

对仗工整,节奏鲜明,韵律和谐,都是以一字一音节为条件的。

一音节多字

汉语普通话有 415 个音节[①],加上声调,不过 1300 个左右。因

---

① 1971 年修订本《新华字典》所列音节为 415 个。

为汉字靠不同字形区别同音不同义音节,所以汉字体系中就出现了大量的同音字。现代汉语通用字一共 7000 个,平均每个声、韵相同的音节,大约有 17 个字。即使分别声调以后,平均每个声、韵、调完全相同的音节也有 5 个以上。《现代汉语通用字表》中"yì"这个音节收有汉字 63 个之多。这些字音同义不同,不能互用。如果应该写 A 字而写了 B 字,就是写了别字(也叫"白字")。如果写了别字,有时不能准确表达意思,有时会闹笑话,有时还会造成严重的后果。

汉字以不同形体来区别同音词,增强了书写语言的准确性和鲜明性。汉字体系中大量同音字的存在,也给学习者带来不小的困难,所以学习汉字时,必须培养区别同音字的习惯,不仅要弄清同音字之间的形体差别,还要弄清同音字之间意义、用法上的不同,力求少写或不写别字。关于别字问题,第八章还要详细谈到。

生　　词

语词	yǔcí	(名)	word and phrase
计量单位	jìliàng dānwèi		measure
绝句	juéjù	(名)	a four-line verse with five or seven characters to each line
黄鹂	huánglí	(名)	oriole
鸣	míng	(动)	crow
翠柳	cuìliǔ	(名)	green willow
白鹭	báilù	(名)	egret
泊	bó	(动)	be at anchor
东吴	Dōngwú	(名)	Dongwu, one state of the Three Kingdoms
韵律	yùnlǜ	(名)	rhythm

附录七 常用易混同音字表

B

1. 班 班长 / 般 一般
2. 板 木板 / 版 出版
3. 宝 宝贝 / 保 保卫
4. 报 报纸 / 抱 拥抱
5. 暴 暴露 / 爆 爆发
6. 避 躲避 / 壁 墙壁 / 璧 白璧
7. 蔽 隐蔽 / 弊 作弊
8. 辨 分辨 / 辩 辩论
9. 博 博士 / 搏 搏斗
10. 布 棉布 / 部 部分 / 步 步行

C

11. 才 天才 / 材 材料 / 财 财产
12. 采 采集 / 彩 彩色
13. 残 残废 / 惭 惭愧
14. 仓 仓库 / 苍 苍茫 / 沧 沧海
15. 侧 侧面 / 测 测验
16. 查 检查 / 察 察看
17. 尝 尝试 / 偿 赔偿
18. 长 长短 / 常 经常
19. 成 成长 / 承 承认
20. 冲 冲刷 / 充 充当
21. 仇 仇人 / 筹 筹备 / 愁 发愁
22. 川 山川 / 穿 穿戴
23. 词 词汇 / 辞 辞别
24. 瓷 瓷碗 / 磁 磁铁
25. 促 促进 / 猝 猝死
26. 催 催促 / 摧 摧毁

D

27. 带 带领 / 戴 佩戴 / 代 代表 / 待 等待
28. 到 到达 / 道 道路
29. 点 点滴 / 典 词典
30. 掉 扔掉 / 调 声调
31. 吊 吊灯 / 钓 钓鱼
32. 订 订票 / 定 肯定

33.	度 渡	度假 渡江	45.	付 副 傅 附	付出 副食 师傅 附属		**H**	
		F				56.	汉 汗	汉族 汗水
34.	伐 罚	砍伐 惩罚	46.	复 覆	重复 覆盖	57.	毫 豪	毫毛 自豪
35.	番 翻	一番 翻身			**G**	58.	和 合	和平 合并
36.	烦 繁	烦恼 繁荣	47.	竿 杆	竹竿 杆子	59.	很 狠	很好 凶狠
37.	反 返	反对 返回	48.	赶 敢	赶走 勇敢	60.	洪 宏	洪水 宏伟
38.	防 妨	防止 妨碍	49.	刚 钢	刚才 钢铁	61.	后 候	后代 时候
39.	访 仿	访问 仿佛	50.	根 跟	根本 跟随	62.	滑 猾	光滑 狡猾
40.	废 费	废物 浪费	51.	工 公	工人 公司	63.	汇 会	汇合 开会
41.	奋 愤	奋斗 气愤	52.	功 攻	成功 进攻	64.	火 伙	火车 合伙
42.	峰 锋 烽 蜂	山峰 锋利 烽火 蜜蜂	53.	贡 供	贡献 供给		**J**	
						65.	迹 绩	足迹 成绩
43.	扶 伏	搀扶 起伏	54.	沟 钩 勾	水沟 铁钩 勾结	66.	急 即	急忙 立即
44.	抚 辅	抚养 辅导	55.	贯 惯	贯彻 习惯	67.	极 及	极端 及时

68.	集辑	集体 编辑	81.	竟竟	竞争 竟然		L	
69.	记纪	日记 纪律	82.	净静	干净 安静	92.	兰蓝篮	兰花 蓝色 篮球
70.	技计	技术 计划	83.	剧据	歌剧 根据	93.	烂滥	破烂 泛滥
71.	剂济	药剂 经济	84.	绝决	断绝 决定	94.	里理	里面 道理
72.	佳嘉	佳话 嘉奖	85.	俊峻骏	英俊 险峻 骏马	95.	力利	力量 利益
73.	架驾	书架 驾驶		K		96.	历厉励	历史 厉害 鼓励
74.	坚艰	坚强 艰苦	86.	康慷	健康 慷慨	97.	连联	连接 联合
75.	捡拣	捡起 挑拣	87.	考烤	考试 烘烤	98.	炼练	锻炼 熟练
76.	俭简	勤俭 简单	88.	颗棵	颗粒 一棵	99.	梁粱	桥梁 高粱
77.	箭剑	射箭 宝剑	89.	克刻	克服 立刻	100.	邻临	邻居 降临
78.	骄娇	骄傲 娇嫩	90.	垦恳肯	垦荒 勤恳 肯定	101.	流留	河流 停留
79.	仅尽	不仅 尽量					M	
80.	进近	进步 接近	91.	扩阔	扩大 宽阔	102.	慢漫	缓慢 漫长

103.	芒 茫	光芒 渺茫		P	126.	曲 屈	曲折 屈服
104.	迷 谜	昏迷 谜语	115.	判 判断 叛 背叛	127.	驱 趋	驱赶 趋势
105.	密 蜜	秘密 甜蜜	116.	培 培养 陪 陪伴 赔 赔偿	128.	却 确	退却 准确
106.	棉 绵	棉花 连绵	117.	佩 佩服 配 分配		R	
107.	免 勉	免除 勉强	118.	飘 飘扬 漂 漂流	129.	认 任	认识 任务
108.	描 瞄	扫描 瞄准		Q	130.	溶 熔 融	溶液 熔炉 融合
109.	名 明	名称 明白	119.	欺 欺骗 期 日期	131.	荣 容	荣誉 容貌
110.	摹 模	描摹 模范	120.	启 启发 起 起身		S	
111.	摩 磨	摩擦 磨刀	121.	乞 乞求 企 企图	132.	洒 撒	喷洒 撒播
112.	漠 默	沙漠 沉默	122.	气 气体 汽 汽车	133.	沙 砂 纱	沙子 砂轮 纱布
	N		123.	洽 恰	融洽 恰巧	134.	尚 上	高尚 上下
113.	奈 耐	奈何 忍耐	124.	欠 歉	亏欠 道歉	135.	申 伸	申请 伸展
114.	脑 恼	大脑 气恼	125.	青 轻 清	青草 轻声 清静	136.	生 升	生长 上升

137. { 胜 胜利 / 盛 茂盛
138. { 使 使用 / 驶 行驶
139. { 事 事情 / 是 是非
140. { 式 方式 / 试 试验 / 势 势力
141. { 示 表示 / 视 视觉
142. { 受 接受 / 授 授予
143. { 抒 抒发 / 舒 舒服
144. { 暑 暑假 / 署 部署
145. { 树 树木 / 竖 竖长
146. { 颂 歌颂 / 诵 朗诵

T

147. { 滩 海滩 / 摊 摊开
148. { 滔 滔天 / 涛 浪涛
149. { 题 题目 / 提 提纲
150. { 帖 妥帖 / 贴 粘贴
151. { 廷 朝廷 / 庭 庭院
152. { 桶 铁桶 / 筒 竹筒
153. { 途 路途 / 涂 涂改
154. { 托 委托 / 脱 脱离

W

155. { 玩 玩耍 / 顽 顽固
156. { 忘 忘记 / 妄 妄想
157. { 威 威力 / 危 危险
158. { 唯 唯物 / 惟 惟一 / 维 维护
159. { 尾 尾巴 / 委 委员
160. { 诬 诬蔑 / 污 污染

161. { 午 上午 / 舞 跳舞
162. { 务 务必 / 勿 请勿

X

163. { 峡 峡谷 / 狭 狭窄
164. { 限 限制 / 线 线条
165. { 陷 陷落 / 馅 馅儿
166. { 现 现在 / 献 献给
167. { 详 详细 / 祥 吉祥
168. { 向 方向 / 象 大象 / 像 画像 / 相 相片
169. { 消 消失 / 销 销售
170. { 协 协助 / 胁 威胁
171. { 邪 邪恶 / 斜 倾斜
172. { 挟 要挟 / 携 携带

173.	泄 泄露 泻 倾泻	185.	以 以后 已 已经		Z
174.	新 新年 欣 欣赏	186.	意 意见 义 意义	198.	在 存在 再 再见
175.	形 外形 型 型号	187.	映 反映 应 响应	199.	赃 赃物 脏 肮脏
176.	性 性别 姓 姓名	188.	永 永远 勇 英勇	200.	躁 急躁 燥 干燥
177.	休 休息 修 修理	189.	尤 尤其 由 理由	201.	沾 沾染 粘 粘连
178.	须 必须 需 需要	190.	娱 娱乐 愉 愉快	202.	占 占领 站 车站
179.	序 次序 叙 叙述	191.	鱼 金鱼 渔 渔夫	203.	振 振作 震 地震
180.	绪 情绪 续 继续	192.	与 与其 予 予以	204.	争 争取 挣 挣扎
181.	寻 寻找 巡 巡回 循 遵循	193.	园 花园 圆 圆圈	205.	只 只身 支 支撑
		194.	原 原因 源 水源	206.	植 种植 值 价值
182.	迅 迅速 训 训练	195.	援 援助 缘 缘故	207.	执 执行 职 职务
	Y	196.	怨 怨恨 愿 愿望	208.	致 一致 至 至今
183.	杨 杨树 扬 宣扬	197.	跃 跳跃 越 超越	209.	治 治理 制 制度
184.	页 页码 叶 树叶				

210.	{	志	志气	215.	{	妆	化妆	220. { 作 工作
		智	智慧			装	服装	做 做事

211.	{	州	州县	216.	{	状	形状
		洲	亚洲			壮	壮大

212.	{	嘱	嘱咐	217.	{	尊	尊重
		瞩	瞩目			遵	遵守

213. { 注 注解 / 柱 柱子 / 住 居住 / 驻 驻军

218. { 祖 祖父 / 阻 阻拦 / 组 组织

214. { 传 传记 / 转 转动

219. { 坐 坐车 / 座 座位

第二节 一字多音

一字多音,指同一个字形有两个或两个以上读音,如"长"字,有的地方要读为"cháng",有的地方要读为"zhǎng";又如"这"字,有的地方读"zhè",有的地方读"zhèi"。

汉字体系中的多音字,数量相当多。有人统计,1971年版《新华字典》所收7262个汉字中,有828个多音字,包含1857个读音。为了精简汉字的读音,国家普通话审音委员会审订了记录普通话单音词和复音词词素的异读字,于1985年发表了经过修订的《普通话异读词审音表》,很大一部分多音字的读音得到了精简。但是现代通用汉字中的多音字仍占十分之一左右。据科学出版社1988年出版的《汉字信息字典》统计,在该字典所收的7785个正体字中,有多音字747个,占总数的9.595%。

用同一个字形表示几个意义不同的词,这无疑节省了汉字,可以少造一些字。但同时也带来一字多音的麻烦,这是学习汉语汉字的困难之一。

多音字的类型

多音字的类型可以从字音、字义两个角度加以区分。

一、从字音上分有六类

1. 声母不同,如:

系 { jì 系领带 / xì 关系

似 { shì …似的 / sì 相似

校 { jiào 校对 / xiào 学校

辟 { bì 复辟 / pì 开辟

2. 韵母不同,如:

大 { dà 大学 / dài 大夫(医生)

埋 { mái 埋葬 / mán 埋怨

都 { dōu 都懂了 / dū 首都

绿 { lù 鸭绿江 / lǜ 绿色

3. 声调不同,如:

假 { jiǎ 真假 / jià 放假

为 { wéi 行为 / wèi 为人民服务

好 { hǎo 好人 / hào 爱好

看 { kān 看守 / kàn 看戏

4. 声母、韵母不同,如:

乐 { lè 快乐 / yuè 音乐

会 { huì 开会 / kuài 会计

率 { lǜ 生产率 / shuài 率领

行 { xíng 行动 / háng 银行

5. 声母、声调不同,如:

传 { chuán 宣传 / zhuàn 水浒传

重 { chóng 重复 / zhòng 重要

调 { diào 调动 / tiáo 调和

泊 { bó 停泊 / pō 湖泊

6. 韵母、声调不同,如:

说 { shuì 游说
      shuō 说话

角 { jiǎo 角落
      jué 角色

觉 { jiào 睡觉
      jué 发觉

没 { méi 没有
      mò 淹没

在这六类多音字中,声调不同的最多。依本章附录八《常用多音字表》统计,声韵相同,只声调不同的多音字占57%。

二、从字义上分,可分为两类。

1. 读音不同,意义也不同。如"炸"字读 zhá 时,字义是一种烹调方法,如:炸油条、炸鱼;而读 zhà 时,字义是物体突然破裂或用某种方法使物体破裂,如:爆炸、轰炸等。又如"降"字,读 jiàng 时,字义是物体从高处向低处落;读 xiáng 时,字义是投降或使人、物驯服。这些是读音不同、词汇意义也不同的情况。有的多音字,读音不同,语法意义不同。如"的"字,读 dì 时记录的是名词(如:目的);读 de 时记录的是助词(如:我的书)。又如"着"字,读 zhuó 或 zháo 时记录的是动词(如:着装、着陆;着火、睡着);读 zhāo 时记录的是名词(如:高着儿);读 zhe 时记录的是助词(如:开着门,写着字)。

2. 读音不同,意义不变。如"血"字,有时读"xiě"(如:流了点儿血),有时读"xuè"(如:鲜血)。"似"字,有时读"shì"(如:好像不会似的),有时读"sì"(如:好似)。"爪"字,有时读"zhǎo"(如:爪牙),有时读"zhuǎ"(如:鸡爪子)。这些字意义没有明显的不同,只是在不同的词语中约定俗成地保留着不同读法。

在这两类多音字中,读音不同、意义也不同的占绝大多数。

多音字产生的原因

多音字产生的原因比较复杂,主要是以下几个方面:

一、以音别义。这是多音字产生的最主要的原因。文字在使用过程中,意义不断分化、演变,出现引申义、假借义,形成一字多义的现象,影响了文字记录语言的明确性。人们除了通过造转注字的办法来增强或保持文字记录语言的明确性之外,还采用以音别义的办法来区别字义,这种方法称为"破读"。如"吐"字,原来只有"tǔ"一个读音,不管是有意使东西从嘴里出来,还是因患病等原因,消化道或呼吸道里的东西不自主地从嘴里涌出,都读同一个音。后来为区别这两个不同意义,在表示后一个意义时,破读为"tù",如"呕吐"、"吐血"、"上吐下泻"等,"吐"成为多音字。再如"几"字,原来只有一个读音"jī",简化汉字时,因为读音与"幾"("几个"的"几"的本字)相近,形体比"幾"简单,便借来代替"幾",结果增加了一个借假义,为了区别意义,增加了"jǐ"的读音,"几"成为多音字。其他如"还"读为"huán"(如:还书),又读为"hái"(如:还想吃);"少"读为"shǎo"(如:多少),又读为"shào"(如:少年);"卡"读为"qiǎ"(如:卡住),又读为"kǎ"(如:卡车);"斗"读为"dǒu"(如:一斗米),又读为"dòu"(如:斗争)等,都是以音别义而形成的多音字。

二、读音演变。语言是在不断变化着的,因而记录语言的文字的读音,也会随着发生变化。同一个字,在有的地方,有的人改变了它的读音,而在有的地方,有的人还没有变,于是成了多音字。如"绿",本来只有"lù"一个读音,后来由于语言演变,有了"lǜ"这一读音,但在某些词语(如:绿林、鸭绿江)中,还保留"lù"的古代读音,于是"绿"成了多音字。其他如"虹"读为"jiàng",又读"hóng";"六"读为"liù"(如:星期六),又读"lù"(如:地名"六合");"厦"读为"xià"(如:厦门),又读"shà"(如:大厦)等,都是由于语音演变而形成的多音字。

三、文白异读。所谓文读,是指某个字用于书面语时的读音;所谓白读,是指某个字用于口语时的读音。文白异读也是产生多音字的原因之一。如"这"字,文读音为"zhè",白读音为"zhèi";"谁"字,文读音为"shuí",白读音为"shéi"。其他如:"剥"字,文读音为"bō",白读音为"bāo";"壳"读"ké",又读"qiào"等,也都是由于文白异读形成的多音字。

除了以上三方面原因之外,方言分歧等原因有时也会造成异读。如"弄"字,一般读"nòng",而在"弄堂"、"里弄"等词中读"lòng",这是受上海等地方言的影响;"亲"字一般读"qīn",而在"亲家"一词中读"qìng",是受北京等地方言的影响。

生　　词

审订	shěndìng	(动)	examine and revise
烹调	pēngtiáo	(动)	cook (dishes)
破裂	pòliè	(动)	burst; split
投降	tóuxiáng	(动)	capitulate surrender
驯服	xúnfú	(形)	tame
词汇意义	cíhuì yìyì		the meaning (or sense) of a word
患病	huàn bìng		be ill; fall ill
消化道	xiāohuàdào	(名)	alimentary canal
呼吸道	hūxīdào	(名)	respiratory tract
涌出	yǒngchū	(动)	gush out

附录八　常用多音字表

本表按笔画数排列,画数相同的按起笔笔形横、竖、撇、点、折顺序排列。

二　画

几 1. jī　几乎　茶几
　 2. jǐ　几个　几何
了 1. le　晚了　走了
　 2. liǎo　了解　不得了

三　画

干 1. gān　干净　饼干
　 2. gàn　干部　干活儿
上 1. shàng　上午　上课
　 2. shǎng　上声,平上去入
　 3. shang　地上　穿上
大 1. dà　大脑　大量
　 2. dài　大夫（医生）
个 1. gě　自个儿
　 2. gè　个别　个性
　 3. ge　一个　行个礼
与 1. yǔ　红与黑　与其
　 2. yù　参与　与会

四　画

切 1. qiē　切开　切面
　 2. qiè　亲切　切实

扎 1. zā　捆扎　扎头绳
　 2. zhā　扎针　驻扎
　 3. zhá　挣扎
少 1. shǎo　少数　多少
　 2. shào　少年　老少
中 1. zhōng　中心　集中
　 2. zhòng　看中　中毒
长 1. cháng　特长　长期
　 2. zhǎng　生长　校长
什 1. shén　什么
　 2. shí　什物　什锦
片 1. piān　影片儿　相片儿
　 2. piàn　画片　一片
爪 1. zhǎo　魔爪　爪牙
　 2. zhuǎ　爪子　鸡爪子
分 1. fēn　分裂　分数
　 2. fèn　水分　过分
为 1. wéi　认为　为难
　 2. wèi　为了　为什么
斗 1. dǒu　一斗米　漏斗
　 2. dòu　斗争　奋斗

五　画

正 1. zhēng　正月
　 2. zhèng　公正　正确
卡 1. kǎ　卡车　卡片
　 2. qiǎ　关卡　卡子
打 1. dá　一打铅笔
　 2. dǎ　打架　打扮
号 1. háo　号哭　呼号
　 2. hào　号码　军号

只 1. zhī　两只手　船只
　 2. zhǐ　只要　只好
处 1. chǔ　处理　相处
　 2. chù　到处　办事处
乐 1. lè　欢乐　乐趣
　 2. yuè　音乐　乐队
宁 1. níng　宁静　安宁
　 2. nìng　宁可　宁愿
发 1. fā　发生　发现
　 2. fà　头发　理发

六　画

地 1. de　高兴地　仔细地
　 2. dì　地区　天地
场 1. cháng　场院　一场雨
　 2. chǎng　场面　操场
夹 1. gā　夹肢窝
　 2. jiā　夹子　夹杂
　 3. jiá　夹袄　夹被
划 1. huá　划船　划子
　 2. huà　划分　计划
当 1. dāng　当初　应当
　 2. dàng　当天　适当
吐 1. tǔ　吐痰　谈吐
　 2. tù　呕吐　吐血
吓 1. hè　恫吓　恐吓
　 2. xià　吓唬　吓一跳
同 1. tóng　同样　一同
　 2. tòng　胡同
曲 1. qū　曲折　歪曲
　 2. qǔ　曲调　戏曲

传 1. chuán 宣传 传统
　 2. zhuàn 传记 水浒传
华 1. huá 中华 华丽
　 2. huà 华山 华(姓)
似 1. shì ……似的
　 2. sì 似乎 好似
血 1. xiě 鸡血 血淋淋
　 2. xuè 血液 热血
行 1. háng 行业 银行
　 2. xíng 行动 自行车
创 1. chuāng 创伤 重创
　 2. chuàng 创造 首创
会 1. huì 会话 体会
　 2. kuài 会计
色 1. sè 色彩 景色
　 2. shǎi 掉色 退色
冲 1. chōng 冲击 要冲
　 2. chòng 冲床 冲着
汗 1. hán 可汗 汗毛
　 2. hàn 汗衫 出汗
兴 1. xīng 兴奋 时兴
　 2. xìng 高兴 兴趣
尽 1. jǐn 尽量 尽管
　 2. jìn 尽力 尽头
好 1. hǎo 好久 友好
　 2. hào 爱好 好奇
观 1. guān 观察 乐观
　 2. guàn 道观 白云观

七　画

弄 1. lòng 弄堂 里弄
　 2. nòng 弄饭吃 玩弄
壳 1. ké 贝壳儿 蛋壳
　 2. qiào 甲壳 地壳
杆 1. gān 杆子 电线杆
　 2. gǎn 笔杆 杆菌
更 1. gēng 更改 三更半夜
　 2. gèng 更加 更大
还 1. hái 还是 还行
　 2. huán 还原 还书
折 1. shé 折本 骨头折了
　 2. zhē 折腾 折跟头
　 3. zhé 折断 曲折
把 1. bǎ 把守 一把米
　 2. bà 刀把儿 镐把
呛 1. qiāng 喝呛了
　 2. qiàng 呛人 够呛
钉 1. dīng 钉子 螺丝钉
　 2. dìng 钉扣子 钉钉子
作 1. zuō 洗衣作 作坊
　 2. zuò 工作 作风
佛 1. fó 佛教 佛像
　 2. fú 仿佛
肚 1. dǔ 猪肚 羊肚
　 2. dù 肚子疼 拉肚子
饮 1. yǐn 饮料 饮恨
　 2. yìn 饮马 饮牲口
系 1. jì 系鞋带
　 2. xì 系统 联系
角 1. jiǎo 牛角 角度
　 2. jué 主角 角色
应 1. yīng 应当 应许

2. yìng　反应　应用
间1. jiān　房间　时间
2. jiàn　间断　离间
闷1. mēn　闷热　闷头儿
2. mèn　苦闷　闷得慌
没1. méi　没有　没关系
2. mò　没收　淹没
识1. shí　识别　常识
2. zhì　标识　默识

八　画

丧1. sāng　丧事　治丧
2. sàng　丧失　丧气
奔1. bēn　奔跑　飞奔
2. bèn　投奔　奔头儿
奇1. jī　奇数　奇偶
2. qí　奇怪　好奇
抹1. mā　抹布　抹桌子
2. mǒ　涂抹　抹杀
3. mò　转弯抹角
担1. dān　担任　担心
2. dàn　担子　重担
拉1. lā　拉车　拉关系
2. lá　拉口子
转1. zhuǎn　转移　好转
2. zhuàn　旋转　转盘
呢1. ne　人呢？　没呢
2. ní　呢子　呢大衣
帖1. tiē　妥帖　服帖
2. tiě　帖子　请帖
3. tiè　碑帖　字帖

和1. hé　和平　柔和
2. hè　附和　和诗
3. huo　暖和　软和
4. huó　和面　和泥
供1. gōng　供应　提供
2. gòng　上供　供认
的1. de　红的　你的
2. dí　的确　的确良
3. dì　目的　有的放矢
刹1. chà　一刹那　古刹
2. shā　刹车　刹住
舍1. shě　舍弃　舍不得
2. shè　宿舍　校舍
卷1. juǎn　卷心菜　卷烟
2. juàn　第一卷　试卷
泊1. bó　漂泊　停泊
2. pō　湖泊　血泊
沿1. yán　沿海　边沿
2. yàn　河沿　沟沿
空1. kōng　空虚　航空
2. kòng　空白　没空儿
降1. jiàng　下降　降临
2. xiáng　投降　降伏
参1. cān　参观　参加
2. cēn　参差（cēncī）
3. shēn　人参　海参

九　画

相1. xiāng　互相　相信
2. xiàng　照相　首相
柏1. bǎi　柏树　柏油

2. bó　柏林
3. bò　黄柏树
要 1. yāo　要求　要挟
　 2. yào　重要　要点
挑 1. tiāo　挑水　挑选
　 2. tiǎo　挑动　挑拨
挣 1. zhēng　挣扎
　 2. zhèng　挣脱　挣钱
背 1. bēi　背着　背包
　 2. bèi　背后　违背
削 1. xiāo　切削　削铅笔
　 2. xuē　削弱　剥削
省 1. shěng　省略　江苏省
　 2. xǐng　省悟　省亲
哄 1. hōng　哄动　乱哄哄
　 2. hǒng　哄骗　哄孩子
　 3. hòng　起哄
咽 1. yān　咽喉　咽头
　 2. yàn　下咽　咽唾沫
　 3. yè　哽咽　呜咽
咳 1. hāi　咳！可惜
　 2. ké　咳嗽　止咳
哪 1. nǎ　哪里　哪怕
　 2. na　加油干哪
　 3. né　哪吒(zhà)
骨 1. gū　骨碌　骨朵儿
　 2. gǔ　骨骼　骨干
种 1. chóng　种（姓）
　 2. zhǒng　种类　品种
　 3. zhòng　种植　耕种
看 1. kān　看守　看家

2. kàn　看书　试试看
重 1. chóng　重复　重新
　 2. zhòng　重大　沉重
便 1. biàn　便利　方便
　 2. pián　便宜
俩 1. liǎ　咱俩　兄弟俩
　 2. liǎng　伎俩
待 1. dāi　待着　待会儿
　 2. dài　等待　待遇
度 1. dù　度数　制度
　 2. duó　猜度　以己度人
差 1. chā　差别　误差
　 2. chà　相差　条件差
　 3. chāi　差使　出差
　 4. cī　参差(cēncī)
炸 1. zhá　油炸　炸鱼
　 2. zhà　爆炸　炸药
炮 1. bāo　炮羊肉
　 2. páo　炮炼　炮制
　 3. pào　炮弹　鞭炮
将 1. jiāng　将来　将军
　 2. jiàng　将领　大将
济 1. jǐ　济南　人才济济
　 2. jì　经济　救济
觉 1. jiào　睡觉　午觉
　 2. jué　感觉　觉察
说 1. shuì　游说　说客
　 2. shuō　说话　学说
冠 1. guān　衣冠　鸡冠
　 2. guàn　冠军
结 1. jiē　结实　结巴

2. jié　总结　结婚
给1. gěi　（单用）　给你书
　2. jǐ　给予　供给

十　画

载1. zǎi　记载　千载
　2. zài　装载　载重
都1. dōu　都来了　都说
　2. dū　首都　都市
埋1. mái　埋藏　埋没
　2. mán　埋怨
恶1. ě　恶心
　2. è　恶毒　罪恶
　3. wù　可恶　厌恶
荷1. hé　荷花　荷包
　2. hè　荷锄　电荷
校1. jiào　校正　校对
　2. xiào　学校　校园
核1. hé　核桃　审核
　2. hú　梨核儿　冰核儿
挨1. āi　挨次　挨近
　2. ái　挨冻　挨打
晃1. huǎng　晃眼　明晃晃
　2. huàng　晃荡　晃悠
晕1. yūn　头晕　晕倒
　2. yùn　晕船　晕车
钻1. zuān　钻研　钻空子
　2. zuàn　钻石　电钻
称1. chèn　称职　对称
　2. chēng　称赞　名称
倒1. dǎo　倒闭　颠倒
　2. dào　倒退　倒茶
脏1. zāng　肮脏　脏东西
　2. zàng　心脏　内脏
畜1. chù　牲畜　畜生
　2. xù　畜牧　畜产
浆1. jiāng　豆浆　泥浆
　2. jiàng（又作"糨"）　浆糊　浆子
凉1. liáng　凉快　阴凉
　2. liàng　把水凉一凉
涨1. zhǎng　涨潮　涨价
　2. zhàng　涨大　头昏脑涨
扇1. shān　扇风　扇动
　2. shàn　扇子　一扇门
调1. diào　调动　声调
　2. tiáo　调和　调整
剥1. bāo　剥花生　剥皮
　2. bō　剥削　剥夺
难1. nán　难免　艰难
　2. nàn　遇难　责难

十一画

教1. jiāo　教书　教唱歌
　2. jiào　教师　宗教
盛1. chéng　盛饭　盛水
　2. shèng　盛大　旺盛
累1. léi　累赘
　2. lěi　累及　积累
　3. lèi　累了　受累
圈1. juān　圈鸡　圈起来
　2. juàn　猪圈　羊圈

3. quān　圆圈　圈套
笼 1. lóng　笼子　灯笼
　 2. lǒng　笼络　笼罩
假 1. jiǎ　假的　假定
　 2. jià　假期　请假
得 1. dé　得力　难得
　 2. de　办得到　好得很
　 3. děi　得你去　得问问
率 1. lǜ　效率　利率
　 2. shuài　率领　草率
着 1. zhāo　失着　高一着
　 2. zháo　睡着　着火
　 3. zhe　沿着　为着
　 4. zhuó　着手　着重
粘 1. nián　粘土　粘着
　 2. zhān　粘贴　粘住
混 1. hún　混蛋　混水摸鱼
　 2. hùn　混乱　混同
宿 1. sù　宿舍　宿愿
　 2. xiǔ　两宿　住一宿
　 3. xiù　星宿　二十八宿
弹 1. dàn　弹药　炸弹
　 2. tán　弹琴　弹性
绿 1. lù　鸭绿江　绿林
　 2. lǜ　绿色　绿叶

十二画

散 1. sǎn　松散　散漫
　 2. sàn　散会　散步
落 1. là　落东西　丢三落四
　 2. lào　落枕

3. luò　落叶　没落
朝 1. cháo　朝代　朝鲜
　 2. zhāo　朝霞　今朝
厦 1. shà　大厦　广厦
　 2. xià　厦门
提 1. dī　提防　提溜
　 2. tí　提前　提问
喝 1. hē　喝茶　喝粥
　 2. hè　喝令　喝彩
量 1. liáng　量布　测量
　 2. liàng　数量　力量
铺 1. pū　铺平　铺张
　 2. pù　铺子　卧铺
答 1. dā　答应　滴答
　 2. dá　答复　回答
曾 1. céng　曾经　不曾去
　 2. zēng　曾祖　曾(姓)
强 1. jiàng　倔强　强嘴
　 2. qiáng　强大　富强
　 3. qiǎng　勉强　强迫

十三画

蒙 1. mēng　蒙骗　蒙蒙亮
　 2. méng　蒙混　启蒙
　 3. měng　内蒙古　蒙文
禁 1. jīn　禁受　禁不住
　 2. jìn　禁止　监禁
数 1. shǔ　数一数　数落
　 2. shù　数量　多数
　 3. shuò　数见不鲜
溜 1. liū　滑溜　醋溜鱼

2. liù　一溜烟　大溜
塞 1. sāi　塞子　堵塞
   2. sài　边塞　塞外
   3. sè　闭塞　阻塞
辟 1. bì　复辟　辟邪
   2. pì　开辟　精辟
缝 1. féng　缝补　缝合
   2. fèng　缝子　裂缝

十四画

熬 1. āo　熬菜　熬豆腐
   2. áo　熬药　熬夜
模 1. mó　模仿　规模
   2. mú　模样　模子
撇 1. piē　撇下　撇开
   2. piě　撇嘴　撇东西
鲜 1. xiān　新鲜　鲜明
   2. xiǎn　鲜见　鲜有
漂 1. piāo　漂泊　漂流
   2. piǎo　漂白　漂干净
   3. piào　漂亮

十五画

横 1. héng　横写　横行
   2. hèng　强横　横财
撒 1. sā　撒网　撒谎
   2. sǎ　撒种
踏 1. tā　踏实
   2. tà　踏步　践踏
糊 1. hū　糊一脸泥
   2. hú　糊窗户　饭糊了
   3. hù　糊弄　辣椒糊
劈 1. pī　劈开　劈木柴
   2. pǐ　劈柴　劈成四股

十六画

燕 1. yān　燕山　燕（姓）
   2. yàn　燕子　燕麦
薄 1. báo　薄板　纸很薄
   2. bó　薄弱　稀薄
   3. bò　薄荷
磨 1. mó　磨练　折磨
   2. mò　磨坊　磨面

十七画

藏 1. cáng　躲藏　藏书
   2. zàng　宝藏　西藏
豁 1. huō　豁口　豁出去
   2. huò　豁达　豁亮
颤 1. chàn　颤动　发颤
   2. zhàn　颤栗　打颤

二十画

嚼 1. jiáo　细嚼慢咽
   2. jiào　倒嚼
   3. jué　咀嚼
嚷 1. rāng　嚷嚷
   2. rǎng　吵嚷　大嚷大叫

二十一画

露 1. lòu　露头　露馅儿
   2. lù　露水　暴露

第三节 转注字、形声字的读音

偏旁表音的形式

中国有句俗话:"秀才识字读半边。""半边"指的是转注字、形声字的表音偏旁。这句俗话有一定道理,因为占汉字总数90%左右的转注字、形声字都有表音成分,这些字的读音是通过它们的表音偏旁显示的。如"城"、"诚"两字的读音是由它们的表音偏旁"成"显示的;"财"、"材"两字的读音是由它们的表音偏旁"才"显示的。不过,汉字转注字、形声字的表音形式与拼音文字的表音形式截然不同。第一,拼音文字使用的字母只有几十个,而现代通用汉字表音偏旁的数量却有一千三四百个;第二,拼音文字的字母表示的是音素,汉字表音偏旁表示的是整个音节;此外,汉字可以用不同的字来表示同样一个音节,如,现代常用汉字中"zhēng"这一音节,有转注字、形声字8个:"征"、"挣"、"症"、"睁"、"筝"、"蒸"、"怔"、"狰",用了"正"、"争"、"烝"三个字作表音偏旁,这一点也是和拼音文字不同的。

表音偏旁的表音效率

某个转注字、形声字在造字初期,表音偏旁的表音是准确的,或比较准确的。但由于语音的演变、方言的影响,再加上字形变化等原因,现代汉字声旁的表音效率已经大大地降低了。现在虽然有一部分转注字、形声字的表音偏旁能准确地表示字音,但也有不少转注字、形声字的表音偏旁已不能准确表音或根本不能表音了。据有关专家用模糊数学的方法,对现代较常用的4000个转注字、形声字进行统计,这4000字的表音偏旁的表音率为54%[①]。也就是说,在较常用的汉字中,见到一个生疏的转注字或形声字,根据其表音偏旁来

---

① 尹斌庸《关于汉字评价的几个基本问题》,载《汉字问题学术讨论会论文集》,语文出版社,1988年。

确定读音,只有一半的正确性。由于常用汉字表音偏旁的表音率比不常用的汉字要低,所以,如果把统计范围扩大,表音偏旁的表音率还会有所提高。据李燕、康加深《现代汉语形声字声符研究》[①]一文统计,在现代汉语通用字中,共有形声结构字[②] 5631 个,声符(表音偏旁)的总体表音率为 66.04%。这一数据大体符合表音偏旁与音系字族字读音关系状况。可见,完全用"读半边"的方法来认读汉字,在通用字范围内,读对的可能性大约占三分之二。

如何利用表音偏旁学习掌握转注字、形声字字音

我们在第五章第六节探讨了表音偏旁与音系字族字读音关系。这里,我们要探讨一下如何利用表音偏旁学习掌握转注字、形声字字音问题。

表音偏旁携带的读音信息分为显性和隐性两种。所谓显性读音信息,指表音偏旁与转注字、形声字整体或部分相同的读音。包括声韵调完全相同(如:青—清)、声母韵母相同(如:青—请)、声母相同(如:介—价)、韵母相同(如:青—精)。所谓隐性读音信息,指表音偏旁与转注字、形声字整体或部分相近的读音。包括声母相近(如:包—跑)、韵母相近(如:因—烟)、声母有亲缘关系(如:非—排)、韵母有亲缘关系(如:古—居)。

在一般的汉字教学中,遇到表音偏旁与转注字、形声字读音完全相同或只是声调不同,而表音偏旁又是熟字时,才会提示学生注意通过表音偏旁记忆转注字、形声字读音,常常还要警告学生不要犯"读半边"的错误。对声母相同或韵母相同的显性读音信息则似乎很少利用,隐性读音信息的利用就更谈不上了。实际上,声母相同或韵母相同的显性读音信息,声母相近或韵母相近的隐性读音信息,都可以利用起来减轻学习记忆字音的困难。

要进一步提高转注字、形声字读音学习效率,首先要把表音偏旁的显性读音信息都利用起来。根据李燕、康加深《现代汉语形声字声

---

① 载陈原主编的《现代汉语用字信息分析》,上海教育出版社,1993 年。
② 该文所谓"形声结构字"含本书所说转注字在内。

符研究》一文公布的统计结果计算,不计声调的话,在现代汉语通用字中,表音偏旁与转注字、形声字仅声母相同或韵母相同的,就占24·40%。也就是说,如果把声母或韵母相同的读音信息利用起来,在现代通用汉字中,有四分之一的转注字、形声字读音学习困难可以减轻大约一半。

其次,要力所能及地发掘利用表音偏旁的隐性读音信息。由于语音的演变,有的表音偏旁被认为部分失去表音功能,有的表音偏旁被认为全部失去表音功能。其实,这些表音偏旁中的绝大部分仍携带着宝贵的隐性读音信息。有的声母发音部位相同或有亲缘关系,有的韵母主要元音相同或有亲缘关系等。这些隐性读音信息,有助于减轻学生学习记忆转注字、形声字读音的困难,可以拐个弯儿发掘出来加以利用。因此,我们可以古今语音演变规律的理论为指导,寻找表音偏旁与转注字、形声字读音之间的隐性联系,为转注字、形声字读音教学找到"把手"。

例如:"古无轻唇音",古代声母为重唇(音)的字,有的后来声母变成轻唇(音),重唇音又有送气和不送气之别。所以,现代以"分"为表音偏旁的转注字、形声字中,声母有的是 b,如:"颁"、"扮";有的是 p,如:"盼"、"盆"、"贫";有的是 f,如:"吩"、"芬"、"纷"、"玢"、"氛"、"酚"、"汾"、"粉"、"份"、"忿"。如果我们了解以"分"为表音偏旁的转注字、形声字,声母不是 f,就是 b,或是 p,都是唇音,记忆以"分"为表音偏旁的转注字、形声字读音就容易多了。在学习以"反"、"奉"、"非"、"甫"、"包"、"发"、"卜"、"不"、"复"、"贲"……等唇音字为表音偏旁的转注字、形声字时,也可以利用这个规律,减轻读音记忆的难度。

又如:"古无舌上音",古代声母为舌头音 d、t 的字,后来演变分化,有的声母变成舌上音,或为 zh、或为 ch、或为 sh。所以,现代以"真"为表音偏旁的转注字、形声字中,声母有的是 d,如:"颠"、"滇";有的是 t,如:"填"、"阗";有的是 zh,如:"镇"、"缜";有的是 ch,如:"嗔";有的是 sh,如:"慎"。如果我们告诉学生,以"真"为表音偏旁的转注字、形声字,声母不是 d、t 中的一个,就是 zh、ch、sh 中的一个,也会为学习记忆以"真"为表音偏旁转注字、形声字读音找到线索。在学习以"氏"、"刀"、"单"、"登"、"多"、"童"……等舌音字为表音偏旁的转注字、形声字时,可以利用这个规律提高教学效率。

再如:以"乃"为表音偏旁的"仍"、"扔",以"内"为表音偏旁的"蚋"、"芮"、"枘",以"若"为表音偏旁的"匿",以"柔"为表音偏旁的"揉",以"弱"为表音偏旁的"溺"、"搦"等,从现代语音来看,这些转注字、形声字的表音偏旁已经完全失去表音作用。但是如果我们知道"娘日二纽归泥",了解现代汉语声母 n 与 r 具有很近的亲缘关系,那么这些转注字、形声字读音学习的难度就降低了。

在韵母方面也可以找到发掘偏旁隐性读音信息的规律。例如:古代的鱼韵,在现代北京音里一般分化成 u、ü 两个韵母,亲缘关系很近。以鱼韵的"余"、"午"、"吾"、"吴"等字为表音偏旁的转注字、形声字,其韵母几乎不是 u,就是 ü:余—除蜍 chu 茶途涂酴 tu 徐叙 xū 狳馀 yú;午—杵 chu 仵忤迕 wu 许 xǔ;吾—唔浯梧鼯捂牾悟焐晤痦寤 wu 语圄龉 yū 衙 ya;吴—蜈误 wu 娱虞俣 yü。如果我们了解 u、ü 两个韵母之间密切的亲缘关系,掌握表音偏旁韵母为 u 或 ü 的转注字、形声字其韵母基本上不是 u 就是 ü 的规律,学习记忆这几组转注字、形声字读音的困难就小多了。

又如:阳声字①经常互相谐音。如:因 yin—恩 en 烟茵 yin 烟咽胭 yan;令 ling—零龄领伶铃岭翎聆玲羚苓泠瓴囹蛉 ling 邻拎 lin 怜 lian;央 yang—秧殃鸯怏泱鞅 yang 英映 ying。阳声字在汉字中的比例是不小的,了解阳声字互谐的规律,可以减轻不少阳声转注字、形声字读音学习记忆的困难。

此外,有些表音偏旁是多音字,其中有的音罕用,这些表音偏旁的罕用音也可以算是个隐性读音信息。如:"区"这个字,有 qū、ōu 两个读音,但 ōu 音不常用,如果不知道"区"字还有 ōu 这个读音,学习记忆"讴"、"沤"、"瓯"、"殴"、"欧"、"鸥"、"呕"、"沤"、"怄"等读 ou 的转注字、形声字读音就比较困难。相反如果了解"区"还读 ōu ,是姓氏用字,学习记忆上述这些字就轻松多了。

可见,表音偏旁还存在许多隐性的读音信息,我们完全应该也可以在语音演变规律理论的指导下,把它们发掘出来,利用起来,帮汉

---

① 鼻韵母字,在现代汉语中,这些字读音韵尾是-n 或-ng。

字读音教学的忙。

生　　词

俗话	súhuà	(名)	common saying
秀才	xiùcai	(名)	one who passed the imperial examination at the county level in the Ming and Qing Dynasties; scholar; fine talent
截然	jiérán	(副)	completely
效率	xiàolǜ	(名)	efficiency
模糊数学	móhu shùxué		fuzzy mathematics
生疏	shēngshū	(形)	not familiar
亲缘	qīngyuán	(名)	blood relation
拐个弯儿	guǎigè wānr		in a round about way
重唇(音)	zhòngchún (yīn)	(名)	marked labial (sound)
轻唇(音)	qīngchún (yīn)	(名)	soft labial (sound)
送气	sòngqì	(名)	aspirated
谐音	xiéyīn	(名)	homophony

第四节　汉字的声调

四声与四声的作用

汉语是有声调的语言,因而记录汉语语词的汉字也具有声调,汉语普通话共有四种基本声调,因而现代汉字的读音也有四种基本声调。它们是阴平、阳平、上(shǎng)声、去声,通常称一声、二声、三声、四声,分别用 -、ˊ、ˇ、ˋ 四个符号来表示。如:妈 mā,麻 má,马 mǎ,骂 mà。

声调的不同,是由于语音高低升降不同,汉语四个基本声调的调值分别为 55、35、214、51。① 四种不同的调值决定阴平、阳平、上声、去声的读音特点分别是:高平、中升、降升(曲折)、全降(参见图三十)。四声的音长也不完全一样,上声最长,阳平次长,阴平又次之,去声最短。不过,这种长短的分别并不显著。

声调具有区别意义的作用,如:"买"、"卖"两个字意义相反,读音的声调具有区别意义的作用。许多多音字也是靠改变声调来区别意义的,如:"好"读"hǎo"为形容词,而读"hào"为动词。

声调不仅区别意义,它还是构成中国诗歌、戏剧、曲艺等文学艺术作品的重要因素。中国传统的诗歌、戏剧、曲艺等文艺作品,讲究平仄、押韵,主要就是声调配合排列问题。由于声调有规律地升降起伏,因而使作品韵律和谐、节奏鲜明,富于音乐美,具有不朽的魅力。如:李白的绝句《早发白帝城》:

　　朝辞白帝彩云间,
　　千里江陵一日还。
　　两岸猿声啼不住,
　　轻舟已过万重山。

四声的由来

汉语汉字声调的分别,自古以来就有。《诗经》、《楚辞》押韵可以证明这一点。但是那时究竟有几个声调?每个声调的调值是多少?现在还难以准确地知道。从现存的资料看,南北朝时代以前,还没有四声的名称。在距今大约 1500 年前的南北朝时代,沈约(441—513)、周颙(yóng,? —485)等学者首先指出汉语汉字的声调特性,并且有意识地把它运用到诗歌、文章的创作中去,以增强作品的音乐

---

① 近年来,也有人通过研究认为,上声的调值不是 214,而是 211。

性。从南北朝到宋朝的字书、韵书,反映那时汉语汉字的声调有平、上、去、入四类,后来逐步演变为现代阴平、阳平、上声、去声四个声调。古代四声向现代四声演变的情况,请参见图三十一。

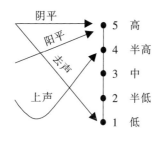
图三十　汉语声调示意图

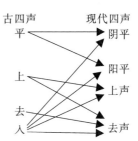
图三十一　古今四声对应示意图

声调在通用汉字中的分布

声调在汉字中的分布是不平均的,有人用计算机对《信息交换用国家标准汉字编码字符集·基本集》6763 个汉字的 7778 个声调(包括异读音的声调 1015 个,属于音变的轻声 58 个)进行了统计,统计结果如下表[①]:

声调名称	字数	百分比%
阴平	1959	25.19
阳平	1972	25.35
上声	1300	16.71
去声	2489	32.00
轻声	58	0.75
总计	7778	100

---

① 本表根据刘连元、马亦凡《普通话声调分布和声调结构频度》一文提供的数据编制。该文载《语文建设》1986 年第 3 期。

从这个统计数字表中可以看出,通用汉字中的去声字最多,阴平字、阳平字差不多,上声字较少,轻声字最少。①

生　　词

调值	diàozhí	（名）	tone pitch
音长	yīncháng	（名）	length
曲艺	qǔyì	（名）	folk art forms including ballad singing, story telling, comic dialogues, clapper talks, cross talks, etc.
平仄	píngzè	（名）	level and oblique tones; tonal patterns in classical Chinese poetry
押韵	yāyùn	（动）	be in rhyme
不朽	bùxiǔ	（形）	immortal
魅力	mèilì	（名）	charm
意识	yìshí	（名）	consciousness
字书	zìshū	（名）	wordbook; lexicon; dictionary
韵书	yùnshū	（名）	books listing characters grouped under various rhymes; a dictionary of rhymes
音变	yīnbiàn	（名）	change of intonation of words in a sentence for emphasis, etc.

---

① 一般来说,轻声是一种音变现象,不是汉语汉字的基本声调,但有少数汉字在某些单独使用情况下读轻声,《现代汉语词典》在编排时专设轻声音节为这些字注音,统计者将轻声作为一个独立声调进行统计,也是可以的。这里统计的轻声字只是单独使用时有轻声读法的字,如:"着"、"了"、"的"、"得"、"吗"等,如果包括在词语中变读为轻声的字,则轻声出现的百分比约为 2.8%。

第五节 汉字读音的音变

读书、说话要连续地发出一串字音,这一串字音互相影响,使某些字的读音发生变化,这就是音变。因为这些变化比较细微,对意义的影响似乎不太大,所以往往不被人们重视。但要把汉语普通话说得地道、标准,就必须掌握汉字读音的音变。汉字读音的音变有轻声、变调、儿化等。

轻　　声

某些汉字在词句里的读音有时比较轻、比较短,这就是轻声。为轻声字注音时不标调号。轻声不被看作独立的声调。原因有两点:

第一,通用汉字中变读为轻声的字一般都有非轻声的本调,只在某些词句当中,根据词义、词性、逻辑、语气等原因,才变读为轻声,所以它是一种音变现象。如"谈"字,一般情况下读本调阳平,只在记录重叠动词"谈谈"时,第二个字变读为轻声。又如"子"字,一般情况下读本调上声,只在做名词后缀或个别量词后缀时才变读为轻声。

第二,轻声虽然被认为是较为常见的音变现象,但它出现的次数并不多,不到普通话词汇全部声调的3%。

轻声是把某个字的读音弱化,使声调模糊形成的。轻声字发音的特点是用力特别小,时间特别短。

轻声有区别词义、分辨词性、固定词形等作用。如:

　　｛东西(物件)　　　　｛兄弟(弟弟)
　　｛东西(指两个方向)　｛兄弟(指哥哥和弟弟)

　　｛练习(动词)　　　　｛利害(形容词)
　　｛练习(名词,指作业)　｛利害(名词,指利与害)

汉字读为轻声有没有规律呢？汉字读为轻声,一般都同它表示的词汇意义或语法意义有关系,可以找到规律。普通话里变读轻声的情况有以下几类:

1."吧"、"吗"、"呢"、"啊"等语气词用字。如:来吧、好吧、走吗、看呢、说啊。

2."的"、"地"、"得"、"着"、"了"、"过"等助词用字,如:红的花、慢慢地走、来得及、说着话、吃了、去过。

3. 重叠动词及部分重叠名词的后一个字,如:看看、谈谈、写写、读读、跑跑、试试;爸爸、妈妈、弟弟、妹妹、星星。

4."子"、"么"、"头"、"们"等名词或代词的词尾用字。如:桌子、房子、这么、石头、木头、同志们、我们。

5. 方位词或词素用字。如:这里、那边、墙上、地下、外面、上头。

6."来"、"去"等趋向动词用字,如:回来、出去、想起来、跑进去、搬上来、扔下去。

7. 处于宾语地位的人称代词用字,如:喜欢他、交给你。

8. 量词"个"用字。如:四个、五个。

此外,一批常用双音节词的第二个字也要变读成轻声。如:大夫(医生)、编辑、故事、知识、行李、时候、萝卜、豆腐、葡萄、玻璃、窗户、收拾、解释、告诉、打听、商量、溜达、知道、清楚、漂亮、热闹、老实、马虎、胡涂、痛快、规矩、扎实、凉快、热乎。

轻声在词汇中的分布也有一定的规律。有人对《现代汉语词典》44977条复音词的轻声字分布情况进行了统计,轻声字在双音节词、三音节词、四音节词中的分布情况如下表:①

词型	首音节		第二音节		第三音节		第四音节	
	出现次数	百分比%	出现次数	百分比%	出现次数	百分比%	出现次数	百分比%
双音节词	0	0	1950	100	/	/	/	/
三音节词	0	0	286	37.19	483	62.81	/	/
四音节词	0	0	85	49.71	13	7.60	73	42.6

从这个表可以看出轻声字在复音词中分布的规律:

一、首音节没有轻声字。

二、双音节词的轻声字都集中在末音节上。

---

① 据刘连元、马亦凡《普通话声调分布和声调结构频度》一文提供的数据编制。

三、三音节的轻声字多数集中在末音节上。

四、四音节的轻声字主要集中在第二音节和末音节上。

变　　调

最常见的读音变调现象有上声变调、去声变调、"一"、"七"、"八"、"不"变调和重叠形容词的变调。

一、上声字变调。上声字在词句中读真正上声的很少,或变为直上(近似阳平),或变为半上(也称半三声),或变为轻声。人们一般说的上声变调主要指上声变直上和半上。

上声变调的规律,可以用一个口诀来概括:"上连上变直上;上连非上变半上。"

"上连上变直上",意思是上声字连读时,前面的上声字读音不下降,不曲折,近似阳平。上声变直上以后,注音的调号不变。"上连上变直上"大体有三种情况:

1. 两个上声字连读时,前面一个上声字读音变为直上。如:你早、友好、领导、永远、水果、老虎、讲演、很少。

2. 三个上声字连读时,一般前面两个上声字读音变为直上。如:展览馆、跑马场、冷水澡、手写体、洗脸水。

3. 四个或四个以上上声字连读时,要按照语义将语句分成几节,然后把每一节前面的上声字读音变为直上,如:洗|冷水澡、买|两把|雨伞、请你|给我|打点|洗脸水。

"上连非上变半上",指上声字与后面的阴平、阳平、去声、轻声字连读时,只读上声的前半截,即只降不升。如:

在阴平字前:北京、首都、老师、普通、小说、请喝茶;

在阳平字前:祖国、女儿、旅行、改良、语言、你忙吗;

在去声字前:土地、晚饭、长大、暑假、感谢、雨季;

在轻声字前:有了、椅子、我们、里头、耳朵、姐姐(在口语中,如果后面的轻声是由上声字变来的,前面的上声字有时也会变为直上,如:可以、打扫、手里)。

上声字连读变调是一种较普遍的现象,据有人统计,在《现代汉语词典》35220条双音节词中,发生上声变调的双音节词约占双音节词总数的16.81%,大约每六个双音节词中,就有一个发生上声变调。①

二、去声字变调。去声字变调不复杂,只是两个去声字连读时,前面的去声字调域变得比较窄,调值是个"小〔51〕",也可以说是〔42〕。如果读的速度比较快,也可以变得只是短而高,和阴平非常接近。如:再见、现在、宿舍、上课、电话等。

三、"一"、"七"、"八"、"不"变调。

1. "一"的变调。"一"的本调是阴平,单读或在词句末尾读本调。如:统一、第一、三百二十一。但在下列三种情况下发生音变:

(1) 在去声字前变为阳平,如:一共、一次、一面、一片、一架、一句话、一路平安。

(2) 在非去声字前变去声,如:

在阴平字前:一天、一边、一般、一间、一杯、面目一新

在阳平字前:一年、一条、一盘、一群、一时、一言为定

在上声字前:一里、一米、一本、一起、一早、一板一眼

(3) 夹在重叠的动词当中变轻声。如:看一看、想一想、听一听、试一试、走一走、谈一谈。

2. "七"、"八"的变调。"七"、"八"的本调是阴平,多数情况下都读本调,只在去声字前可以变为阳平(也可以不变),如:

七万、七亿、七月、七日、七律、七上八下、八万、八亿、八月、八卦、八路军、胡说八道。

3. "不"的变调。"不"的本调是去声,在非去声字前时、在单读或在词句末尾时都读本调。变调有两种情况:

在去声字前变阳平,如:不去、不对、不要、不必、不是、不但、不过、不锈钢、不在乎、学而不厌、天不怕地不怕。

夹在词语中间时变轻声,如:差不多、说不定、拿不动、来不及、睡不着、好不好。

有人根据"一"、"七"、"八"、"不"变调的规律编了四句口诀,可供记忆这些规律时参考:

"一"、"七"、"八"、"不"变调同,

---

① 刘连元、马亦凡《普通话声调分布和声调结构频度》,《语文建设》1986年第3期。

去声前面变阳平,

"一""不"居中要轻读,

"一"连非去变去声。

四、重叠形容词用字的变调。单音节形容词重叠部分如果儿化,不管原来是什么声调都要变阴平。如:好好儿、慢慢儿、快快儿、轻轻儿、远远儿。

双音节形容词重叠,有时第一个音节重叠部分轻读,后一个音节及其重叠部分变成阴平(最后一个音儿化,也是这样)。如:

漂漂亮亮　piào piào liàng liàng→piào piao liāng liāng

老老实实　lǎo lǎo shí shí→láo lao shī shī

整整齐齐儿　zhěng zhěng qí qí→zhéng zheng qī qīr

痛痛快快儿　tòng tòng kuài kuài→tòng tong kuāi kuāir

儿　化

现代汉字单独读"儿"韵的字很少,常用的只有"儿"、"而"、"尔"、"耳"、"二"等几个。"儿"这个音可以同其他字音的韵母结合起来,使原来的韵母变成一种卷舌韵母,这种韵母叫"儿化韵"。"儿化韵"里的"儿"不是一个单独的音节,而是附加在一个字的尾音上的卷舌动作,使那个字音发生音变,这种音变现象叫"儿化"。有些儿化是根据表达意义的需要形成的,有些则是按习惯形成的,不是任何字词都可以儿化的。例如:"饭馆"、"茶馆"的"馆"字可以儿化,读成"饭馆儿"、"茶馆儿",而"展览馆"、"大使馆"的"馆"就不能儿化。据有人统计,在汉语普通话里,儿化字词共有 800 多个。

汉字儿化的标志,是在那个汉字后面加一个"儿"字作后缀,用汉语拼音字母注音时,在原韵母之后加上一个"r"来表示儿化。如:鸟儿 niǎor、哪儿 nǎr、劲儿 jìnr、歌儿 gēr、弯儿 wānr、球儿 qiúr、小鸡儿 xiǎojīr、水珠儿 shuǐzhūr、胡同儿 hútòngr、一块儿 yíkuàir、帮忙儿 bāngmángr。

"儿化"是普通话里一种重要的音变现象,一般具有区别意义和表达感情色彩等作用。

一、区别词汇意义。如：

$$\begin{cases}眼（眼睛）\\ 眼儿（小洞、小孔）\end{cases} \quad \begin{cases}信（书信）\\ 信儿（消息、信息）\end{cases}$$

$$\begin{cases}头（脑袋）\\ 头儿（领头的，起点或终点等）\end{cases}$$

二、区别语法意义。如：

$$\begin{cases}画（动词）\\ 画儿（名词）\end{cases} \quad \begin{cases}盖（动词）\\ 盖儿（名词）\end{cases}$$

$$\begin{cases}尖（形容词）\\ 尖儿（名词）\end{cases} \quad \begin{cases}把（动、介、量词）\\ 把儿（名词）\end{cases}$$

三、表达"小"、"喜爱"、"亲切"等感情色彩。如：
花儿、小孩儿、小狗儿、粉末儿、圆脸儿、练习本儿。

生　词

一串	yī chuàn		a string of
细微	xìwēi	（形）	slight; subtle
地道	dìdao	（形）	pure; idiomatic
逻辑	luójí	（名）	logic
后缀	hòuzhuì	（名）	suffix
词尾	cíwěi	（名）	suffix
趋向动词	qūxiàng dòngcí		directional verb
口诀	kǒujué	（名）	pithy formula (often in rhyme)
半截	bànjié	（名）	half (a section)
卷舌韵母	juǎnshé yùnmǔ		retroflex simple or compound vowel (of a Chinese syllable, sometimes with a terminal n or ng)
附加	fùjiā	（动）	subjoin; attach

第七章 汉字的意义

第一节 汉字一字一义特点

一字一义特点的形成和保持

　　文字是为了记录传达语言而造的。上古汉语中,除少数重叠词、译音词、联绵词外,几乎都是单音词;中古以后,单音词仍占绝大多数。那时,人们每造一个汉字,基本都是为了记录一个具体的词,因而每个汉字刚造出来的时候,只有一个意义。以形表义是汉字的特点,从有效区别意义的角度来说,汉语中有多少词,就造多少汉字形体来标识才好。所以,在古代汉语阶段,随着词汇量的增加,人们总是不断创造新的造字法,为新词新义造专用字。尽管有些常用汉字在使用中往往出现引申义、假借义,形成一字多义现象,但人们为了保持文字表义的明确性,常常不久就用转注、形声等方法造出专用字,来分担多义字的意义。因此,在以单音词为主的古代汉语中,除少数联绵词(如:琉璃、葡萄)、译音词(如:单于、可汗)和重叠词(如:苍苍、凄凄)用字以外,某一时代的书面语中,基本保持着一字一义的特点。

　　到现代汉语中,汉字一字一义的特点有所变化。这可能与汉语通用词汇量不断膨胀,而通用汉字数量最大极限不能超过六七千个有关。但主要原因还是复音词的大量出现。早在两千多年前,汉语就出现了合成的复音词,并缓慢地发展。20世纪初,白话文运动兴起以后,复音词的数量急遽增长,并成为现代汉语词汇的常见词型。在复音词中,每个汉字代表一个词素,与其他字一起表达词义。复音词意义和表达该词汉字意义的关系,有的相同,如:"明亮"、"使用";

有的密切,如:"花园"、"三轮车"。但也由于种种原因,有的不密切,如:"矛盾"、"锻炼";也有的毫无关系,如外来词:"尼龙"、"巧克力"。这样,汉字一字一义的特点,就显得不那么突出了。但是,尽管如此,汉字一字一义的特点仍旧起着相当大的作用。原因是:

一、在现代汉语中,单音词仍占较大的优势。静态地看,即从现代汉语词典中看,单音词和复音词相比,单音词在数量上处于劣势;但动态地看,即从使用中的语言资料看,单音词出现的频率却远高于复音词。据刘源等人编的《现代汉语常用词词频词典》统计,该词典所收的46520个词条中,单音词5070个,2～7字的复音词41450个,二者比例约为1:8.2;但单音词出现的频率为57.53%,而复音词出现的频率仅42.47%。可见实际使用的语言中,单音节词仍占优势。在最常用的词汇中,单音词的优势更为明显。据北京语言学院语言教学研究所统计,十年制语文课本中,有单音词3036个,复音词15141个,二者比例约为1:5;但单音词出现的频率为66.89%,而复音词出现的频率仅为33.11%。

二、汉字在复音词中代表的是一个词素,除少数音译外来词和联绵词之外,大部分汉语复音词的意义,都和构词字的意义有不同程度的联系。请看下列由"灯"字构成的复音词:

电灯、油灯、氖(nǎi)灯、汞(gǒng)灯、白炽(chì)灯、日光灯、彩灯、华灯、花灯、宫灯、台灯、壁灯、床头灯、车灯、路灯、红灯、绿灯、指示灯、信号灯、探照灯、航标灯、霓(ní)虹(hóng)灯、无影灯、闪光灯、灯具、灯泡、灯管、灯伞、灯罩(zhào)、灯光、灯火

这三十多个复音词的意义,都是由构词字的意义组合而成的。由此可见,复音词意义的构成,基本还是以汉字一字一义为基础的。

字义组合成词义的形式

汉字字义组合成复音词词义的主要形式有五大类型:

一、重叠同一字义而成词义。又可以分为三小类:

1. 词义就是字义,完全相同。如:妈妈、爸爸、哥哥、妹妹、姑姑、舅舅、娃娃、星星等。

2. 词义与字义基本相同,只在程度、范围、语气或感情色彩等方

面略有差异。如:刚刚、常常、渐渐、仅仅、轻轻、高高、纷纷、狠狠、哈哈、哗哗等。

3. 词义与字义有联系,但不相同。如:家家、天天、时时、处处等。

二、并列字义而成词义。也可分为三小类:

1. 字义与字义相同或基本相同。如:出现、诞生、重复、等待、到达、美丽、单独、缓慢、思想、运动、房屋、村庄、道路、根本、完全、共同等。

2. 字义与字义相反。如:呼吸、进退、买卖、来回、左右、前后、里外、上下、是非、开关等。

3. 字义与字义相关。如:父母、子女、土地、花草、钢铁、门窗、桌椅板凳、钟表、春夏秋冬、季节、年月、聪明、纯洁、长久、安静、讲解、讨论、冲击、战争、和平、东北、西南等。

三、字义连接而成词义。还可以分为以下四类:

1. 前面字义修饰限制后面的字义。如:红旗、鲜花、植物、动物、壁画、地毯、茶杯、瓷碗、黑板、粉笔、马车、飞机、朗读、微笑、迟到、早退、散步、座谈等。

2. 后面字义补充说明前面的字义。如:提高、降低、缩小、放大、弄清、变成、学会(动词)等。

3. 后面字义陈述前面的字义。如:年轻、性急、心慌、胆小、眼红、手巧、口快、耳鸣、面善等。

4. 前面字义支配后面的字义。如:签字、唱歌、录音、留影、发电、结果、举重、救生等。

四、以一字义为主,一字义为辅组合成词义。一般来说,为主的字义是词义的词汇意义,为辅的字义是词义的语法意义,为辅的字义有时也构成词的词汇意义。又可以分为两小类:

1. 前面字义为辅,后面字义为主。如:老师、老鹰(yīng)、老虎、阿爸、阿妈、阿姨等。

2. 前面字义为主,后面字义为辅。如:桌子、椅子、木头、石头、把儿、错儿、车辆、船只、房间、人口、花朵、马匹等。

五、字义以两种或两种以上形式有层次地组合成词义。如:前前后后、里里外外、平平安安、清清楚楚、吃吃喝喝、走走停停、写字台、圆珠笔、三轮车、教育家、售货员、创造性、正规化、农牧渔业部等。

不仅一般复音词的词义与构词字字义有不同程度的联系,一部分固定词组(如:成语、熟语)的意义,也与组成该固定词组的汉字的意义有一定程度的联系。如:山清水秀、耳闻目睹、一日千里、雪中送炭、宾至如归、有始有终、自力更生、进退两难、苦尽甘来、不约而同、异口同声、啼笑皆非、坐立不安、钻空子、开夜车、拆墙脚、碰钉子等。

通过以上分析可以看出,汉字一字一义的特点,为我们理解记忆汉语复音词语意义带来了极大的方便。现代汉语复合词语数量虽然多至几万,但这几万复音词语都是由现代汉语通用字构成的。常用的构词字不过三四千个,如果掌握了这几千字的意义,多数复音词语的意义便大体能够一目了然。不过,切记不要犯望文生义的错误。在根据字义推知词义时要注意以下几点:

第一,音译外来词和联绵词的词义与字义没有联系,不能以字义推知词义。

第二,某些复音词的词义与构词字常用义有不一致或不很一致的地方。例如:"子"、"头"、"老"、"阿"等字充当词缀时,已不表示实在的意义,不能以为"被子"就是被的儿子,"木头"就是树木的脑袋,"老师"就是年岁大的教师。又如:成语"不毛之地"的意思是"不长植物的地方",这里的"毛"字不是动物皮毛的毛,而是类似毛的植物,而且"毛"字在这里活用为动词,这是"毛"字的古义,若把"不毛之地"理解为不长毛的地方,就大错特错了。

第三,有些词语含义深刻,使用灵活,既有字面意思,又有深广的含义。其字面意思可能不难理解,但仅停留在字面意思的理解,还不能正确把握词语的意义。必须以字面意思为基础,进而理解词语深一层的含义。这时就要依据上下文的意思,来理解该词语的意义。例如:成语"雪中送炭"的字面意思是大雪之中给人送去木炭(供人取暖),人们使用这一成语时,一般都是比喻在别人急需的时候给予帮助。又如:熟语"碰钉子"的字面意思是撞到或遇到钉子,而人们使用这一熟语时,是比喻遭到拒绝或受到斥责。

第四,有些词语,特别是成语,往往有一定的来源,有从历史故事转化来的,有从寓言故事转化来的,也有从古代诗文词句提炼出来的。有些词语字面意思不难明白,但若不弄清来源,仅根据字面意思和上下文意思,无法弄清其真正含义;有些甚至连字面意思也搞不懂。这种情况,非查阅辞书不可。例如:"叶公好龙"这一成语是从一个传说的故事转化来的。传说古时候有一个叶公,非常爱好龙,用的东西上画上龙,房屋上刻着龙。真龙知道后来到叶公的家里,从窗户外把头探进来,叶公一见吓坏了,拔腿就跑。后来人们就用"叶公好龙"来比喻名义上爱好某种事物,而实际上并不真爱好。如果不查辞书弄清这一成语的来源,是无法通过字义理解其含义的。

总之,根据字义推知词语义,必须十分慎重。

生　　词

中古	zhōnggǔ	(名)	the middle ancient times (the Chinese history, from the 3rd to the 9th century)
分担	fēndān	(动)	share responsibility for
膨胀	péngzhàng	(动)	dilate; increase
极限	jíxiàn	(名)	the limit; the maximum
白话文运动	báihuàwén yùndòng		Vernacular Movement
兴起	xīngqǐ	(动)	arise
急遽	jíjù	(形)	rapid; sharp; sudden
词型	cíxíng	(名)	word pattern; the form of the word
劣势	lièshì	(名)	inferior strength or position
该	gāi	(代)	this; that; the above-mentioned
修饰	xiūshì	(动)	qualify; modify
陈述	chénshù	(动)	state; express
支配	zhīpèi	(动)	dominate; control
辅	fǔ	(动)	be subsidiary; be secondary
固定词组	gùdìng cízǔ		set phrase; set terms

熟语	shúyǔ	（名）	idiomatic phrase
一目了然	yīmùliǎorán	（成）	be clear at a glance
切记	qièjì	（动）	must always remember
望文生义	wàngwén shēngyì	（成）	take the words too literally; interpret without real understanding
词缀	cízhuì	（名）	affix
字面意思	zìmiàn yìsi		literal meaning
深广	shēnguǎng	（形）	deep and vast
转化	zhuǎnhuà	（动）	change; transform
寓言	yùyán	（名）	fable; allegory
提炼	tíliàn	（动）	refine
辞书	císhū	（名）	dictionaries
拔腿就跑	bátuǐ jiù pǎo		start running away at once; immediately take to one's heels
慎重	shènzhòng	（形）	cautious; prudent; careful

第二节 汉字一字多义现象

所谓一字多义，指一个字有两个或两个以上意义。语言不断地丰富，词汇量逐渐扩大，如果语言中每出现一个新词就造一个新字，那不仅不可能，也会给学习和使用带来极大困难，因此，通用汉字的字数不可能无限增加，出现一字多义的现象也是不可避免的。

从整个汉字体系来说，一字一义是主要的特点，但一字多义现象也是比较常见的，因为汉字一字多义现象主要出现在常用字上。打开一部大型字典，会发现有的常用汉字古今意义竟有几十个之多，即使在只注释汉字现代通用义的中小型字典、词典中，某些汉字的意义也达十几个之多。这种有两个或两个以上意义的字被称作"多义字"。

多义字的众多意义，按意义的性质，可以分为本义、引申义、假借义。

本　义

　　文字的本义是造字时准备让它表示的意义,本义往往是文字形体所显示的意义,是一个字最早、最原始的意义。例如:"牧",甲骨文写作󰀀,小篆写作󰀀,从字形看出"牧"的本义是"放养牲畜",今天我们使用的仍然是这个本义。又如:"木",甲骨文写作󰀀,小篆写作󰀀,从字形可知,"木"的本义是"树",今天常用的木料(如:柳木、木器)、棺材(如:棺木)、感觉不灵敏、失去知觉(如:麻木)等意义都是从"树木"这一本义发展而来的。

　　但是,由于社会和语言文字的发展,有些汉字一般人已不知道它的本义是什么了。例如:"我"字,甲骨文写作󰀀,小篆写作󰀀,从甲骨文字形可以看出本义是一种兵器,后来这种兵器绝迹了,"我"被假借表示第一人称代词,在现代汉语中,这个假借义是"我"字的惟一意义。

引 申 义

　　文字的引申义是从本义派生演变出来的意义,引申义是相对本义而言的,和本义有某种意义上的联系。例如:"止"字的本义是脚趾(这个意义后来由转注字"趾"标志)。脚趾到哪里,人就停止在哪里,所以表示"停止"义时,也使用"止"字标志,如:止步、学无止境,于是"止"字又有了"停止"义。后来,表示"使……停止"意义时,也用"止"字标志,如:止血、止疼,于是"止"字又有了"使……停止"等义。后来表示行为停止时间和事物数量的限定时,也用"止"字标志,如:"自九月起至十二月止"、"不止一次",于是"止"字又有了截止、仅、只等义。"停止"、"使……停止"、"截止"、"仅"、"只"等意义都是从脚趾这个本义派生演变出来的,是"止"字的引申义。"止"字的本义后来由后起的转注字"趾"标志,现代汉语中"止"的意义都是"止"的引申义。如果把文字的本义比做源,那么引申义就是流;如果把本义比做树根,那么引申义就是树干、树枝和树梢。

　　再如:"头(頭)",本义是"人或动物的脑袋",在字典、词典中还有顶端、末端(如:山头、两头大中间小)、事情的起点(如:开头、从头到尾)、长形物品的残余部分(如:烟头、粉笔头儿)、领导(如:当头儿的)、领头的人(如:流氓头儿)、第一(如:头等、头号)、次序在前的(如:头两个、头几条)、某个日期以前的(如:头天、头年)、量词(如:一头牛、两头猪)等意义,这些意义都与"头"的本义有某种联系,都是"头"字的引申义。

  文字的引申义,有些是从本义转化而来的,像"止",其引申义就都是从"止"的本义转化来的;而有些文字的引申义是由文字(词)的比喻用法产生的。例如:"铁"字本义是一种坚硬的金属(Fe),"铁"的引申义有:坚硬有力(如:铁拳)、意志坚定(如:铁人)、态度坚决(如:铁了心)、确定不移(如:铁案如山、铁的纪律)、残暴(如:铁蹄)等意义,这些引申义都是由其比喻用法产生的。

假 借 义

  文字的假借义,是因造字的假借、用字的通假和同音代替而产生的。假借义是人为的、强加上去的意思,和文字的字形,和文字的本义、引申义没有任何联系。例如:"斤"字的本义是"砍伐树木的斧子","斤"在"斧"、"折"、"断"等字中作表义偏旁,用的是本义。"斤"假借为重量单位,这个意义与字形,与字本义是毫无联系的。又如:"族"字,本义是"箭头",假借而有"家族"、"民族"义,"家族"、"民族"义与"族"的字形,与"族"的本义毫无联系。"斤"、"族"两字的假借义是因"本无其字,依声托事"的造字法而产生的。用音译法翻译外来语,也往往使用假借法,使文字产生假借义。例如:"瓦"字,本义是用泥土烧制而成的东西,如"瓦盆"、"瓦器"。常用义是用泥土烧成或用其他材料做成的覆盖房顶的东西。后来翻译电的功率单位时,因音近而用了"瓦"字,"瓦"字就增加了电的功率单位这一假借义。

  有些汉字的假借义是由于用字通假而产生的。所谓用字通假,是指写字时应该写已有的本字 A,却写成音同音近的 B 字,于是 B 字就有了 A 字的某个意义,这个 B 字被称作通假字。B 字临时代替 A 字表示的意义,被称为通假义。在字典中通常用"B 通 A"的形式注明通假义。通假义实质上也是假借义,例如:"早晨"的本字是"早",但在古书中,常常有人把"早"写成"蚤",这样,本义是跳蚤的

"蚤"字就有了"早晨"这一通假义。

在汉字的简化工作中,使用同音代替法让一些笔画简单的字代替笔画繁多的字,这些笔画简单的字便有了被代替的繁体字的全部意义。因同音代替而增加的意义,就性质说也是假借。如本义是量器的"斗(dǒu)"字,代替了本义是"争斗(dòu)"的"鬥"字,"斗"字就有了争斗等意义,争斗等意义就是"斗"字的假借义。表姓氏的"姜"字代替了表植物名的"薑"字,就增加了植物名这一意义,植物名这一意义就是"姜"字的假借义。

生　　词

牲畜	shēngchù	(名)	livestock; domestic animals
绝迹	juéjì	(动)	disappear
派生	pàishēng	(动)	derive
脚趾	jiǎozhǐ	(名)	toe
截止	jiézhǐ	(动)	end; close
源	yuán	(名)	origin
流	liú	(名)	current; development
梢	shāo	(名)	the top of a tree; tip
残余	cányú	(名)	remnant
人为(的)	rénwéi(de)	(形)	man-made
功率	gōnglǜ	(名)	power
跳蚤	tiàozao	(名)	flea

第三节　字义的发展演变

文字的意义是在使用的过程中不断地发展演变的。汉字字义发展演变的基本形式是:新义产生、旧义消亡、字义改变。

新 义 产 生

所谓新义产生,指旧义保留,又增加了新义。新义的产生主要有两个途径,一是引申,二是假借、通假和同音代替,其中引申是文字产生新义的主要途径。

一、引申 字义引申,是文字在使用过程中产生与本义相近或相关的意义,是一种有规律的活动。引申义都是从本义出发,沿着本义某一特点所决定的方向而派生的。例如:"引"字本义是"开弓",即把弓拉开。拉弓是把弓弦拉向自己的身体,后来,凡是把事物拉向自己身边的行为都可以用"引"字表示,因而产生许多与"引"字本义相近或相关的新义。如:牵、拉(如:吸引、牵引)、带领、使……跟随(如:引路、引导)、使……出现、使……发生(如:引爆、抛砖引玉)、带来、招致(如:引火烧身)、把别人东西拿来为自己服务(如:引进、引用)等,这些新义都是因引申而产生的。

文字意义的引申具有多向性和多重(chóng)性。字义引申的多向性,是指从一个字的本义或引申义出发,朝不同方向引申出新义。例如:"向"字的本义是"朝北的窗户",因为"向"字本义和方向有关,也和"朝着"这一动作有关,于是分别引申出"方向(如:风向、航向)"、"朝着、对着(如:向阳、向外)"等意义。用图表示就是:

又如:"间(間)"字本义是"两扇门之中的缝隙",引申指两个事物当中的空当。"空当"既可以是空间,也可以是时间、地域,也可指人群、范围等,于是从"空当"这一引申义分别引申出一定的空间(如:房间、洗澡间)、一定的时间(如:课间、晚间)、一定的地域(如:山间、黄淮间)、一定的人群或集团范围(如:同学间、国家间)、有距离(如:间(jiàn)隔)、感情疏远有隔阂(如:亲密无间(jiàn))等意义。用图表示就是:

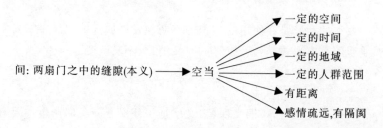

字义引申的多重性,指一个字众多的引申义之间,具有明显的层次关系。有的是从本义直接引申出来的,这是本义派生的第一代引申义,与本义关系密切;有的是从第一代引申义派生出的第二代引申义;有的是从第二代引申义派生出的第三代引申义;而且还有这样一代代引申下去的引申义,越往后,与本义的关系越疏远,呈现出明显的层次关系。例如:"门"这个字,本义是房屋可以开关的门(如:铁门、红漆大门),引申为各种建筑物及车船等可以出入的口(如:校门、车门),这是第一代引申义;由此又引申出形状或作用像门的东西(如:球门、闸门),这是第二代引申义;由第二代引申义又引申出办事或解决问题的门路及办法(如:摸不着门儿、没门儿、窍(qiào)门儿),这是第三代引申义。下面"门"字的多重引申的图表,展示了"门"字这几个意义之间的层次关系:

门:房屋出入口处可以开关的装置→建筑物及车船可以出入的口→形状或作用像门的东西→办事或解决问题的门路、办法。

汉字字义的引申,常常既有多向性,又有多重性,从下面"穷"字字义引申图表可以看到这种情况:

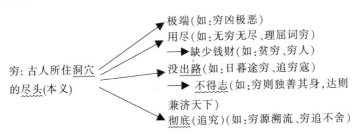

其中,极端、用尽、没出路、彻底(追究)四个引申义是直接从本义引申出来的,是并列的多向引申的结果,而不得志、缺少钱财是分别从第一代引申义没出路、用尽引申出来的,是多重引申的结果。

二、假借、通假、同音代替 假借、通假、同音代替也是文字增加新义的一个途径。例如:"花"字的本义是植物开的花朵,引申义有供玩赏的植物、样子像花的东西、错杂的颜色或花样、混杂不单纯等。后来,假借为"花钱"、"花时间"的"花",于是"花"字在原来意义上又增加了用掉这一新义。"谷"字本义是两山之间的狭长而有出口的地带(特别是当中有水道的);而"穀(gǔ)"字的本义是庄稼和粮食的总称,又特指"穀(谷)子",后来汉字简化,以"谷"代"穀",于是"谷"字在原来意义上又增加了庄稼和粮食的总称、谷子等新义。又如:"常"字本义是尊贵者使用的画有日月的旗子(一说是古人下身的衣服,像后世的裙,今作"裳"),引申义有永久的、固定的、经常、常常、普通、平常等义。由于在古汉语中"常"有时被用作"尝"的通假字,表示曾经义,于是"常"又增加了一个通假义——曾经。

旧义消亡

所谓旧义消亡,是指文字原有的某些意义,随着社会和语言的发展,已不使用了。例如:"坟"字,在古代有土堆、水边大堤、高起、大、坟墓等意义,而在现代汉语中,"坟"只保留坟墓这一意义,其他几个意义都消亡了。又如:"吴"字在古代有大声说话、大、古国名、地名、姓氏等意义,而在现代汉语中,大声说话、大这两个意义消亡了。

有些字原来的某个意义虽然在它的义项中消失,但这个意义并没有真正消亡,而是转移给别的字了。例如:"它"字在古代汉语中有蛇("它"的本义)和别的、其他的等意义,后来,"它"的转注字"蛇"造出以后,蛇这一意义就转移给"蛇"字了。

有些汉字的意义由于社会和语言的发展,现在它的全部意义都消亡了,这个字就成了死字,不再通用了。《汉语大字典》收字54678个,其中三四万个字,只在阅读古书时才偶尔见到。

字义改变

由于语言的发展,有些文字的意义由 A 变成了 B。这种字义的改变可以分为三种情况。

一、字义扩大。例如:"河"原来专指黄河,后来单用时泛指各种水道。"江"原来专指长江,后来单用作为大河的通称。

二、字义缩小。例如:"子"原来既指儿子,也指女儿,不分性别,后来专指儿子,限于男性。"臭(xiù)"字本义是气味,包括香味和臭味,后来专指臭(chòu)味。

三、字义转移。例如:"涕(tì)"字本义是眼泪,现在"涕"表示鼻涕,意义完全转移了。又如:"脚"字本义是小腿,现在指足,意义完全转移。

字义改变一般也是由于引申造成的。

生　　词

弓弦	gōngxián	(名)	bowstring
缝隙	fèngxì	(名)	crack
空当	kòngdāng	(名)	gap; break
疏远	shūyuǎn	(形)	become estranged
隔阂	géhé	(名)	estrangement; misunderstanding
门路	ménlu	(名)	pull; knack
洞穴	dòngxué	(名)	cave
尽头	jìntóu	(名)	end
出路	chūlù	(名)	way out; outlet
得志	dézhì	(动)	achieve one's ambition
玩赏	wánshǎng	(动)	enjoy; take pleasure in
错杂	cuòzá	(形)	mixed; jumbled
狭长	xiácháng	(形)	long and narrow
地带	dìdài	(名)	zone; belt
消亡	xiāowáng	(动)	wither away
义项	yìxiàng	(名)	term of explaining the meaning
通称	tōngchēng	(名)	a general term
鼻涕	bítì	(名)	nasal mucus

第四节　字形与字义的关系

以形表义是汉字的造字原则

汉字的突出特点之一是以形表义,绝大多数汉字能通过字的形体结构在某种程度上显示出字义。汉字为什么会有这种特点呢？这与汉字以形表义的造字原则有关。

汉字以形表义大体可以分为以下两种类型：

一、整体字形表义

汉字起源于图画，早期汉字是按照字义来画形的，这是图画式表义。象形字、指事字就是按要表达的意义画出来的，它们共同的特点是画出具体事物的简略图形（指事字还使用指示性符号），来显示要表达的意义，字形带有浓厚的象形意味。象形字如：山、水、人、目、牛、羊、鱼、鸟，指事字如：本、末、刃、亦，它们都是独体字，都是以整个字形显示字义。

二、通过表义偏旁表义

汉字95%以上都是合体字，这些合体字结构中，具有一个表义偏旁的最多，具有两个表义偏旁的次之，具有三个或四个表义偏旁的很少。这些表义偏旁通过自己的字义来显示合体字的字义，这是文字式表义。会意字、转注字、形声字就是通过表义偏旁显示字义的。由于造字方法不同，表义偏旁的多少和显示字义的方式也有所不同。

会意字的偏旁都是表义偏旁。会意字是通过两个或两个以上表义偏旁的字义及其相互关系来显示字义，可以说会意字的字义是几个表义偏旁意义的"化合物"。如："从"用两个"人"显示跟随义；"森"用三个"木"显示树木很多义；"涉"用"水（氵）"和"步"显示徒步过河（趟河）义。

转注字类符和字首都是表义偏旁（字首还兼有表音作用），它们联合起来，各自从不同角度显示字义，可以说，转注字的字义是字首字和类符字字义的"混合物"。如："鲸"字由类符"鱼"和字首"京"组成，"京"本义是又高又大的土堆，鲸鱼形体庞大，很像大土堆，于是以"京"为字首，加类符"鱼"，造出转注字"鲸"来作它的名字，"鱼"和"京"共同显示"鲸"的字义。

形声字的形体中，只有形旁表义，它的作用与转注字的类符相同，形旁显示字义的类别。如："洗"字的形旁"水（氵）"显示字义与水有关；"铜"字的形旁"金（钅）"显示字义与金属有关。

由于汉字具有以形表义的特点，整个形体或部分形体能在某种程度上显示字义,于是形成了汉字形义统一或形义相关的客观规律。不过,不是每一个字的形和它所有的义都统一或相关,这里所说的"形义统一"、"形义相关"指的是字形只和它的本义统一,和它的引申义相关,字形和它的假借义(包括通假义)是毫无关系的。例如:"字"这个字本义是家里生小孩儿,"字"是转注字,它的类符"宀"义为房子、家,它的字首"子"义为孩子,字形显示的意义是房子里有了小孩子,这与家里生小孩儿的本义统一切合。因为汉字是"独体为文","合体为字",而"字"这个字是两个独体的"文"拼合孳乳而成的,正像男女结合生出孩子一样,所以称合体的文字为"字",于是"字"就有了文字这一引申义。"字"的字形和文字这个引申义是相关的,但比较模糊。又如:"汉(漢)"字原是一个形声字,本义为一条河流的名字,形旁"水(氵)",字形与字义是统一的,但是"汉"字假借而有了民族名这一假借义,字形中表义的形旁"水(氵)"和民族名这一假借义就毫无联系了。

"据形索义"的训释方法

汉字形义统一,形义相关的规律对于学习和了解汉字的字义,具有极重要的意义。古代汉字学家根据这一规律提出了"据形索义"的训释方法。许慎作《说文解字》,就是运用这一方法考释文字的本义。如《说文·玉部》:"理,治玉也,从玉,里声。"许多为古书作注释的人也经常使用这种方法。近现代汉字学家对甲骨文、金文考释,对汉字意义研究探讨,运用的主要方法之一,也是"据形索义"。如"为(爲)"字,《说文》解释为"母猴"。罗振玉(1866~1940)认为,"为"字甲骨文写作 ,金文、石鼓文写作 ,本义是人牵着大象让它干活,后来引申为有行为、作为的意思。纠正了《说文》的错误。

在造字初期,字形和字义是统一的,没有例外。但是随着字形、字体、字义的发展演变,这种形义统一的规律逐渐减弱了,形体表义的能力降低了。因此"据形索义"这一训释方法已经不能完全适用于现代汉字了。尽管如此,今天我们学习现代汉字,仍然可以运用这一方法,根据汉字的形体结构,较快较容易地学习和掌握汉字的字义,或者找到理解和记忆汉字字义的线索。现代汉字形体表义,主要是表义偏旁表义。学习汉字,要学会根据表义偏旁来学习掌握合体汉字字义。

如何利用表义偏旁掌握会意字、转注字、形声字字义

现代汉字中,约近95%都是会意字、转注字和形声字。这些字的结构中都有表义偏旁。表义偏旁有提示意义的作用,它能使读者产生联想,能帮助读者了解该字意义的大致范围,进而理解掌握字义。如果学会根据类符、形旁理解掌握汉字字义,对汉语书面语言的感受理解能力就会大大提高,阅读的速度也会随之大大加快。因此,学会根据表义偏旁提供的意义信息,来理解和掌握汉字字义,是一种学习汉字的好方法。但学会并正确使用这种方法,并不是一件容易的事情,必须在以下几方面下功夫。

一、要熟悉常用类符、形旁的形体及其源流。字典词典的部首,差不多都可充当类符或形符,大约有200多个。

二、要熟悉常用类符、形旁的本义或基本义。

三、要逐步熟悉表义偏旁在字中常处的位置,并善于区分合体字中哪个是类符或形旁,哪个是字首或声旁,哪个只是构形的符号。

四、要多查字典,验证自己根据类符、形旁对字义判断推测的结果是否正确。

生　　词

化合物	huàhéwù	(名)	chemical compound
混合物	hùnhéwù	(名)	mixture
切合	qièhé	(动)	suit; fit in with
拼合	pīnhé	(动)	piece together
据形索义	jùxíngsuǒyì		find out the meaning according to the form
训释	xùnshì	(动)	explain
线索	xiànsuǒ	(名)	clue
下功夫	xià gōngfu		put in time and energy; put in a lot of effort

第八章　汉字的书写

第一节　汉字书写的基本要求和基本笔画的写法

汉字书写的基本要求

写汉字是每一个学习和使用汉字的人都必须学会的。一般说来,正确、工整、熟练是汉字书写的基本要求。

一、写得正确。"正确"指的是不写错别字。错别字是错字和别字的合称。现代通用汉字一字一形,笔画或偏旁写得不对,写出来不成字,例如:"武"写成"㺺","初"写成"礽",就是写了错字。本来要写某一个字,却写成了另一个字,例如,把"详细"写成"祥细",把"锻炼"写成"缎练",这是写了别字。汉字基本上是一字一形,一字一音,一字一意义,写了错字或别字,不仅别人不认识,看不懂,还会闹笑话儿或造成严重后果。如果把"请勿入内"的牌子写成"请务入内",意思就完全相反了。

二、写得工整。"工整"二字的含义有五点。第一指的是笔画规范,横像横,撇像撇,该长的笔画要长,该短的笔画要短。"千"字的平撇写成横,就成了"干"字,"田"字中间的竖笔写长了,就成了"由"、"甲"或"申"字。第二指的是字的结构紧凑协调,整个字形成一个方块体。例如:"好"字不能写成"女子","楼"不能写成"娄"。第三是清楚,该断的笔画一定要断开,疏密要均匀,尽量少涂改。第四是字体端正,大体横平竖直,不能歪歪斜斜。第五是书写在一起的字大小基本一致,字距、行距也一致。只有写得工整,别人看起来才清楚,才舒服。

三、写得熟练。文字是传达、记录语言的工具,字写得熟练,速度就快,工作学习的效率就高。

"正确"、"工整"、"熟练"三方面中,"正确"是首要的、根本的,它影响或决定着所写内容的正确与否,"工整"也是一个重要的要求,它影响着或决定着文字的表达效果;"熟练"是以"正确"、"工整"为前提的,是在"正确"、"工整"的基础上求速度。

汉字基本笔画的写法

汉字基本笔画有横、竖、撇、捺、点、提、折、钩八种,要想把汉字写好,首先要学好这八种笔画的写法。汉字传统的书写工具是毛笔,写出的笔画有轻重粗细之分,写好很不容易。现代人使用的书写工具主要是笔尖细硬的铅笔、钢笔、圆珠笔,一般统称这类笔为硬笔。使用硬笔书写汉字比使用毛笔要方便、容易多了。硬笔写出来的汉字,笔画粗细基本一样,但写法还是和毛笔写法大同小异。

现在,以硬笔为例,谈谈汉字基本笔画的写法。

横:—(→),从左向右运笔,均匀用力,写出的笔画是平的,或略向右上抬起。

竖:丨(↓),从上向下运笔,均匀用力,写出的笔画一般直上直下,不歪不斜。有的因结体的需要略有倾斜。

撇:丿(↙),下笔略重,从右上向左下运笔,写到三分之二或二分之一时,逐渐提笔,轻快地掠出,写出的笔画上粗下尖。

捺:乀(↘),下笔稍轻,从左上向右下运笔,笔力逐渐加重,收笔前略顿,转向右,逐渐提笔掠出,写出的笔画略带波浪形,顿笔处略粗,尾部尖。

点:丶(↘),下笔稍轻,从左上向右下运笔,迅速顿住,写出的笔画像斜落的水点。(左点运笔方向是从右上向左下,其他相同。)

提:㇀(↗),下笔重,随即轻快地向右上方提笔挑出。

折:㇕(㇕),折是横竖两种笔画的结合,横折是先从左向右运笔写横,然后略顿,折笔向下写竖;竖折是先从上向下运笔写竖,然后折笔向右运笔写横。

钩:亅(亅),从上向下写竖,然后略顿,再向左上方提笔挑出。

其他各种笔画,是这些基本笔画的变体,可以根据这些基本笔画的写法,去体会它们的写法。

生　　词

闹笑话儿	nào xiàohuàr		make a fool of oneself; make a stupid mistake
勿	wù	（副）	do not
务	wù	（副）	must; be sure to
紧凑	jǐncòu	（形）	compact
前提	qiántí	（名）	prerequisite; presupposition
结体	jiétǐ	（名）	form and structure
倾斜	qīngxié	（形）	(be) out of perpendicular
提笔	tí bǐ		take up the brush
掠出	lüèchū		slash out a stroke
挑出	tiǎochū		rise (stroke)
随即	suíjí	（副）	immediately

第二节　汉字的笔顺

笔顺和笔顺规则

所谓笔顺,是指汉字笔画书写的先后顺序。

汉字的书写,不像英、法、俄(é)等拼音文字那样,写起来从左向右,可以字字连线,简单顺手。汉字是由纵横交错的笔画构成的,笔画多,笔画的方向也多,而且写正楷字不能连笔。写汉字时,先写哪一笔,后写哪一笔,都有较为固定的顺序,不能乱写。笔顺是人们在长期书写实践中不断总结而形成的,汉字的笔顺,不论是在方便书写,提高书写速度方面,还是在汉字构形方面,都有其内在的科学性,只有掌握了汉字的笔顺规律,才能写得又快又好。

汉字笔顺有以下八条基本的规则：
1. 先上后下,如：三、立、言、了;
2. 先左后右,如：川、明、侧;

3. 先横后竖,如:十、丰、韦;
4. 先横后撇,如:大、厂、丈;
5. 先撇后捺,如:人、木、义;
6. 先外后内,如:同、问、店;
7. 先中间后两边,如:小、水、办;
8. 先进入后关门,如:国、田、酉。

此外,还有一些特殊情况,所以在八条基本规则之外,另有几条补充规则:

1. 横在最下或在竖的一边时后写,如:土、主、上、非;
2. 点在中间或右上时后写,如:瓦、丹、刃、玉、匆、书、犬、戈;
3. 左、下、右三面包围的字先内后外,如:凶、画、山;
4. 左、下两面包围的字,包围偏旁笔画少、所占面积小的,先内后外,如:进、建、断;包围偏旁笔画多、所占面积大的,先外后内,如:题、赶、毯、勉。

笔顺规则的运用

汉字笔顺规则一般都不是孤立运用的,除了笔画极少的字外(如:十、人、小),绝大多数汉字的书写都要同时运用几条规则。以独体字"交"为例,其笔顺是:丶一亠六六交交,就综合运用了先上后下,先左后右,先撇后捺三个原则。独体字的书写只有笔画先后的问题,合体字就复杂多了。写合体字,要首先考虑各偏旁的书写顺序,然后再考虑每一个偏旁的笔画顺序。如果偏旁本身又是一个合体字,即大偏旁中又有小偏旁,那么,写大偏旁时还要先考虑各小偏旁的书写顺序,再考虑小偏旁的笔画顺序。例如写"诗"字时,应先考虑"讠"和"寺"两个偏旁的书写顺序。根据先左后右的规则,要先写"讠",后写"寺"。写"讠"时,根据先上后下的规则,笔顺为:丶讠。"寺"又是一个合体字,根据先上后下的规则,要先写"土",后写"寸"。根据先横后竖等规则,"土"的笔顺为:一十土;"寸"的笔顺为:一寸寸。这样,整个"诗"字的笔顺应该是:丶讠讠讠讠讠诗诗诗。汉字以合体字为主,合体字约占汉字总数的95%。可见,写汉字时,差不多都要先考虑偏旁的书写顺序,再考虑偏旁笔画的书写顺序。

现代通用汉字有六七千个,常用字也有三四千个,不能死记每一个字的笔顺。在了解汉字笔顺规则之后,首先要尽量掌握独体字,特别是那些偏旁字的书写笔顺,然后再根据笔顺规则,学会安排偏旁书写的顺序。这是执简驭繁、尽快掌握汉字笔顺的好办法。

生　　词

纵横交错	zònghéngjiāocuò	(成)	crisscross network of
执简驭繁	zhíjiǎnyùfán	(成)	control the simple so as to master the complicated

第三节　汉字的行款和汉字的手写体

汉字的行款

所谓行款,是指书写的顺序和排列的形式,行款包括字序和行序。字序指一行之内文字书写的顺序、方向;行序指行的排列顺序。

汉字是一字一音节,一字一方块,这使汉字能够适应各种排列形式。可以上下直排,可以左右横排,可以从左向右写,也可以从右向左写,又可以左右来回写。

汉字在商代后期,基本确定了自上而下直排的字序和自右而左的行序,这种行款简称为直排。直排一直持续到近代。清末以来,西方文化传入中国,其文字书写字序为左起横行,行序为自上而下,这种行款简称为横排。由于自然科学书籍里的算式、公式都必须用阿拉伯数字和拉丁字母横向写出,所以这类书籍的中文译本也用左起横行的字序和自上而下的行序。"五四"运动前后,报刊出现了直排横排并行、以直排为主的局面。1955年冬,国家有关部门发出通知,推行横排横行。1956年一年内,全国各报刊基本实现了横排。人们日常书写也随之逐渐改成了横写。

和直排相比,改用横排的主要好处是:

1. 便于阅读。人类的眼睛平列,左右转动灵活,横排的文字读起来又快又省劲。

2. 便于书写。人们写字多用右手,横写便于安排字距、行距,也可避免直排容易擦抹(mǒ)前一行字的问题。

3. 节约纸张。据统算,书写、印刷采用横排节约纸张四分之一。

4. 横排是国际上大多数国家采用的行款,汉字横排,有利于与其他国家的文化交流。

汉字的手写体

在"汉字的字体"一章,我们介绍了汉字的印刷体。所谓手写体是相对印刷体而言的。使用钢笔等硬笔书写的汉字手写体,是从毛笔写的楷书、行书发展而来的。印刷体横平竖直,方方正正,便于阅读;而手写体自然灵活,适于书写。

手写体可分为两类。第一类是工整的硬笔正楷。这种手写体,与毛笔正楷基本相同,与楷化后的新字形印刷体区别也不是很大。与毛笔正楷和印刷体相比,它略显自由,笔画粗细一致,但不勾不连,字形整齐均匀。适于填写证件、表格,书写报告、文件,摘抄重要资料等。

第二类是硬笔行书,这种手写体是正楷手写体的快写。它吸收毛笔行书的笔法,形神与毛笔行书相似,虽然笔画粗细一致,但有轻有重,略有勾连,字形大小不必完全一致。这种手写体,书写自由轻快,最为实用。适于写信、写文章、作记录、摘抄一般性资料等。

练习汉字硬笔手写体,有两点需要注意:

第一,要先写楷书手写体,掌握汉字的基础写法,尽量达到正确、工整、熟练的基本要求,在此基础上再学行书手写体。原因之一是,书写严肃郑重的内容要用正楷手写体,必须学会正楷手写体;原因之二是,楷书是行书的基础,不学好正楷,永远也学不好行书。

第二,练习硬笔手写体,要像练习笔顺一样,从偏旁字入手,可以与笔顺练习相结合。偏旁字写好了,合体字也就容易写好了。

第三,练习硬笔手写体,也要临帖。可以临写钢笔字帖,也可以临写毛笔小字帖。钢笔字帖和毛笔小字帖种类很多,可以根据自己的爱好挑选一种,反复临写。

生　词

行款	hángkuǎn	(名)	form and arrangement of lines in calligraphy or printing
笔法	bǐfǎ	(名)	technique or characteristic of writing, calligraphy or drawing
入手	rùshǒu	(动)	start with; set about
临帖	líntiè	(动)	copy or imitate calligraphy as a way of practice

第四节　努力消灭错别字

书写汉字是很容易出现错别字的,为了正确表达意思,要力求不写或少写错别字。

错别字类型及产生原因

一、错别字的类型：

写错字主要有两种情况：

1. 因增减笔画或笔画长短不当而写错字。如：

　　派别(正)　　　派别(误)
　　直接(正)　　　直接(误)
　　经过(正)　　　经过(误)
　　缠绕(正)　　　缠绕(误)

2. 因改换偏旁而写错字。如：

　　人类(正)　　　人类(误)
　　初级(正)　　　初级(误)
　　恭敬(正)　　　恭敬(误)
　　立即(正)　　　立郎(误)

写别字也有两种情况：

1. 因字音相同或相近而写别字。如：

刻苦(正)　　　　　克苦(误)
目的(正)　　　　　目地(误)
再三(正)　　　　　在三(误)
不计其数(正)　　　不记其数(误)

2. 字形相近(也有人习惯上称这类别字为错字)。如：
损失(正)　　　　　捐失(误)
派遣(正)　　　　　派遗(误)
赡养(正)　　　　　瞻养(误)
曲折(正)　　　　　曲拆(误)

二、错别字产生的原因。写错别字的原因有客观的，也有主观的。

汉字一字一形，形体众多，有些字结构极为复杂，有些字的偏旁易与别的偏旁混淆，这些是写错字的客观原因；汉字同音字多，形近字多，这些是写别字的客观原因。

写错别字的主观原因有以下几点：

1. 学习某字时，没有弄清该字的结构，如笔画、偏旁以及它们的组合关系，提笔写字，往往就似是而非，写成错字。

2. 学习某字时，没有弄懂该字的意思，或者学习某复音词时，没有弄懂某字在该词中的意思，写字时，就很可能写成别字。

3. 写字时随随便便，马马虎虎，也是写错别字的重要原因。

认真纠正错别字

学习汉语要努力减少以至消灭错别字，除了对这个问题要予以高度重视外，还应采取一些具体有效的方法。

一、注意运用汉字形体结构等方面的知识，分析所学汉字的笔画、偏旁以及它们的组合形式，同时尽可能与学过的形近字进行比较，加以区分。例如：学"耍龙灯"的"耍"字时，弄清"耍"是由"而"和"女"两个偏旁组成，并与由"西"、"女"两个偏旁组成的"要"字进行比较，这样就不容易把"耍"字写成"要"，或把"要"写成"耍"了。本章后附录九《汉字形近偏旁表》，收形近偏旁近百组，可供读者参考。

二、注意分析汉字形与义的关系，以区别形近字。近95%的汉字都有表义偏旁，弄清字义与字形的关系，就容易区分形体相近而意义不同的字。例如:"赡养老人"的"赡"字,"贝"字旁表明其字义与财物有关,"赡"字的意思是供给财物等生活所需(多指对父母)。而"瞻仰"、"瞻望"的"瞻"字,"目"字旁表明其字义与眼睛有关,"瞻"字的意思是往上或往前看。这样一分析,就不会把"赡养"写成"瞻养",把"瞻仰"写成"赡仰"了。

三、注意分析形音之间的关系,以区别形近字。汉字近90%具有表音成分,虽然有相当一部分表音偏旁表音不准或失去表音作用,但在区分形近字时,表音偏旁却起着重要作用。例如:"舀(yǎo)"、"臽(xiàn)"两个表音偏旁形体相近,但读音不同。弄清凡以"舀"为表音偏旁的字,韵母都是"ao",凡以"臽"为表音偏旁的字,韵母都是"an"或"ian",这样,"稻"、"滔"、"蹈"和"陷"、"馅"、"焰(yàn)"、"谄(chǎn)"等两组形近字就区别开了。

四、注意弄清复音词词义与构词字字义的关系,并与容易误用的同音字相区别。例如:弄清"不计其数"这个词的意思是无法计算数目,表示数量很多。其中"计"的意思是"计算"。这样,就不会写成"不记其数"了。

五、写字时要随时警惕出现错别字,对拿不准的字,一定要查字典、词典,并养成习惯。此外,要认真分析自己出现错别字的原因,对反复出现的错别字要特别留意。

生　　词

混淆	hùnxiáo	（动）	be obscured; be confused
似是而非	sìshìérfēi	（成）	apparently right but actually wrong
耍龙灯	shuǎ lóngdēng		play dragon lantern
赡养	shànyǎng	（动）	support; provide for
瞻仰	zhānyǎng	（动）	look at with reverence
瞻望	zhānwàng	（动）	look forward
警惕	jǐngtì	（动）	be on guard against; watch out for

附录九 汉字形近偏旁表

（包括个别非偏旁的部件）

乙(乙)　　　　　　　亿忆艺
乞(丿𠂉乞)　　　　　吃讫屹圪乾迄疙
气(丿𠂉𠂉气)　　　　汽忾饩氧氢氮氖氨氯氘
十(一丨)　　　　　　博协计什叶针
丩(乚丩)　　　　　　收纠叫赳
忄(丶丶丨)　　　　　情怀愉快恨忧忙性怕伶怪恰恼慌
巾(丨冂巾)　　　　　帆帐帖帜幅帽帕幌幔帷帅常带
丁(一丁)　　　　　　订钉叮盯灯打顶厅宁亭
了(乛了)　　　　　　辽疗钌
丂(一丂)　　　　　　朽巧号粤考奥(聘娉骋)
亏(一二亏)　　　　　污雩夸
弓(乛㇇弓)　　　　　引强弧张弦弹弛弥弜(弱粥粥)疆弯
冂(丨冂)　　　　　　同冈内肉网
冂(丿冂)　　　　　　用周丹
门(丶丶门)　　　　　闪闭闲问闹闯间闷闻阅阀闽们扪
几(丿几)　　　　　　风凤凰
亻(丿丨)　　　　　　体休住位仪仍仇伴何但供使信倍
彳(丿丿丨)　　　　　行征往得待徐径彻役御
彡(丿丿丿)　　　　　须形衫杉彬影彭彰彪参彦
厂(一厂)　　　　　　盾质反后卮
厂(一厂)　　　　　　厅历厉原厌厚厕厓厢雁压厘厨厦
广(丶一广)　　　　　庄庆应度废床序府座库店庙底扩矿
疒(丶一广广疒)　　　病疾疗瘦疮症疖瘀疫疯痰痕痒疼
八(丿八⟨丷⟩)　　　　公分谷兮穴叭趴扒只
人(丿人⟨入⟩)　　　　全金余仑仓伞个令今企认队内众

入(丿入)　　　　　　　氽汆
亼(丿八亼)　　　　　　合俞会佥(险捡检俭验脸签)

乂(丿乂)　　　　　　　冈网赵杀希爽爻(驳)区刈
乄(丿乄)　　　　　　　艾(哎)
又(フ又⟨㕛⟩)　　　　　对戏鸡艰难汉仅劝欢取叙叔受凤
乂(丶丿乂)　　　　　　议仪蚁
叉(フ又叉)　　　　　　权钗衩汊蚤

文(丶一ナ文⟨㐅⟩)　　　纹坟蚊斌刘斑闵这斋紊斐
攵(丿𠂉ㄠ攵)　　　　　放敌改收政致救败故效教敏敢散
父(丶八𠂆父)　　　　　爸爹爷斧釜
攴(丨卜𠂇攴)　　　　　敲寇
支(一十㇇支)　　　　　枝技肢妓吱鼓歧翅芰

久(丿ク久)　　　　　　玖灸疚柩
欠(丿𠂊𠂉欠)　　　　　欢吹欣欲欺饮炊款歉歇欧歌

𠂊(丿𠂊)　　　　　　　负危龟争兔兔象
夕(丿ク夕)　　　　　　外汐名多岁梦罗夜
歹(一丆歺歹)　　　　　列残死殄殉殆凤

儿(丿儿)　　　　　　　兑兄元先允充竟竞兜党
几(丿几)　　　　　　　秃亮壳虎凳凫凭机肌饥叽讥
几(丿几)　　　　　　　朵凸(沿船铅)殳(役投段毁殿毅殴殷般)
凡(丿几凡)　　　　　　梵帆矾巩
九(丿九)　　　　　　　究旯旮旭鸠仇轨抛
丸(丿九丸)　　　　　　执纨孰(熟墊)芤
孔(乛孓孔)　　　　　　讯汛迅

冫(丶冫)　　　　　　　尽冬寒枣头斗雨兔(馋谗搀)
冫(丶冫)　　　　　　　冷凉冻冰凄次冲冶决况减凝习匀
氵(丶丶冫)　　　　　　江河湖海汉淮泊渴汤汁洁治泽衍
讠(丶讠)　　　　　　　说语读讨论识记计让议词译谊辩

宀(丶宀)　　　　　　　写军冗(沉)尤(沈枕忱耽)冠冢冤幂
罙(丿丶丶冖)　　　　　罙(深探琛)

宀(丶丷宀)	它宁灾宗宝家富牢宇寇宅寂守完
穴(丶丷宀宁穴)	空窗穷究突穿窝帘穹窈窍窄窜窑
刀(フ刀)	切召券剪劈叨鲖初解
刁(フ刁)	叼
力(フ力)	功劝助勤勉动劲肋男势劳劣募历
万(一丆万)	厉疠迈
方(丶一亠方)	房旁芳访仿防纺坊妨肪舫放
乃(孑乃)	奶仍扔孕氖
卩(丿卩)	却即印叩卸节印(抑仰迎昂)卯(柳聊)
阝(孑阝)	陪队陈阳阴陆院陡阶险防阵隘降
	部邓郑都邮郭邦那邻郊郎鄙邢郁
廴(孑廴)	建廷延
辶(丶氵辶)	远近这过返还边通选逼进退遗巡
巳(フ巳)	犯卷厄危仓范
己(フコ己⟨卩⟩)	记纪杞配妃起岂忌改凯
巴(フコ巴)	异导包祀巷
工(一丅工⟨エ⟩)	功攻巧项江红虹扛肛缸汞贡左巫
土(一十土⟨土⟩)	杜吐去赤走至基坐地块墙城堆疆
士(一十士)	吉志声喜壹壶壳壮
壬(丿二千壬)	任妊廷
王(一二三王⟨王⟩)	汪旺狂皇呈弄班球珍珠理环现斑
玉(一二三王玉)	宝玺莹璧钰珏国
主(丶亠二主主)	住往注炷蛀柱驻
生(丿⺊牛生)	性胜姓牲甥笙星
干(一二干)	汗杆秆肝赶骭刊旱罕岸
千(丿二千)	钎纤忓阡歼迁
于(一二于)	吁宇迂盂竽芋
子(フ了子)	好仔籽学字李季孩孙孤孺孔存团
艹(一十艹)	草花苗荣菜落范获茫著芽萌荒藉

竹(ノ ト ト ノ ト ト)　　　　　　答笔笛第等策简算篇竿箭笃筑籍

廾(一 ナ 廾)　　　　　　弄弁弃异弈弊算卉莽戒
丌(一 丁 丌)　　　　　　畀(痹鼻箅淠)
兀(一 丆 兀)　　　　　　尧阢杌
六(一 亠 六)　　　　　　典共兵兴舆具其
大(一 ナ 大〈太〉)　　　　夺夸庆驮类奖奕奥奠奚(溪蹊)
太(一 ナ 大 太)　　　　　态汰钛
犬(一 ナ 大 犬)　　　　　臭器哭戾伏献莽
火(丶 ノ 丷 火〈火〉)　　　炎灭烫灸炙灰熨灯炉烤烧炒炸炼

寸(一 寸 寸)　　　　　　村衬讨封忖时夺导寿尊
才(一 十 才)　　　　　　材财豺闭团
扌(一 十 扌)　　　　　　持把提抡拍折挥拦打拴拖拉推挤
牛(ノ 宀 宀 牛)　　　　　特物牧牲牺牡犒

弋(一 弋 弋)　　　　　　代式武鸢
戈(一 七 戈)　　　　　　尧(浇挠烧晓侥跷饶翘)
戈(一 七 戈 戈)　　　　　找我戊成戍或咸威戚战伐划
戋(一 二 戋 戋 戋)　　　　钱线浅饯贱践残栈笺
戋(一 十 土 土 戋 戋)　　　哉栽载裁戴截

式(一 二 亍 式 式 式)　　　拭轼试
武(一 二 干 千 亓 正 武 武)　斌赋鹉

戊(一 厂 戊 戊 戊)　　　　茂
戉(一 厂 氏 戉 戉)　　　　钺越
戍(一 厂 厂 戌 戍 戍)　　　蔑篾
戎(一 二 于 式 戎 戎)　　　绒贼
戒(一 二 于 开 戒 戒 戒)　　诫械
或(一 一 戸 口 豆 式 或 或)　域蜮惑
成(一 厂 厂 成 成 成)　　　诚城盛
咸(一 厂 厂 后 咸 咸 咸)　　减碱缄箴感
威(一 厂 厂 厂 厂 厂 咸 戚)　喊槭蹙

口(丨 冂 口)　　　　　　吃喝呼吸唱喊叹吐吞名各召知回

曰(ㅣ冂曰曰)　　　　最量冒沓(踏)昌曷曳
日(ㅣ冂日日)　　　　明时晴暖昭映晒阳早旦是春普暮
目(ㅣ冂月目目)　　　眼盯睛眠睡睹相泪看着眉盲省督
且(ㅣ冂月月且〈旦〉)　助祖租粗咀阻组蛆宜疽

犭(ノ犭犭)　　　　　狗狼猫狐狸狂犯犹狭独狡狠猜猪
豸(ノノク彡犭豸豸)　豹貌豺貂貉

勺(ノ勹勺)　　　　　的钓约灼豹酌芍
匀(ノ勹勺匀)　　　　均钧韵
勿(ノ勹勺勿)　　　　物吻刎忽笏易囫
勾(ノ勹勺勾)　　　　钩沟构购
句(ノ勹冂句句)　　　拘佝枸狗够苟笱
旬(ノ勹冂旬旬旬)　　恂徇询绚殉荀

饣(ノ𠂉饣)　　　　　饭饥饱饿饮饲馆馒饼饺馅饶蚀馋
钅(ノ𠂉𠂉𠂉钅)　　　银铜铁钢铝钱钟钻铃锐锋锈锦衔
纟(乚乚纟)　　　　　红组纤纺织线终维缓纸约纷纠辫
幺(乚幺幺)　　　　　幻幼幽兹

尸(𠃍コ尸)　　　　　屋层尼尾屈展屇居局屠属屑屡屏
户(丶㇇𠃍户)　　　　扁启房扇雇扈肩扉护沪炉妒庐芦
卢(ㅣ⺊与与卢)　　　泸轳颅
虍(ㅣ⺊⺊卢卢虍)　　虎虚虑虏虐
疒(丶㇀亠疒疒疒)　　詹(檐赡瞻蟾)

小(亅小小)　　　　　少尘尖肖尔(你弥迩称玺)
⺌(亅亅⺌⺌)　　　　恭慕忝(添舔)
氺(亅亅冫氺氺)　　　泰录黎黍暴黎(漆膝)膝
丿(ㅣㅣ丿)　　　　　步(涉陟频)
少(ㅣㅣ少少)　　　　沙吵抄炒秒纱钞省劣雀

昜(㇇㇅昜)　　　　　场汤扬杨肠畅炀
易(ㅣ冂日日日易易)　锡踢惕赐蜴剔

天(一二干天〈夭〉)　　吞蚕奏癸吴

夭(一二チ夭)　　　　　乔袄妖跃沃笑
夫(一二𠄌夫〈夫〉)　　扶肤麸蚨呋芙规替辇
矢(丿𠂊𠂉午矢〈矢〉)　　知短雉族侯候疾矣医
失(丿𠂊𠂉𠂉失〈失〉)　　铁佚秩跌帙轶迭
关(丶丷䒑兰关〈关〉)　　朕联郑送
关(丶丷䒑兰关)　　　　卷券拳眷豢
夫(一二三声夹)　　　　春泰秦奏奉

开(一二𠂆开)　　　　　研妍形刑邢
井(一二𠂆井)　　　　　讲耕阱进
并(丶丷䒑兰并)　　　　瓶饼拼迸屏

云(一二云云)　　　　　动魂坛酝耘县芸层尝运
亢(丶一亠亢)　　　　　充育弃充(流硫梳疏毓)
亡(丶一亡)　　　　　　盲忘妄赢芒㡈(荒)忙氓望罔茫

木(一十才木〈朩、木〉)　李杏杰杂桑案桌村杠枯核槐林森
水(亅㇀水水〈氺〉)　　泵沓浆汞泉氽冰颖淼
禾(丿一二千禾禾〈禾〉)季香委秃秀种和私秋积称稍稻利
术(一十才木术〈术〉)　秫述
本(一十才木本)　　　　体钵笨苯
未(一二十丰未)　　　　味妹昧魅寐
末(一二十丰末)　　　　袜抹沫秣茉

市(一亠门市)　　　　　肺沛㖾蒂
市(丶一亠广市)　　　　柿闹
布(一𠂇ナ右布)　　　　怖希

巨(一𠃍彐巨)　　　　　柜拒距钜矩炬讵渠苣
臣(一丅𠀐𠀐𦣞臣)　　卧宦臧(藏)
臣(一丁𠀐𠀐𦣞𦣞臣)　颐姬熙

不(一丆才不)　　　　　坏怀杯环还否歪甭罘
丕(一丆才不丕)　　　　坯呸胚邳苤

友(一𠂇方友)　　　　　爱

发(一ナ方友发)   拔跋钹绂
发(ノ乂方发发)   拨泼废
皮(一厂广皮皮)   披波被陂彼鞁皱颇疲

㠯(一丆丆㠯)   畏衷展
衣(丶一亠亣产衣)   袋裂装裳衾依铱哀衰褒裹衷裁
农(丶一宀ナ衣农)   侬浓脓哝

比(一上比比)   毕毖毙庇琵屁批妣毗枇秕蚍
北(丨⺊上⺊北)   背冀邶乖乘燕
兆(ノ乙兆兆兆)   逃挑桃佻跳眺姚洮
非(丨丨丨丨丨非非非)   悲蜚翡靠菲霏扉排诽啡痱匪

収(丨丨收收)   坚竖贤紧肾
㸃(丨丨㸃㸃㸃)   监览鉴

内(丨冂内内)   纳钠呐讷芮呙(祸锅蜗剐窝)
禸(丨冂内内内)   禺(寓愚遇隅偶耦)禹(属螨)
禸(丨冂内内)   离(璃魑禽滴篱)

月(丿月〈月〉)   肌肤脚腿肝胆胜朋期朝阴胃背有
舟(丿亻几舟舟舟)   船般舶舰舱舵艇舫舷航艘盘
贝(丨冂贝贝)   财贱则败贩赠货贪贫责贡贰资贺
见(丨冂见见)   规现观视舰砚岘觉览觅苋

片(丿丿丿片)   版牍牌牒
爿(乚丬爿〈爿〉)   臧戕寐奘

爫(ノ爫爫爫)   受爱爱采孚舀妥觅
爪(ノ厂爪爪)   抓爬
瓜(ノ厂爪瓜瓜)   狐弧孤瓢瓠瓣瓣

斤(ノ厂斤斤)   折析听祈昕欣沂所新斫芹斧近兵
斥(ノ厂斤斥斥)   拆柝诉坼

仑(ノ人仑仑)   抡伦沦论纶轮瘪囵
仓(ノ人仑仓仓)   抢枪沧呛舱跄创苍疮

分(丿八分分)	扮份汾吩粉纷酚颁贫盆忿芬
公(丿八公公)	松忪讼蚣颂翁瓮
今(丿八𠆢今)	含念贪衾琴岑芩吟铃黔矜
令(丿八𠆢今令)	苓零冷伶玲拎怜岭铃聆邻领
会(丿八𠆢今会会)	荟浍烩侩绘桧刽
合(丿八𠆢合合合)	答苔(搭塔嗒瘩)盒拿给蛤恰洽鸽
佥(丿八𠆢今𠆢佥佥)	签捡检俭脸险验剑敛
全(丿八𠆢今全全)	筌荃诠拴栓痊
金(丿八𠆢今全全余金)	鉴鏊釜鑫
舍(丿八𠆢今全舍舍舍)	舒啥猞
氏(丿𠄌𠄌氏)	纸舐芪昏
氐(丿𠄌𠄌氏氐)	抵诋低砥胝袛邸底
民(𠃍𠃎𠄌𠄌民)	抿眠岷崛泯
鸟(丿𠂊鸟鸟)	鸣坞鸰邬
鸟(丿𠂊𠂊鸟鸟)	鸣鸡鸭鹅鸵鹏鸿鹊鸥鹃鹤鹰鸳鸯
乌(丿𠂊𠂊乌)	枭凫岛袅
卬(丿𠂊卬卬)	抑仰迎昂
卯(丿𠂊𠂊卯卯)	柳聊铆昴
卯(丿𠂊𠂊卯卯)	留贸
礻(丶𠃍㇀礻)	福祝神社祥祖祀礼视祈祷祸祠禄
衤(丶𠃍㇀衤衤)	初被褥衬衫裤袄袖裙袍补裸襟袒
心(丶心心心)	思想念忘忍忠忽息恶恩急悬沁闷
必(丶心心必必)	毖秘泌宓(密蜜)
夬(𠃍𠃍𠃍夬)	决诀块快缺炔抉袂
央(丶冂𠃍央央)	泱映秧怏鞅殃英盎莺
㕚(丿𠂊𠂊𠂊㕚)	涣唤换焕痪
免(丿𠂊𠂊𠂊免免)	勉晚挽娩冕兔(馋谗搀)
兔(丿𠂊𠂊𠂊免兔兔)	逸菟冤
予(𠃍𠃍乛予)	预豫抒杼舒野

矛(⺊マフ予矛)　　　　矜茅柔蟊
弟(⺊丷弓弔弟)　　　　弟第

丑(フ刀丑丑)　　　　　扭纽忸妞羞
毌(丨乚口毌)　　　　　贯
母(乚马母母母)　　　　姆拇毒每
每(丿𠂉𠂋𠂉每每每)　　海梅侮悔诲敏莓霉

专(一二专专)　　　　　传砖转抟
去(一十土去去)　　　　却怯祛罢盍(磕瞌嗑)法劫
击(一二丰击击)　　　　陆
缶(丿𠂉𠂋午缶缶)　　　缺缸罐匋(陶淘萄)窑罄

石(一厂ナ石石)　　　　矿础砍码研砖破硬确碑碗碧磨拓
右(一ナナ右右)　　　　佑若
左(一ナ左左)　　　　　肱雄宏
古(一十古古古)　　　　估诂故枯姑居辜
舌(丿二千千舌舌)　　　活话敌括刮甜舔舐乱辞适

东(一乚车东东)　　　　冻栋陈
柬(一乚车东东)　　　　炼练拣

田(丨口日用田)　　　　佃略苗亩备番留雷思累胃畐(幅福富)
因(丨冂冂冈冈因)　　　姻烟咽茵恩
由(丨口日由由)　　　　抽袖铀笛宙届邮轴庙粤(聘娉骋)胄油
甲(丨口日日甲)　　　　呷狎鸭押
申(丨口日日申)　　　　呻抻伸神绅审畅
电(丨口日日电)　　　　奄(掩淹俺埯庵鹌)
用(丿冂月月用)　　　　佣拥痈甬周庸
甬(⺊マ乛甬甬甬甬)　　俑捅痛勇涌通踊诵恿
角(⺈夕ク夕角角角)　　确解触斛觚

四(丨冂𠃋四四)　　　　驷泗
罒(丨冂𠃋罒罒)　　　　罗罪罩罢罚署蜀罟羁
皿(丨冂皿皿皿)　　　　盆盘益盏盒盟盛盐盔忠监孟孟

血(ノ ⺍ 冂 帀 血血〈血〉)　恤衅衄

匃(ノ 勹 勺 匂 匂)　曷(喝渴歇揭蝎碣谒遏葛)

匈(ノ 勹 勺 匂 匂 匈)　胸恟

刍(ノ ク ク 乌 刍)　邹皱雏刍趋

臽(ク ク ⺈ 刍 刍 臽 臽)　陷掐谄馅焰阎

舀(一 ⺈ ⺈ 爫 爫 孖 孖 舀)　韬稻滔蹈

䍃(一 ⺈ ⺈ 爫 缶 缶 䍃 䍃)　徭摇谣瑶鹞遥

妥(一 ⺈ ⺈ 爫 爫 妥 妥)　绥馁荽

奚(一 ⺈ ⺈ ⺈ 爫 幺 丝 奚)　溪蹊鼷

⺌(丶 丷 ⺍ ⺌)　学觉(搅)

艹(一 十 艹 艹 艹)　劳营荣蒙茨莹萤茭

丗(一 十 艹 丗 丗 丗)　带(滞)

尚(丨 丨 ⺌ 丷 ⺌ 尚 尚 尚)　常堂赏党棠裳掌

圣(ス ス ス 圣 圣)　轻经径胫泾劲茎氢

圣(ス 又 圣 圣 圣)　怪

睪(ス 又 圣 圣 睪)　译怿泽择释铎驿

夆(ノ ク 夂 冬 冬 夆)　降绛洚

夆(ノ ク 夂 冬 冬 冬 夆)　锋峰蜂逢

旡(フ ヨ ヨ 旡 旡)　即既

艮(フ ヨ ヨ 艮 艮 艮)　跟银恨狠很根眼哏垦恳退痕

𠃉(丶 ヨ ヨ 𠃉 𠃉)　郎朗

良(丶 ヨ ヨ 𠃉 𠃉 良)　浪狼粮娘酿踉琅

癶(ノ フ 夕 𠀎 癶)　登癸(睽揆葵)

夕夕(ノ ク 夕 夕 夕 夕夕)　祭(察蔡)

耒(一 二 三 丰 耒 耒)　耕耘耦耙耧耗耠耩

来(一 ⺊ ⺈ 立 平 来 来)　莱睐崃

束(一 ⺊ ⺈ 亓 朿 朿 束〈束〉)　刺棘枣策

束(一 ⺊ ⺈ 亓 朿 朿 束〈束〉)　剌(喇赖)敕(整)辣悚竦欶(潄嗽)速

而(一ㄏㄏ丙丙而)　耍需耑(端瑞揣惴喘湍踹)耐
西(一ㄧ丌丙丙西〈覀〉)　要栗粟票贾覆覃(潭谭)洒晒
酉(一ㄧ丌丙丙西酉)　酱醒酗醋酬酝酿酷酸醉酌酣配酒
酋(丶丷䒑䒑䒑䒑䒑酋)　尊奠遒猷
乔(一二千禾乔乔)　桥侨轿娇骄矫荞
齐(丶亠亣文斉齐)　挤脐跻蛴济剂荠霁
艮(ㄱㄣㄅㄥㄣ艮)　旅
辰(一ㄏ尸斤辰辰)　派
辰(一ㄏ尸斤辰辰辰)　振娠赈晨震唇蜃辱
展(一ㄱ尸尸屈屈展)　辗辗碾
廷(一二千王廷廷)　蜓挺艇庭霆
延(ㄣイ千正延延)　诞涎蜒筵
名(ノ夕夕夕名名)　铭酩茗
各(ノ夕夂夂各各)　铬略格洛恪骆路赂咯客阁
米(丶丷亠半米米〈米〉)　类粪娄粟屎迷精粮料粉粗糖粘粥
釆(ノ ̆ ̇立平釆〈釆〉)　悉番释釉
采(ノ ̆ ̇立平采〈釆〉)　菜睬踩彩
聿(フㅋㅌㅌ聿聿)　建津肆肄肇
隶(フㅋㅌ聿聿聿隶)　逮康棣
肃(フㅋㅌ聿聿聿肃)　箫萧啸
彔(フㅋㅌ彑彑彔录)　氯渌绿碌禄剥
豕(一ㄏㄒㄎ豕豕)　家蒙逐豪豢豚
豖(一ㄏㄒㄎ豕豕豖)　冢琢涿啄瘃
豕(ノ丷艹艹艹豕)　遂(隧燧邃)
象(ㄑ ㄠ ㅛ ㅛ 多多象象)　缘橡掾喙篆蠡
象(ㄏ ㅂ ㅂ ㅂ 多多象)　像橡豫
肙(丶ㄏㅂㅁ月月月)　捐绢娟狷鹃涓
员(丶ㄏㅂㅁ月员员)　损陨殒勋圆
肖(丨丶丷丷丷月肖)　捎梢稍俏消诮峭哨硝销悄削宵逍

贞(ˊ ㅏ ㅑ 片 贞 贞)	锁琐唢
贞(ˊ ㅏ ㅑ 片 贞 贞)	侦帧祯
页(一 ㄏ ㄒ 万 页 页)	领顶顷顺顽顾顿颂预颈颗颜额题
足(丨 口 口 ㅁ 甲 足)	跑跳踢踩蹬跟趴距跃跪踏路蹄蹦
疋(フ 了 下 正 正)	疏(蔬)
亨(ˋ 亠 亠 古 亨 亨 亨)	烹哼
享(ˋ 亠 亠 古 亨 亨 享)	郭敦谆淳惇鹑孰(熟塾)
亭(ˋ 亠 古 古 亨 亨 亭)	停婷葶
麦(一 十 土 キ 夫 多 麦 麦)	棱凌陵绫菱
夋(ㄙ ㄙ ㄕ 大 夕 夋 夋)	梭峻骏俊酸唆竣狻
昌(丨 口 曰 日 旦 昌 昌)	唱倡猖娼阊
冒(丨 口 冂 曰 旦 冒 冒 冒)	帽瑁
受(ˊ ˋ 爫 爫 爫 爫 受 受)	授绶
爰(ˊ ˋ 爫 爫 爫 爫 孚 爰 爰)	暧暖瑷
爰(ˊ ˋ 爫 爫 爫 爫 孚 爰)	援缓媛暖
卒(ˋ 亠 广 亡 穴 疚 应 卒)	粹碎猝啐醉悴淬翠萃瘁
率(ˋ 亠 十 玄 玄 浓 率)	摔蟀
叚(ˊ 刁 ㄕ ㅑ ㅑ ㅑ ㄕ 叚)	假暇瑕遐霞葭
段(ˊ 亻 ㅑ ㅑ 丰 丰 叚 段)	锻缎椴煅
曹(一 ㄇ 両 曲 曲 曹 曹 曹)	槽糟嘈漕蟛遭
曾(ˋ 八 丷 丷 両 曾 曾 曾)	憎增赠噌蹭缯
商(ˋ 亠 亠 产 产 芮 商 商 商)	摘滴谪嘀嫡镝
商(ˋ 亠 亠 产 产 芮 商 商 商)	墒熵
桑(ˋ 又 ㅁ ㅁ 吕 吕 叒 桑)	操噪澡躁燥臊缲
桑(フ ㄡ 又 叕 桑 桑 桑 桑)	嗓搡
襄(一 亠 古 亠 京 宇 真 襄)	嚷壤攘瓤
囊(一 十 血 亩 喜 查 囊 囊)	囔攮馕镶

第九章 汉字艺术

第一节 书 法

书法是汉字造型艺术

什么是书法？一般来说，书法主要是指用毛笔书写汉字的规则和技巧。它包括执笔、运腕、用笔、点画、结体、布局等方法。书写汉字不仅有正误之分，还有优劣之别，字写得好就能成为艺术品。书法是汉字造型艺术，属于视觉形象艺术，是汉字独有的艺术形式。书法作品的美，主要是通过笔画线条轻重、粗细、刚柔、曲直等变化和结体的斜正、向背、疏密、连贯等表现出来的。

书法具有悠久的历史，可以说自从有了汉字就有了书法，所以汉字书法是一门古老的传统艺术。随着现代书写工具的更新，古老的书法艺术也融进了现代技术进步的气息。近年来，中日等国的硬笔书法艺术蓬勃兴起，为书法艺术增添了新的形式。

在中国，书法是与绘画并重的艺术。好的书法作品，能够直接或间接地反映社会生活，同时也融进作者的思想感情，表现出作者鲜明的个性。它的线条造型可以唤起观赏者丰富的想像，引人进入某种意境；它内在的精神可以使观赏者受到感染、产生共鸣，促进人们精神世界的净化和升华。总之，书法具有独特的审美价值。书法艺术不仅受到中国人民的喜爱和珍视，也受到世界人民的欢迎，在世界艺术之林中有很高的地位。

书法不仅具有独特的艺术价值，也有很高的实用价值。书法作品常被用来作为建筑物或房间的装饰品，以增添高雅的格调；商店招牌、单位标牌写得好，会身价倍增；一个人写出来的字，常被看做是这个人的"门面",是一个人文化修养高低的标志之一;写信、写文章,书法水平的高低,往往直接影响信件、文章的表达效果。此外,研习书法还有养生保健的作用,书法家大多健康长寿。

书 法 用 品

学习和创作书法,用品是笔、墨、纸、砚,人称"文房四宝"。书法使用的笔是毛笔。毛笔用细竹子做笔杆,用动物毛做笔头。毛笔柔软,富于弹性,可粗可细,是书法最重要的用具。毛笔因所用笔毛不同分为:紫毫、狼毫、羊毫、兼毫、鸡毫等。紫毫用深紫色的兔毛做笔头,最硬,弹性最强;狼毫用黄鼠狼毛做笔头,较硬,弹性较强;羊毫用羊毛做笔头,较软,弹性较小;兼毫用兔毛与羊毛,或用黄鼠狼毛与羊毛混合做笔头,硬度、弹性适中;鸡毫用鸡绒毛做笔头,最软,弹性最小。根据笔头的大小和用途,毛笔分为小楷笔、中楷笔、大楷笔、屏笔、提笔、斗笔等。浙江吴兴(原湖州)生产的湖笔最有名。

墨和纸也是学习和创作书法的必要用品。现代的墨有墨块、墨汁两种,好的墨色明黑而有光泽,可浓可淡,可干可湿。最有名的墨块是安徽歙(shè)县(原徽州)生产的徽墨,最有名的墨汁是北京产的一得阁墨汁。书法创作使用的纸不是普通的纸,而是宣纸。宣纸纹理纯净、质地绵韧、颜色白雅、润墨性强,同时还有不蛀不腐的特点,因此可以长久保存。宣纸原产于安徽宣城等地,现在仍以安徽生产的宣纸最有名。

墨块需要加水研磨,用来研磨的用具叫"砚"。常见的砚大都是石制的,有圆形、方形、长方形、不规则形等形状。好砚常雕有图案或造型,既是实用的工具,也是供玩赏的艺术品。清代以来,以广东肇(zhào)庆生产的"端砚"、浙江婺(wù)源生产的"歙砚"、甘肃临洮(táo)生产的"洮河砚"、山西绛(jiàng)县等地生产的"澄(chéng)泥砚"为四大名砚。

书法作品的样式和内容

一、书法作品的样式。书法作品常见的样式有以下几种:

1. 金属器物刻铸。这种样式多见于古代遗物。特别是商周时代的青铜器。

2. 石刻。石刻是古代书法作品中最常见的样式,有的刻写在自然形成的石壁上,有的刻写在人工制成的碑碣或墓志上。

3. 匾额、标牌。这类作品,多用油漆写成,有的先刻写,再涂油漆,有的经过放大加工而成。可以挂在建筑物或单位门口,也可以悬挂于厅堂之内。

4. 楹联。楹联也叫对联,可以贴在或刻写在门口两侧,也可以挂在厅堂或居室之内。

5. 中堂、条幅。这类作品经过装裱或直接镶嵌在镜框里,挂在厅堂或居室之内。

此外还有一些小型灵活的样式,如:手卷、扇面题字、绘画题字、题签等等。

二、书法作品的内容。书法作品的内容是多种多样的,常见的内容有以下几种:

1. 文章。在历代流传下来的书法作品中,这类内容最多,特别是早期作品,几乎都是形式不同的文章。颂扬、记叙性文章最为常见,也有少数论文。

2. 诗、词、联语(对联)。这类内容的作品也比较常见。有自己创作的,也有抄录他人的;诗词有整首抄录的,也有摘录其中一句或几句的。

3. 古今名言警句。这类作品一般用来激励提醒自己或勉励启发他人,具有警策教育作用。

4. 书信。这类内容的作品,本不是作为艺术品创作的,但由于字写得好,被别人作为艺术品保存下来。

此外,还有只写几个字或只写一个字的作品。内容可以是褒奖性的词语,如:赞美医生医术高明的"妙手回春"、赞美教师工作的"桃李满园"等;可以是祝福性的,如:"花好月圆"、"福"、"寿"等;可以是勉励警策性的,如:"见贤思齐"、"勤"、"诚"等;可以是表示某种信仰或精神寄托的,如:"佛"、"自然"、"清静"、"圆月"、"听松"等;也可以是事物名称,如:各种标牌、书刊名及部分匾额,都是这类内容的作品。书法作品见第三章附图,这里不另举例。

构成书法艺术的基本要素

书法艺术的美,主要表现在形势、骨力、气韵、神采等方面。这几方面是书法艺术构成的基本要素。

一、形势。形势指书法作品的整体布局、字形结构,笔画势态所产生的富有个性特征的分布美和结体美。

二、骨力。骨力指笔画线条所具有的内在力量感。书法尚骨,骨力是评价书法作品的重要标准之一。

三、气韵。气韵指贯串于字里行间的联系、呼应、节奏和韵律。好的书法作品,字里行间气脉贯通,同时又有起伏、有节奏,韵味无穷。气韵是历代书法家追求的一种艺术境界。

四、神采。是综合形势、骨力、气韵三方面的因素而显现出来的精神风采,它是整幅作品中一种美的理想意境。

创作书法作品的人,要努力使自己的作品具备这几个基本要素;欣赏书法作品的人,也主要从这些方面去欣赏。

书法是一门比较专门的艺术,如果有兴趣学习,要请人指导,或读一点指导书法学习的书。掌握执笔、运腕、用笔、点画、结体、布局、选帖、临摹等基本知识和技能之后,要进行坚持不懈的练习,并不断进行艺术实践,将来就能创作出好的书法作品。

生　　词

技巧	jìqiǎo	(名)	skill; technique
运腕	yùn wàn		wield the wrist
布局	bùjú	(名)	composition (of a picture, piece of writting, etc.)
刚柔	gāng róu		firm or gentle
曲直	qū zhí		winding or straight
向背	xiàngbèi	(动)	support or oppose; for or against
更新	gēngxīn	(动)	renew; replace
融进	róngjìn	(动)	mix together into; merge into
气息	qìxī	(名)	flavour

蓬勃	péngbó	(形)	vigorous; flourishing
并重	bìngzhòng	(动)	lay equal stress on
意境	yìjìng	(名)	artistic conception
感染	gǎnrǎn	(动)	affect; influence
共鸣	gòngmíng	(名)	sympathetic chord
净化	jìnghuà	(动)	purify
升华	shēnghuá	(动)	(things) raise to a higher level; sublimate
审美价值	shénměi jiàzhí		aesthetic value
高雅	gāoyǎ	(形)	refined; tasteful
格调	gédiào	(名)	(literary or artistic) style
招牌	zhāopái	(名)	shop sign; signboard
标牌	biāopái	(名)	signboard (fixed to a wall or the lintel of a door)
身价	shēnjià	(名)	social status
门面	ménmiàn	(名)	appearance; the facade of a shop
研习	yánxí	(动)	study and practise
养生	yǎngshēng	(动)	preserve one's health; keep in good health
保健	bǎojiàn	(动)	health protection
砚	yàn	(名)	inkstone; inkslab
弹性	tánxìng	(名)	elasticity; spring
黄鼠狼	huángshǔláng	(名)	yellow weasel
适中	shìzhōng	(形)	moderate
绒毛	róngmáo	(名)	fine hair; down
光泽	guāngzé	(名)	lustre; gloss; sheen
纹理	wénlǐ	(名)	veins; grain
纯净	chúnjìng	(形)	pure; clear
质地	zhìdì	(名)	quality of a material; texture
绵韧	miánrèn	(形)	soft, pliable but strong

润	rùn	（动）	absorb (Chinese ink)
蛀	zhù	（动）	(of moths, etc.) eat
研磨	yánmó	（动）	abrade; grind
图案	tú'àn	（名）	pattern; design
碑碣	bēijié	（名）	upright stone tablet
墓志	mùzhì	（名）	inscription on the memorial tablet within a tomb
匾额	biǎn'é	（名）	horizontal inscribed board
油漆	yóuqī	（名）	paint
悬挂	xuánguà	（动）	hang; suspend
厅堂	tīngtáng	（名）	hall
楹联	yínglián	（名）	couplet written on scrolls and hung on the pillars of a hall
中堂	zhōngtáng	（名）	central scroll hung in the middle of the wall of the main room
条幅	tiáofú	（名）	vertically-hung scroll
装裱	zhuāngbiǎo	（动）	mount (a scroll, picture, etc.)
镶嵌	xiāngqiàn	（动）	inlay; set
镜框	jìngkuàng	（名）	picture frame
手卷	shǒujuàn	（名）	hand scroll
扇面	shànmiàn	（名）	the covering of a fan
题字	tízì	（名）	inscription; autograph
题签	tíqiān	（名）	label with the title of a book on it
颂扬	sòngyáng	（动）	sing sb'. s praises
名言警句	míngyán jǐngjù		well-known saying and aphorism
激励	jīlì	（动）	encourage; inspire
勉励	miǎnlì	（动）	encourage; urge
警策	jǐngcè	（动）	warn and spur on
褒奖	bāojiǎng	（动）	praiseand honour; commend and award

高明	gāomíng	（形）	brilliant; wise
妙手回春	miàoshǒu huíchūn	（成）	(of a doctor) effect a miraculous cure and bring the dying back to life
桃李满园	táolǐmǎnyuán	（成）	the orchard packed with peaches and plums-having pupils everywhere
祝福	zhùfú	（动）	bless; express good wishes
花好月圆	huāhǎoyuèyuán	（成）	blooming flowers and full moon-perfect conjugal bliss
见贤思齐	jiànxiánsīqí	（成）	see the virtuous and think of equaling or emulating them
信仰	xìnyǎng	（名）	faith; belief
寄托	jìtuō	（动）	place (hope, etc.) on; find sustenance in
势态	shìtài	（名）	posture
节奏	jiézòu	（名）	rhythm
气脉	qìmài	（名）	breath vein
贯通	guàntōng	（动）	link up; thread together
韵味	yùnwèi	（名）	lingering charm
境界	jìngjiè	（名）	realm
风采	fēngcǎi	（名）	elegant demeanour; graceful bearing
帖	tiè	（名）	copybook (for calligraphy)
临摹	línmó	（动）	copy (a model of calligraphy or painting)
坚持不懈	jiānchíbùxiè	（成）	unremitting

附录十 常见书法用品

文房四宝盒

笔架

大楷笔、中楷笔

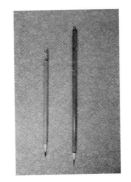

小楷笔

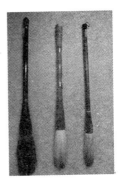

提笔

墨

墨汁

  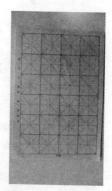

书法练习本·描红（大）　　书法练习本·临摹（大）　　书法练习纸·米字格（大）

 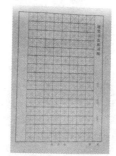 

书法练习用纸·九宫格（大）　书法练习用纸·米字格（小）　书法练习用纸·田字格（小）

　　　砚　　　　　　　　　　印泥　　　　　　　　　　印章

附录十一 常见书法样式

摩崖刻石　李隆基书《纪泰山铭》　　碑刻　颜真卿书《多宝塔》

建筑砖雕(摄于苏州)　　　　建筑砖雕(摄于苏州)

匾额、楹联(故宫太和殿)　　对联　启功书

条幅　任继愈书

条幅　郭预衡书

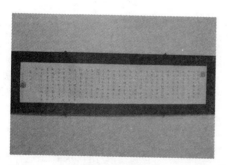

手卷　王般书

斗方　严太平书

扇面　白蕉书

扇面　王般书

第二节 篆 刻

篆刻艺术的由来

篆刻就是镌刻印章。"印章"又称"图章"、"印"、"章",古代还有"玺"、"宝"、"印信"等名称。印章的字体一般采用篆书,先写后刻,故称篆刻。篆刻融书法艺术和镌刻艺术为一体,也是汉字造型艺术。篆刻的创作原则与书法基本一致,但由于它的创作内容、形式、用材等别有特色,使它成为一种独立的艺术。

中国的印章,早在春秋时代就产生了,战国以后被普遍使用。宋元以前的印章只是一种实用品,是人们在交往过程中表明身份、行使职权的凭信工具。制作这些印章的工匠,虽然不是专门从事艺术活动的篆刻家,但他们在书法和镌刻方面的高深造诣,使这些印章不仅具有实用价值,同时也具有很高的艺术价值,成为珍贵的艺术品。宋元以后,一些书画家如赵孟頫(fǔ)等,出于书法、绘画上的需要,开始镌刻专供艺术欣赏用的印章,并积极倡导篆刻艺术,使篆刻成为一种独立的传统艺术形式。明清以来,出现了许多专门以篆刻印章著称的艺术家,并形成风格不同的流派。近几十年来,篆刻艺术在普及和创新方面又有一些发展。

篆 刻 用 品

篆刻用品主要有印材、刻刀、印床、印色等。

1. 印材。可以用于篆刻的材料很多,金、银、铜、玉、玛瑙、石、牙、角、竹、木及化学材料都可以作为印材,不过作为艺术品,明清以来最常见的是石印。石印的印材易得、易刻,艺术效果也好,故为篆刻者所喜用。

2. 刻刀。刻刀是篆刻的主要用具,常见的有平口刀、斜口刀。平口刀一般用于刻石印、角印、牙印及金属印,斜口刀用于刻竹印、木印等。此外刻金属印还要用钢錾。

3. 印床。印床是用来固定印章的,有木制、金属制、硬塑料制三种。初学篆刻使用印床，便于掌握刀法，熟练以后遇到印材过硬、印面过小或大而带钮的印章时，也要使用印床。

4. 印色。印色也叫印泥，是钤印用的，有深红、朱红、朱膘(biāo)红（带黄性的红）等品种。

除以上几种用品之外，还有设计印稿用的小楷笔、磨平印面的砂纸、清除印底的小毛刷等，也是不可少的。

印章的类别

中国印章形制多样，风格各异。从内容上分有官印、私印两大类。官印刻写官名或权力机关名称，私印以刻写姓名、字、号的姓名印为主，此外还有图形印、吉语印、成语格言印、诗词联句印、斋馆印、收藏印、鉴赏印等等，称作闲印。印章上的字有多有少，从字数上分，有一字印、两字印、三字印、四字印和多字印，其中以四字印最为常见。从刻印方法上分，有朱文印、白文印、朱白文印三种。印章上刻写的文字是凸起的（阳文），印在纸上便是白底红字，这是朱文；印章上刻写的文字是凹下去的（阴文），印在纸上便是红底白字，这是白文；印章上刻的字一半朱文一半白文，就是朱白文。古代印章为了系挂，绝大多数有钮，现代印章为了装饰也往往有钮。从钮制上分，有鼻钮、瓦钮以及龙、虎、龟、驼等动物钮。印章有大有小，一般来说，官印较大，私印较小，但闲印不拘。印章的形状有正方形、长方形、圆形、椭圆形、葫芦形、不规则形、子母印、两面印乃至五面印、六面印等。印章使用的字体有大篆、小篆、缪篆、鸟篆、悬针篆、九叠篆、隶书、楷书等。

印章使用方法

汉魏以前，书写公文信件多用竹简木牍，人们用泥封缄，然后在泥上加盖印章，叫做"泥封"或"封泥"。以后随着纸的普及，用印章的方法也发生变化，改为先用印章蘸好红色的印色，然后钤盖在纸上，显出鲜明艳丽的印文。这种方法一直使用到现在。作为凭信物的官印、私人姓名印，钤盖在落款签名的地方。作为独立艺术品的闲印，可以制成印拓，或赠送亲友，或参加展览，或向报刊投稿，或汇集成册,供人欣赏。创作书法、绘画作品使用闲印时,可以钤盖在姓名印之后或作品开头处。它能和姓名印一起,与书画相映成辉,也能表示出作者的某种思想情趣。

篆刻也是一门比较专门的艺术,学习篆刻要请人指导,要读一点指导学习篆刻的书。获得基本知识和技能后,要加强篆书书法和篆刻刀法的练习,同时要多欣赏名家的作品。通过刻苦学习和反复实践之后,就能刻出可以称为艺术品的印章了。

生　　词

镌刻	juānkè	(动)	engrave
凭信	píngxìn	(动)	trust; believe
工匠	gōngjiàng	(名)	craftsman; artisan
造诣	zàoyì	(名)	(academic or artistic) attainments
倡导	chàngdǎo	(动)	initiate; propose
著称	zhùchēng	(动)	celebrated; famous
流派	liúpài	(名)	school; sect
普及	pǔjí	(动)	popularize; spread
创新	chuàngxīn	(动)	bring forth new ideas; blaze new trails
玛瑙	mǎnǎo	(名)	agate
钢錾	gāngzàn	(名)	steel chisel
刀法	dāofǎ	(名)	way of using a knife
钮	niǔ	(名)	knob; handle; seal's nose
钤	qián	(动)	affix a seal to
深红	shēnhóng	(形)	deep red
朱红	zhūhóng	(形)	bright red; vermilion
砂纸	shāzhǐ	(名)	abrasive paper; sand paper
形制	xíngzhì	(名)	shape and size
吉语	jíyǔ	(名)	lucky word; auspicious term
斋馆	zhāiguǎn	(名)	room or building

鉴赏	jiànshǎng	(动)	appreciate
椭圆	tuǒyuán	(名)	ellipse
葫芦	húlu	(名)	bottle gourd
缪篆	miùzhuàn	(名)	one of the six styles of characters begun in the reign of Wang Mang (9～23 A.D.)
鸟篆	niǎozhuàn	(名)	bird script, an ancient form of Chinese written characters, resembling birds' footprints
悬针篆	xuánzhēnzhuàn	(名)	seal character, the stroke like the hanging needle
九叠篆	jiǔdiézhuàn	(名)	a variety of seal characters, in cutting seals with many folds for each level stroke, popular during the Song and the Yuan Dynasties period
封缄	fēngjiān	(动)	seal; close
蘸	zhàn	(动)	dip in
艳丽	yànlì	(形)	bright-coloured and beautiful
落款	luòkuǎn	(名)	names of the sender or the recipient written on a painting, gift or letter
印拓	yìntà	(名)	rubbing from seals
投稿	tóugǎo	(动)	submit a piece of writting for publication; contribute (to a newspaper or a magazine)
相映成辉	xiāngyìng-chénghuī	(成)	contrast finely with each other; form a delightful contrast
情趣	qíngqù	(名)	temperament and interest

附录十二 古今篆刻作品举例

大清嗣天子宝

皇后之玺

淮阳王玺

南郡侯印

武陵尉印

西安丞印

云南令印

平昌侯相

闻司马玺

平东将军章

长水司马

大车之玺

南门之玺

东都留守之印

李定印信

钱谦益印

成昌私印

张国印信

董猜

牛步可之印

虞古月

上官郢

赵临

赵多

王

武意

六面印

翟徽

赵国翟嘉孙印

翟徽言事

翟徽印信

臣徽

王智印信
王智言事

翟徽

子母印

程丰之印

程丰

第九章 汉字艺术

阳明山人

白石

鲁班门下

永寿康宁

绥统承祖子孙慈仁永葆
二亲福禄未央万岁无疆

大富贵昌宜为侯王
千秋万岁常乐未央

思言敬事

忠仁思士

正行亡私

慕君为人与君好

门无投谏
庭有落华

明月松间照

松圆阁

端居室

松雪斋图书印

神品

读书堂记

第三节 美术字

中国历史上的美术字

"美术字"又称"艺术字",是有图案意味或装饰意味的字体。汉字美术字在很久以前就出现了,春秋时期的某些金文中,已经有了明显的美术化倾向,一部分金文字形特别狭长,笔画往往有宛曲之态,如"永"字,一般金文写作𧘂,而有的却写作𧘂,这就是早期的汉字美术字。以后,战国时期楚、宋、吴、越等国流行的鸟书、虫书、蚊脚书、汉代及后代刻铸印章使用的缪篆、悬针篆、九叠篆等,也都属于美术字。现代美术字,是在汉字印刷体基础上产生和发展起来的,是图画性的汉字造型艺术。它是适应现代社会宣传、广告等方面的需要而兴盛起来的,是实用性很强的艺术。因为美术字醒目、美观、实用,也比较简单易学,所以很受人们的喜爱。

美术字的用途

在现代社会中,美术字的用途非常广泛,它可以用于报纸、杂志的标题和书刊的封面,可以用于宣传教育性的专栏、标语及各种各样的展览,可以用于广告、商标,也可以用于印章、徽章、机关单位的标牌及商店的招牌等,是应用很广的汉字艺术。

美术字的创作原则

写美术字是一种艺术创作,其形式多种多样,变化无穷,但任何美术字的创作都要遵守以下几个原则。

一、统一 所谓统一,就是同一作品中形式整齐。一般来说,字体要一致,字形大小要一致,同类笔画要一致。形式整齐是美术字最基本的要求。

二、变化 写美术字的目的,是要给人们以兴奋、愉快的感觉,所以,要在统一中求变化,避免呆板单调。但变化不能过度,若把字变得奇形怪状,不但不好看,而且使人看不出书写的是什么,这就失去了实用意义。所以,必须根据文字原有形体进行有规律的变化,才能收到良好的效果。

1. 笔画的变化 在汉字笔画中,横、竖是主要笔画,称"主形",撇、捺、点、提、钩、折等是次要笔画,称"副形"。一般来说副形变化多,主形变化少。

2. 整体字形的变化 为适应编排的需要,或增强形式美,整体字形可以有不同形状的变化,如长方、扁方、倾斜等,但一般避免用圆形和三角形。

3. 字体装饰的变化 为了字体形式美或突出主题,有时可以在笔画内添加各种花纹、线条或简单的图案来装饰,但应注意不要影响原形。

三、协调 所谓协调有两层意思,一是字的笔画粗细、曲直要协调,例如,字体的主形粗壮有力,副形也应粗壮有力;字体的主形活泼秀丽,副形也应活泼秀丽。二是字体与使用的场合、表现的内容要协调,例如,严肃的场合、内容要用庄重结实的字体;轻松的场合、内容,就应该选用活泼的字体。

四、安定 所谓安定,就是指整个字体重心平稳,各部分比例均衡得当,这是写美术字时不可忽略的问题,要细心安排。

常见美术字类别

现代美术字,从形式上大体可以分为平面美术字和立体美术字两大类。常见的平面美术字基本字体有老宋体、仿宋体、黑体。此外,还有各种各样的变体。

立体美术字是在平面美术字基础上,运用绘画透视原理,使字体产生立体效果的一种美术字。

生　词

倾向	qīngxiàng	(名)	tendency
宛曲	wǎnqū	(形)	winding
封面	fēngmiàn	(名)	cover
专栏	zhuānlán	(名)	special column

商标	shāngbiāo	（名）	trade mark
徽章	huīzhāng	（名）	badge; insignia
呆板	dāibǎn	（形）	stiff
单调	dāndiào	（形）	monotonous; dull
结实	jiēshi	（形）	solid; sturdy; strong
重心	zhòngxīn	（名）	centre of gravity
均衡	jūnhéng	（形）	balanced; proportionate
得当	dédàng	（形）	proper; apt
平面	píngmiàn	（名）	plane
立体	lìtǐ	（名）	stereoscopic
透视	tòushì	（名）	perspective

附录十三　常见美术字举例[①]

中华人民共和国

宋体

维护世界和平

黑体

先天下之忧而忧
后天下之乐而乐

仿宋体

[①] 选自高长德编《常用美术字新编》。

第九章 汉字艺术

书山有路
学海无涯
节约用水
平等 团结
友爱 互助
光荣榜

文化园
美术
学习
与 XIUYANG
修养
世界
永远

第十章 汉字的注音

第一节 历史上使用过的几种注音方法

汉字虽然是意音文字体系,近 90％的汉字形体结构中有表音的偏旁(转注字的字首、形声字的声旁),但表音的偏旁没有固定的位置,不易准确分辨哪个是表音偏旁;同时也由于语音的分化演变,许多表音的偏旁已不能准确地表音,或完全失去表音作用。此外,汉字体系中还有大约 10％的象形字、指事字、会意字,这些字根本没有表音成分。这是人们学习汉字时遇到的一个大困难,为此,人们发明了注音的方法。

在使用《汉语拼音方案》为汉字注音以前,曾使用读若、直音、反切(qiè)、注音字母等方法为汉字注音。

读　若

读若法又称"读如法",是用音同、音近的常用字注音的方法。这种注音法是汉代人发明的,许慎著《说文解字》,许多学者为古书作注释,经常使用这种方法。如:

逝……读若誓。(《说文解字·辵(chuò 部》)
唉……读若埃。(《说文解字·口部》)
闀(hòng)读近鸿(hóng)。(《吕氏春秋》高诱注)

直　音

直音法,是用同音的常用字注音的方法。如:
钊(zhāo)音招。(《尔雅》郭璞(pǔ)注)
拾音十。(《经典释文》)

"为"音"无为(wéi)"之"为"。(《汉书》应劭(shào)注)

直音法比读若法注音准确,但没有同音字无法注音,有同音字但太生僻,注了等于没注。于是唐代有人对早期直音法进行了改良,遇到被注字没有同音字,或虽有同音字但太生僻时,就选一个与被注字同声母、同韵母、不同声调的字作注音字,在注音字后注明被注字声调。如:

控,空去(《新加九经字样》)
寡,瓜上(《康熙字典》)
赦(shè),舍去(《四角号码新词典》)

直音法突出的优点是简明,因此成为传统的汉字注音方法之一。汉代以后有的书全部或主要使用直音法。如:南朝梁·顾野王的《玉篇》、唐代唐玄度的《新加九经字样》等。现在一些常见的工具书及其他著作,除用别的方法注音外,还兼用直音方法注音。如《康熙字典》、《辞海》、《新华词典》等。

改良以后的直音法在一定程度上解决了同音字难找、音近字注音不准的问题,但仍然是借字注音,不能对字音进行分析,同时还存在循环相注和不便初学的缺点。

反　　切

反切是用两个汉字相拼来给一个汉字注音的方法,有时单称"反"或"切"。在字典或古书的注释上用"××反"、"××切"来表示。反切中的第一个字叫反切上字,第二个字叫反切下字。取反切上字的声母,取反切下字的韵母和声调,拼合起来就是被注音字的读音。如:

同,徒红切。"同"是被切字,"徒"是反切上字,"红"是反切下字。取"徒"的声母 t 与"红"的韵母、声调 óng 相拼为 tóng,就是"同"字的读音。又如:

冬,都宗切。d+ōng⇒dōng
再,作代切。z+ài⇒zài

反切法产生于东汉末期。反切法把汉字音节分析为声母、韵母(含声调)两部分,又把一个字的声母和另一字的韵母(含声调)拼合成被注字的字音,创造了拼音的方法。用反切法注音,什么字音都可以拼出来,不但准确,而且比较方便,是汉字注音方法的一大进步。反切法自汉末以来,流行了一千七八百年,是汉字史上最主要的注音方法。《辞源》等现代辞书,在使用汉语拼音字母注音的同时,还兼用反切法注音。

反切法比起直音法来,虽然有很大进步,但还存在明显的缺点,主要是:

一、反切上下字数量太多。据统计,仅《广韵》一书所用的反切上下字就有一千六七百个,这必然带来学习的困难,尤其不适于初学汉字的人。

二、反切法初创时期,很容易拼读,但由于语音不断演变,后代人很难根据前人所注的反切拼出准确的读音。

三、反切上字的韵母和反切下字的声母给拼合带来障碍,是多余成分。

明清以来,虽然不断有人对反切法进行改良,努力使这些缺点减轻,但始终没有达到理想的境地。

注 音 符 号

注音符号,又称注音字母,是中国第一套法定的汉字形式的拼音字母。1913 年制定,1918 年公布。注音符号公布以后,又进行过一些修订,修订以后的注音字母共有 40 个,其中声母 24 个,韵母 16 个,用ˉ、ˊ、ˇ、ˋ标记阴平、阳平、上声、去声(阴平一般不标)。注音字母只用 37 个字母(其他 3 个只用来拼写方言),就可以拼出全部北京语音,基本上实现了音素化,使汉字注音真正走上了拼音的道路,是汉字注音法的根本性变革。注音字母的推行,从 1918 年到 1958 年《汉语拼音方案》公布,前后 40 年。这期间,出版字典、词典、图书几乎都用注音字母注音。注音字母在推行国语(普通话)、教学汉字等方面也都发挥了很大作用。但是,注音字母在语音分析上还有不够科学合理的地方,还没有实现彻底的音素化。如:ㄢ(an)、ㄣ(en)、ㄤ(ang)、ㄥ(eng)都是用一个字母代表两个音素。此外,连写不方便也是它的美中不足之处。

第十章 汉字的注音

声　母

ㄅ	ㄆ	ㄇ	ㄈ	万物	ㄉ	ㄊ	ㄋ	ㄌ
(b)	(p)	(m)	(f)		(d)	(t)	(n)	(l)

ㄍ	ㄎ	兀额	ㄏ		ㄐ	ㄑ	广尼	ㄒ
(g)	(k)		(h)		(j)	(q)		(x)

ㄓ	ㄔ		ㄕ	ㄖ	ㄗ	ㄘ	ㄙ
(zh)	(ch)		(sh)	(r)	(z)	(c)	(s)

韵　母

ㄚ	ㄛ	ㄜ	ㄝ		ㄞ	ㄟ	ㄠ	ㄡ
(a)	(o)	(e)	(ê)		(ai)	(ei)	(ao)	(ou)

ㄢ	ㄣ	ㄤ	ㄥ		ㄦ	ㄧ	ㄨ	ㄩ
(an)	(en)	(ang)	(eng)		(er)	(I)	(u)	(ü)

说明：

1. "｜"，在竖行里写作"一"。
2. 注音字母下括号内，是相应的汉语拼音字母。
3. 万、兀、广，要分别按<u>苏州</u>一带的物、额、尼的音念，主要用来拼写方言，普通话里没有这三个音。

生　词

改良	gǎiliáng	（动）	improve
循环	xúnhuán	（动）	circulate
境地	jìngdì	（名）	condition
修订	xiūdìng	（动）	revise
美中不足	měizhōngbùzú	（成）	a blemish in an otherwise perfect thing

第二节 汉语拼音方案

《汉语拼音方案》是给汉字注音和拼写普通话的方案,1958年2月中华人民共和国全国人民代表大会批准推行。

方案制订的经过及原则

中华人民共和国刚一成立,有关部门就着手进行汉语拼音方案的研究。中国文字改革委员会1955年2月设立的拼音方案委员会,根据以往的经验和各地群众的意见,制定了拟定汉语拼音方案的三项基本原则:

一、语音标准。拼音方案拼写的是以北京语音为标准音的普通话——汉民族共同语。

二、音节结构。采取音素化的音节结构,就是一个字母代表一个音素,不采取一个字母代表两个或三个音素的办法。

三、采用国际通用的拉丁字母。

根据这三项基本原则,1956年2月发表了《汉语拼音方案(草案)》。经过讨论试用,在1958年2月举行的第一届全国人民代表大会第五次会议上获得批准,这就是我们现在使用的《汉语拼音方案》。

方 案 内 容

《汉语拼音方案》有字母表、声母表、韵母表、声调符号、隔音符号五部分。字母表规定了字母的顺序和名称,声母表和韵母表规定了拼写法,另外对声调符号和隔音符号的使用也作了规定。《方案》全文如下:

汉语拼音方案

一　字母表

字母：	Aa	Bb	Cc	Dd	Ee	Ff	Gg
名称：	ㄚ	ㄅㄝ	ㄘㄝ	ㄉㄝ	ㄜ	ㄝㄈ	ㄍㄝ
	Hh	Ii	Jj	Kk	Ll	Mm	Nn
	ㄏㄚ	ㄧ	ㄐㄧㄝ	ㄎㄝ	ㄝㄌ	ㄝㄇ	ㄋㄝ
	Oo	Pp	Qq	Rr	Ss	Tt	
	ㄛ	ㄆㄝ	ㄑㄧㄡ	ㄚㄦ	ㄝㄙ	ㄊㄝ	
	Uu	Vv	Ww	Xx	Yy	Zz	
	ㄨ	ㄪㄝ	ㄨㄚ	ㄒㄧ	ㄧㄚ	ㄗㄝ	

v 只用来拼写外来语、少数民族语言和方言。

字母的手写体依照拉丁字母的一般书写习惯。

二　声母表

b	p	m	f	d	t	n	l
ㄅ玻	ㄆ坡	ㄇ摸	ㄈ佛	ㄉ得	ㄊ特	ㄋ讷	ㄌ勒
g	k	h		j	q	x	
ㄍ哥	ㄎ科	ㄏ喝		ㄐ基	ㄑ欺	ㄒ希	
zh	ch	sh	r	z	c	s	
ㄓ知	ㄔ蚩	ㄕ诗	ㄖ日	ㄗ资	ㄘ雌	ㄙ思	

在给汉字注音的时候，为了使拼式简短，zh ch sh 可以省作 ẑ ĉ ŝ。

三 韵母表

	i 丨 衣	u ㄨ 乌	ü ㄩ 迂
a ㄚ 啊	ia 丨ㄚ 呀	ua ㄨㄚ 蛙	
o ㄛ 喔		uo ㄨㄛ 窝	
e ㄜ 鹅	ie 丨ㄝ 耶		üe ㄩㄝ 约
ai ㄞ 哀		uai ㄨㄞ 歪	
ei ㄟ 欸		uei ㄨㄟ 威	
ao ㄠ 熬	iao 丨ㄠ 腰		
ou ㄡ 欧	iou 丨ㄡ 忧		
an ㄢ 安	ian 丨ㄢ 烟	uan ㄨㄢ 弯	üan ㄩㄢ 冤
en ㄣ 恩	in 丨ㄣ 因	uen ㄨㄣ 温	ün ㄩㄣ 晕
ang ㄤ 昂	iang 丨ㄤ 央	uang ㄨㄤ 汪	
eng ㄥ 亨的韵母	ing 丨ㄥ 英	ueng ㄨㄥ 翁	
ong (ㄨㄥ) 轰的韵母	iong ㄩㄥ 雍		

(1) "知、蚩、诗、日、资、雌、思"等七个音节的韵母用 i，即：知、蚩、诗、日、资、雌、思等字拼作 zhi, chi, shi, ri, zi, ci, si。

(2) 韵母ㄦ写成 er,用做韵尾的时候写成 r。例如:"儿童"拼作 ertong,"花儿"拼作 huar。

(3) 韵母ㄝ单用的时候写成 ê。

(4) i 行的韵母,前面没有声母的时候,写成:yi(衣),ya(呀),ye(耶),yao(腰),you(忧),yan(烟),yin(因),yang(央),ying(英),yong(雍)。

u 行的韵母,前面没有声母的时候,写成:wu(乌),wa(蛙),wo(窝),wai(歪),wei(威),wan(弯),wen(温),wang(汪),weng(翁)。

ü 行的韵母,前面没有声母的时候,写成:yu(迂),yue(约),yuan(冤),yun(晕);ü 上两点省略。

ü 行的韵母跟声母 j,q,x 拼的时候,写成:ju(居),qu(区),xu(虚),ü 上两点也省略;但是跟声母 n,l 拼的时候,仍然写成:nü(女),lü(吕)。

(5) iou, uei, uen 前面加声母的时候,写成:iu, ui, un。例如 niu(牛),gui(归),lun(论)。

(6) 在给汉字注音的时候,为了使拼式简短,ng 可以省作 ŋ。

四 声调符号

阴平ˉ 　　阳平ˊ 　　上声ˇ 　　去声ˋ

声调符号标在音节的主要母音上,轻声不标。例如:

妈 mā　　麻 má　　马 mǎ　　骂 mà　　吗 ma

(阴平)　(阳平)　(上声)　(去声)　(轻声)

五 隔音符号

a, o, e 开头的音节连接在其他音节后面的时候,如果音节的界限发生混淆,用隔音符号(')隔开,例如:pi'ao(皮袄)。

汉语拼音正词法

汉语拼音正词法,就是用《汉语拼音方案》拼写现代汉语的规则。《方案》公布的时候,没有制订正词法规则。为了使人们能正确使用汉语拼音,1982 年成立了汉语拼音正词法委员会,着手制订汉语拼音正词法的基本规则和各种专用规则。1988 年 7 月正式公布了《汉语拼音正词法基本规则》,内容包括分词连写法、成语拼写法、外来词语拼写法、人名地名拼写法、标调法、移行规则等。同时,为了适应特殊需要,提出一些可供技术处理的变通方式。这个正词法的总原则有以下几点:

一、拼写普通话基本上以词为书写单位,如:rén(人),pǎo(跑),hǎo(好),péngyou(朋友),wǎnhuì(晚会),dànshì(但是),diànshìjī(电视机),túshūguǎn(图书馆)。

二、表示一个整体概念的双音节和三音节结构,连写。如:quánguó(全国),wèndá(问答),zǒulái(走来),dǎpò(打破),duìbuqǐ(对不起),wénzìxué(文字学)。

三、四音节以上表示一个整体概念的名称,按词(或语节)分开写;不能按词(或语节)划分的,全部连写。如:Zhōnghuá Rénmín Gònghéguó(中华人民共和国),hóngshízìhuì(红十字会),gǔshēngwùxuéjiā(古生物学家)。

四、单音节词重叠,连写;双音节词重叠,即 ABAB 式结构分写,重叠并列,即 AABB 式结构,当中加短横。如:rénrén(人人),kànkàn(看看),yánjiū yánjiū(研究研究),xuěbái xuěbái(雪白雪白),shuōshuō-xiàoxiào(说说笑笑),qīngqīng-chǔchǔ(清清楚楚)。

五、为了便于阅读和理解,在某些场合可以用短横。如:gōng-guān(公关—公共关系),dà-zhōng-xiǎoxué(大中小学),bā-jiǔtiān(八九天),biànzhèng-wéiwùzhǔyì(辩证唯物主义)。

汉语拼音方案成为国际标准

《汉语拼音方案》采用国际通用的拉丁字母,实现彻底的音素化,标音准确,书写方便,是几十年制订汉语拼音方案工作集大成的产物。该方案推行四十多年来,在普通话推广、各级汉语教学、辞书排检注音、书刊索引、电报业务、电脑输入等方面发挥了巨大作用。由于汉语拼音方案自身的科学性强,推广使用成功,1977年9月7日联合国第三届地名标准化会议(雅典)认为,汉语拼音方案在语言学上是完善的,于是推荐用该方案作为拼写中国地名罗马字拼音的国际标准。1979年6月15日联合国秘书处发出通知,以汉语拼音方案的拼法作为在各种拉丁字母文字中转写中国人名、地名的国际标准。1982年国际标准化组织(ISO)也决定采用汉语拼音方案作为拼写汉语的国际标准,并于同年8月1日发出ISO—7098号文件《文献工作——中文罗马字母拼写法》,决定把汉语拼音方案作为世界文献工作中拼写中国专有名词和词语的国际标准。从此,汉语拼音方案取代威妥玛式等各种旧拼法,成为国际标准的汉语拼音方法,广泛通行于世界各国。世界上藏书量最大的美国国会图书馆首先采用汉语拼音方案作为汉字的译音系统。随之,全美各大学图书馆及中文教学,也广泛采用汉语拼音方案作为汉字拼音系统。与此同时,欧洲各国的汉语教学,包括不列颠百科全书有关中文部分的索引,也都采用这一国际标准。现在,世界各国的文献都已逐步改用汉语拼音方案拼写中国专有名词和词语。汉语拼音方案业已得到国际公认。

生　　词

着手	zhuóshǒu	(动)	set about
汉民族共同语	Hàn mínzú Gòngtóngyǔ		the common language of Han nationality
隔音符号	géyīn fúhào		syllable-dividing mark
正词法	zhèngcífǎ	(名)	Chinese Pinyin orthography
整体概念	zhěngtǐ gàiniàn		the concept of viewing the situation as a whole

第十一章 汉字的简化和整理

汉字突出的特点是以形表意,因此,形体众多、结构复杂是不可避免的。为了减轻汉字的繁难,人们不断地进行汉字的简化整理工作。可以说,汉字的简化整理工作贯穿在汉字发展演变的整个历史过程之中。本书第二章、第三章对此已有介绍,不再重复,这里只介绍 20 世纪以来的汉字简化整理情况。

第一节 20 世纪的汉字简化运动

20 世纪前半期的简体字运动

19 世纪末 20 世纪初,中国的一些知识分子,把中国落后挨打归罪于汉字的繁难。他们认为,中国落后挨打是因为科学教育不普及,而科学教育不普及是因为汉字太繁难。于是为了普及科学教育,富国强民,掀起了以拼音化为目标的汉字改革运动,相继出现了切音字运动、国语统一运动、注音字母运动、国语罗马字运动及拉丁化新文字运动。那时,也有人主张简化汉字。1909 年,陆费逵(kuí,1886~1941)发表《普通教育应当采用俗体字》(俗体字即简体字)一文,拉开了 20 世纪简体字运动的序幕。同时,一部分主张拼音化的汉字改革家也认为,改用拼音文字之前,应该先减省汉字的笔画,这"是目前最切要的办法"。1920 年,钱玄同在《新青年》上发表《减省汉字笔画的提议》;1922 年,他又在国语统一筹(chóu)备会第四次大会上提出《减省现行汉字的笔画案》。此后,简体字运动便逐渐开展起来。

1923 年以后,简体字运动逐渐形成了高潮,从事简体字搜集和研究工作的人多起来,报纸杂志也陆续发表关于简体字的文章,出版部门接连出版了几种系统整理简体字资料的著作,如刘复、李家瑞《宋元以来俗字谱》等。

1935年,简体字运动取得两项重大成果。年初,《申报》《太白》等报刊发表《手头字缘起》,推行第一批手头字300个,使简体字开始在多种杂志上出现。同年6月,钱玄同编成《简体字表》又称《简体字谱》,共2300余字。8月21日,由国民政府教育部批准公布了其中的一小部分,名为《第一批简体字表》(324字)。虽然后来因有人反对而停止推行,还是产生了一定的影响。抗日战争爆发以后,全国范围内的简体字运动也就随之停止了。

20世纪后半期的汉字简化整理工作

中华人民共和国成立以后,汉字简化工作,由民间提倡推行,变为在政府领导下,有组织地进行整理、设计、推行。这一时期的汉字简化整理工作,是从减少汉字笔画和精简汉字字数两个方面进行的。

1955年12月,文化部和文字改革委员会(简称"文改会")公布了《第一批异体字整理表》,列出异体字810组,共1865字,淘汰了重复多余的异体字1055个。

1956年1月,国务院正式公布了《汉字简化方案》。这个方案分三个表,共收简化字515个,简化偏旁54个。《方案》共简化繁体字544个。

1964年5月,在《汉字简化方案》分批推行的基础上,文改会又发表了《简化字总表》。《总表》共收简化字2238个,因"签"、"须"两字重见,实际为2236个,分三个表。第一表收352个不作偏旁用的简化字;第二表收132个可以作偏旁用的简化字和14个简化偏旁;第三表收1754个简化字,这些字都是用第二表的简化字和简化偏旁类推出来的。《总表》的简化字和原来的繁体字相比,笔画减少三分之一强。

在《简化字总表》公布的同时,《印刷通用汉字字形表》于1965年1月起开始推行。过去印刷体和楷书手写体字形不统一,如"真正"的"真"字,楷书手写体作"真",印刷体作"眞";印刷体字形也不统一,如"分别"的"别"字,楷书手写体作"别"印刷体有的作"别",有的作

"别"。这就像异体字一样增加了汉字的字数,加重了汉字的繁难。《印刷通用汉字字形表》收通用汉字6196个,对过去的印刷用字进行整理和革新,确定了汉字标准字形,作为统一印刷铅字的规范,同时废除了通用字中的旧印刷体。这种统一后的印刷体,消除了印刷体和手写体之间在字形结构上的分歧。现在一般书报、杂志用的都是这种字体。

此外,从1955年3月到1964年8月,经<u>国务院</u>批准,用同音代替方法更改了35个县级以上<u>生僻地名用字</u>,如"青海亹(mén)源回族自治县"改为"青海门源回族自治县"等。1959年<u>国务院</u>发布《统一我国计量制度的命令》,淘汰了一些计量专用汉字,如:"耗、糎、瓩、瓸"等。1977年7月,<u>文改会</u>、<u>国家标准计量局</u>又公布了《部分计量单位名称统一用字表》,淘汰了一些译名和译名用字,这些也是汉字简化工作的一个组成部分。

1977年12月,<u>文改会</u>公布了《第二次汉字简化方案(草案)》(简称《二简》)。《二简》分两个表,第一表收简化字248个,第二表收简化字605个,另外有简化偏旁61个。由于此表存在不少缺点,很快宣布收回研究修改。

1986年6月,国家明令<u>废止</u>《二简》。同年10月,重新发表经过个别调整的《简化字总表》,作为简化字的规范。

生　词

归罪	guīzuì	(动)	put the blame on
掀起	xiānqǐ	(动)	set off (a movement, etc.); start
相继	xiāngjì		in succession; one after another
切音字	qièyīnzì	(名)	phonetic Chinese alphabet
国语统一	guóyǔ tǒngyī		Standardizing National Language
国语罗马字	Guóyǔ Luómǎzì		National Language Romanization

拉丁化新文字	Lādīnghuà Xīnwénzì		Latinized New Writing
序幕	xùmù	（名）	prologue
切要	qièyào	（形）	very necessary
高潮	gāocháo	（名）	high tide
谱	pǔ	（名）	book
手头字	shǒutóuzì	（名）	conventional Chinese characters
缘起	yuánqǐ	（名）	genesis; origin
类推	lèituī	（动）	analogy
生僻	shēngpì	（形）	uncommon; rare
废止	fèizhǐ	（动）	annul

第二节　汉字简化工作的方针和方法

汉字简化的方针

新中国汉字简化工作的方针是"约定俗成，稳步前进"。

所谓"约定俗成"，就是在原有简体字的基础上进行简化，尽可能地采用社会上已经流行的简体字，这样容易被人接受。所谓"稳步前进"，是指简化步骤说的。就是说简化汉字不应一次都简化完，而是分期分批简化。这样能逐步培养人们认识使用简化字的习惯，同时也能适应印刷上的技术条件。"约定俗成，稳步前进"的方针，在很大程度上减少了汉字简化工作的阻力，是汉字简化成功的重要保证。据说《汉字简化方案》五百多个简化字中，除一个"灭"字是新造的以外，都是从千百年来广泛流传的简体和行草体中选出来的；在制定和推行过程中，反复征求意见，多次修订，再分批推行，最后编制出《简化字总表》。由于整个过程认真贯彻了"约定俗成，稳步前进"的方针，所以比较成功、比较顺利。而《第二次汉字简化方案》没有贯彻这一方针，失败是自然的。

汉字笔画简化的方法

汉字笔画简化的方法很多,主要可以归纳为以下 7 种:
1. 行草书楷化。如:
    書→书,長→长　專→专　東→东　爲→为　學→学
2. 采用古字。如:
    雲→云,從→从　電→电　氣→气　禮→礼　爾→尔
3. 改换偏旁。如:
    筆→笔　態→态,劇→剧　幫→帮　礎→础　這→这
4. 局部删除。如:
    醫→医　飛→飞　慮→虑　際→际　婦→妇　類→类
5. 代替(假借)。如:
    幾→几,臺→台　穀→谷　鬥→斗　醜→丑　後→后
6. 另造新字。如:
    護→护,體→体　驚→惊　義→义　廳→厅　衛→卫
7. 偏旁类推。如:
    言→讠,说、話、語、談……→说、话、语、谈……
    貝→贝,財、貴、圓、贏……→财、贵、圆、赢……

用前六种方法简化的汉字,收在《简化字总表》(1986 年版)第一表和第二表里,共计 482 字(见《附录十四》)。用偏旁类推方法简化的汉字,收在《简化字总表》的第三表里,共计 1753 字。

整理异体字的原则和方法

整理异体字的原则,是从俗从简相结合,照顾书写方便,具体做法是:

1. 从俗。所谓"从俗",就是在几个异体字中选择人们常用而通行较广的字,废除那些不常用的生僻字,如(括号里是废除的异体字,下同):

　抵(牴、觝)　村(邨)　筒(箇)　碗(盌)　效(効)　秘(祕)　考(攷)

2. 从简。所谓"从简",就是在几个异体字中选择笔画少的,废

除笔画较繁的。如：

尸（屍） 吃（喫） 乃（迺） 泅（洇） 凶（兇） 采（採） 昆（崑崐）

3. 从俗从简不能兼顾、笔画多少相差不多时，以从俗为主。如：
春（旾） 辉（暉、煇） 叙（敍、敘） 叫（呌）

4. 由于移动偏旁部位造成的异体字，根据书写方便与否（主要照顾横行书写），决定取舍。如：
群（羣） 峰（峯） 略（畧） 够（夠） 绵（緜）

整理印刷体字形的原则和方法

整理印刷体字形，编制《印刷通用汉字字形表》遵循的主要原则是宋体楷化，简化字形，方便书写。具体做法是：

1. 尽量改"入"为"人"。如："全→全 內→内 滿→满

2. 减少笔画。如：文→文 黃→黄 呂→吕 者→者 蚤→蚤 寬→宽 良→良（朗） 辶→辶（近）

3. 连接笔画。如：艹→艹（花） 羊→羊（差） 兔→兔 䓃→莽 巨→巨 片→片 及→及 并→并 开→开（形） 示→礻（社）

4. 改变笔形。如：戶→户 丰→丰 眞→真 没→没 羽→羽 俞→俞 彥→彦 骨→骨 令→令 青→青 曾→曾 肖→肖

5. 延伸或缩短笔画。如：角→角 別→别 灰→灰 黽→黾（绳） 丑→丑 污→污

6. 改变结构。如：默→默 奐→奂（换）

生　　词

从（俗）	cóng(sú)	（动）	follow (the general custom)
取舍	qǔshě	（动）	accept or reject
延伸	yánshēn	（动）	extend

附录十四 《简化字总表》第一表、第二表(1986年版)

第一表
不作简化偏旁用的简化字

本表共收简化字 350 个,按读音的拼音字母顺序排列。本表的简化字都不得作简化偏旁使用。

A	灿〔燦〕	辞〔辭〕	E
碍〔礙〕	层〔層〕	聪〔聰〕	儿〔兒〕
肮〔骯〕	搀〔攙〕	从〔叢〕	F
袄〔襖〕	谗〔讒〕	D	矾〔礬〕
B	馋〔饞〕	担〔擔〕	范〔範〕
坝〔壩〕	缠〔纏〕②	胆〔膽〕	飞〔飛〕
板〔闆〕	忏〔懺〕	导〔導〕	坟〔墳〕
办〔辦〕	偿〔償〕	灯〔燈〕	奋〔奮〕
帮〔幫〕	厂〔廠〕	邓〔鄧〕	粪〔糞〕
宝〔寶〕	彻〔徹〕	敌〔敵〕	凤〔鳳〕
报〔報〕	尘〔塵〕	籴〔糴〕	肤〔膚〕
币〔幣〕	衬〔襯〕	递〔遞〕	妇〔婦〕
毙〔斃〕	称〔稱〕	点〔點〕	复〔復〕
标〔標〕	惩〔懲〕	淀〔澱〕	〔複〕
表〔錶〕	迟〔遲〕	电〔電〕	G
别〔彆〕	冲〔衝〕	冬〔鼕〕	盖〔蓋〕
卜〔蔔〕	丑〔醜〕	斗〔鬥〕	干〔乾〕③
补〔補〕	出〔齣〕	独〔獨〕	〔幹〕
C	础〔礎〕	吨〔噸〕	赶〔趕〕
才〔纔〕	处〔處〕	夺〔奪〕	个〔個〕
蚕〔蠶〕①	触〔觸〕	堕〔墮〕	巩〔鞏〕

---

① 蚕:上从天,不从夭。
② 缠:右从厘,不从厘。
③ 乾坤、乾隆的乾读 qián(前),不简化。

沟〔溝〕	还〔還〕	讲〔講〕	L
构〔構〕	回〔迴〕	酱〔醬〕	腊〔臘〕
购〔購〕	伙〔夥〕②	胶〔膠〕	蜡〔蠟〕
谷〔穀〕	获〔獲〕	阶〔階〕	兰〔蘭〕
顾〔顧〕	〔穫〕	疖〔癤〕	拦〔攔〕
刮〔颳〕	J	洁〔潔〕	栏〔欄〕
关〔關〕	击〔擊〕	借〔藉〕④	烂〔爛〕
观〔觀〕	鸡〔鷄〕	仅〔僅〕	累〔纍〕
柜〔櫃〕	积〔積〕	惊〔驚〕	垒〔壘〕
H	极〔極〕	竞〔競〕	类〔類〕⑤
汉〔漢〕	际〔際〕	旧〔舊〕	里〔裏〕
号〔號〕	继〔繼〕	剧〔劇〕	礼〔禮〕
合〔閤〕	家〔傢〕	据〔據〕	隶〔隸〕
轰〔轟〕	价〔價〕	惧〔懼〕	帘〔簾〕
后〔後〕	艰〔艱〕	卷〔捲〕	联〔聯〕
胡〔鬍〕	歼〔殲〕	K	怜〔憐〕
壶〔壺〕	茧〔繭〕	开〔開〕	炼〔煉〕
沪〔滬〕	拣〔揀〕	克〔剋〕	练〔練〕
护〔護〕	硷〔鹼〕	垦〔墾〕	粮〔糧〕
划〔劃〕	舰〔艦〕	恳〔懇〕	疗〔療〕
怀〔懷〕	姜〔薑〕	夸〔誇〕	辽〔遼〕
坏〔壞〕①	浆〔漿〕③	块〔塊〕	了〔瞭〕⑥
欢〔歡〕	桨〔槳〕	亏〔虧〕	猎〔獵〕
环〔環〕	奖〔奬〕	困〔睏〕	临〔臨〕⑦

---

① 不作坏。坯是砖坯的坯,读 pī(批),坏坯二字不可互混。
② 作多解的夥不简化。
③ 浆、桨、奖、酱:右上角从夕,不从夕或爫。
④ 藉口、凭藉的藉简化作借,慰藉、狼藉等的藉仍用藉。
⑤ 类:下从大,不从犬。
⑥ 瞭:读 liǎo(了解)时,仍简作了,读 liào(瞭望)时作瞭,不简作了。
⑦ 临:左从一短竖一长竖,不从亅。

邻〔鄰〕	拟〔擬〕	秋〔鞦〕	实〔實〕
岭〔嶺〕①	酿〔釀〕	曲〔麯〕	适〔適〕⑥
庐〔廬〕	疟〔瘧〕	权〔權〕	势〔勢〕
芦〔蘆〕	**P**	劝〔勸〕	兽〔獸〕
炉〔爐〕	盘〔盤〕	确〔確〕	书〔書〕
陆〔陸〕	辟〔闢〕	**R**	术〔術〕⑦
驴〔驢〕	苹〔蘋〕	让〔讓〕	树〔樹〕
乱〔亂〕	凭〔憑〕	扰〔擾〕	帅〔帥〕
M	扑〔撲〕	热〔熱〕	松〔鬆〕
么〔麽〕②	仆〔僕〕③	认〔認〕	苏〔蘇〕
霉〔黴〕	朴〔樸〕	**S**	〔嘛〕
蒙〔矇〕	**Q**	洒〔灑〕	虽〔雖〕
〔濛〕	启〔啓〕	伞〔傘〕	随〔隨〕
〔懞〕	签〔籤〕	丧〔喪〕	**T**
梦〔夢〕	千〔韆〕	扫〔掃〕	台〔臺〕
面〔麵〕	牵〔牽〕	涩〔澀〕	〔檯〕
庙〔廟〕	纤〔縴〕	晒〔曬〕	〔颱〕
灭〔滅〕	〔纖〕④	伤〔傷〕	态〔態〕
蔑〔衊〕	窍〔竅〕	舍〔捨〕	坛〔壇〕
亩〔畝〕	窃〔竊〕	沈〔瀋〕	〔罎〕
N	寝〔寢〕	声〔聲〕	叹〔嘆〕
恼〔惱〕	庆〔慶〕⑤	胜〔勝〕	誊〔謄〕
脑〔腦〕	琼〔瓊〕	湿〔濕〕	体〔體〕

---

① 岭:不作岺,免与岑混。
② 读 me 轻声。读 yāo(天)的么应作幺(幺本字)。吆应作吆。麼读 mó(摩)时不简化,如幺麼小丑。
③ 前仆后继的仆读 pū(扑)。
④ 纤维的纤读 xiān(先)。
⑤ 庆:从大,不从犬。
⑥ 古人南宫适、洪适的适(古字罕用)读 kuò(括)。此适字本作适,为了避免混淆,可恢复本字适。
⑦ 中药苍术、白术的术读 zhú(竹)。

粜〔糶〕	〔繫〕③	阳〔陽〕	郁〔鬱〕
铁〔鐵〕	戏〔戲〕	养〔養〕	誉〔譽〕
听〔聽〕	虾〔蝦〕	痒〔癢〕	渊〔淵〕
厅〔廳〕①	吓〔嚇〕④	样〔樣〕	园〔園〕
头〔頭〕	咸〔鹹〕	钥〔鑰〕	远〔遠〕
图〔圖〕	显〔顯〕	药〔藥〕	愿〔願〕
涂〔塗〕	宪〔憲〕	爷〔爺〕	跃〔躍〕
团〔團〕	县〔縣〕⑤	叶〔葉〕⑦	运〔運〕
〔糰〕	响〔響〕	医〔醫〕	酝〔醞〕
椭〔橢〕	向〔嚮〕	亿〔億〕	Z
W	协〔協〕	忆〔憶〕	杂〔雜〕
洼〔窪〕	胁〔脅〕	应〔應〕	赃〔臟〕
袜〔襪〕②	亵〔褻〕	痈〔癰〕	脏〔臟〕
网〔網〕	衅〔釁〕	拥〔擁〕	〔髒〕
卫〔衛〕	兴〔興〕	佣〔傭〕	凿〔鑿〕
稳〔穩〕	须〔鬚〕	踊〔踴〕	枣〔棗〕
务〔務〕	悬〔懸〕	忧〔憂〕	灶〔竈〕
雾〔霧〕	选〔選〕	优〔優〕	斋〔齋〕
X	旋〔鏇〕	邮〔郵〕	毡〔氈〕
牺〔犧〕	Y	余〔餘〕⑧	战〔戰〕
习〔習〕	压〔壓〕⑥	御〔禦〕	赵〔趙〕
系〔係〕	盐〔鹽〕	吁〔籲〕⑨	折〔摺〕⑩

---

① 厅:从厂,不从广。
② 袜:从末,不从未。
③ 系带子的系读 jì(计)。
④ 恐吓的吓读 hè(赫)。
⑤ 县:七笔。上从且。
⑥ 压:六笔。土的右旁有一点。
⑦ 叶韵的叶读 xié(协)。
⑧ 在余和馀意义可能混淆时,仍用馀。如文言句"馀年无多"。
⑨ 喘吁吁,长吁短叹的吁读 xū(虚)。
⑩ 在折和摺意义可能混淆时,仍用摺。

这〔這〕	钟〔鐘〕	筑〔築〕	浊〔濁〕
征〔徵〕①	〔鍾〕	庄〔莊〕②	总〔總〕
症〔癥〕	肿〔腫〕	桩〔樁〕	钻〔鑽〕
证〔證〕	种〔種〕	妆〔妆〕	
只〔隻〕	众〔衆〕	装〔裝〕	
〔祇〕	昼〔晝〕	壮〔壯〕	
致〔緻〕	朱〔硃〕	状〔狀〕	
制〔製〕	烛〔燭〕	准〔準〕	

① 宫商角徵羽的徵读 zhǐ(止),不简化。
② 庄:六笔。土的右旁无点。

第二表
可作简化偏旁用的简化字和简化偏旁

本表共收简化字 132 个和简化偏旁 14 个。简化字按读音的拼音字母顺序排列,简化偏旁按笔数排列。

A	C	窜〔竄〕	对〔對〕
爱〔愛〕	参〔參〕	D	队〔隊〕
B	仓〔倉〕	达〔達〕	E
罢〔罷〕	产〔產〕	带〔帶〕	尔〔爾〕
备〔備〕	长〔長〕①	单〔單〕	F
贝〔貝〕	尝〔嘗〕②	当〔當〕	发〔發〕
笔〔筆〕	车〔車〕	〔噹〕	〔髮〕
毕〔畢〕	齿〔齒〕	党〔黨〕	丰〔豐〕③
边〔邊〕	虫〔蟲〕	东〔東〕	风〔風〕
宾〔賓〕	刍〔芻〕	动〔動〕	G
	从〔從〕	断〔斷〕	冈〔岡〕

① 长:四笔。笔顺是:ノ一七长。
② 尝:不是賞的简化字。賞的简化字是赏(见第三表)。
③ 四川省酆都县已改丰都县。姓酆的酆不简化作邦。

广〔廣〕	〔儘〕	录〔錄〕	迁〔遷〕
归〔歸〕	进〔進〕	虑〔慮〕	佥〔僉〕
龟〔龜〕	举〔舉〕	仑〔侖〕	乔〔喬〕
国〔國〕	**K**	罗〔羅〕	亲〔親〕
过〔過〕	壳〔殼〕②	**M**	穷〔窮〕
H	**L**	马〔馬〕④	区〔區〕⑨
华〔華〕	来〔來〕	买〔買〕	**S**
画〔畫〕	乐〔樂〕	卖〔賣〕⑤	啬〔嗇〕
汇〔匯〕	离〔離〕	麦〔麥〕	杀〔殺〕
〔彙〕	历〔歷〕	门〔門〕	审〔審〕
会〔會〕	〔曆〕	黾〔黽〕⑥	圣〔聖〕
J	丽〔麗〕③	**N**	师〔師〕
几〔幾〕	两〔兩〕	难〔難〕	时〔時〕
夹〔夾〕	灵〔靈〕	鸟〔鳥〕⑦	寿〔壽〕
戋〔戔〕	刘〔劉〕	聂〔聶〕	属〔屬〕
监〔監〕	龙〔龍〕	宁〔寧〕⑧	双〔雙〕
见〔見〕	娄〔婁〕	农〔農〕	肃〔肅〕⑩
荐〔薦〕	卢〔盧〕	**Q**	岁〔歲〕
将〔將〕①	虏〔虜〕	齐〔齊〕	孙〔孫〕
节〔節〕	卤〔鹵〕	岂〔豈〕	**T**
尽〔盡〕	〔滷〕	气〔氣〕	条〔條〕⑪

---

① 将：右上角从夕，不从夕或爫。
② 壳：几上没有一小横。
③ 丽：七笔。上边一横，不作两小横。
④ 马：三笔。笔顺是：㇈马马。上部向左稍斜，左上角开口，末笔作左偏旁时改作平挑。
⑤ 卖：从十从买，上不从士或土。
⑥ 黾：从口从电。
⑦ 鸟：五笔。
⑧ 作门屏之间解的宁（古字罕用）读 zhù（柱）。为避免此宁字与宁的简化字混淆，原读 zhù 的宁作㝉。
⑨ 区：不作区。
⑩ 肃：中间一竖下面的两边从八，下半中间不从米。
⑪ 条：上从夂，三笔，不从夂。

W	严〔嚴〕	Z	只〔隻〕
万〔萬〕	厌〔厭〕	郑〔鄭〕	钅〔金〕⑨
为〔爲〕	尧〔堯〕④	执〔執〕	䒑〔𦥑〕
韦〔韋〕	业〔業〕	质〔質〕	𦍌〔睪〕⑩
乌〔烏〕①	页〔頁〕	专〔專〕	圣〔￼〕
无〔無〕②	义〔義〕⑤	**简化偏旁**	亦〔䜌〕
X	艺〔藝〕	讠〔言〕⑥	呙〔咼〕
献〔獻〕	阴〔陰〕	饣〔食〕⑦	
乡〔鄉〕	隐〔隱〕	汤〔昜〕⑧	
写〔寫〕③	犹〔猶〕	纟〔糸〕	
寻〔尋〕	鱼〔魚〕	𡙇〔𣪘〕	
Y	与〔與〕	𢧐〔戰〕	
亚〔亞〕	云〔雲〕	𠂇〔臨〕	

---

① 乌：四笔。
② 无：四笔。上从二，不可误作旡。
③ 写：上从冖，不从宀。
④ 尧：六笔。右上角无点，不可误作尧。
⑤ 义：从乂（读 yì）加点，不可误作叉（读 chā）。
⑥ 讠：二笔。不作㇉。
⑦ 饣：三笔。中一横折作➝，不作丿或点。
⑧ 汤：三笔。
⑨ 钅：第二笔是一短横，中两横，竖折不出头。
⑩ 睾丸的睾读 gāo（高），不简化。

附录十五 偏旁类推简化字例

〔按偏旁组字多少顺序排列，"—"后为类推简化字例，繁体用新字形〕

1. 用第二表 132 个简化字类推的简化字例：

貝→贝—员货…　　車→车—转连…　　頁→页—题颜…
魚→鱼—渔鲜…　　門→门—们问…　　見→见—觉现…
鳥→鸟—鸦鸭…　　馬→马—妈吗…　　婁→娄—楼数…

龍→龙—笼聋…　聶→聂—摄镊…　豐→丰—沣艳…
韋→韦—伟违…　來→来—莱涞…　條→条—涤绦…
堯→尧—烧浇…　執→执—垫挚…　罷→罢—摆罴…
區→区—欧鸥…　監→监—蓝篮…　歲→岁—秽刿…
倉→仓—枪抢…　專→专—砖传…　竄→窜—蹿撺…
僉→佥—脸签…　寧→宁—泞拧…　黨→党—谠傥…
夾→夹—峡狭…　東→东—冻栋…　產→产—铲萨…
風→风—枫飘…　樂→乐—栎烁…　時→时—鲥埘…
單→单—弹禅…　岡→冈—刚纲…　義→义—议仪…
會→会—绘脍…　華→华—桦烨…　孫→孙—狲逊…
齒→齿—龄龈…　厭→厌—餍恹…　與→与—屿欤…
戔→戋—钱浅…　無→无—抚芜…　氣→气—忾饩…
喬→乔—桥侨…　黽→黾—蝇绳…　質→质—踬…
齊→齐—济挤…　愛→爱—嗳嗳…　屬→属—嘱…
賓→宾—缤槟…　嗇→啬—墙樯…　聖→圣—蛏…
賣→卖—读续…　從→从—纵苁…　麥→麦—麸…
豈→岂—铠皑…　肅→肃—萧箫…　嚴→严—俨…
兩→两—辆俩…　達→达—哒挞…　慮→虑—滤…
萬→万—励迈…　爾→尔—玺弥…　將→将—蒋…
參→参—渗惨…　難→难—滩摊…　鄭→郑—掷…
芻→刍—趋雏…　師→师—狮筛…　離→离—篱…
盧→卢—泸颅…　雲→云—芸昙…　審→审—婶…
長→长—张账…　尋→寻—鲟荨…　鄉→乡—飨…
亞→亚—哑娅…　當→当—挡档…　蟲→虫—蛊…
壽→寿—祷涛…　農→农—浓哝…　龜→龟—阄…
侖→仑—轮论…　發→发—泼废…　筆→笔—滗…
幾→几—机饥…　畢→毕—哔跸…　藝→艺—呓…
歷→历—沥雳…　烏→乌—钨呜…　節→节—栉…
廣→广—扩旷…　國→国—蝈帼…　薦→荐—鞯…
麗→丽—骊鹂…　盡→尽—烬荩…　匯→汇—扡…
羅→罗—锣逻…　爲→为—伪沩…　畫→画—婳

備→备—惫
殺→杀—铩
親→亲—榇
寫→写—泻
窮→穷—劳
買→买—荬
殼→壳—悫
嘗→尝—鳘
舉→举—榉
帶→带—滞
歸→归—岿
靈→灵—棂
錄→录—箓
業→业—邺
虜→虏—掳
鹵→卤—鹾
雙→双→扨
對→对—怼
動→动—恸
遷→迁—跹
進→进—琎
過→过—挝
邊→边—笾
隊→队—坠
陰→阴—荫
隱→隐—瘾
劉→刘—浏
斷→断—簖
猶→犹—莸
獻→献—谳

2. 用十四个简化偏旁类推的简化字例：

釒→钅—银铜…
言→讠—说语…
糹→纟—红线…
飠→饣—饭饮…
𤇾→劳—劳莹…
昜→㐭—杨场…
巠→圣—轻经…
䜌→亦—变恋…
咼→呙—锅窝…
睪→𠰻—泽译…
臤→収—坚贤…
𦥯→⺍—学觉…
臨→𬀩—览鉴…
戠→只—职识…

第十二章　学汉字常用工具书及其排检方法

第一节　学汉字常用工具书简介

在学习汉语汉字的过程中,经常会遇到不会写、不会读或不知意义用法的字,这就需要查工具书。初学汉语的人,自然是用汉字和母语文字对照的字典、词典为好;但如果有了一定的汉语水平,认识了一定数量汉字以后,就应该逐步培养直接使用中文工具书的能力和习惯。使用中文工具书,可避免翻译带来的误差,也可促进汉语汉字的学习。

学汉字常用工具书有字典、词典和各种字表等。字典以字为收集的对象,主要是为查字用,所以注释的重点在讲明字的读音、写法、意义、用法等。有的字典也收集一些词语,但目的只是为了说明字的意义或用法。词典以词语为收集对象,主要是为查词语用。不过,一般词典也是按单字字头排列,它们对每个字都有注音和释义,所以词典实际上兼有字典的作用。各种字表、字形资料汇编等,只收集字形,主要为查某一范围内使用的汉字的字形用。

汉语字典、词典等工具书的数量和种类很多,下面根据不同需要介绍一些可供外国人选用的字典、词典、字表等工具书。

查现代汉语常用字、通用字

想知道现代汉语常用字、通用字的形、音、义,可选用的小型字典、词典有《新华字典》、《四角号码新词典》,中型的有《现代汉语词典》、《汉字形义分析字典》。想知道哪些汉字是现代汉语常用字,可查阅《现代汉语常用字表》。想知道哪些汉字是现代汉语通用字,可查阅《现代汉语通用字表》。想了解常用汉字构词能力及构词形式，可查《常用构词字典》和《实用解字组词字典》。

《新华字典》是供具有中等以上文化水平的读者使用的小字典，人民教育出版社1953年出版，以后多次修订重排，目前最新版本为商务印书馆2011年修订本（第11版）。新版《新华字典》收汉字一万一千个左右，收带注解的词语3300条左右。采用汉语拼音字母和注音字母两种方法注音。解释字义以现代汉语的意义为主，注意揭示多义字不同意义之间的关系，注意标明字的用法。是一本字形规范、注音标准、释义精确、深受欢迎的小型字典。目前，该字典发行量已突破四亿册，是世界上发行量最大的字典。

2000年，商务印书馆国际有限公司出版了姚乃强主编的《汉英双解新华字典》。它完整地保存了《新华字典》的全部原文和所有功能，并在此基础上对原字典中的字、词、句、文及其他资料用英文逐一解释，使之集汉英两种释义于一体，一书两用，汉英互补，相得益彰。非常适宜学习汉语的外国人使用。

《四角号码新词典》是供中等文化水平的读者使用的小型词典，由商务印书馆编，1950年初版，2008年第十次修订重排。重新修订的《四角号码新词典》收单字11900多个，复音词23700多条，所收词语以现代为主，兼收一些古词。采用汉语拼音字母、注音字母、直音三种方法注音。字、词的释义简单明确。这本词典采用四角号码排检法，学会四角号码查字法，使用起来很方便。

《现代汉语词典》是以现代汉语普通话语汇为主的中型词典。由中国社会科学院语言研究所词典编辑室编，商务印书馆1978年出版。目前最新的版本是2012年第5版。全书收字、词、词组、熟语、成语共约69000余条。采用汉语拼音字母注音，每个词条都有注音。释义以现代汉语为标准，不详列古义。这本词典字形、词形、注音、释义等规范性强，是学习汉语的必备工具书。

《现代汉语规范字典》，李行健主编，1998年语文出版社初版，2010年改由外语教学与研究出版社出版。该字典收录单字（包括繁体字、异体字）13000多个，供学生和中等文化程度的读者使用。义项按照词义引申脉络排列。根据语法功能按义项标注词性。对容易出错的字形、读音、笔顺、用法以及在学习、使用中可能遇到的疑点、难点等均给出提示,引导规范使用。释义准确简明,例证富有时代气息。

《汉字形义分析字典》,曹先擢、苏培成主编,北京大学出版社1999年出版。该字典收现代汉语通用字7000个,形音义兼释,而重在形义。每字先列出现代读音和意义,然后从字形分析入手,说明字形和字义、字音的联系。分析字形,一般追溯到小篆,有的还追溯到甲骨文、金文。解释字义,重视说明本义和引申义之间的联系,举例说明古今字义的传承和用法的重要变化,说明哪些意义是假借义。

《现代汉语常用字表》由国家语言文字工作委员会汉字处编,语文出版社1988年出版。此表收常用汉字2500个,次常用汉字1000个,共计3500个。这些常用字和次常用字,分别按笔画、部首(201个)、汉语拼音字母顺序列成字表,字表后还附有《现代汉语常用字词例》。经检测,3500个常用字、次常用字在现代汉语书报中覆盖率达99.48%。学习汉语汉字的外国人,可以用它检测自己掌握常用汉字的数量,具有初级以上汉语基础的人,也可以把它作为集中识字的课本。

《现代汉语通用字表》由国家语言文字工作委员会汉字处编,语文出版社1989年出版,这个字表是在《印刷通用汉字字形表》的基础上制订的,共7000字,其中包括《现代汉语常用字表》中的3500字。选字原则和编排方法,与《现代汉语常用字表》基本相同。不过它没有附录"词例",而附录了"现代汉语通用字数据统计表"。

《常用构词字典》是一本反映常用汉字构词能力、构词形式的字典,傅兴岭、陈章焕主编,中国人民大学出版社1982年出版。此书收常用汉字3994个,词、词组、成语和熟语约90000个。字头后,先用汉语拼音字母注音,然后解释字义,最后按字在词中所处的前后位置,分组列出由这个字构成的复音词。这本书对了解汉字构词能力和构词形式、对练习组词、扩大词汇量都有很大帮助。

同类的字典还有**《实用解字组词字典》**,周士琦编,上海辞书出版社1986年出版,收单字7000多个,词语80000多条。"解字",即简要解释通用词语中的字义,"组词",即列出由该字组成的词。较《常用构词字典》周详。

查古汉语用字和生僻字

有中高级汉语水平的外国人学习古代汉语或阅读较深的书报文章时,常会遇到古代汉语用字或生僻字,这就需要查专门收古汉语用字的字典或收字丰富的大型字典、词典。一般来说,查古代汉语用字或生僻字,小型的可查《古汉语常用字字典》、《说文解字》,中型的可查《辞海》、《辞源》、《中文形音义综合大字典》、《王力古汉语字典》。如果这几部书查不到,就要查《康熙(xī)字典》、《中华大字典》或《汉语大字典》。

《古汉语常用字字典》是一本比较通俗、适合于中等以上文化程度读者使用的小型字典。主要由北京大学中文系学者编写,商务印书馆 1979 年出版,2005 年出版第 4 版。新版收古汉语常用字 6400 多个,复音词 3000 多条。此书用汉语拼音字母和注音字母注音,释义简明易懂、注意古今字义的辨别和义近易混字的区分。

《说文解字》,简称《说文》,东汉许慎著。该书是中国第一部字典,也是世界现存最早的字典。全书十五篇,收汉代通行的汉字 9353 字,同时收古文、籀文等重文 1163 个。该书首创部首编排法,全书分 540 部,具有相同表义偏旁的字排在一部,每部第一字为部首。同部的字中,意义相近的排列在一起。单字字头用小篆书写,篆文下先解释字义,然后分析解释字形、字音,有时还举出例证。该书保存了小篆和部分古文、籀文的形体,保存了汉字的古义、古音,是学习研究中国古代语言文字的重要工具书。许慎原本《说文解字》没有流传下来,现在通行的是,南唐 徐锴(920~974)作注的《说文解字系传》(通称小徐本)和徐锴的哥哥徐铉(917~992)校订的《说文解字》(通称大徐本)。由于该书释义简而古,用反切注音(徐铉、徐锴所加),查字也比较难,使用者需具备一定的古汉语基础,故不适于一般学习古汉语的外国人使用。

《辞源》(修订本)。新版《辞源》是一部阅读古代书籍的中型工具书和古典文史研究工作者的参考书,商务印书馆 1979 年至 1983 年陆续出版四卷本,后又出版缩印一卷本,收单字 12890 个,收词语 84134 条。它用拼音字母、注音字母、反切三种方法注音,释义详细明确,注意说明字、词的来源以及它们在使用过程中的发展演变。因为它是读古书用的,所以仍使用繁体字。

《辞海》(新版)是综合性百科全书式的中型词语工具书,由舒新城、陈望道、夏征农等相继主编,上海辞书出版社1979年出版,1989年、1999年、2009年又相继修订出版。第六版《辞海》有6册精装彩图本、5卷精装彩图本、3卷普及本和缩印一卷本四种书型。2009年版收单字17914个,词目127200余条。用汉语拼音字母注音,生僻字还加直音注音。释义详细,语言通俗易懂。

《中文形音义综合大字典》,本名《正中形音义综合大字典》,台湾高树藩(fān)编纂,台北正中书局1971年出版,后多次增订重版。1989年,中华书局据正中书局1984年增订本影印出版,书名改为《中文形音义综合大字典》。该字典收字9000余个,其中正体字7500余个,异体字1700余个。该字典形音义兼释,分析字形,先选列不同书体具有代表性的字形,然后以篆体为主,上溯甲骨文、金文,就字形释本义,并引用诸家考释,加以说明;注音除注今音外,兼注古音;解释字义,分别义项,每一义项先定词性,然后解释举例;许多字在释义后又有"辨正"一项,或列举异体字,或分辨形近字,或辨析同义字、近义字,以便帮助读者正确掌握汉字。

《王力古汉语字典》是一部中型古汉语字典,王力主编,中华书局2000年出版。王力早在40年代就设计了理想字典的模式,酝酿了40多年,于1984年才着手编写,可惜不久去世。编著工作主要由王力的学生辈学者唐作藩、郭锡良等完成。全书收字10000多个。该字典力求释义明确,努力理清本义和引申之间的关系,特别注意词义的时代特点,并将僻义或文献传注中不可靠的义项列入备考。本字典纠正了前代字典中的一些失误。此外,还有同义词辨析、同源字分析、联绵字注释、按语、部首总论等内容。本字典简明而信息量大、功能多,各类读者均可从中获益。

《康熙字典》于清代康熙(年号,1662~1722)年间编成,张玉书、陈廷敬主编。全书收字47035个,其中重文1995个。字头下先用反切和直音两种方法注音,再解释字的本义,再后,列出这个字的别音别义。这部字典有两个特点,一是收字多,一些生僻字差不多都可以查到;二是例证引古书多,有助于阅读古代汉语书籍。原版《康熙字典》由于编纂时间较早,现代人用起来有一些困难。1979年中国台北出版了高树藩的《新修康熙字典》。这本书不仅纠正了原书的一些错误,改进了编排形式,还增加了注音字母、国语罗马字拼音、四声等注音方法,增加了标点符号。科学性和实用性都提高了。

《中华大字典》是20世纪初在《康熙字典》基础上编成的,陆费逵(kuí)、欧阳溥(pǔ)存主编,收字4800多个,以古汉语用字为主,兼收近代方言及外来语用字。采用反切、直音两种方法注音,并注明韵部。解释字义分条例举,每个义项另起一行;引证简明,每义只引例证一条。

《汉语大字典》汉语大字典编辑委员会编纂,主编徐中舒(1898—1992),1986年至1990年陆续由四川辞书出版社、湖北辞书出版社联合出版八卷本,收字54678个,1992年出版单卷缩印本,1995年出版3卷本。2010年出版9卷本(第2版),收字60370个。该书是当代大型字典,是古今楷书汉字单字的大汇编,其他字典上查不到的汉字形、音、义,在这部字典中几乎都能查到。楷书字头下,收列能反映汉字形体演变关系的甲骨文、金文、篆书和隶书等不同字体,并简要说明字形结构和字体的演变。

这部书在继承前人成果的基础上,注意吸收汉字研究的最新成果,注重形、音、义的密切配合,尽可能历史地、正确地反映汉字形、音、义的全貌,是当今世界上除《中华字海》(中华书局、中国友谊出版公司出版,1994)以外收字最多的汉字字典。

查字形、字体

了解、研究汉字字形字体发展的历史,学习、研究汉字的书法、篆刻艺术,就要查专门收集汉字字形的工具书。想一般了解古代文字的形体,可查《汉语古文字字形表》、《秦汉魏晋篆隶字形表》、《古文字类编》。想深入研究甲骨文、金文,可查《甲骨文编》、《金文编》。想深入研究汉字真、草、隶、篆不同写法,可查《中国书法大字典》。学习篆刻,想了解古代印玺文字,可查《古玺文编》、《汉印文字征》等。下面分别简介这几部书。

《汉语古文字字形表》，徐中舒（1898—1992）主编，四川人民出版社 1980 年出版。它是汉字古文字资料的一次较为全面的整理。全书收音义明确的甲骨文、金文、战国文字单字约 3000 个，收各种古文字形体 10000 多个。字形按文字发展的历史，分为三栏排列，依次是：商代、西周、春秋 战国。

《秦汉魏晋篆隶字形表》，汉语大字典字形组编，四川辞书出版社 1980 年中华书局出版。这是一本资料书，根据历代特别是近年出土文物收录字形，分秦、西汉、东汉 魏晋三栏。书中讹误之处，裘锡圭教授有专文订正。

《古文字类编》，高明编，1980 年中华书局出版。此书可以说是过去古文字研究成果的汇集。它用表格形式编录已认识的甲骨文、金文、石刻、竹简、帛书、印玺、陶器、钱币等文字，每个字形都注明出处和时代。全书分三编：

第一编收古文字 3056 个，连同重文共有 17005 个形体，分为四栏。第一栏为商、周时代甲骨文；第二栏为商、周时代的金文；第三栏为春秋 战国时代文字；第四栏为秦代小篆。

第二编收合文 304 种，连同重文共 536 种。

第三编收徽号文字 598 种，连同重文共计 942 种。

《甲骨文编》，中国科学院考古研究所编，1965 年中华书局出版，是孙海波《甲骨文编》的改订本。此书收甲骨文单字 4672 个，材料比较完备，全书分正编和附录两部分。"正编"14 卷，收 1723 个字，"正编"之后还附有"合文"一卷。"附录"收不能辨认的字和没有定论的字 2949 个字。

《金文编》容庚（1894～1983）编，1925 年初版，后来三次重版。1985 年中华书局新版《金文编》，是一部相当完备的金文字典，全书分正编和附录两部分，正编收字 2420 个，重文 19357 个，附录收不认识的图形文字和没有定论的文字 1352 个，重文 1132 个。

《中国书法大字典》是学习和研究书法的大型工具书，林宏元主编，1976 年香港 中外出版社出版。全书收单字 4392 个，重文 47430 个。选用的字形都是中国历代著名书法家的作品，用剪贴墨迹影印。字头下的各种字形按字体出现时代先后排列。全书以楷书、行书、草书为主体，兼收章草、隶书、篆书、古文，每字注明朝代、作者，多数还注明出处。

《古玺文编》,罗福颐(1905—1981)主编,1981年文物出版社出版,此书收秦代以前官印、私印上的文字2773个。

《汉印文字征》,罗福颐(1905—1981)编,1978年文物出版社出版,收汉魏官印、私印上所用的文字2646个,重文7432个,合计10078字。

《战国文字编》汤馀惠主编,2001年福建人民出版社出版,2003年江苏教育出版社出版补订本。该书所收战国文字资料涵盖了整个战国文字领域,举凡青铜器铭文、陶文、封泥文字、简牍文字、帛书文字、玉石铭文、货币文字等皆包括在内。所收资料皆用原形,不失真,让使用者可以放心使用。

生　　词

误差	wùchā	(名)	error
汇编	huìbiān	(名)	compilation
重排	chóngpái	(动)	reprint;republicate
版本	bǎnběn	(名)	edition
功能	gōngnéng	(名)	function
逐一	zhúyī	(副)	one by one
相得益彰	xiāngdéyìzhāng	(成)	each shining more brilliantly in the other's company
排检法	páijiǎnfǎ	(名)	the way of in which Chinese characters are arranged and are to be located(as in a dictionary)
同韵	tóngyùn	(名)	the same rhythm
语汇	yǔhuì	(名)	vocabulary
词条	cítiáo	(名)	vocabulary entry
追溯	zhuīsù	(动)	trace back to
传承	chuánchéng	(名)	something handed down
检测	jiǎncè	(动)	inspect and determine
古文	gǔwén	(名)	Chinese script before the Qin Dynasty

重文	chóngwén	(名)	graphic variance of a word in Chinese
百科全书	bǎikē quánshū		encyclopaedia
编纂	biānzuǎn	(动)	compile
上溯	shàngsù	(动)	trace back to
辨正	biànzhèng	(动)	differentiate; tell the true from the false
辨析	biànxī	(动)	differentiate and analyse
韵部	yùn bù	(名)	departments of words classified according to different vowels
引证	yǐnzhèng	(名)	quote or cite as proof or evidence
栏	lán	(名)	column
改订本	gǎidìngběn	(名)	rewritten book
定论	dìnglùn	(名)	final conclusion
出处	chūchù	(名)	source (of a quotation or allusion)
剪贴	jiǎntiē	(动)	clip and paste (sth. out of a newspaper, etc.) in a scrapbook or on cards
影印	yǐngyìn	(动)	photo-offset process; photoreproduce

第二节 汉字排检法

　　排检法是字典、词典等工具书编排和查找汉字的方法。汉字形体多，结构复杂，外国朋友使用起来会有不少困难。本节介绍现代字典、词典普遍使用的部首排检法、音序排检法、笔画排检法，四角号码排检法。

部首排检法

部首排检法简称"部首法",是以汉字的部首作编排查检标准的方法,是常用的一种排检法。它按字形结构把具有相同结构单位(偏旁、部件或笔画)的汉字归为一部,相同的结构单位就是部首,例如"针"、"钉"、"钢"、"铁"等字都是"金(钅)"部,"金"是部首。这种方法用于查找知道字形而不知道字音或字义的汉字。

部首排检法始于汉代的《说文解字》,该书设 540 个部首。明代《字汇》把 540 部改为 214 部,《康熙字典》、《中华大字典》、《辞源》也都相继采用。旧部首主要根据文字的表义偏旁归部,有些字难以排检。当代使用的部首排检法很不统一,《新华字典》和前四版《现代汉语词典》189 部,《汉语大字典》200 部,新《辞海》设 250 部首,而国家统一部首查字法工作组制订的草案为 201 部。近年出版的《现代汉语规范字典》、《现代汉语规范词典》和第五版《现代汉语词典》等辞书逐步改为 201 部。现代工具书部首数量及归部虽不同,却都是在 214 部首基础上改进而成的。最大的改进是打破过去只根据表义偏旁归部的方法,而注意根据字形位置来确定部首,一般采取字的上、下、左、右、外等部位作部首;其次是中坐和左上角。按以上七种部位都无法确定部首的,列入余类。部首以及同部字一般按笔画数排列,笔画数相同的按起笔—、丨、丿、丶、フ顺序排列。

改进以后的部首查字方法基本如下:

一、先看上、下、左、右、外五个部位上有没有部首。

部首在上的如:今(人部)　病(疒部)　奉(夫部)　录(彐部)

部首在下的如:然[灬(火)部]　这[辶(辵)部]　丛(一部)　盆(皿部)

部首在左的如:起(走部)　使[亻(人)部]　博(十部)　将(爿部)

部首在右的如:新(斤部)　教[攵(攴)部]　削[刂(刀)部]　成(戈)部

部首在外的如:围(囗部)　勿(勹部)　同(冂部)　医(匚部)

二、上、下、左、右、外部位没有部首的,查中坐,中坐没有部首的查左上角。

部首在中坐的如:串（丨部） 办（力部） 世（一部） 爽（大部）
部首在左上角的如:聚（耳部） 能（厶部） 疑（匕部） 整（束部）

三、若以上七种部位都没有部首,就查单笔部首一、丨、丿、、、乙;如果还没有就查余类。

单笔为部首的如:求,有的字典将它归一部,有的字典将它归入余类。其他如:凹,归入丨部或余类。九,归入丿部或余类。衣,归入、部或余类。

四、一个字几个部位都有可做部首的结构单位时,一般依照下列原则确定部首。

1. 有上有下,取上不取下,如:含（查人部不查口部）、思（查田部不查心部）

2. 有左有右,取左不取右,如:利（查禾部不查刂部）、相（查木部不查目部）

3. 有外有内,取外不取内,如:闻（查门部不查耳部）、匪（查匚部不查非部）

4. 有中坐有左上角,取中坐不取左上角,如:坐（查土部不查人部）

5. 有下、左上角或有右、左上角,取下,取右,不取左上角,如:渠（查木部不查氵部）、凯（查几部不查山部）

6. 在同一部位,既可取多笔部首,也可取少笔部首时,取多不取少,如:章（上部可取丶、亠、立、音部,这时要取音部）、磨（上部可取丶、亠、广、麻部,这时要取麻部）

音序排检法

音序排检法,简称音序法。它是以汉字的读音作为编排、查检标准的方法,也是常用排检法之一。音序法开始于魏晋时代。古代按汉字声部、韵部、调类编排的字典叫"韵书"。如《切韵》、《广韵》、《集韵》等,这些书现代人很难使用。本世纪初汉字注音方法改革以后,汉字的音序排检法有两种,一种是注音字母音序法,一种是汉语拼音字母音序法。

一、汉语拼音字母音序法

汉语拼音字母音序法始于1959年版《新华字典》。此后,以常用字词为主的中小型字典、词典多数用此法排检。以部首、笔画、四角号码等排检法为主的各类字典、词典,也把它作为辅助查字法配合使用。这种排检法的主要内容是:

1. 根据每字的读音,将它们按汉语拼音字母 a、b、c……顺序排列,若第一个字母相同,则按第二个字母排列,依此类推。

2. 同一音节的字,按声调阴平、阳平、上声、去声、轻声(不标调)顺序排列。

3. 音节、声调完全相同的字,按笔画数由少到多排列。

现在大多数按汉语拼音排列的词典,把头一个字相同的词排在一起。

这种排检法是国际通用的方法,方便、科学,但这种方法只适用于查找知道读音而不知形体或意义的汉字,对那些不认识的字,不知读音的字就无法查,读不准音的字,查起来也不方便,所以必须配合其他查字法才行。

二、注音字母音序法

注音字母音序法是汉语拼音音序法通行以前使用的音序法,现在还在使用的工具书,如:《汉语词典》、《同音字典》,使用的都是这种方法。中国大陆现在已不用此法,但台湾等地还在使用,如新编《国语辞典》。

注音字母音序法与汉语拼音音序法原则相同只是使用的字母不同,它按 40 个注音字母的顺序排列。

笔画排检法

笔画排检法,简称笔画法。它是按汉字笔画多少为编排顺序的排检法。这种方法适于查找知道字形而不知道读音或意义的汉字。

按笔画编排的方法是:

1. 汉字按笔画从少到多排列;

2. 笔画数相同,有的按起笔笔形排列,一般以一、丨、丿、丶、乛或 丶、一、丨、丿、乛为序,如《辞海笔画查字表》;也有的按部首顺序排列,一般以部首笔画多少为序,如《中华大字典》。

笔画查字法分三步或四步:

1. 按规范字形、笔形数清被查字的笔画数;

2. 按笔画数在《笔画检字表》或《笔画索引》中找到同笔画数的大字群。

3. 按起笔笔形(或部首)找到笔画数相同、起笔笔形相同(或笔画数相同、部首相同)的小字群,在小字群中找到要查的字;

4. 如果个别小字群的字数也很多,就按起笔第二笔笔形找到更小的字群,然后找到要查的字。

笔画法原理简单,容易学习,但也有很大的缺点。第一,汉字的笔画结构复杂多样,人们的书写习惯又往往不同,所以有的字不易数对笔数。如:"藏"有17笔,不易数对。"长"只有4笔,也容易数错。第二,同一笔画数的字太多,查找比较费时间。所以,笔画法一般只作辅助查字法,与部首法等配合使用。

四角号码排检法

四角号码排检法,简称四角号码法。它是根据汉字方块形的特点,用数字代表汉字四个角的不同笔形(详见《四角号码查字法笔形及代号表》),组成四位数的号码,然后按号码数字大小编排、查检。用四角号码排检法需记住笔形及其代号。有几句口诀:

　　横一垂二三点捺,
　　叉四插五方框六,
　　七角八八九是小,
　　点下有横变零头。

记住这个口诀,使用四角号码法就方便多了。

生　　词

归部	guībù	(名)	affiliating a word into a certain vowel-group
打破	dǎpò	(动)	break
余类	yúlèi	(名)	the remaining part
字群	zìqún	(名)	word-group
复笔	fùbǐ	(名)	compound strokes

四角号码查字法
甲 笔形和代号

本查字法分笔形为十种，用 0 到 9 十个号码代表如下：

笔名		号码	笔形	字例	说明
复笔	头	0	亠	主病广言	点和横相结合
单笔	横	1	一	天土	横
			✓ ✓ ⌒ ⌐	活培织兄风	挑、横上钩和斜右钩
	垂	2	丨	旧山	竖
			丿 丿 亅	千顺力则	撇和竖左钩
	点	3	丶 丶	宝社军外去亦	点
			⌢ 丶	造瓜	捺
复笔	叉	4	十	古草	两笔交叉
			忄大乂犭	对式皮猪	
	插	5	丰	奮本	一笔纵穿两笔或两笔以上
			扌戈耂丰	打戈史睾申	
	方	6	口 口 口 口	另扣国甲由曲	四角整齐的方形
				目四	
	角	7	𠃍 ⌐	刀写亡表	一笔向下或向右转折的角形
			⌒ 丶	阳兵雪	两笔笔头相接所形成的角形
笔	八	8	八 八	分共	八字形
			人入人丷	余伞央羊午	八字形的变形
	小	9	小	尖宗	小字形
			忄木⺌⺍	快木录当兴组	小字形的变形

乙　查字方法

一、取角顺序

每字按①左上角、②右上角、③左下角、④右下角的次序取四个角的号码。

例：①左上角 0 —— 端 —— ②右上角 2　= 0212
　　③左下角 1 ——　　 ——④右下角 2

$\overset{0}{\underset{8}{颜}}{}^1 = 0128$　　$\overset{4}{\underset{2}{截}}{}^3_5 = 4325$　　$\overset{9}{\underset{8}{烙}}{}^7_6 = 9786$

二、取角方法

1. 一笔可以分角取号。

例：$\overset{2}{\underset{7}{以}}{}^8_1$　$\overset{2}{\underset{1}{乱}}{}^0$　$\overset{4}{\underset{1}{七}}{}^0$　$\overset{7}{\underset{1}{习}}{}$　$\overset{1}{\underset{1}{乙}}{}$　$\overset{}{\underset{1}{几}}{}^7$

2. 一笔的上下两段和别笔构成两种笔形的，分两角取号。

例：$\overset{9}{\underset{5}{半}}{}$　$\overset{}{\underset{8}{大}}{}$　$\overset{}{\underset{}{木}}{}$　$\overset{}{\underset{}{来}}{}$　$\overset{}{\underset{}{火}}{}$　$\overset{}{\underset{}{米}}{}$

3. 下角笔形偏在一角的，按实际位置取号，缺角作 0。

例：$\overset{}{\underset{2}{产}}{}^0$　$\overset{3}{\underset{}{户}}{}^0$　$\overset{}{\underset{}{亏}}{}^7_2$　$\overset{}{\underset{}{飞}}{}$　$\overset{}{\underset{}{弓}}{}^7$　$\overset{}{\underset{}{妒}}{}^3_0$

但"弓亏"等字用作偏旁时，取 2 作整个字的左下角号码。

例：$\overset{1}{\underset{2}{张}}{}^3$　$\overset{6}{\underset{2}{鄂}}{}^7$

4. 凡外围是"口门（門）門"的三类字，左右两下角改取里面的笔形。

例：园 = 6021　田 = 6040　闭 = 3724　开 = 7744　阅 = 7721

但上、下、左、右有附加笔形的字，都不在此例。

例：茵 = 4460　恩 = 6033　泪 = 3610　睦 = 6401　简 = 8822

5. 一个笔形，前角已经用过，后角作为 0。

例：$\overset{}{\underset{1}{王}}{}$　$\overset{2}{\underset{}{冬}}{}$　$\overset{4}{\underset{}{之}}{}$　$\overset{}{\underset{}{直}}{}$　$\overset{8}{\underset{1}{中}}{}$　$\overset{}{\underset{}{全}}{}$

$\overset{}{\underset{}{卜}}{}$　$\overset{}{\underset{}{心}}{}$　$\overset{}{\underset{}{斗}}{}^4$　$\overset{}{\underset{}{持}}{}$　$\overset{}{\underset{}{时}}{}$　$\overset{}{\underset{}{一}}{}$

$\overset{}{\underset{}{十}}{}^0$　$\overset{}{\underset{}{口}}{}$　$\overset{}{\underset{}{八}}{}$　$\overset{}{\underset{}{小}}{}^0$

三、附号

1. 为了区别四角同码字,再取靠近右下角(第四角)上方一个笔形作'附号',若这一笔形已被右上角用过(如:'决''连'),则作 0。

例: 芒 喜 目 工 元 石 百 出 欠 令 公 玉 疳 西 固 宙 逢 难 单 子 都 豆 否 泰 决 逴

2. 四角和"附号"相同的字,照各字所含横笔(一丿乚㇉)数目顺序排列。

例: 市（二横笔） 帝（三横笔）

丙 附则

一、笔形以《印刷通用汉字字形表》的规定为准。

例:

正	住	言	路	比	反	禺	衤	户	卜
误	住	言	路	比	反	禺	衤	户	卜
正	斥	业	亦	灰	免	草	执	衣	么
误	斥	业	亦	灰	免	草	执	衣	么

二、取笔形应注意的几点:

1. 角形尽量取复笔。

例:

正	庄	寸	扎	厂	养	介	气	少
误	庄	寸	扎	厂	养	介	气	少

2. 点下带横折的,如"空户"等字的上角取点作 3。

三、取角应注意的几点：

1. 角形有两单笔或一单笔一复笔的，不论高低，一律取最左或最右的笔形。

例：症 非 寻 白 物 句 州
　　梁 治 巾 掉 拍 鸣 郑

2. 有两复笔可取的，在上角取较高的复笔，在下角取较低的复笔。

例：功 九 力 内 皮 也
　　成 军

3. 当中起笔的撇，下角有他笔的，取他笔作下角。

例：衣 左 奎 友 右 春
　　舂 复

但左边起笔的撇，取撇笔作角。

例：辟 尉 仓

第十三章　汉字信息处理

汉字信息处理技术今昔

在唐代以前,汉字信息传达全靠手工书写。唐代开始有雕(刻)版印刷术,宋代毕升发明了活字排版印刷术,人类第一次不用抄写就可以方便地得到精美的书籍,开始进入印刷时代。雕版和活字排版印刷术的发明,是中国人民为人类文化传播作出的贡献。但是雕版和活字排版印刷术只解决了批量印书的问题,人们日常记录、通信、写文章还要靠手工书写。

100多年以前,英文打字机的发明和广泛使用,使西方国家开始了近百年的文字信息处理机械化时代。这是汉字在信息处理方面遇到的第一次挑战。由于汉字字量大,形体结构复杂,在机械化处理方面遇到了难以克服的困难,所以与拼音文字相比,汉字只能甘拜下风。从此,汉字被许多人认为是落后的、终将被拼音文字所代替的文字。

20世纪中期以来,电子计算机的应用和发展,使西方国家进入文字信息处理电脑化时代。在新的挑战面前,国内外许多人认为,汉字越来越不适应信息时代的要求,必须实行拼音化。但是,形势的发展出现了戏剧性的转变。电脑不仅没有像有些人预料的那样,成为汉字的掘墓人,相反,电脑的高速度、高智能为汉字信息处理提供了良好的条件和广阔的前景。近二三十年间,中国汉字信息处理技术研究者,在电脑软件技术方面取得了突破性的进展。他们在多种型号的电脑上扩充了汉字处理的功能,输入方法也在飞速地进步。大多数输入方法达到了英文输入的水平,不少方法每分钟很容易输入五六十个字,个别方法熟练掌握以后,可以达到每分钟输入二百多个字。这些都说明,字数多、结构复杂的汉字,不仅可以输入电脑,而且由于信息量大等原因,汉字信息处理的效率还更高。如今,汉字信息处理设备,不但广泛进入各行各业的办公室,也广泛进入普通人的家庭。与此同时,一向被认为难以现代化的汉字排版、汉字电报通信等,在技术上也得到迅速的解决,并大量投入商品生产。全国报纸书刊的印刷,几乎很快都改用了电脑排版、激光照排。汉字信息处理的新形势用一个成语来说,是"绝处逢生",用一句古诗来说,是"山重水复疑无路,柳暗花明又一村"。

汉字输入方法的类型

汉字输入是汉字信息处理的关键和难点之一。二十多年来,中国国内研究推出的输入方案约有 600 种,在机器上实现并已商品化的也有五六十种。这些输入方法按性质可以分为以下几类:

一、自然输入 指汉字的字音输入和汉字识别,这是汉字输入的最高形式和最终目标。虽然在较窄范围的应用上取得了一些成果,例如清华大学语音查询电话号码的微机系统等,但总的来说,还处于研究实验阶段。

二、整字输入 即大键盘输入。这种输入方法是,把数千个汉字排列在一个大键盘或大字表上(或按部首,或按音序,或按字义联想)。用手击某个字键或用电笔点触字表上某个字,就可将这个字输入电脑。这种方法容易学,但输入速度较慢,提高速度的方法是记熟每个汉字在键盘上或字表上的位置。

三、拼音输入法 绝大多数是以现行的《汉语拼音方案》为基础进行设计,有全拼音输入法、双拼法、紧缩拼音法等。拼音法最关键的问题是解决同音字的区分,常用办法是屏幕选字。拼音法好学,易用,即使会读不会写的字也可以使用,但使用者必须用普通话,拼音正确。不知道音的字无法输入。

四、字形编码法 这种方法将汉字形体分解成笔画或部件进行编码,按一定顺序输入电脑,如三角号码法、笔形编码法、首尾码法等,中国国内使用很广的五笔字型输入法,就属于这类输入法。

五、形音结合编码法 这类方法又分字形为主、字音为辅,与字音为主、字形为辅两种类型的编码方法。前者为克服字形编码法码比较长、规则复杂的缺点,在形码基础上附加简单的音码;后者为克服拼音法同音字多、选字困难的缺点,在音码的前面或后面附加简单的形码。

目前,汉字输入法的研究还在不断深入,创新改进的输入方法层出不穷。已有的输入法有一个共同的问题:容易学的打不快,打得快的较难学。多数人认为,一种输入方法同时解决"易学"和"快速"两个问题,是不可能的。主张实行双轨制,朝专业型和普及型两个方向发展。也有人正为实现"既容易学,又打得快"而加紧新方案的研究。

生　　词

批量	pīliàng	(名)	bacth;lot
挑战	tiǎozhàn	(名)	challenge to a contest
甘拜下风	gānbàixiàfēng	(成)	candidly admit defeat (in friendly competition, etc.)
预料	yùliào	(动)	expect;foresee
掘墓人	juémùrén	(名)	gravedigger
智能	zhìnéng	(名)	mental capacity
型号	xínghào	(名)	model;type
扩充	kuòchōng	(动)	expand
激光照排	jīguāng zhàopái		laser photocompose;laser photocomposition
绝处逢生	juéchùféngshēng	(成)	be unexpectedly rescued from a desperate situation
山重水复疑无路,柳暗花明又一村	shān chóng shuǐ fù yí wú lù, liǔ àn huā míng yòu yī cūn		Mountains multiply, streams double back-I doubt there's even a road; Willows cluster darkly, blossoms shine-another village ahead!
查询	cháxún	(动)	inquire about
微机	wēijī	(名)	microcomputer;computer
键盘	jiànpán	(名)	keyboard;fingerboard

击	jī	（动）	strike
键	jiàn	（名）	key
点触	diǎnchù	（动）	touch
屏幕	píngmù	（名）	screen
双轨制	shuāngguǐzhì	（名）	double-track system

第十四章 汉字的研究

第一节 中国古代的汉字研究(上)

汉字是记录传达汉语的书写符号体系,为使汉字能更好地记录传达汉语,人们必然要不断地对它进行研究。可以说,自从有了汉字,就有了汉字研究,汉字每向前发展一步,都是人们对汉字进行研究改进的结果。在古代,有关汉字的研究被称为"小学"。因为古人八岁入小学,学习的内容之一是六书,所以就把有关汉字的研究叫做"小学"。20世纪初,学者觉得"小学"这个名称欠科学,于是逐步改称"文字学"。近年来,许多学者认为"文字学"这一名称也不那么名副其实,主张改称"汉字学"。现在"汉字学"这一名称已经逐渐被普遍使用。

先秦两汉时期的汉字研究

从现有资料来看,周代的贵族子弟学校已经开始用六书教学生学习汉字,说明至迟在周代已经有了汉字造字方法等方面的理论研究。从周代到汉末,汉字的研究主要在统一规范字形、单字形音义解释和汉字理论研究三个方面。

一、规范字形 文字是书面交际的工具,因此必须统一规范。先秦两汉时期的文字规范工作,主要是通过编写常用识字课本来实现的。这种识字课本都是选若干常用汉字,编成四字、六字或七字一句的韵文,读起来顺口,记起来容易。著名的有:

周·太史籀《史籀篇》

秦·李斯《仓颉篇》

秦·赵高《爰(yuán)历篇》

秦·胡母敬《博学篇》
汉·司马相如《凡将篇》
汉·史游《急就篇(章)》
汉·扬雄《训纂(zuǎn)篇》
汉·贾鲂(fáng)《滂(páng)喜篇》
汉·李长《元尚篇》

这些识字课本中,只有史游《急就篇(章)》完整地流传下来了。

规范文字形体,还有一种刻石形式。如秦代《泰山刻石》、《峄山刻石》等,有推行小篆规范形体的作用;汉代的《熹(xī)平石经》则完全是为了推行标准隶书字体而刻。

二、单字形音义解释　汉代以前的古书中,虽然也有对汉字形音义的解释,但只是零星的。汉代开始重视对汉字形音义的解释,解释的形式大概有两种:

1. 在为古书作注释时解释汉字的意义或读音。如:毛亨(hēng)为《诗经》作注释,郑玄为《周礼》作注释,赵岐(qí)为《孟子》作注释,都对许多汉字的意义或读音作了解释。

2. 编著解释汉字的专书。汉代解释汉字的专门著作是许慎的《说文解字》。该书是中国第一部研究解释汉字的专著,作者以六书理论为指导,系统详细地分析了每个通用汉字的形音义。《说文解字》一书的出现,宣布了汉字学的建立,它对后代的汉字研究产生了巨大的影响。此外,还有从字音角度解释字义的《释名》[作者刘熙(xī)]等。专门解释词义的《尔雅》、专门解释方言和外来词意义的《方言》(作者扬雄)等书,对单音节词的解释,同时也是对汉字字义的解释。

三、汉字理论研究　这一时期最重要的汉字理论研究论著是许慎的《说文解字叙》,这篇论文对汉字的起源、发展、六书等都有深入的研究。

除以上三方面研究以外,汉代还发明了读若、直音的注音方法,并广泛使用。

魏晋南北朝时期的汉字研究

<u>魏 晋</u>南北朝时期的汉字研究,主要表现在编纂学习使用汉字的工具书和识字课本方面。这一时期编的识字课本很多,最著名的是<u>南朝·梁·周兴嗣</u>(sì)的《千字文》,对后代影响较大。这一时期编的学习使用汉字的工具书很多,也很重要。下面依不同的编排方法,择要介绍。

一、按汉字形体编排的字典,人们习惯上称为"字书"。著名的有两部:

<u>晋·吕忱</u>(chén)《字林》,全书七卷,收字 12824 个,字头用隶书书写,按《说文》540 部首编排。这部书已经散失,只有辑存本。

<u>南朝·梁·顾野王</u>《玉篇》,全书三十一卷,收字 16917 个,字头用楷书书写;部首与《说文》基本相同,但顺序不同,形体相近的部首尽量排在一起;先用反切注音,然后引《说文》的说解,尽可能举出例证;解释字义不限本义,注意一字多义现象。原本《玉篇》只在日本残存 62 部(部首),共 2052 字。1985 年,中华书局出版《原本玉篇残卷》。今本《玉篇》,全名为《大广益会玉篇》,收字 22561 个,是经过宋代人增删、改订而成的,与原书面目大不一样。

二、按字音分韵编排的学习使用汉字的工具书。这种书主要是分辨、规定文字的正确读音,同时也解释字义。实际上是一种按韵编排的同音字典。人们习惯上称之为"韵书"。本时期著名的韵书有两部:<u>魏·李登</u>《声类》、<u>晋·吕静</u>《韵集》,可惜这两部书都失传了。

<u>魏 晋</u>南北朝时期,人们开始使用反切方法为汉字注音。<u>沈约</u>等发现并开始研究四声。

隋唐五代时期的汉字研究

<u>隋 唐 五代</u>时期的汉字研究,主要集中在<u>刊正文字</u>、<u>刊定《说文》</u>、编纂学习使用汉字的工具书等方面。

一、刊正文字。<u>南北朝</u>时期,由于国家分裂和楷书、草书、行书发展盛行,汉字的写法日趋混乱,需要统一规范。到了<u>隋 唐</u>时期,国家统一,具备了刊正文字的条件。经过许多人的反复刊正,汉字楷书

写法有了统一的规范。本时期刊正文字的主要著作有：

隋·曹宪(xiàn)《文字指归》四卷；

唐·颜师古(581~645)《字样》一卷、《匡谬正俗》八卷；

唐·颜元孙(？~714)《干禄字书》一卷；

唐·张参(shēn)(713~741)《五经文字》三卷；

唐·唐玄度《新加九经字样》一卷。

二、刊订《说文解字》。《说文》在唐代是科举考试内容之一，是学生必学的科目。《说文》到唐代已流传了几百年，传抄中出现不少错误，急需研究整理。李阳冰善于写小篆，他提倡《说文》，并对《说文》进行整理刊订。他刊订《说文》，虽然有一些删改失当的地方，但对《说文》的保存和流传起了很大作用。

五代末期，徐铉、徐锴兄弟二人，对《说文》进行了深入的研究。徐锴著《说文解字系传》(小徐本)，为《说文》做了比较详细的注释，并且纠正许多李阳冰删改失当的地方。到了宋代，徐铉奉旨对《说文》进行校订。他校订的《说文解字》，就是后来流传最广的"大徐本"。

三、编纂学习使用汉字的工具书。这类书大体可以分为两类：

1. 解释儒家和佛教经典著作文字音义的工具书。主要有：

唐·陆德明(556~627)《经典释文》三十卷；

唐·玄应(和尚)《一切经音义》(又称《玄应音义》)二十五卷；

唐·慧琳(和尚)《一切经音义》(又称《慧琳音义》)一百卷。

2. 解释通用汉字音义的韵书。主要有：

隋·陆法言(562~?)《切韵》，全书五卷，收字 11500 个，分为 193 个韵部；用反切注音，字义的解释较为简单，常用字没有释义。这是一部重要的韵书。原书已失传，现在只能见到原书的片段及增注本，如：《切韵序》和王仁昫(xù)《刊谬(miù)补缺切韵》等。

唐·孙愐(miǎn)《唐韵》，全书五卷，分 195 个韵部；用反切注音；对字义的解释详细而有出处；对字的写法也很讲究。原书已失传，现存的只有唐代人手写残本一卷和收在《广韵》里的《唐韵序》一篇。

本时期也有全面解释汉字形音义的大型字书，如：唐代以武则天名义编的《字海》一百卷等，但都没有流传。

生　　词

名副其实	míngfùqíshí	（成）	the name matches the reality; be sth. in reality as well as in name
韵文	yùnwén	（名）	literary composition in rhyme; verse
零星	língxīng	（形）	scattering; piecemeal
择要	zéyào	（动）	select essential points
散失	sànshī	（动）	be lost; be missing
增删	zēngshān	（动）	add and dele
改订	gǎidìng	（动）	reformulate; rewrite
面目	miànmù	（名）	appearance; look
刊正	kānzhèng	（动）	correct errors
刊定	kāndìng	（动）	make corrections so as to make that be a definitive edition
科举	kējǔ	（名）	imperial examinations
删改	shāngǎi	（动）	delete and change; revise
失当	shīdàng	（形）	improper; inappropriate
奉旨	fèngzhǐ		receive imperial decree
校订	jiàodìng	（动）	check against the authoritative text
儒家	Rújiā	（名）	the Confucianists (a school of thoughts in the Spring and Autumn and Warring States Periods 770～221 B.C.)
经典	jīngdiǎn	（形）	classical
名义	míngyì	（名）	(in the) name (of)

第二节　中国古代的汉字研究(下)

宋元时期的汉字研究

宋元时期的汉字研究,主要在字书和韵书的编纂、古文字研究、六书研究、右文的研究等方面。

一、编纂字书、韵书

宋元时期编纂的字书、韵书,收字进一步增多,注释也逐渐详细,编排的形式也朝着更加科学实用的方向发展。

1. 按部首编排、详细解释汉字形音义的字书。最著名的是宋·司马光(1019～1086)所著《类篇》。全书十五卷,收字 31319 个;部首数量、名称及排列顺序完全仿照《说文》;先用反切注音,然后解释字义。现有中华书局 1984 年出版的影印本。

2. 按声调、韵母编排的韵书。最著名的是《广韵》。该书是宋·陈彭年(961～1017)等所著,全名《大宋重修广韵》。全书收字 26194 个,分 206 个韵部,按声调分为五卷,是现存最完整的韵书。《广韵》是在《唐韵》基础上增订、重修的,而《唐韵》又是《切韵》的增修本。

此外,还有宋·丁度(990～1053)等人所著《集韵》和《礼部韵略》、元·熊忠所著《古今韵会举要》等。

3. 部首、声调相结合编排的字书,如:辽·行均(和尚)所著《龙龛(kān)手鉴》四卷。

4. 部首、声母、声调相结合编排的字书,如:金·韩孝彦(yàn)所著《四声篇海》十五卷。

5. 辨别文字形体的字书,如:宋·郭忠恕(shù)(?～977)所著《佩觿(pèixī)》三卷等。

6. 考释汉隶的字书,如:宋·洪适(kuò)(1117～1184)所著《隶释》二十七卷、《隶续》二十一卷,宋·娄机(1133～1211)所著《汉隶字源》六卷等。

二、古文字研究

古文字那时称"金石文字"。金石文字的研究在汉代就开始了。

许慎著《说文解字》就收了古文、籀文。此后,魏代用古文、小篆、汉隶三种文字刻《三体石经》;晋代发掘整理战国古墓的竹简,整理成《穆(mù)天子传》、《竹书纪年》等书,唐代发现《石鼓文》,但都没有研究性论著流传下来。宋代,由于大批铜器、石刻出土,出现搜集研究金石文字的高潮;同时也由于墨拓方法的广泛应用,于是出现了大量研究著作,金石之学成为专门的学科。宋代著名金石文字研究家及著作主要有:

欧阳修(1007~1072)《集古录跋(bá)尾》(《集古录》)十卷;
吕大临(约 1042~1090)《考古图》十卷;
赵明诚(1081~1129)《金石录》三十卷;
薛(xuē)尚功《历代钟鼎彝(yí)器款识法帖》二十卷。

三、六书研究

六书理论虽然至少在周代已经产生,汉代已有较具体的记载和解释。许慎就是以六书理论为指导,著成《说文解字》。但是从汉代到唐 五代时期,却很少有人对六书作深入的研究。宋 元时期,许多人从事六书理论的研究,创造了汉字研究的新形式。著名的研究家及著作有:

宋·郑樵(qiáo)(1103~1162)《通志·六书略》。该书系统阐述作者对六书的认识,专用六书理论分析研究汉字,首创"六书分类"之学。

宋·戴侗(tóng)《六书故》三十三卷。该书是按六书编排的字书,全书按事物类别分为九部,每部中的汉字按六书排列。书中系统阐述作者对六书的认识,解释文字有许多创见,同时也有欠科学的地方。

此外,还有元·杨桓(huán)(1234~1299)《六书统》、元·周伯琦(qí)(1298~1369)《六书正讹(é)》等。

宋 元时期"六书学"的兴起,使六书成为专门的学问,对以后的汉字研究影响不小。

四、"右文"的研究

所谓"右文",指汉字的表音偏旁。因为它们在字形结构中多居于右侧,故称为"右文"。"右文说"是根据表音偏旁解释字义的学说。

宋代学者在对"形声字"的研究中,发现许多"形声字"的表音偏旁不仅具有表音作用,也有表义作用;"形声字"的字义往往主要是从表音偏旁得来的,于是创立了"右文说"。

最早用表音偏旁字义解释"形声字"字义的是王安石(1019或1021～1086)。他著《字说》(已失传,今有胡双宝辑佚本,见《汉语、汉字、汉文化》(北京大学出版社,1998)一书,把所有"形声字"都解释为形声兼会意字,如:"分贝为贫"、"波者水之皮"等。从散见资料来看,正式创立"右文说"的是王圣美。他曾著《字解》二十卷,专门从表音偏旁推寻"形声字"字义,可惜他的书没有流传下来。后来戴侗著《六书故》,对表音偏旁表义问题有较系统的论述;全书的编排上体现表音偏旁与"形声字"之间孳乳关系,释义上反映"形声字"和表音偏旁字意义上的联系。

"右文说"注意到某些"形声字"的表音偏旁兼有表义作用,为"形声字"的研究提供了新的方法。但是认为所有的"形声字"表音偏旁都兼有表义作用,就犯了以偏赅全的错误。对后代"形声字"研究产生了不良影响。

明清时期的汉字研究

明代汉字研究的成就不大,清代是汉字研究的兴盛时期。明清时期的汉字研究主要集中在字书的编纂、《说文解字》研究、古文字研究三个方面。

一、字书的编纂

《说文解字》问世以来,出现过不少学习使用汉字的工具书。这些书虽然在编排方法上不断改进,但不便查检的问题依然存在。明清时期的字书,在编排方法上有了较大的进步,比较通俗实用。本时期的字书主要有三部:

明·梅膺(yīng)祚(zuò)《字汇》,全书收字33179个。该书将部首合并简化为214部首,为后来字书所遵循。该书革新发展了汉字排检法,在中国字书编纂史上占有重要地位。

明·张自烈(1564～1650)《正字通》。编排方法与《字汇》相同,注释较详。

清·张玉书等《康熙字典》(详见第十二章第一节)。

此外还有明代焦竑(hóng)(1540~1620)所著《俗书刊误》,清代顾霭(ǎi)吉所著《隶辨》等字书。

二、《说文》研究

清代是《说文》研究的高峰时期,有成就的研究者就有几十家。如果把有论著的人都算上,竟达 200 多人。清代人研究《说文》主要集中在:校勘《说文》、研究《说文》体例、为《说文》作注释、对历代研究《说文》的著作加以补充订正等方面。清代研究《说文》最有成就的汉字学家是段玉裁、桂馥(fù)、王筠(yún)、朱骏声;他们被称为"《说文》四大家"。

段玉裁(1735~1815),毕生研究《说文》,著《说文解字注》三十卷,以大徐本为底本,参考小徐本及其他文献资料,在对《说文》全面校勘的基础上,为《说文》作了详细的注解。该书从许慎解释的文字本义出发,进一步说明文字的引申义、假借义,有许多创见。此外,还归纳《说文》的体例,说明每个字古代读音的韵部。是研究《说文》的权威性著作。

桂馥(1736~1805),著《说文解字义证》五十卷。该书以丰富的材料为许慎解释的文字本义提供证据,同时也引用其他文献资料,补充许慎的说解,作者的观点随着材料的选择和编排表现出来。是学习研究《说文》的重要参考书。

王筠(1784~1854),在段玉裁、桂馥等人研究《说文》取得重大成就的基础上,对《说文》进行整理研究,著《说文解字句读》三十卷、《说文释例》二十卷、《文字蒙求》四卷等书,为汉字学知识的普及做出了贡献。《说文解字句读》综合、评价段、桂等人的研究成果,提出自己的意见;《说文释例》专门阐述《说文》一书的体例;《文字蒙求》是学习汉字的入门教材。

朱骏声(1788~1858),以大半生精力著《说文通训定声》十八卷。该书不受《说文》原书的限制,增加《说文》未收字 7887 个,共收 17240 字;打破 540 部首编排方法,采用韵部和表音偏旁相结合的编排方法。编排突出显示表音偏旁与"形声字"之间的孳乳关系;注释引证材料丰富,着重分析文字的引申义和假借义;《自叙》中还提出关于转注、假借的新观点,是一部学术价值很高的专著。

三、古文字研究

宋代以后,一直到清代前期,古文字研究处于低潮。乾隆以后,由于古铜器的大量出土(清代出土的古铜器比宋代多10倍以上),也由于朝廷的提倡,古文字研究出现兴盛局面。清代人收藏的古文字资料,在种类、数量、质量等方面,都超过前代;古文字研究水平也有很大提高,从1751年印行《西清古鉴》开始,高水平的古文字研究专著相继问世。清代古文字研究的重点是金文,同时也开始研究货币文字,玺印文字的研究也有很大进步。清代最有影响的古文字研究家是阮(ruǎn)元、陈介祺(qí)、吴大澂(chéng)、孙诒(yí)让。

阮元(1764~1849),著《积古斋钟鼎彝器款识》十卷,收录晋代以前古器物550件,并有考释。

陈介祺(1813~1884),长期从事古文字、古器物的搜集和研究,有《簠(fǔ)斋笔记》一卷、《簠斋金石文字考释》一卷等著作。

吴大澂(1835~1902),精通古器物、古文字,著有《说文古籀补》十二卷、《愙(kè)斋集古录》十二卷、《字说》一卷等著作。增订本《说文古籀补》收字5430个,以金文为主,兼收石刻、玺印、货币、陶器文字,对古文字有许多精到的解释,是古文字学的重要著作。

孙诒让(1848~1908),对金文、甲骨文都有研究。研究金文的著作有《古籀拾遗》、《古籀馀论》、《名原》等著作。他提出通过偏旁分析考释古文字的方法。

明清时期的汉字研究,除以上三方面以外,在字音字义的研究、偏旁部首(那时多称"字原")的研究、六书的研究等方面,也比较深入,这里就不一一介绍了。

生　　词

仿照	fǎngzhào	(动)	imitate;follow
论著	lùnzhù	(名)	treatise;works
墨拓	mòtà	(名)	make rubbings with Chisese ink
阐述	chǎnshù	(动)	expound;elaborate;set forth
首创	shǒuchuàng	(动)	initiate;originate;pionneer

创见	chuàngjiàn	（名）	original idea
以偏赅全	yǐpiāngāiquán		conclude the whole with a partly case
问世	wènshì	（动）	be published; come out
查检	chájiǎn	（动）	check; examine; inspect
革新	géxīn	（动）	innovate; improve
校勘	jiàokān	（动）	collate
体例	tǐlì	（名）	stylistic rules and layout
毕生	bìshēng	（名）	all one's life; lifetime
底本	dǐběn	（名）	a copy for the record or for reproduction; master copy
朝廷	cháotíng	（名）	royal or imperial government
精到	jīngdào	（形）	precise and penetrating

第三节　20世纪以来的汉字研究(上)
——普通汉字学

新型汉字学的建立

　　20世纪以来，西方科学研究方法的传入，甲骨文等古文字的发现，文化教育事业的发展，都促使汉字研究向更科学的方向发展，出现前所未有的繁荣局面。

　　中国古代的汉字学，包括文字、音韵、训诂三个方面的研究，以研究单个汉字的形音义及其相互关系为主要形式。20世纪以来，传统的汉字学逐步分化为汉字学(习惯上称为"文字学")、音韵学、训诂学三个密切联系而又各有侧重的独立学科。许多汉字研究者吸收西方的科学研究方法，系统全面地研究汉字，努力建立新型汉字学理论体系。独立的新型汉字学，研究汉字的性质、起源和发展，研究汉字的形、音、义及其相互关系，也研究个别汉字历史演变等问题。考虑到与考古学、历史学密切联系的古汉字研究和以应用为主的现代汉字研究分别被称为"古文字学"和"现代汉字学",为了区别,可以称全面系统研究汉字的学科为"普通汉字学"。一百多年来,普通汉字学的研究主要在以下几方面。

编著全面研究汉字的通论性著作和汉字学史著作

本时期全面研究汉字的通论性著作和汉字学史著作大约有100多种,其中较著名的有:

朱宗莱(lái)《文字学形义篇》,北京大学,1918
胡朴安《中国文字学史》,上海商务印书馆,1937
齐佩瑢《中国文字学概要》,北平国立华北编译馆,1942
唐兰《中国文字学》,上海开明书店,1949
梁东汉《汉字的结构及其流变》,上海教育出版社,1959
蒋善国《汉字形体学》,文字改革出版社,1959
　　　《汉字学》,上海教育出版社,1987
高亨《文字形义学概论》,山东人民出版社,1963
杨五铭《文字学》,湖南人民出版社,1986
裘锡圭《文字学概要》,商务印书馆,1988
王凤阳《汉字学》,吉林文史出版社,1989
詹鄞鑫《汉字说略》,辽宁教育出版社,1993
王宁《汉字学概要》,北京师范大学出版社,2001
孙钧锡《中国汉字学史》,学苑出版社,1991
黄德宽、陈秉新《汉语文字学史》,安徽教育出版社,1991

汉字性质的研究

早在20世纪三四十年代,人们已经开始注意汉字性质的研究,出现了一些讨论汉字性质的文章,如:姜亮夫《中国文字的特色及其在学术上的地位》(《青年界》四卷2期,1933)等。直到进入50年代,人们较为普遍地认为,小篆和小篆以前的汉字是"象形文字"、隶书和隶书以后的汉字是"表意文字"。20世纪50年代末,周有光在《文字演进的一般规律》(《中国语文》,1957年第7期)一文中提出"意音文字"说,赵元任在《语言问题》(1959年)一书中提出"语素文字"说。

20世纪70年代末期以来,出现一次关于汉字性质问题讨论的高潮。除了"表意文字"说、"语素文字"说、"意音文字"说、"语素—音节文字"说以外,又提出"表音文字"说等新观点。代表性的文章有:姚孝遂《古汉字的形体结构及其发展阶段》(《古文字研究》第4辑,中华书局,1980)、王伯熙(xī)《文字的分类和汉字的性质》(《中国语文》1984年第2期)、裘锡圭《汉字的性质》(《中国语文》1985年第1期)、费锦昌《现代汉字的性质和特点》(《语文建设》1990年第4期)。1986年12月在北京举行的"汉字问题学术讨论会",对汉字的性质和特点进行了热烈的讨论,语文出版社1988年出版的《汉字问题学术讨论会论文集》,收入不少研究汉字性质的论文,代表了汉字学界关于汉字性质问题研究的最新成果。目前,汉字学界对汉字性质的认识虽然还不一致,但比过去深刻多了。

汉字起源问题的研究

20世纪以来,学者多不相信仓颉造字的传说,他们借助西方语言文字学理论和考古资料,重新探讨汉字起源问题。通论性汉字学专著,一般对此都有论述,此外还有一些比较重要的论文。如:郭沫若《古代文字之辩证的发展》(《考古学报》,1972年第1期)、唐兰《从大汶口文化的陶器文字看我国最早文化的年代》(《光明日报》,1977年7月14日)、裘锡圭《汉字形成问题的初步探索》(《中国语文》,1978年第3期)、孟维智《汉字起源问题浅议》(《语文研究》,1980年第1期)等。在汉字起源问题的研究中,多数人认为,汉字起源于五六千年以前,脱胎于图画和假定性符号。

汉字发展规律的研究

20世纪以来,由于汉字简化运动的兴起等原因,有关汉字发展规律的研究,主要集中在形体的繁化与简化及是否向表音化方向发展两个问题上。从这一时期发表的论著看,绝大多数汉字学者认为,汉字发展的总趋势是简化,是朝着表音化方向发展。梁东汉《汉字的结构及其流变》等通论性著作,对此都有较详细的论述。此外,还有大量散见的论文。早期的有钱玄同《减省现行汉字的笔画案》、《汉字革命》(均见《国语月刊》一卷 7 期)等;五六十年代持这种观点的文章数不胜数,主要刊登在《光明日报》、《中国语文》、《文字改革》等报刊上。到了 20 世纪 80 年代,有少数汉字学者开始注意研究汉字繁化及其内在合理性,如:李荣《文字问题》(商务印书馆,1987)、赵诚《古文字发展过程中的内部调整》(《古文字研究》第十辑);有些汉字学者对"汉字朝表音方向发展"的观点提出不同意见,如曹先擢(zhuó)《汉字的表意性和汉字的简化》(《汉字问题学术讨论会论文集》,语文出版社,1988)等。

六书的研究

20 世纪以来,专门研究六书的人已经不多了,但研究汉字不能不研究造字方法,所以多数汉字学者仍注意六书的研究。有人专门研究六书学,如韩伟《六书研究史稿》(中国文联出版社,2000)、党怀兴《宋元明六书学研究》(中国社会科学出版社,2003)。不过,本时期的六书研究中,讨论比较多的是转注、假借和形声。

"转注"究竟是怎样一种造字方法? 这是争论了上千年的老问题,有各种各样的解释。本时期比较重要的论著有:章太炎《国故论衡·转注假借说》、姜忠奎(kuí)《说文转注考》、黎锦熙《国语辞典序》(1939)、陆宗达《六书简论》(《北京师范大学学报》,1978 年第 5 期)、艾荫范、解保勤《说"转注"》(《锦州师范学院学报》,1980 年第 3 期)、王伯熙《六书第三耦(ǒu)研究》(《中国社会科学》,1981 年第 4 期)等。值得特别重视的是孙雍长的《转注论》(岳麓书社,1991)。该书以专著形式,总结前人转注研究的成果,提出自己的转注观,已经接近了转注的真面目。此外,通论性汉字学著作对此也都有论述。从讨论的情况看,越来越多的人认为,转注是新字孳生的一种途径,转注字就在一般所谓的形声字之中。当然每个人的具体解释还很不一致。

关于假借的研究,主要集中在有本字的通假算不算假借、字义引申是不是假借两个问题上。较有代表性的论著有,陆宗达《六书简论》(《北京师范大学学报》,1978 年第 5 期)、秦松岭《假借字拾零》(《语言文学》,1981 年第 6 期)、赵仲(zhòng)邑(yì)《假借字散论》(《广东教育》,1980 年第 8 期)、曹先擢《通假字例释》(河南人民出版社,1985)等。通论性汉字学著作对此也都有论述。从讨论的情况看,虽然人们对假借的解释还很不统一,但研究的水平比过去高多了。

关于形声的研究,多集中在"形声字"的内部分类、"形声字"产生的途径、表音偏旁表义等问题上。其中被称为"右文说"的表音偏旁表义问题的研究,成绩比较显著。如:沈兼士有长文《右文说在训诂学上之沿革及其推阐》(《庆祝蔡元培六十五岁论文集》下册,1935,又载《沈兼士学术论文集》,中华书局,1986)、杨树达关于表音偏旁表义问题的文章有 100 多篇(多数收入《积微居小学金石论丛》和《积微居小学述林》),当代胡双宝的《声旁的表义作用》(《语文研究》1985 年第 1 期)、李大遂的《形声字声符表义问题的探索》(《语文建设》1990 年第 6 期)、杨润陆的《论右文说》(《学术之声》第 3 辑)也是值得重视的文章。

应当在此一提的是,20 世纪以来,唐兰、陈梦家、裘锡圭等汉字学家抛开传统的六书,提出各自不同的"三书说",产生一定影响。

《说文》的研究

在努力建立新型汉字学理论体系的同时,作为传统汉字学主要内容的《说文》研究,也取得了重大成果。"《说文》学"到清代达到高潮,到 20 世纪初进入总结阶段。马叙伦(lún)在前人研究的基础上,吸收甲骨文、金文的研究成果,著成《说文解字六书疏证》(1928 年初稿,1957 年科学出版社出版),这部书发展了许慎的《说文解字》,总结了以往"《说文》学"的成果,从而结束了旧的"《说文》学"。丁福保把徐铉、徐锴以后关于《说文》的论著汇集到一起,编成《说文解字诂林》(1928),为人们研究《说文》、研究六书提供了方便。用现代语言学为指导研究《说文》的论著有:陆宗达《说文解字通论》(北京出版社,1981)、周祖谟(mó)《许慎和他的说文解字》(《问学集》,中华书局,1966)等。

汉字文化的研究

汉字既是中国文化的载体,也是中国文化的重要组成部分,有人称之为中国文化的"活化石"。汉字与文化的关系是非常密切的。从古代到近现代,都有人作这方面的研究,但从来没有形成专门系统的学问。把汉字与文化密切联系起来作为专门学问进行研究,并且作为一门学科进行建设,是近二三十年的事。建设"汉字文化学",是在"汉字文化圈"概念提出,并在国际上被越来越多地提及的形势下提出来的;是在 20 世纪 80 年代中后期反思汉字的优越性,重新为汉字定位的形势下提出来的。"汉字文化学"作为一个学科,建立时间虽短,成果却接连不断。1989 年,《汉字文化》创刊,该杂志以"汉字文化"命名,鲜明地打出弘扬"汉字文化"的旗帜。1995 年,何九盈、胡双宝、张猛主编的《中国汉字文化大观》(北京大学出版社)出版,该书上编全面介绍汉字,下编分析汉字本身的文化信息,可以说是汉字文化学的奠基石。此外还有刘志基的《汉字文化简论》(贵州教育出版社,1994)、刘志基的《汉字文化综论》(广西教育出版社,1996)、刘志诚的《汉字与华夏文化》(巴蜀书社,1995)、苏新春主编的《汉字文化引论》(广西教育出版社,1996)、何九盈的《汉字文化学》(辽宁人民出版社,2001)等。

生　　词

音韵学	yīnyùnxué	(名)	phonology
训诂学	xùngǔxué	(名)	critical interpretation of ancient texts
通论	tōnglùn	(名)	a well-rounded argument; a general survey
数不胜数	shǔbùshèngshǔ	(成)	too many to be counted
抛开	pāokāi	(动)	throw; cast
载体	zàitǐ	(名)	carrier; medium
弘扬	hóngyáng	(动)	enlarge; expand
奠基石	diànjīshí	(名)	foundation stone

第四节　20世纪以来的汉字研究(中)
——古文字学

古文字学的建立

　　古代汉字,习惯上被称为"古文字";古代汉字的研究,习惯上被称为"古文字学"。古文字学是汉字学的一个分支,主要研究考释古代汉字的形音义及其相互关系,研究古代汉字发展演变的规律。古文字学与考古、历史、文化等学科关系密切。甲骨文出土以来,古文字的研究极为兴盛,逐步发展成为一门独立的学科。一些有影响的古文字学通论性著作的问世,是古文字学建立的标志。唐兰所著《古文字学导论》(北京大学1934年手写石印,1981年齐鲁书社重印),全书分上、下两编,上编介绍古文字学范围和历史,叙述汉字的起源和演变过程;下编着重论述古文字学的研究方法,在古文字学界有广泛的影响。其他还有:姜亮夫《古文字学》(浙江人民出版社,1984)、李学勤《古文字学初阶》(中华书局,1985)、高明(中国古文字学通论)(文物出版社,1987)、陈炜(wěi)湛、唐钰(yù)明《古文字学纲要》(中山大学出版社,1988)等。此外,还有综合对比的资料汇编专著,如:高明《古文字类编》(中华书局,1980)、徐中舒主编的《汉语古文字字形表》(四川人民出版社,1981)、黄德宽主编《古文字谱系疏证》(商务印书馆,2007)等。

　　由于研究的材料不同,古文字学又分为甲骨文研究、金文研究和战国文字研究,以下将分别介绍。

甲骨文研究

　　甲骨文是清朝末年在河南安阳小屯村发现的。以后又不断发掘。据专家统计,现在世界上收藏的甲骨大约为16万片,单字总数约为4500个,已经考释出来的不到2000个。1899年王懿(yì)荣(1845～1900)第一个对甲骨文进行鉴定并加以收藏。1903年刘鹗(è)(1857～1909,字铁云)选拓1058片甲骨文影印出版,书名为《铁云藏龟》,这是第一本著录甲骨文的著作。1904年,孙诒让写成《契文举例》二卷,这是第一本研究考释甲骨文的专著。此后出现许多甲骨文研究专家。其中最有名的是:罗振玉(号雪堂)、王国维(号观堂)、郭沫若(号鼎堂)、董作宾(号彦堂),被称为"四堂"。

罗振玉(1866~1940),他弄清了甲骨文的出土地点,并考证出该地就是殷墟遗址,还进一步断定,这些卜辞是殷王朝的遗物。他搜集、刊印了大批甲骨文原始资料,同时又用比较科学的方法对甲骨文进行系统考释。著录甲骨文的著作有:《殷虚书契前编》(1913)、《殷虚书契菁(jīng)华》(1914)、《铁云藏龟之馀》(1915)、《殷虚书契后编》(1916)等,考释甲骨文的著作主要有:《殷商贞卜文字考》(1910)、《殷虚书契考释》(1914)等。

王国维(1877~1927),于1917年编印《戬(jiǎn)寿堂所藏殷虚文字》,并发表《殷卜辞中所见先公先王考》和《殷卜辞中所见先公先王续考》两篇著名论文,把甲骨文的考释和商代历史结合起来进行研究,为历史学研究做出了贡献。此外,他在甲骨文考释、断代研究、断片缀合等方面,也取得了很大成绩。

郭沫若(1892~1978),他在甲骨文的搜集著录、分期断代、文字考释、断片缀合等方面都有突出的成就。主要著作有:《甲骨文字研究》(1931)、《卜辞通纂》(1933)、《殷契粹编》(1937)等。晚年主编《甲骨文合集》13册(1979~1983),是中国第一部大型甲骨文资料总集。

董作宾(1895~1963),他多次参加殷墟甲骨发掘工作,并负责出土甲骨的整理。他最大的贡献是卜辞的分期断代。1923年发表《甲骨文断代研究例》(《庆祝蔡元培先生六十五岁论文集》上册,1933),全面论述了殷墟甲骨文断代的根据,大大提高了甲骨文研究的水平。著录性著作有:《新获卜辞写本》(1928)、《殷虚文字甲编》(1940)、《殷虚文字汇编》上中下辑(1948~1954)等。

"四堂"之外,著名甲骨文研究家及著作有:商承祚(zuò)《殷墟文字类编》(1923)、唐兰《殷墟文字记》(讲义本1934,新版1981)、孙海波(1910~1972)《甲骨文编》(1934)、陈梦家(1911~1966)《殷墟卜辞综述》(1956)、李孝定《甲骨文字集释》(1965)、于省吾《甲骨文字释林》(1979)等。日本学者岛邦男(1907~1977)《殷墟卜辞类综》也是很有创造性的工具书。当代著名的甲骨文研究家和主要著作有：胡厚宣《甲骨续存》(上海群联出版社，1955)和《五十年甲骨发现的总结》、李学勤《殷墟文字缀合》(与曾毅公、郭若愚合著，科学出版社，1955)和《殷墟甲骨分期研究》(与彭裕商合著，上海古籍出版社，1996年)、裘锡圭《古文字论集》(中华书局，1992)、王宇信《甲骨文通论》(增订本，中国社会科学出版社，1999)和《甲骨学一百年》(与杨升南等合著，社会科学文献出版社，1999)、高明《中国古文字学通论》(文物出版社，1987)、徐中舒《甲骨文字典》(四川辞书出版社，1988)、赵诚《甲骨文字学纲要》(中华书局，2005)、李圃《甲骨文字学》(学林出版社，1995)、邹晓丽《甲骨文字学述要》(岳麓书社 1999)。

20 世纪 50 年代以来，陆续有一些周代甲骨文出土，引起许多学者的注意。王宇信《西周甲骨探论》(中国社会科学出版社，1984)一书综合了现有的研究成果。

金 文 研 究

20 世纪以来的金文研究，在研究方法上进一步科学化，所以在前人研究的基础上，又有重大发展。本时期的金文研究家，大部分也是甲骨文研究家，他们把金文、甲骨文和小篆等古文字合在一起进行研究。成绩最显著的金文研究家是罗振玉、王国维、郭沫若及唐兰、杨树达、容庚等。

罗振玉在金文研究上的主要贡献，在于对金文资料的大力搜集和刊印。他的金文研究著作分两大类，一类是著录图像的，如：《梦郼(yī)草堂吉金图》三卷(1917)、《贞松堂吉金图》二卷(1935)等；一类是著录铜器铭文的，最著名的是《三代吉金文存》二十卷(1937)，收录当时所见到的铜器铭文 4831 件，是最重要的金文汇编，在国内外都有较大影响。

王国维在金文研究上的主要贡献是在对资料的整理、器物的考证、铭文的考释等方面。所著《宋代金文著录表》和《国朝金文著录表》(均于 1914 年印行)，收录宋 清两代所有有铭文的器物；有《毛公鼎铭考释》(1916)、《盂鼎铭考释》(1927)、《散氏盘铭考释》(1927)等考释铭文的论文多篇；《毛公鼎考释序》(1916)是最早较系统地论述考释古文字原则和方法的论文。

郭沫若的金文研究,同他的甲骨文研究一样,把金文研究和中国古代史、社会发展史的研究相结合。主要金文研究著作有:《殷周青铜器铭文研究》(1931)、《两周金文辞大系》(1932)、《金文丛考》、《两周金文辞大系图录考释》(1957)等。其中《两周金文辞大系》对323件铜器铭文进行分王分国研究,建立了金文研究新体系。

唐兰研究金文的主要论著,除《古文字学导论》以外,还有《两周青铜器铭文分代史证》(中华书局,1986)等。杨树达主要金文论著是《积微居金文说》(科学出版社,1957),收论文381篇。容庚主要金文著作是《金文编》(1925年初版,以后科学出版社、中华书局等多次再版,1971年,台北联贯出版社,大通书局分别将1959年版《金文编》与1935年出版的《金文续编》合印出版)。

当代著名的金文研究家及著作还有:郭宝钧《商周铜器群综合研究》(文物出版社,1981)、李学勤《中国青铜器的奥秘》(外文出版社,1980)和《中国青铜器概说》(外文出版社,1995)、朱凤瀚《中国古代青铜器》(南天大学出版社,1997)、王世民、陈公柔《西周青铜器分期断代研究》(文物出版社,1999)等。

此外,还有两部金文研究的大型工具书:周法高主编的《金文诂林》16册(香港中文大学,1974)、中国社会科学院考古研究所编的《殷周金文集成》8册(修订增补本,中华书局,2007)。

战国文字研究

20世纪以来,战国文字逐渐发展成为古文字学的重要分支。除属于金文研究范围的战国铜器铭文研究外,在简册、帛书、石刻、玺印、货币、陶器等文字的研究上,都取得了很大成绩。

通论性著作有:何琳仪《战国文字通论》(中华书局,1989)等。

资料性著作有汤馀惠主编《战国文字编》(福建人民出版社,2001,2003年江苏教育出版社出版订补本)

在简册文字研究方面,有对1951年以后在湖南长沙等地出土的战国竹简的研究;有对1975年在湖北云梦睡虎地11号墓出土的秦简的研究,都有论文和专著。

在帛书文字研究方面，有对 1942 年在<u>湖南</u> <u>长沙</u> <u>子弹库</u>出土的<u>楚帛书</u>（现流落在<u>美国</u>）的研究，有论文和专著。其中<u>堪培拉澳大利亚国立大学</u>出版的《*The Ch'u Silk Manuscript*》，根据红外线对原件处理结果，比以往多看清了一批字。

石刻文字研究方面，有对<u>唐代</u>发现的石鼓文的研究；有对<u>宋代</u>发现的《诅楚文》的研究；有对 1965 年在<u>山西侯马</u>出土的《侯马盟书》的研究，都有论著发表。

先秦古玺印文字研究方面，在<u>清代</u>人研究的基础上，又有很大发展。<u>罗福颐</u>《古玺文字徵》(1930)、《古玺文编》(文物出版社，1981)、<u>林素清</u>《先秦古玺文字研究》(1976 年在台湾出版)等都是有影响的著作。

先秦古货币文字研究方面，进展也不小。<u>丁福保</u>主编的《古钱大辞典》(1938 年出版，中华书局 1982 年影印)、<u>商承祚</u>等合编的《先秦货币文编》(书目文献出版社，1983)、<u>张颔</u>(hàn)的《古币文编》(中华书局，1986)，是古货币文字研究的重要著作。

陶文是刻或钤在陶器上的文字，狭义的陶文专指<u>战国</u>时期陶器上的文字。搜集研究陶文是从<u>清代</u>开始的。<u>吴大澂</u>《读古陶文记》一卷，是现存最早的陶文研究专著。20 世纪以来有<u>黄质</u>《陶玺文字合证》(1930)、<u>金祥恒</u>《陶文编》(台北艺文印书馆，1964)等。

生　词

分支	fēnzhī	（名）	branch
字	zì	（名）	a style (or name) taken at the age of twenty, by which a man is sometimes called
著录	zhùlù	（动）	put down in writing; record
号	hào	（名）	assumed name; alternative name
断定	duàndìng	（动）	conclude; form a judgment; decide
遗物	yíwù	（名）	things left behind by the deceased

刊印	kānyìn	（动）	print and publish
断代	duàndài	（名）	division of history into periods
缀合	zhuìhé	（动）	put together correctly; mend; patch
简册	jiǎncè	（名）	books in ancient times, composed of bamboo slips

第五节 20世纪以来的汉字研究（下）
——现代汉字学

现代汉字学的建立

　　现代汉字有广义和狭义之分。广义的现代汉字（近现代汉字），指隶书及其以后的汉字；狭义的现代汉字，指书写现代汉语所使用的全部汉字。这里讲的是狭义的现代汉字。为了区分，也有人称狭义的现代汉字为"现行汉字"。对现代汉字的研究，称作"现代汉字学"。现代汉字学主要研究现代通用汉字的现状，研究它的形音义及相互关系，研究它的规范化、标准化等问题，目的是使汉字更便于应用。因此，现代汉字学是应用性很强的汉字学分支。20世纪以来，特别是20世纪50年代以来，人们对现代汉字进行了多方面的考察和研究，但提出建立现代汉字学却是近些年的事。1980年，周有光发表《现代汉字学发凡》(《语文现代化》第2辑，1980)，具体提出建立现代汉字学的建议。1985年，高家莺、范可育发表《建立现代汉字学刍(chú)议》(《上海师范大学学报》1985年第4期)。1986年，周有光又发表《"现代汉字学"的诞生》(《光明日报》1986年11月25日)。根据专家们的意见，现代汉字学的内容主要有以下几个方面：

　　1. 现代汉字性质、特点的研究
　　2. 现代汉字字量的研究
　　3. 现代汉字字序的研究
　　4. 现代汉字字形的研究

5. 现代汉字字音的研究
6. 现代汉字字义的研究
7. 现代汉字教学的研究
8. 现代汉字整理与简化的研究
9. 现代汉字信息处理的研究

现代汉字学这一新兴学科诞生之后,很快出现了研究现代汉字的学术团体。如北京市语言学会内就成立了现代汉字研究会。随之,现代汉字学论著相继问世,如:张静贤的《现代汉字教程》(现代出版社,1992)、高家莺等人的《现代汉字学》(高等教育出版社,1993)、苏培成的《现代汉字学纲要》(北京大学出版社,1994年第1版,2001年增订版)和《二十世纪的现代汉字研究》(书海出版社,2001)。这些都说明,现代汉字学这一新兴学科已经建立起来了。

关于现代汉字的性质和特点、现代汉字的整理与简化、现代汉字的信息处理等方面的研究情况,已在前面的某些章节中有所介绍,这里不再重复。下面仅就其他几方面情况作简要介绍。

现代汉字字量研究

现代汉字使用情况如何?哪些是通用字?哪些是常用字?这是现代汉字研究首先要解决的问题。20世纪以来的现代汉字字量研究,主要在汉字使用频度的统计、通用字表的研制、常用字表的研制三个方面。

一、现代汉字使用频度的统计

汉字使用频度的统计,又称"查频"。最早进行现代汉字查频工作的是教育家陈鹤(hè)琴。1921年,他统计了554 478字的白话文资料,得出4261个单个汉字,编成《语体文应用字汇》。以后不断有人进行统计。最重要的有:1975年至1976年,北京新华印刷厂等单位对总计21 629 372字的各类现代汉语书刊资料进行手工统计,得出单字总数6374个,编成《汉字频度表》;1985年,北京航空学院计算机科学与工程系和文改会汉字处合作,用电子计算机对总计11 873 029字的各类现代汉语书刊资料进行统计,得出单字总数7745个,编成《社会科学、自然科学综合汉字频度表》(1985);1988

年,国家语委汉字处,用电子计算机对 15 种常用字统计资料和 5 种通用字统计资料进行统计,编成《现代汉语常用字频度表》(语文出版社,1989)。通过查频,人们对现代汉语用字情况有了越来越清楚的了解。查频所得的数据,为通用字表和常用字表的研制提供了科学的依据。

二、现代汉语通用字表的研制

现代汉语通用字表的研制是 1913 年开始的。那一年,"读音统一会"选取通用的 6500 多汉字进行审订,编成《国音字典》(商务印书馆,1919),收通用汉字 6000 多个。这是第一个现代汉语通用字表。1932 年,"《国音字典》增修委员会"编成《国音常用字汇》,收正字 9920 个。这是 1913 年以来整理现代汉语用字的总结性成果。

20 世纪 50 年代以来,现代汉语通用字表的研制一直在加紧进行。最重要的成果是:1965 年文化部、文改会公布的《印刷通用汉字字形表》(收字 6196 个),1981 年国家标准局公布的《信息交换用汉字编码字符集·基本集》(技术标准出版社,1981,收字 6763 个);1988 年,国家语委、国家新闻出版署联合发布的《现代汉语通用字表》(语文出版社,1989,收字 7000 个)。

目前,国家正在研制《通用规范汉字表》,2009 年公布的征求意见稿,收字 8300,根据通用程度,分为三级:一级字 3500 个,二级字 3000 个,三级字 1800 个。

三、现代汉语常用字表的研制

汉字总数有五六万,通用字也有六七千。但认识其中的两三千个就能"读书看报",这两三千字就是常用字。小学语文教学、对外汉语教学和成人扫盲教育,一个重要内容就是教学生学会这些常用字。研制常用字表,就是把这些常用字挑出来。有了常用字表,上述各类汉语教学教材的编写才有依据。

20 世纪以来,研制出许多种常用字表,目前最有实用价值的是:傅兴岭、陈章焕(huàn)主编的《常用构词字典》(中国人民大学出版社,1982,收字 3994 个),北京语言学院语言教学研究所编的《汉字频度表》(1985,收字 4574 个),国家语委汉字处编的《现代汉语常用字表》(语文出版社,1988。收常用字 2500 个,次常用字 1000 个,共计

3500个)。其中《现代汉语常用字表》是在以往常用字研究的基础上研制出来的,由国家语言文字工作委员会和国家教育委员会联合公布,目前还是最精确、最有权威性的现代汉语常用字表。

除以上三方面以外,还有人对姓氏、地名、方言或某部专书用字情况进行调查统计。

现代汉字字形研究

字形结构的研究是现代汉字学重要课题之一,因为,汉字结构复杂,汉字教学、汉字的整理与简化、汉字编码输入(形码和形音结合码),都需要对汉字进行结构分析。中国传统的字形分析法是偏旁分析法,汉代许慎著《说文解字》,就是在六书理论的指导下,用偏旁分析法分析汉字合体字的结构。以后,历代都有人对汉字的偏旁部首、对汉字偏旁间结构关系进行研究。

20世纪以来,人们对汉字字形的研究,主要在汉字结构单位的研究和结构单位间组合形式的研究两个方面。

一、汉字结构单位的研究

近百年来,人们普遍把笔画也看做汉字结构的一级单位。现在多数人认为,汉字具有笔画、偏旁、整字三级(层)结构单位。对汉字结构单位的研究主要在:基本笔画的种类、变体笔画的种类、偏旁的数量、偏旁的名称等几方面。一般来说,将汉字基本笔画划分为8种(一、丨、丿、㇏、丶、㇒、㇕、亅)或5种(一、丨、丿、丶、㇕)的比较多;将汉字变体笔画划分为20~30种的比较多;汉字偏旁的数量,据倪(ní)海曙(shǔ)、周有光等人的分析,为一千四五百个;关于偏旁名称,1965年8月至1966年4月,《文字改革》等报刊曾开展热烈的讨论,因"文化大革命"而中断。费锦昌《关于规定偏旁部件名称问题的讨论》(《语文现代化》,1980年第1期)一文,有概括的介绍。

由于汉字偏旁数量太多,汉字教学、汉字编码输入等方面都遇到一定困难。于是有人破除偏旁概念,进行部件(笔画≤部件≤偏旁)研究,主张采用部件分析法,部件又称"字根"、"字素"、"构件"。杜定友通过8075个字的分析统计,得出"字根"535个(《方块汉字的怪组织》,载《中国语文》1954年12月号);文改会汉字处与武汉大学合作,用电子计算机对《辞海》(1979年版)所收的11834个规范汉字进行分析统计,得出"部件"648个(《汉字结构及其构成成分的分析和统计》,载《中国语文》1985年第4期)作为官方文件,中国教育部、国家语委于1998年发布了《信息处理用GB13000.1字符集汉字部件规范·汉字基础部件表》(语文出版社,1998),收基础部件560个;于2009年发布了《现代常用字部件及部件名称规范》(语文出版社,2009),收现代常用汉字部件514个。国内外为汉字编码输入而分析的"部件"从100多到600多不等。采用部件分析法的人,多数认为汉字的结构单位有笔画、部件、整字三个层次。

二、汉字结构单位组合形式的研究

这方面的研究,以偏旁或部件组合形式为主。组合形式的归纳多种多样,无法一一介绍。相对来说,采用偏旁分析法归纳偏旁组合类型,比较清楚,比较简单,便于称说;采用部件分析法归纳部件组合类型,较为混乱、烦琐,不便称说。

现代汉字字音研究

现代汉字字音的研究,包括字音标准化的研究、表音偏旁表音功能的研究、多音字的研究以及汉字读音变调的研究等。

一、字音标准化的研究

所谓字音标准化,就是给汉字规定标准读音。20世纪前期的国语运动,第一步就是统一汉字的读音。1913年,读音统一会为6000多个汉字规定了标准读音(即所谓"老国音"),编成《国音字典》。以后又改"老国音"为"新国音(以北京语音为标准音)",编成《国音常用字汇》,在统一国语运动中发挥了重要作用。

20世纪50年代,为了推广普通话,中国科学院语言研究所成立了普通话审音委员会,编出《普通话异读词三次审音总表初稿》(《中国语文》1963年第1期,1963年10月文字改革出版社出版单行本),共审订异读词1800多条,为1077个字规定了标准读音。后经修订,于1985年底以《普通话异读词审音表》名称正式公布(文字改革出版社,1986)。

二、表音偏旁表音功能的研究

现代汉字近 90% 是一般所谓的形声字。为解决汉字读音难的问题,许多人注意对"形声字"表音偏旁的表音功能进行研究。研究这一问题,首先要弄清现代汉字中"形声字"及其表音偏旁的数量。倪海曙著《现代汉字形声字字汇》(文字改革出版社,1975),周有光著《汉字声旁读音便查》(吉林人民出版社,1980),为人们提供了这方面的数据。在这一工作的基础上,出现了一些研究"形声字"表音偏旁表音功能的论文。有代表性的是:周有光《现代汉字中声旁的表音功能问题》(《中国语文》,1978 年第 3 期)、高家莺《声旁的表音功能及其利用》(《语文学习》,1983 年第 9 期)、尹斌庸(yǐn bīn yōng)《关于汉字评价的几个基本问题》(《汉字问题学术讨论会论文集》,语文出版社,1988)、李大遂《略论表音偏旁及其教学》(《中国对外汉语教学学会北京分会第二届学术年会论文集》,北京语言文化大学出版社,2001)等。

三、多音字的研究

现代汉字中的多音字,约占 10%。因此,多音字的研究,也引起人们的重视,出现一些有分量的论文。如:周有光《现代汉字中的多音字问题》(《中国语文》1979 年第 6 期)、张清常《关于一字多音的一些问题》(南开大学中文系《语言研究论丛》第 4 辑)等。分析了多音字的性质和现状,探讨了整理多音字的可能性,并且提出了整理的方法。

四、汉字读音变调问题的研究

汉字读音变调是较常见的现象。这方面的研究主要集中在轻声、上声连读变调、"一"、"四"、"七"、"八"变调几方面。汉字学专著一般对此很少谈及,汉语语言学、汉语语音学著作均有论述。《语言教学与研究》等对外汉语教学研究刊物,比较重视这方面问题的研究。

现代汉字字序研究

现代汉字字序的研究,主要是排检法的研究。20 世纪的字序研究,出现过三个高潮。第一次高潮是在二三十年代,突出的成就是,成功创制了《四角号码检字法》和《注音字母音序法》,提出进一步改革部首检字法的新思路:改过去据义归部为据形位归部。第二次高潮是在五六十年代,突出成就是,汉字查字法整理工作组在广泛征求专家和群众意见基础上,整理出《拼音字母查字法》、《部首查字法》、《四角号码查字法》、《笔形查字法》四种汉字排检法草案,并向文化、教育和出版界推荐试用。这两次研究高潮在改革旧的汉字排检法,增强排检法的普及性、实用性方面做出了很大贡献。第三次高潮是在八九十年代特别是九十年代,在此次高潮中,关心参加讨论研究的人和创造的方法比已往要多,相对集中在部首序列和笔形序列两方面。

1980年周有光在《现代汉字学发凡》一文中提出字序问题以后,1981年,胡双宝发表了《字序标准化——文字工具现代化的一个重要方面》(《延边大学学报》,1981年第4期),讨论了笔形、笔画、部首、字母、音序、数码等原则的利弊及配合使用。1992年,他又发表《略论字序的规范》(《语文研究》,1992年第3期),进一步讨论实施中的问题。两文强调严格意义的字有定序。以笔画标准为例,笔画数相同的字,不但要求横竖撇点折的顺序管到每一笔,而且要为每种笔画的各种变体定出顺序,如先长后短,先左后右,先交、接,后离等等,这样可以使汉字最大限度地做到定序。文章还从较为严格意义上的音序(有别于事实上的字母序)出发,主张把 zh,ch,sh 从 z,c,s 中分出,另行排列。其他代表性论著有:统一查字法工作组《汉字统一部首表》(《文字改革》),1983年第11期)、国家语言文字工作委员会 标准化工作委员会《现代汉语通用字笔顺规范》(语文出版社,1997)、曹乃木《统一部首查字法需要解决的主要问题》(《文字改革》,1985年第1期)、章琼《谈汉字统一部首的立部与归部》(《语文建设》,1997年第8期)、傅永和《汉字的笔画》(《语文建设》,1992年第1期)、高更生《笔画定序法的几个问题》(《语文建设》,1990年第6期)、程养之《笔画定序之我见》(《语文建设》,1991年第9期)、罗伟达《汉字字序法研究》(《辞书研究》,1995年第5期)、邓英树《两部语文工具书的汉字定序比较》(《语文建设》,1996年第4期)、李志江《关于汉字排检规范化的两点意见》(《语文建设》,1996年第2期)、涂建国《汉字排检法现状及期反思》(《辞书研究》,1997年第2期)等。不过,虽然第三次研究高潮参加人多,发表意见多,但缺少实质的应用性成果,讨论还在继续。对未来如何为现代汉字定序,专家大都主张应解决好继承与创新问题,在现有排检法的基础上,加强统一规范,追求普及性和准确性。也有人提出汉字排检与编码输入应合二为一。

现代汉字字义研究

现代汉字字义的研究,主要在单个字义的研究、表义偏旁表义功能的研究两个方面。

一、单个字义的研究

单个字义的研究与词义的研究是紧密联系在一起的。一般来说,单音节词词义的研究也就是字义的研究;复音词词义的研究,也往往和字义的研究有密切的联系。这方面的研究论文数量很大。解释现代汉字通用义的字典和解释现代汉语词语的词典,集中反映了这方面的研究成果。如:《新华字典》、《现代汉语词典》、《汉字形义分析字典》等。

二、表义偏旁的表义功能研究

我们知道,95%的现代汉字形体中具有表义偏旁,它们直接或间接地表示字义。研究表义偏旁表义功能,有助于人们学习掌握汉字的字义。由于表义偏旁指一般所谓的形声字的形旁,而形旁大体上又和字典、词典里的部首相一致,所以表义偏旁表义功能的研究,主要集中在形旁表义或部首表义上。无论汉字学通论性著作或研究"形声字"的论著,都要讲到形旁表义问题。同时也有专门研究形旁表义问题的论文。如:陈兆(zhào)年《形声字之字义与形旁之关系》(《论学》2期,1937)、费锦昌、孙曼均《形声字形旁表义度浅探》(《汉字问题学术讨论会论文集》语文出版社,1988)等。研究《说文》部首表义的论著,历史上不少。但从检字部首角度研究表义偏旁表义功能,是从50年代以后发展起来的。这方面的论著主要有黄绮(qǐ)《部首讲解》(天津人民出版社,1957)、王术加《偏旁部首简说》(湖南人民出版社,1985)、吕奇特《汉字常用部首今释》(湖北教育出版社,

1987)等。孙钧锡《汉字通论》(河北教育出版社,1988)也有"主要部首解说"的内容。

生　　词

频度	píndù	（名）	frequency
数据	shùjù	（名）	data
扫盲	sǎománg	（动）	eliminate illiteracy
课题	kètí	（名）	a question for study or discussion
称说	chēngshuō	（动）	address and state
烦琐	fánsuǒ	（形）	loaded down with trivial details
分量	fènliàng	（名）	weight

第十五章 汉字的教学

第一节 中国传统汉字教学

汉字数量多、结构复杂,读音和意义也较难掌握,学习起来有一定困难。特别是初学,困难更大。从古到今,汉字教学一直是中国传统语文教学的重点和难点。所以,汉字教学及其研究,自然受到人们的重视。中国传统汉字教学及其研究,主要在识字教学和写字教学两个方面。

一、识字教学的研究

在古代,识字教学的研究,以编写各种集中识字课本为主。如:秦代的《仓颉篇》、汉代的《急就篇》、南北朝时期的《千字文》、宋代的《百家姓》、《三字经》等。从宋代开始,《千字文》、《百家姓》、《三字经》成为互相配合的整套识字教材,通称"三百千",在全国范围内通行约1000年。"三百千"大约有单字2000个,学好"三百千"就打下了读写基础。此外,还有一种与生活生产联系密切的识字教材,叫做"杂字",种类很多,流行于中下层社会。

20世纪以来,学校教育开始革新,把识字教学和阅读教学结合起来,一边识字,一边阅读。在识字教学方面进行了注音识字、集中识字及字形分析方法等问题的研究。

1. 注音识字。给汉字注音,自古就有读若、直音、反切等方法。但作为一种识字教学方法,是从注音字母公布以后开始的。在中国大陆,从1918年到1958年,使用"注音字母"注音识字;1958年公布《汉字拼音方案》以来,使用汉语拼音字母注音识字。注音识字方法的使用,减轻了汉字学习的难度,大大提高了识字教学的效果。1982年开始,先在黑龙江省几所小学,后在全国范围内进行的"注音识字,提前读写"小学语文教学改革实验,取得了相当好的效果。李楠(nán)主编的《"注音识字、提前读写"实验报告》(中国社会科学出版社,1985)一书,介绍了这一实验的经验。

2. 集中识字。中国古代的识字教学,基本上都是先集中识字,后读书,在读书中复习巩固所学汉字,并逐步扩大识字量。20世纪以来的识字教学,基本上采用分散识字法,识字与读书同时进行。这种方法分散了难点,减轻了学生初学汉字的困难,但学习的系统性不强,效率偏低,在小学学习六年,最好的学生也才学会常用字3000多一点。1958年,辽宁省黑山县一所小学,创造了一种新的集中识字教学法,使小学生读完二年级就能掌握2500个常用字,不但可以独立读书看报,而且还能写出通顺的短文。这一经验被称为"黑山经验"。1960年以后,"黑山经验"被推广到全国范围内进行实验,实验的经验编入《集中识字教学经验选》(中央教育科学研究所选编,教育科学出版社,1980)一书。

最近一二十年,在集中识字研究方面,又有许多新的创获。创造了"字族文识字"、"韵语识字"、"部件识字"、"炳人识字"等集中识字方法。使用这些方法进行识字教学,效率远高于随文识字的分散识字法。

3. 字形分析法。汉字结构复杂,为了使学生能较快较好地学习掌握生字,就要对生字的形体结构进行分析,不仅要分析它们的外部结构,还要分析它们的内部结构。20世纪以来,常用的字形分析法,仍是六书指导下的偏旁分析法。这种分析法的优点是,既能使学生较容易地把握生字的外部结构,学会辨认、书写,也能使学生同时把握生字的内部结构,较好地理解记忆生字的读音和意义,这样有利于学生全面掌握汉字的形音义系统。这种方法虽然不能适用于每一个合体现代汉字,但基本上是适用于现代合体汉字的。

近三四十年来,流行一种部件分析法(又称字素分析法)。这种分析法不考虑汉字的造字方法,不考虑汉字的读音和意义系统,单纯机械地进行字形分析,用小于或等于偏旁的部件代替偏旁,作为汉字结构中最重要的结构单位。这种分析方法的好处是,能适用于每一个合体现代汉字,部件的数量比偏旁的数量也少得多。但缺点是,使字形结构类型更加复杂,也给学生理解记忆生字的读音和意义带来困难,不利于学生在形音义几方面系统地掌握汉字。傅永和主编的《汉字属性字典》(语文出版社,1989)、文改会与武汉大学合作对《辞海》所收汉字进行结构分析,使用的都是这种方法。对外汉语教学界也有人主张并使用这种分析方法。

除了注音识字、集中识字、字形分析法研究之外,还有按部首归类、形近字比较、同音字比较、看图识字等方法的研究。

二、写字教学的研究

汉字结构复杂,学生初学写字有困难,必须有一套教学生学会写字的方法。中国古代使用毛笔写字,教学生写字的顺序是:先学中楷,再学大楷或小楷。练习的步骤是:先描红,再摹帖,再临帖。20世纪以来的写字教学,已经逐步从单纯的毛笔,发展为以硬笔为主。教学方法也发生很大的变化。大体作法是:开始教学生写字时,先教执笔方法和写字的姿势,然后逐步教各种笔画的写法和笔顺规则,还要逐步讲一些字形结构方面的知识。要求学生不仅要写得对,还要写得好看。老师教学生学习生字时,要分析字形结构,低年级老师常用书空的形式带领学生练习写字。课后要求学生用田格本或米字格本抄写新学的生字,这是小学生主要作业之一。

生　　词

描红	miáohóng	(动)	trace in black ink over characters printed in red (in learning to write with a brush)
执	zhí	(动)	hold; grasp
书空	shūkōng	(动)	write in the air with a finger, a way to practise writing Chinese characters

第二节 对外汉字教学发展简况

汉字是汉语的书写符号系统。要学习汉语,特别是要获得汉语读写能力,学习汉字。要学好汉语,必须尽可能多地掌握汉字。中国人如此,外国人也如此。因此,汉字是对外汉语教学的重要内容之一。与拼音文字相比,汉字体系庞大,形体众多,结构复杂,读音意义也很复杂。对于非汉字文化圈的外国人来说,汉字往往是他们学习汉语最大的难点。对于对外汉语教师来说,教汉语不能不教汉字,如何让外国学生消除畏难情绪,教他们更快更多地学会汉字,也不是容易的事情。因此,对外汉字教学是对外汉语教学中重要而困难的部分,对外汉字教学的研究是对外汉语教学领域研究的重点之一。了解对外汉字教学与研究的历史与现状,有利于对外汉字教学与研究的发展。

对外汉字教学自古有之,不过,古代几乎没有留下什么有关对外汉字教学与研究的文献资料。因此,我们这里只谈当代对外汉字教学情况。谈对外汉字教学,应该包括国内和国外两个方面情况,在国内方面,也应该包括大陆以及台港澳三地情况。由于对国外以及台港澳三地对外汉字教学情况了解有限,这里主要谈大陆以及与大陆相关的对外汉字教学情况。

当代对外汉字教学的历史是随着1950年清华大学东欧交换生中国语文专修班开始而开始的。当代对外汉字教学的发展,可以以20世纪90年代中期第五届国际汉语教学讨论会为界,大体分为前后两个阶段,下面分别介绍。

前　　期

一般来说,已往的对外汉字教学主要在基础阶段进行。较早的基础汉语教材,起始阶段都有一些汉字教学的内容,讲授笔画、笔顺、结构分析等简单的汉字知识,课后有带字形分析的《汉字生字表》。如:邓懿主编的《汉语教科书》(时代出版社,1958)。20世纪80年代以后,大部分基础汉语教材,让汉字教学部分单独成册,与其他各册配合使用,汉字教学内容较已往充实,如:北京语言学院编写的《基础汉语课本·汉字练习本》(外文出版社,1980)、刘岚云执笔编写的《初级汉语课本·汉字读写练习》(北京语言学院出版社、华语教学出版社联合出版,1986)、邓懿主编的《汉语初级教程·第四册》(北京大学出版社,1993)。特别值得注意的是,国内外部分同行,在改革现行对外汉语教学体系,理顺汉字教学和语法、词汇教学关系方面,进行了大胆的探索。1989年10月,白乐桑(法)、张朋朋合作编著的《汉语语言文字启蒙》在法国出版。该教材把汉字看做汉语的基本单位,把汉字的形音义和以字组词作为教学中心内容,在建立以汉字教学为纲的汉语教学体系方面开了先河,引起世界汉语教学界的注意。此后,国内也出版了张朋朋的《现代千字文》(北京大学出版社,1995)。不过,这一时期编写的基础汉语教材,也有极个别根本没有汉字教学内容的。到了中高级阶段的汉语教材中,除了课后有少量辨字组词之类的练习以外,几乎见不到汉字教学的内容。似乎在初级阶段把汉字形体的基本知识告诉学生,帮助他们掌握笔画、笔顺等基本书写技能以后,汉字教学就大功告成了。如何使学生更多更快更容易地掌握汉字的读音、意义,如何进一步扩大识字量,似乎已不在考虑范围之内。那么,教学设计者把基础阶段以后的汉字教学任务交给谁去承担了呢?可能是一厢情愿地交给词汇教学了。词汇教学是否承担起这一沉重的任务了呢?这因人而异,似乎只有少数重视汉字教学并且有一定汉字学知识的教师,会自己增加一些汉字教学的内容,在讲授合成词时会采用分析的方法,在先讲授构词字字义的基础上讲授合成词的词义。

　　进入20世纪90年代,为了满足留学生对选修课的需要,也出现了专门以中高级留学生为对象的通论性汉字教材,如:张静贤的《现代汉字教程》(现代出版社,1992)、李大遂的《简明实用汉字学》(北京大学出版社,1993)。前者讲授现代汉字,重于应用;后者则全面介绍有关汉字的基本知识,贯通古今,理论与实用兼顾。这一时期,不少从事对外汉语教学的学校开设了选修的汉字课。

　　在对外汉字教学的研究方面,前期研究的重点是教什么?怎么教?取得一定成果。1985年,北京语言学院语言教学研究所编制了《汉字频度表》,根据汉字使用频度的高低,按频率为4574个汉字分级。1992年国家对外汉语教学领导小组办公室汉语水平考试部发表《汉语水平词汇与汉字等级大纲》，将2905个常用字分为甲、乙、丙、丁四级。为不同阶段汉字教学教哪些字提供了依据。张亚军《对外汉语教学法》（现代出版社，1990）、盛炎《语言教学原理》（重庆出版社，1990）、吕必松《对外汉语教学发展概要》（北京语言学院出版社，1990）、吕必松《对外汉语教学概论》（国家教委对外汉语教师资格审查委员会办公室印行，1996）等关于对外汉语教学的专著，都有汉字和汉字教学内容。有的设有专章或专节论述汉字的特点、汉字教学的内容和方法等，但篇幅都很小。这一时期，也发表了一些专门研究汉字和汉字教学的论文，研究的重点是如何突破汉字难学、难教的问题，教学经验总结性文章占有不小比重，可以说研究者的眼光主要在方法技巧层面。不过，由于种种原因，对外汉语教学界同行在汉字和汉字教学的研究方面投入精力较少，相对于汉字教学这一重点和难点来说，发表的论文不多。据统计，截止1996年底，《世界汉语教学》、《语言教学与研究》、《汉语学习》刊载的论文和1~5届国际汉语教学讨论会见于目录的论文共计4427篇[①]，有关汉字和汉字教学的论文只有158篇，占论文总数的3.58%。其中《世界汉语教学》、《语言教学与研究》大约每两期才有1篇关于汉字和汉字教学的论文，《汉语学习》大约每5期才有2篇关于汉字和汉字教学的论文。三个对外汉语教学专业刊物的论文和五次国际汉语教学讨论会论文，可以大体反映世界汉语教学界同行对汉字和汉字教学研究的状况。3.58%的比例，应该可以说明汉字和汉字教学研究薄弱的程度。

从以上情况看出，在相当长的时期内，与其他语言要素教学相比，汉字教学和研究一直是对外汉语教学领域薄弱的环节。为什么会出现这种局面呢？可能主要得从指导思想上找问题。不可否认的是，迄今为止的对外汉语教学，基本上是以西方语言学和语言教学理论为指导的。在西方语言学和语言教学理论中，文字和文字教学从来就算不上问题，文字和文字教学的研究几乎无地位可言。对外汉

---

① 五次国际汉语教学讨论会见于目录的论文，有些未见发表，有个别篇目与三个刊物篇目相重复。

语教学及其研究基本以西方语言学和语言教学理论为指导,对汉字和汉字教学重视的程度难免偏低。此外,汉字和汉字教学研究难度确实较大,一些同行有意无意地回避这个难点,可能也是事实。

后　　期

　　20 世纪 90 年代中期以后,汉字和对外汉字教学的研究出现了可喜的转机。在 1996 年 8 月召开的第五届国际汉语教学讨论会上,有关专家学者针对以往对外汉字教学内容薄弱、研究滞后、身处困境问题,不约而同地发出要重视汉字和汉字教学研究的呼吁。中国全国人大常委会副委员长许嘉璐先生在发言中指出:"对外汉语教学中的汉字教学到了集中力量好好研究的时候了"。① 法国汉语教师协会主席白乐桑在发言中指出:"目前对外汉语教学面临着危机。汉语教材虽然在某一些方面有改进,可是因为大部分教材没有抓住汉语教学中最根本的问题(即怎样处理'字'这一语言教学单位),可以认为对外汉语教学仍然处在滞后的状态。"② 他又说:"无论在语言学和教学理论方面,在教材的编写原则方面,甚至在课程设置方面不承认中国文字的特殊性以及不正确地处理中国文字和语言所特有的关系,正是汉语教学危机的根源。"③ 德语区汉语教学协会会长柯彼德也有相似的看法,他在发言中说:"汉语教学今天面临的最大的挑战:一方面是文化和语言教学的融合,另一方面是汉字的教学。如果不接受这两场挑战并马上寻找出路,汉语教学恐怕没有再向前发展的可能性"。④ 如何认识汉字教学在整个对外汉语教学中的地位,如何突破汉字教学这一难点,如何改变汉字和汉字教学研究滞后局面,使对外汉字教学走出困境,是对外汉语教学界重大而迫切的课题。这

---

　　① 许嘉璐《汉语规范化和对外汉语教学》,《第五届国际汉语教学讨论会论文选》,北京大学出版社,1997。
　　② 白乐桑《汉语教材中的文、语之争:是合并,还是自主,抑或分离?》,《第五届国际汉语教学讨论会论文选》,北京大学出版社,1997。
　　③ 同上。
　　④ 柯彼德《汉字文化和汉字教学》,《第五届国际汉语教学讨论会论文选》,北京大学出版社,1997。

次会议,对对外汉字教学和研究产生了很大的推动作用。

1997年6月,国家汉办在湖北宜昌召开了首次汉字和汉字教学研讨会。1998年2月,世界汉语教学学会和法国汉语教师协会联合在巴黎举办了国际汉字教学研讨会。在这两次学术会议上,与会专家学者就汉字教学的地位、任务、方法等问题,进行了深入热烈的讨论。会后出版了吕必松主编的《汉字与汉字教学研究论文选》(北京大学出版社,1999)。此后,汉字和汉字教学研究出现一个高潮。在有关刊物上,汉字和汉字教学研究的文章逐渐有所增加,研究的深度和广度也大大提高。

与此同时,中国语言学界开始兴起"字本位"的讨论。徐通锵于20世纪90年代中期在《世界汉语教学》、《语言文字应用》等刊物上相继发表多篇文章,明确提出了他的"字本位"汉语言观,并出版专著《语言论》(东北师范大学出版社,1997),系统阐述了他的字本位理论。这一理论得到吕必松、潘文国等学者的支持。2002年,潘文国出版了专著《字本位与汉语研究》。2004年12月,在青岛召开了全国首届汉语"字本位"理论专题研讨会。山东教育出版社决定出版一套由徐通锵、潘文国任正、副主编的《汉语字本位研究丛书》。《丛书》先选定八个论题,分两批出版八本论著:杨自俭《字本位理论与应用研究》、徐通锵《汉语字本位语法导论》、鲁川《汉字信息语法学》、孟华《文字论》、戴汝潜《字本位语文课程教学》、潘文国《字本位和普通语言学》、吕必松《字本位与对外汉语教学新路子》、汪平《方言学与字本位》。现在,前四本已经出版。此外,2007年,张朋朋出版了《文字论》(华语教学出版社,2007)。"字本位"的讨论,已经并将继续对对外汉字教学产生极大的推动作用。

2005年8月,德国美因兹大学应用语言学和文化学院汉语系主办了西方学习者汉字认知国际学术研讨会,这是一次跨学科的学术会议,与会者有汉字和汉字教学研究者,也有认知心理学学者,从内容到方法都显示出汉字教学的研究正向深入发展。会后,出版了顾安达、江新、万业馨主编的《汉字的认知与教学——西方学习者汉字认知国际研讨会论文集》(北京语言大学出版社,2007)。

2008年11月,汉语与汉字关系国际学术研讨会在厦门大学举行。讨论的主题分别是"汉语和汉字的关系"、"汉语和汉字的互动"、"汉字与汉语的本体研究"及"汉语与汉字的应用研究"等。这次会议虽然不是专门为对外汉字教学而开,但会议成果对对外汉字教学具有启发指导意义。

2009年12月,首届汉语独特性理论与教学国际研讨会在上海外国语大学举行,这次会议目的是推进汉语和汉字独特性的研究,介绍有别于印欧语语言理论的汉语语言学的各种理论观点,交流以字为立足点的不同对外汉语教学模式。会议倾听对于字本位理论的不同意见,探讨字本位研究中的不足与缺陷,促进字本位理论的健康发展。尤其提倡字本位与词本位两大阵营的直接对话以及字本位内部不同观点的互相交流。将对对外汉语教学特别是对外汉字教学产生积极的推动作用。

在近十余年,部分对外汉语教学同行认识到汉字教学的重要,在现行汉语教学体系下努力加强汉字教学。或尝试编写具有充实汉字教学内容的基础汉语教材,如:张朋朋的《新编基础汉语·识字篇》和《新编基础汉语·写字篇》(华语教学出版社,2001);或编写与基础汉语教材配套的汉字课本,如:张静贤的《汉语普通话教程·汉字课本》(北京语言文化大学出版社,1997)、吴中伟主编《当代中文·汉字本》(北京大学出版社,2007)等;或积极开设不同层次的选修的汉字课,并编写以初中级留学生为对象的独立汉字教材,如:周健等人的《外国人汉字速成》(华语教学出版社,1996)、施正宇的《汉字津梁》(北京大学出版社,1998)、柳燕梅的《汉字速成课本》(北京语言文化大学出版社,2001)、张静贤《汉字教程》(北京语言大学出版社,2004)、达世平《汉字字母教程》(北京语言大学出版社,2004)、李大遂《系统学汉字·中级本》(华语教学出版社,2005)、周健《汉字突破》(北京大学出版社,2005)等。

在这期间,有些国外出版的汉字教材被引入中国国内,如:华语教学出版社出版了白乐桑、张朋朋合编的《汉语语言文字启蒙》中国版。有些中国国内出版的汉字教材被翻译为外文在国外出版,如:李大遂著《简明实用汉字学》,由李容诚将全书译为韩文,在韩国出版了韩文版。

这一时期也出版了一些对外汉字教学研究专著,主要有:潘文国

《字本位与汉语研究》(华东师范大学出版社,2002)、万业馨《应用汉字学概要》(安徽大学出版社,2005)、李香平《汉字教学中的文字学》(语文出版社,2006)、周健《汉字教学理论与方法》(北京大学出版社,2007)、吕必松等《组合汉语知识纲要》(北京语言大学出版社,2007)、胡文华《汉字与对外汉字教学》(学林出版社,2008)、王骏《字本位与对外汉语教学》(上海交通大学出版社,2009)、徐彩华《汉字认知与汉字学习心理研究》(知识产权出版社,2010)等。此外,还有两本形似专著实为论文集的书,一本是崔永华主编的《词汇汉字研究与对外汉语教学》(北京语言文化大学出版社,1997),另一本是孙德金主编的《对外汉字教学研究》(商务印书馆,2006)。两书收入了多篇对外汉字教学研究的论文。

这一时期有关汉字和汉字教学的论文明显增多,据统计,1997—2008年12年间,对外汉语教学领域各种专业刊物、会议论文集、各单位论文集发表的论文共计7964篇,其中有关汉字和汉字教学的论文495篇,占本时期论文总数的6.2%。与前期3.6%的比例相比,增加了2.6个百分点。有关汉字和汉字教学论文情况,将在本章第三节较为详细的介绍。

此外,这一时期服务于对外汉字教学的工具书和教辅读物也不断问世,如:谢光辉《常用汉字图解》(北京大学出版社,1997)、郑艳群《多媒体汉字字典(800字)》(北京语言大学出版社 1999)、姚乃强《汉英双解新华字典》(商务印书馆,2000)、白乐桑、崔建新《说文解词》(北京大学出版社,2002)、韩鉴堂《汉字文化图说》(北京语言大学出版社,2005)、孙涛《HSK汉字学习卡片》(朝华出版社,2006)、黄伟嘉、敖群《汉字部首例解》(商务印书馆,2008)、施正宇《原原本本说汉字—汉字溯源600例》(北京大学出版社,2009)等。

纵观对外汉字教学及其研究的发展,我们由衷地感到高兴。汉字教学越来越受重视,汉字和汉字教学研究成果逐渐增多,使我们看到汉字教学走出困境的希望。可以预见,在未来一段时间内,汉字和汉字教学将成为对外汉语教学领域讨论的最大热点之一。但是,毋庸讳言,就对外汉字教学现在的发展和研究水平而言,对于对外汉字教学这一重大课题来说,还是远远不够的。要使汉字教学真正走出困境,还需要有相当数量的人关心和从事汉字和汉字教学的研究,并且在汉字和汉字教学研究的重要方面取得突破。

生　词

庞大	pángdà	(形)	huge; massive
畏难	wèinán	(动)	be afraid of difficulty
同行	tóngháng	(名)	the persons of the same trade or occupation
先河	xiānhé	(名)	precedent; the beginning of the history
大功告成	dàgōng gàochéng	(成)	be accomplished, be crowned with success
一厢情愿	yīxiāngqíngyuàn	(成)	one's own wishful thinking
薄弱	bóruò	(形)	weak
环节	huánjié	(名)	link; spot
迄今为止	qìjīnwéizhǐ		up to now; so far
回避	huíbì	(动)	evade
转机	zhuǎnjī	(名)	a favorable turn; a turn for the better
滞后	zhìhòu	(动)	stop and fall behind
困境	kùnjìng	(名)	difficult position
呼吁	hūyù	(名)	appeal; call on; urge
危机	wēijī	(名)	crisis
设置	shèzhì	(动)	set up; offer
融合	rónghé	(动)	mix together
模式	móshì	(名)	Pattern
纵观	zòngguān	(动)	Looking over
由衷	yóuzhōng	(形)	Heartfelt
热点	rèdiǎn	(名)	central issue; of general interest
毋庸讳言	wúyōnghuìyán		Does not need to refuse to talk about

第三节　对外汉字教学研究主要成果

对外汉字教学研究的成果包括专著、教材和论文。有关对外汉字教学的专著和教材，在前节已经基本上都谈到了，这里不重复，这里只谈论文方面的主要成果。根据已有对外汉字教学研究论文的内容，我们从"汉字教学与汉语教学关系研究"、"'字本位'与'词本位'的讨论"、"汉字教学内容和方法研究"、"对外汉字教材编写研究"、"汉字本体研究"、"留学生汉字学习特点和规律研究"六个方面进行介绍。

汉字教学与汉语教学关系研究

已往汉字教学内容薄弱，研究滞后，关键是对汉字教学与整个汉语教学的关系缺乏清楚的认识，没有给汉字教学以应有的地位。认清汉字与汉语关系、汉字教学与汉语教学关系，是搞好汉字教学的前提。这方面的主要文章有：李培元、任远《汉字教学简述》(《第一届国际汉语教学讨论会论文选》，北京语言学院出版社，1986)、白乐桑《汉语教材中的文、语之争：是合并，还是自主，抑或分离？》(《第五届国际汉语教学讨论会论文选》，北京大学出版社，1997)、吕必松《汉字教学与汉语教学》(《汉字与汉字教学研究论文选》，北京大学出版社，1999)、陈绂《谈汉字及汉字教学》(《汉字与汉字教学研究论文选》，北京大学出版社，1999)、李大遂《从汉语的两个特点谈必须切实重视汉字教学》(《北京大学学报》1998年第3期)、李大遂《关于对外汉字教学如何走出困境的思考》(《北大海外教育·第三辑》，华语教学出版社，2000)、李如龙《论汉语和汉字的关系及相关的研究》(《语言教学与研究》2009年第4期)、潘文国《汉字是汉语之魂——语言与文字关系的再思考》(《华东师范大学学报》2009年第2期)等。汉字教学与汉语教学关系的研究，也包括汉字教学与其他语言要素教学关系研究，其中谈得最多的是字和词句教学关系。这方面主要文章有：李大遂《略论汉语字词关系》(《北京大学学报·对外汉语教学中心成立十周年纪念专刊》,1994)、陈绂《谈对欧美留学生的字词教学》(《语言教学与研究》1996年第4期)、谢文庆《谈汉字对汉语词汇的影响》(《第一届国际汉语教学讨论会论文选》,北京语言学院出版社,1986)、卢福波《试论汉语教学中字、词、语、句的内在联系》(《汉字与汉字教学研究论文选》,北京大学出版社,1999)、李芳杰《字词直通,字词同步——关于基础汉语阶段字词问题的思考》(《语言教学与研究》1998年第1期)、印京华《探寻美国汉语教学的新路:分进合击》(《世界汉语教学》2006年第1期)、王汉卫《精读课框架内相对独立的汉字教学模式初探》(《语言文字应用》2007年第1期)等。

"字本位"与"词本位"的讨论

对外汉语教学应该采用"字本位"还是采用"词本位",是近十几年讨论的热点之一。在对外汉语教学领域,对"字本位"持支持态度者居多。讨论始自法国出版白乐桑、张朋朋《汉语语言文字启蒙》一书的出版。该书被视为"字本位"汉语教学新路子的代表,从而引发"字本位"与"词本位"的讨论。从语言理论角度论证"字本位"科学性的主要文章有:徐通锵《"字"和汉语的句法结构》(《世界汉语教学》1994年第2期)、徐通锵《"字"和汉语研究的方法论——兼评汉语研究中的印欧语的眼光》(《世界汉语教学》1994年第3期)、潘文国《"字"与Word的对应性(上、下)》(《暨南大学华文学院学报》2001年第3~4期)、孟华《"字本位"理论与汉语的能指投射原则》(《语言教学与研究》,2001年第6期)、王骏《"字本位"理论和对外汉语教学》(云南师范大学学报[对外汉语教学与研究版](2005年第1期)、徐通锵《"字本位"和语言研究》(《语言教学与研究》2005年第6期)、张德鑫:《从"词本位"到"字中心"——对外汉语教学的战略转移》(《汉语学报》2006年第2期)、潘文国《"字本位"理论的哲学思考》(《语言教学与研究》2006年第3期)、王洪君《"字本位"与汉语二语教学》(《汉语教学学刊》第三辑,2007)、《语言的层面与"字本位"的不同层面》(《语言教学与研究》2008年第3期)。侧重从教学实践出发论证"字本位"教学路子合理性的主要文章有:张朋朋《《汉语语言文字启蒙》一书在法国获得成功的启示》(《语言教学与研究》1992年第

1期)、张朋朋《词本位教学法和字本位教学法的比较》(《世界汉语教学》,1992年第3期)、王若江《由法国"字本位"汉语教材引发的思考》(《世界汉语教学》2000年第3期)、贾颖《字本位与对外汉语词汇教学》(《汉语学习》2001年第8期)、王骏《在对外汉语词汇教学中实施"字本位"方法的实验报告》(《暨南大学华文学院学报》2005年第3期)、张朋朋《语文分开、语文分进的教学模式》(《汉字文化》2007年第1期)等。对"字本位"理论持否定意见的文章不多,主要有:任瑚琏《字、词与对外汉语教学的基本单位及教学策略》(《世界汉语教学》2002年第4期)、曾宝芬、彭泽润;《不能回到汉语"字"的蒙昧认识中——评潘文国"字本位"观点中的错误认识》(《北华大学学报》[社会科学版]2009年第2期)。

汉字教学内容和方法研究

汉字教学教什么?怎么教?是汉字教学首先应该明确的。侧重汉字教学内容的主要论著有:国家对外汉语教学领导小组办公室汉语水平考试部《汉语水平词汇与汉字等级大纲》(北京语言学院出版社,1992)、常宝儒《汉语教学常用汉字的优选问题》(《第二届国际汉语教学讨论会论文选》,北京语言学院出版社1988)、易洪川等《从基本字表的研制看汉字学与汉字教学》(《语言文字应用》1998年第4期)、卞觉非《汉字教学:教什么?怎么教?》(《语言文字应用》1999年第1期)、施正宇《论汉字能力》(《世界汉语教学》1999年第2期)、周健《论汉字教学的阶段性策略》(《第三届国际华文教育讨论会论文集》,华语教学出版社,2000)、安雄《一级阅读字表》(《国际汉语教学动态与研究》2006第4辑)等、邢红兵《对外汉语用字统计分析》(www.dwhyyjzx.com/upl0adfile/2006122338191109.pdf)。

侧重汉字教学方法的主要文章有:王学作《汉字图表教学法浅谈》(《语言教学与研究》1980年第1期)、王学作《析字教学法》(《语言教学与研究》1980年第4期)、李文治等《字素拼合法在教学中的作用》(《语言教学与研究》1984年第2期)、施光亨《对外汉字教学要从形体入手》(《世界汉语教学》1987年第2期)、安子介《一个认识汉字的新方案》(《世界汉语教学》1988年第3期)、刘社会《谈谈汉字教学的问题》(《语言教学与研究》1990年第2期)、柯彼德(德)《关于汉字教学的一些新设想》(《第四届国际汉语教学讨论会论文选》,北京语言学院出版社,1995)、陈仁凤和陈阿宝《一千高频度汉字的解析及教学构想》(《语言文字应用》1998年第1期)、费锦昌《对外汉字教学的特点、难点及其对策》(《北京大学学报》1998年第3期)、郝恩美《现代汉字的教学方法》(《汉字与汉字教学研究论文选》,北京大学出版社,1999)、张永亮《汉字联想网及对外汉字教学》(《汉字与汉字教学研究论文选》,北京大学出版社,1999)、陈曦《关于汉字教学法研究的思考与探索——兼论利用汉字"字族理论"进行汉字教学》(《汉语学习》2001年第3期)、万业馨《略论汉字教学的总体设计》(《语言教学与研究》2009年第5期)、李大遂《中高级汉字课教学新模式实验报告》(《语言文字应用》2011年第3期)。

对外汉字教材编写研究

有关汉字教材编写的文章不太多,主要有:肖奚强《汉字教学及其教材编写问题》(《语言教学与研究》1994年第4期)、张静贤《关于编写对外汉字教材的思考》(《语言教学与研究》1999年第2期)、张惠芬《汉字教学及其教材编写》(《对外汉语教学探讨集》,北京大学出版社,1998)、翟汛《关于初级汉语读写课中汉字教学与教材编写的思考》(《汉字与汉字教学研究论文选》,北京大学出版社,1999)、周健《汉字教学策略与汉字教材编写》(《对外汉语论丛》第二集,上海外语教育出版社,2002)等。

汉字本体研究

汉字本体研究范围很广,但对外汉语教学界的汉字本体研究相对集中,主要集中在字形结构研究和形声字研究两个方面。

由于不少现当代文字学家主张文字学主要是字形学,且长期以来,对外汉语教学界对汉字教学任务的理解也主要在教学生掌握汉字形体,对外汉语教学界的汉字本体研究尤重字形结构研究。字形结构研究又可分为笔画笔顺研究和偏旁部件研究两个方面。

关于笔画笔顺研究的文章不多,主要有:张静贤《现代汉字笔形论》(《第二届国际汉语教学讨论会论文选》,北京语言学院出版社,1988)、易洪川等《笔顺综合研究及留学生用笔顺规则》(《第六届国际汉语教学讨论会论文选》,北京大学出版社,2000)、易洪川《折笔的研究与教学》(《语言文字应用》2001年第4期)等。

汉字字形结构的中级结构单位——偏旁或部件,是汉字字形研究的重点。如何对汉字中级结构单位进行分析,在教学上分为两派。一派使用新兴的部件分析法,一派使用传统的偏旁分析法。新兴的部件分析法是受计算机汉字拼形编码输入法的启发而提出的,其良好愿望是将教学上的汉字结构单位与计算机形码输入的结构单位统一起来,以便利用计算机辅助汉字教学。部件分析法一派内部其实极不统一,有的倾向无理切分,撇开字音和字义,对汉字进行纯字形的部件(亦称"字素")分析;有的多少顾及一点音义;有的倾向有层次切分;有的虽使用了"部件"这个名称,但实质上与偏旁分析法别无二致。主张部件分析法并对此进行研究的主要文章有:张普《汉字部件分析的方法和理论》(《语文研究》1984年第1期)、张旺熹《从汉字部件到汉字结构——谈对外汉字教学》(《世界汉语教学》1990年第2期)、卢绍昌(新加坡)《汉字部件的研究》(《第三届国际汉语教学讨论会论文选》,北京语言学院出版社,1991)、费锦昌《汉字部件探究》(《语言文字应用》1996年第2期)、崔永华《汉字部件和对外汉字教学》(《语言文字应用》1997年第3期)、崔永华《关于汉字教学的一种思路》(《北京大学学报》1998年第3期)、梁彦敏《现代汉字部件变形分析》(《语言文化教学集刊》第一辑,华语教学出版社,1998)和《汉字部件区别特征与对外汉字教学》(《语言教学与研究》2004年第4期)、黄沛荣《汉字教学》(《汉字与汉字教学研究论文选》,北京大学出版社,1999)、万业馨《汉字字符分工与部件教学》(《语言教学与研究》1999年第4期)、万业馨《文字学视野中的部件教学》(《语言教学与研究》2001年第1期)、邢红兵《〈汉语水平〉〈汉字等级大纲〉汉字部件统计分析》(《世界汉语教学》2005年第2期)等。

传统的偏旁分析法成熟统一,既考虑到汉字的外部结构,也照顾到汉字的内部结构。分析的原则是:以六书理论为指导,尊重汉字体系自身的系统性,为学生利用偏旁学习合体汉字读音和意义打基础。

不过,现在力主汉字教学采用传统偏旁分析法的人不多,主要文章有:李大遂《汉字内部结构与汉字教学》(《对外汉语教学法研究》,北京大学出版社,1996)、《关于合体字结构分析问题——部件分析法和偏旁分析法的初步比较》(《对外汉语教学探讨集》,北京大学出版社,1998)、《简论偏旁和偏旁教学》(《暨南大学华文学院学报》,2002年第1期)、《汉字系统性研究与应用》(《语言文字应用》2007年第3期)《汉字理据的认识、利用与维护》(《华文教学与研究》2011年第2期)、《突出系统性扩大识字量——关于中高级汉字课的思考与实践》(《语文文字应用》2004年第3期)还有赵妍《现代汉字的理据性与对外汉字教学》(《语言文字应用》2006年增刊)等。

汉字本体研究的第二个主要方面是形声字研究。形声字研究又主要集中在形旁和声旁研究上。这方面的主要文章是:施正宇《现代形声字表义功能分析》(《语言文字应用》,1992年第4期)、李燕、康加深《现代汉语形声字声符研究》和《现代汉语形声字形符研究》(《现代汉语用字信息分析》,上海教育出版社,1993)、施正宇《现代形声字形符意义的分析》(《语言教学与研究》,1994年第4期)、顾安达(德)《汉字偏旁表义度探索》(《汉字与汉字教学研究论文选》,北京大学出版社,1999)、潘先军《形旁表意功能在留学生汉字学习中的负迁移及对策》《汉字文化》2002年第3期)、孟坤雅(德)《声旁能不能在对外汉字教学中发挥作用?》(《第六届国际汉语教学讨论会论文选》,北京大学出版社,2000)、万业馨《略论形声字声旁与对外汉语教学》(《世界汉语教学》2000年第1期)、李大遂《略论汉字表音偏旁及其教学》(《中国对外汉语教学学会北京分会第二届学术年会论文集》,北京语言文化大学出版社,2001)和《以偏旁为纲展示汉字读音的系统性——谈〈常用汉字音系字族表〉的编制》(《汉语教学学刊》第4辑,北京大学出版社,2008)、邢红兵、舒华《〈汉语水平词汇与汉字等级大纲〉中形声字声旁表音特点分析》(《汉语口语与书面语教学——2002年国际汉语教学学术讨论会论文集》,北京大学出版社,2004)、张熙昌《论形声字声旁在汉字教学中的作用》(《语言教学与研究》2007年第2期)。

汉字本体其他方面研究的主要论文还有:史有为《汉字的性质、

特点与汉字教学》(《世界汉语教学》创刊号,1987)、石定果《会意字内部结构的复合程序》(《世界汉语教学》1993年第4期)、李大遂《常用汉字义系字族表》(《第七届国际汉语教学讨论会论文选》,北京大学出版社,2004)、《常用汉字音系字族表》(《汉字教学与研究》创刊号,2011)等。

留学生汉字学习的研究

研究留学生汉字学习特点和规律的论文,可以大体分为认知规律的研究与调查和难点与偏误分析两大类。代表性论文有:王碧霞等《从留学生识记汉字的心理过程探讨基础阶段汉字教学》(《语言教学与研究》1994年第3期)、朱志平、Halina Wasilewska《波兰学生暨欧美学生汉字习得的考察、分析和思考》(《第六届国际汉语教学讨论会论文选》,北京大学出版社,2000)、石定果《从认知科学看对外汉字教学》(《汉字与汉字教学研究论文选》,北京大学出版社,1999)、石定果、万业馨《有关对外汉字教学的调查报告(第一号)》(《汉字与汉字教学研究论文选》,北京大学出版社,1999)、冯丽萍《汉字认知规律与汉字教学原则》(《汉字与汉字教学研究论文选》,北京大学出版社,1999)、孙琳(葡)《汉字习得与汉字教学实验室》(《汉字与汉字教学研究论文选》,北京大学出版社,1999)、姜丽萍《基础阶段留学生识记汉字的认知过程》(《对外汉语教学探讨集》,北京大学出版社,1998)、徐子亮《汉字的认知及教学方法》(《中国对外汉语教学学会第六次学术讨论会论文选》,华语教学出版社,1999)、施家炜《来华欧美留学生汉字习得研究教学实验报告》(《中国对外汉语教学学会北京分会第二届学术年会论文集》,北京语言文化大学出版社,2001)、徐彩华《汉字认知研究的新进展与汉字教学》(《中国对外汉语教学学会北京分会第二届学术年会论文集》,北京语言文化大学出版社,2001)、施正宇《外国留学生字形书写偏误分析》(《汉语学习》2000年第2期)、江新等人《初级阶段外国留学生汉字学习策略的调查研究》(《语言教学与研究》2001年第4期)、高立群《外国留学生规则字偏误分析——基于中介语语料库的研究》(《语言教学与研究》2001年第5期)、肖奚强《外国学生汉字偏误分析》(《世界汉语教学》2002年第2期)、冯丽萍《非汉字背景留学生汉字形音识别的影响因素》(《汉字文化》2002年第 3 期)、印京华(美)《美国大学汉字初级阶段教学效率的问题与对策》(《云南师范大学学报·对外汉语教学与研究版》2003 年第 1 期)、李大遂《中高级留学生识字量抽样测识报告》(《暨南大学华文学院学报》2003 年第 2 期)和《试谈对美国学生的汉字教学问题》(《国际汉语教学动态与研究》2008 年第四辑)、徐子亮《汉字背景与汉语认知》(《汉语学习》2003 年第 6 期)、王建勤《外国学生汉字构形意识发展模拟研究》(《世界汉语教学》2005 年第 4 期)、李大遂《汉字的系统性与汉字认知》(《暨南大学华文学院学报》2006 年第 1 期)、崔永华《从母语儿童识字看对外汉字教学》(《语言教学与研究》2008 年第 2 期)等。

除以上几方面研究以外,还有汉字文化等方面的研究。主要文章有:胡双宝《汉字的文化蕴含与汉字教学》(《汉字与汉字教学研究论文选》,北京大学出版社,1999)、张德鑫《汉字文化研究与汉字教学的几点断想》(《汉字与汉字教学研究论文选》,北京大学出版社,1999)、徐甲申《关于汉字书法课中的几个问题》(《第六届国际汉语教学讨论会论文选》,北京大学出版社,2000)、章琼《二十世纪汉字文化研究评述》(《语言教学与研究》2002 年第 2 期)等。

生　　词

论证	lùnzhèng	(动)	expound and prove
侧重	cèzhòng	(动)	lay particular emphasis on
撇开	piēkāi	(动)	leave aside
顾及	gùjí	(动)	give consideration to
实质	shízhì	(名)	in substance
别无二致	biéwúèrzhì	(成)	just the same; without difference
认知	rènzhī	(动)	have cognizance; cognize
偏误	piānwù	(名)	deviation; error

第四节　关系对外汉字教学全局的几个问题

从本章二、三两节论述中可以发现,现阶段的对外汉字教学,除了在独立汉字课开设和汉字教材编写方面进展比较大以外,对外汉字教学的进展还是很有限的。总的来说,"危机"没有化解,"挑战"仍在继续。为什么在对外汉字教学比较受重视的今天,对外汉字教学及其研究进展仍然有限,效率普遍偏低,难以走出困境? 究其原因,除了多数同行对汉字教学重视程度还有待进一步提高以外,恐怕与我们往往关注小的局部的方法技巧研究而对关系汉字教学全局的大问题谋不深虑不远有关。要尽快扭转汉字教学相对滞后的现状,需要对以下几个关系对外汉字教学全局的问题给予重视。

一　对外汉字教学及其研究要植根于汉字本体研究

清代大学者王夫之(1619～1692)认为:教师"必昭昭然知其当然,知其所以然。……欲明人者先自明"。[①]王夫之这里讲的是为师之道,即要搞明白自己所教的东西。不管教什么,教多长时间,只要是为师者,都应该有这样的理念。对于从事汉语教学的人来说,首先要真正懂汉字。对留学生来说,会读、会写、会用,就可以算懂。对教师而言,所谓懂汉字,就是要知道自己所教之字,为什么这么读? 为什么这么写? 为什么这么用? 知道这些字是怎么来的,了解字与字之间的联系,知道怎么教学生才学得快,学得好。做到这一点,首先要掌握好汉字学的基本理论、基本概念、基本方法。

段玉裁(1735～1815)曾在《说文解字注》"理"字注语中说:"玉虽至坚,而治之得其鰓理以成器不难,谓之理。凡天下一事一物,必推其情至于无憾而后即安,是之谓天理,是之谓善治"。汉字教学如同治玉,汉字虽然繁难,但教学得其鰓理也可以化难为易,减轻难度,提高效率。所谓得其鰓理,就是了解汉字的性质、特点和规律,特别是汉字形音义的系统性,并循着汉字的鰓理去进行教学。就汉字学

---

① 王夫之《四书训义·卷三十八》,见王夫之《船山全书》,岳麓书社,1988。

研究和汉字教学及其研究来说,汉字本体研究是求得汉字自身鳃理,汉字教学是教学生循着汉字自身鳃理掌握汉字。治玉而不明玉之鳃理难以成器,从事汉字教学及其研究而不深入了解汉字自身鳃理,就不知道教什么,怎么教。

王宁先生《汉字构形学讲座·前言》中有这样一则信息:"1999年,我们设计了一份关于汉字学基础知识的问卷在540位中小学教师中进行调查,内容都是非常简单的属于'小儿科'的问题,结果回答的错误率占到68%,有的问题错误率占到92%"。对外汉语教学同行回答这份问卷结果会怎么样?我们没有调查资料。但现行对外基础汉语教材的汉字教学内容普遍薄弱且限于字形,词本位教学体系长盛不衰,某些对外汉字教学论著内容的正确性准确性存在明显问题,某些作为经验介绍的方法技巧的科学性值得推敲,恐怕是本领域汉字本体研究薄弱,对汉字本体知识知之有限的表现。

如何进行汉字教学,一般人认为只是个方法技巧问题。其实,方法技巧常常是因人而异的,同样内容的汉字教学,具体方法技巧可能相去很远。汉字教学难度大、效率较低,是摆在我们面前的一道难题。为改进汉字教学,当然要注重方法技巧的研究。以往对外汉字教学研究中,相当大一部分文章为此而作,这些研究成果为提高对外汉字教学水平作出了非常可贵的贡献。不过,一般来说,汉字方法技巧属于"术"的层面,汉字本体理论属于"道"的层面。"术"是受"道"制约的,"道"不同则"术"不同。"道"有正道、枉道,"术"亦有良术、劣术之分。道正则术良,道枉则术劣。欲求良术,必明正道。大家都知道"庖丁解牛"的典故。按庖丁的话说,他之所以技艺精湛,能游刃有余地解牛,是因为他所好的是超出"技"的层面的"道"。

从事对外汉字教学的人,要教好汉字,就要好汉字本体理论这个"道"。有了足够的汉字本体理论知识,才可能探索出无悖于汉字学常识的有效的汉字教学方法和技巧。

二 对外汉字教学要形音义兼顾

正确理解汉字教学的任务,是确保全面完成汉字教学任务的前提。拼音文字的字母少,除极个别情况以外,字母有形有音而没有义,教会几十个字母的发音、书写及拼写规则,文字教学的任务基本上就完成了。汉字教学的任务则没这么简单。清代汉字学家王筠在《说文释例·自序》中说:"夫文字之奥,无过形音义三端。而古人之造字也,正名百物,以义为本而音从之,于是乎有形。后人之识字也,由形以求其音,由音以考其义,而文字之说备"。可见,从中国传统语言文字学理论说来,汉字是形音义三位一体的文字。从现代语言文字学理论来说,汉字是"语素-音节文字"。汉字所记录的语素是有音有义的,因而也是形音义的统一体。《说文解字》等著作都从形音义三个方面对汉字进行说解,中国传统的汉字教学也是形音义并重。对外汉字教学当然也不能例外,要既教形又教音又教义。而且有一点应该特别引起我们的注意,即汉字形音义三要素中,又有表里之分。形为表,音、义为里,其中义为终极之里。因此,对外汉字教学不仅应该教形音义三方面内容,而且形音义三要素教学,大体上应该由表及里地进行,即由形及音及义。汉字教学的终极目标是要教学生掌握字义,掌握了字义,才能进行有效阅读,才能进行正确的书面表达。

然而,在以往的对外汉语教学中,初、中、高各阶段都缺乏音义教学的现象非常普遍。也许有人认为对词语的注音、翻译、解释就是汉字教学,这是误解。严格地说,给词语注音,对词语的整体翻译、整体解释,虽有益于构词字读音意义的掌握,但不属字音、字义教学,而属于词语教学。字音、字义教学指教学生掌握单个汉字读音、意义的教学。佟秉正曾指出初级教材缺乏字义教学问题:"国内出版的初级汉语教材,虽然是以汉字为主,但绝大部分在汉字学习上却以词为单位,而不管多音词中各组成汉字的基本字义。例如'商店',生词中只注商店一词的意思。对'商'和'店'的单独意思都没交代。除少量的多音词不可分割以外,组成多音词的单字都有其本身的意思,不了解组成成分的字义,自然不利于对词汇的理解与记忆,更无助于认识造词法与扩大词汇量。"[①]佟秉正指出的是初级教材字义教学问题,实际上在中高级教材也普遍存在。在初、中、高各阶段的教材中,除同音字、多音字教学外,字音内容也很少。在初级阶段,字形教学是重

---

① 佟秉正《初级汉语教材的编写问题》,《世界汉语教学》1991年第1期。

点,读音、意义教学内容少还有情可原。到了中高级阶段,字形辨别书写大体过关,汉字音义教学仍然缺乏,就是问题了。虽然近几年的某些基础汉语教材开始注意语素教学①,增加了部件组字、语素组词的练习,汉字教学的内容仍是少得可怜。似乎如何使学生更多更快更容易地掌握汉字的读音、意义,基本不在考虑范围之内。汉字字形教学重要,对外汉字教学从字形入手也是必由之路,但对外汉字教学不能限于形体。如果以为教学生掌握了汉字的笔画、笔顺、形体分析方法,能比较正确地书写汉字,汉字教学任务就完成了,那是无法全面完成汉字教学任务的。

因此,对外汉字教学应该加强汉字音义教学内容,并且使汉字形音义教学互相兼顾起来。不仅初级阶段要有充实的形音义兼顾的汉字教学内容,中高级阶段亦应有一定分量的汉字形音义教学内容。中高级阶段的汉字教学内容,一方面是生字的形音义知识,另一方面是那些层次略深的、能促进学生科学把握汉字形音义系统的、能迅速扩大学生识字量的汉字知识,后者尤为重要。汉字教学是一个系统工程,如果讲完汉字形体结构的基本知识,教学生学会基本的书写方法而不继续在汉字音义教学上下功夫,那只能算是半截子工程。汉字学习贯穿汉语学习的始终,汉字形音义教学,特别是汉字音义教学亦应贯穿汉语教学的始终。汉字音义教学内容严重缺乏的局面应该尽快改变。

三 对外汉语教学要将识字量作为追求的重要目标

一般来说,学习掌握汉字的过程是识字,具有识读、书写、理解使用汉字的能力也是识字,这里的识字指的是后一种意义的识字。一个人的识字水平具体表现在会读、会写、会用汉字的数量,即识字量。一般人对汉字形、音、义的掌握是不平衡的,会读、会写、会用的字数多寡不同,可以分形、音、义三类计算单项识字量,也可以取形、音、义各类识字量计算出综合识字量。识字量是反映一个人汉语水

---

① 在汉语教学中,离开汉字讲语素是讲不清楚的,故所谓语素教学实际上也就是汉字教学。

平的重要参数。有人认为:"衡量汉字教学是否成功,一个关键的数据是看学生的识字量,一切设计、一切方法最终都要体现到这个数据上来"。①

那么,我们的留学生识字量大体是多少呢? 2001 年 3 月和 2006 年 5 月,我们曾两次在北京大学对外汉语教育学院对中高级留学生识字量现状进行了抽样调查。两次调查结果显示:中级班学生人均综合识字量分别为 1000 字和 945 字,其中非汉字文化圈学生人均综合识字量分别为 828 字和 842。高级班学生分别为 1616 字和 1621 字,其中非汉字文化圈学生人均综合识字量分别为 1481 字和 1482 字。前几年也有人对暨南大学华文学院本科四年级留学生识字水平进行抽样测试,测试结果显示:该校本科四年级留学生人均综合识字量为 1591 字[②]。这与 HSK《汉字等级大纲》"基础及基础后阶段要掌握常用字 2000－2200,高级阶段应掌握常用字和次常用字 700－900,这样共掌握常用字和次常用字 2900"的要求相差甚远。

为什么在读的留学生识字量如此之低?主要原因是长期以来我们没有对学生识字量问题给予足够的重视。事实上没有几位老师知道自己的学生识多少字,没有几位学生知道自己识多少字,用"盲目"来形容我们以往的识字教学恐不为过。虽然《汉字等级大纲》对学生识字量提出了要求,但并没有切实落实到对外汉语教学的整体设计、教材编写、课堂教学及水平测试之中。加之识字教学不甚得法等因素,学生的识字量特别是非汉字文化圈学生的识字量严重偏低是必然的。若欲尽快改变学生识字量严重偏低的局面,必须切实把识字量作为对外汉语教学追求的重要目标。

四　识字教学的推展要以偏旁为纲

汉字的系统性是客观存在,表现在形、音、义三方面。汉字字形系统是外在的,汉字读音系统、意义系统是内在的(关于汉字的系统性,参见第五章)。这里主要谈如何循着汉字的系统性去推展识字教

---

①② 王汉卫《精读课框架内相对独立的汉字教学模式初探》,《语言文字应用》2007 年第 1 期。

学问题——汉字教学要以偏旁为纲。

从本书"汉字的结构"一章可知,汉字形音义系统是以偏旁为建立起来的,偏旁是汉字形音义系统形成的主要因素,偏旁是汉字体系最重要的结构单位,偏旁之间的结构关系是汉字体系最重要的结构关系。通过本书插页《合体汉字生成示意图》[汉字生成坐标],可以形象地看到,整个汉字体系就像一张网,而汉字的偏旁系统就是这张网的纲,每一个偏旁就是由总纲延伸出去的编织这张网的线,每一个合体字就是网上线与线交会形成的结。如果我们的汉字教学能紧紧抓住偏旁这个纲,把偏旁的形音义作为重点,把偏旁与合体字之间形音义联系,特别是偏旁与合体字的音义联系作为重点,把一个个汉字放到整个系统中去教去学,就可以收到纲举目张的教学效果。不但可以较轻松地教学生学会众多个体汉字,还能从整体上了解把握汉字的系统性。一旦学生把握了汉字的系统性,不但可以加深对已学和正在学的汉字的记忆和理解,而且可以大大提高进一步学习汉字的能力。

以偏旁为纲推展汉字教学,在实践上也收到了比较理想的效果。北京大学多年来为留学生开设选修的中级汉字课和高级汉字课,将汉字知识教学和识字教学有机地结合起来,将以偏旁为纲扩大学生识字量作为教学追求的主要目标。课程设计为一个学期,每周4学时,总60学时。前半学期以汉字基本知识和学习方法讲授为主,尤重汉字形音义系统性揭示,为下半学期集中识字打基础;后半学期分别以表义偏旁和表音偏旁为纲,推展识字教学,迅速扩大识字量。根据中高级留学生学期初识字量调查结果[①],将识字教学内容分为两个层次:中级汉字课讲授804个乙级字,高级汉字课讲授601个丙级字和47个独体丁级字[②]。在集中识字教学中,努力利用汉字的系统性特别是音、义的系统性,以表义偏旁和表音偏旁为纲,将一个个常

---

① 中级班非汉字文化圈学生人均识字量828字,高级班非汉字文化圈学生人均识字量1481字。需要说明的是,选修汉字课的学生一般是中高级班中识字量低、汉字学习困难的学生。据统计,2005年和2006年中级汉字班学期初人均识字量分别为415字和454字;2006和2007年高级汉字班学期初人均识字量1165字和930字。

② 已经出版并投入使用的《系统学汉字·中级本》识字目标是804个乙级字。正在编写的《系统学汉字·高级本》将识字目标由丙级字扩大到丁级字,总计1301字。

用合体汉字系联起来进行教学。中级汉字课表义偏旁为纲系联常用汉字义系字族,讲授表义偏旁及其义系字族字中的乙级字;高级汉字课以表音偏旁为纲,系联常用汉字音系字族,讲授表音偏旁及其音系字族字中的丙级字[①]。

这种以偏旁为纲分层次系统识字的教学模式,收到良好的教学效果。据既有资料统计,2002、2005、2006 三届中级班平均综合识字量提高 522 字,短期班学生提高最多者为 1067 字,长期班学生提高最多者为 1076 字。2006－2010 年七届高级班平均综合识字量提高 611 字,短期班学生提高最多者为 1152 字,长期班学生提高最多者为 1400 字。汉字课能通过大约 20 个学时教中高级学生掌握汉字的基本知识,然后通过大约 40 个学时以偏旁为纲集中识字,将学生综合识字量平均提高五六百字,学生的成就感是可想而知的。[②]

八九年前,有人对北大对外汉语教育学院早期以偏旁为纲的中级汉字课进行调查研究,在通过量的研究和质的研究以后发现:"汉字课所教授的偏旁系统归类法,对欧美留学生的汉字学习起到了很大的作用。采用这种方法的学生能够在短时间内大幅度提高识字水平,识字效果较之未采用该方法的学生有明显进步,而且随着学生使用偏旁等方法熟练程度的加强,汉字学习效率会不断提高。汉字课的作用主要体现在让学生系统学习汉字上,这是符合成年人的认知规律的。偏旁系统归类法把学生学到的零散汉字一个个串联起来系统地加以分析,使学生对汉字系统的理解得到了理论上的提高。我们认为汉字课不仅教字的识别,更教了识字的方法,这可以使学生逐渐提高对高等级汉字的认知能力,增强分析和猜测能力,进而从整体上提高了汉字识字水平。系统学习汉字的作用还体现在加深了学生

---

① 独体字和不能归入音系或义系字族的合体符号字、半符号字,集中在 2－3 次课中教授。

② 汉字课学生识字量大幅度提高,汉字课教学的作用可能是主要的,其他课程也有作用。汉字课上学习的汉字可能在其他课上出现,这等于是帮汉字课复习巩固,有些新识的汉字不是汉字课上学的。

对汉字的感觉,这种字感无疑对他们今后的学习是大有帮助的"[①]。

对外汉字教学要追求最佳教学效果,就要坚持以偏旁为纲。要坚持以偏旁为纲,就要采用传统的偏旁分析法。

五 标本兼治,积极探索对外汉语教学新体系,开好独立的汉字课

长远的观点来看,建立具有充实汉字教学内容,并且按照汉字和汉字教学规律教授汉语的对外汉语教学新体系,是治本的方法。但如何建立新体系,目前大体还处在理论探讨和小面积实验阶段。

在国外,早在1965年,美国耶鲁大学就曾出版一套双轨制汉语教材 Beginning Chinese、Character text for Beginning Chinese、Beginning Chinese Reader,作者是De Francis John。这套教材开创了汉语教学双轨制的新路子,在美国和欧洲产生了不小影响。1999年,法国华卫民(Monique Hoa)编著《汉语双轨教程》(C'est du chinois Tome I et tome II),"编写思路是力图使口语教学和汉字教学各成系统而又不互相脱离"[②]。2005年,美国印京华提出美国汉语教学的起始阶段应走"分进合击"的新路[③],与"双轨制"的精神基本一致。1986年,法国李仙客(Lyssenko)编著《现代汉语》(Méthode programmée du chinois moderne),开创了"字本位"汉语教学新路子[④]。1989年,法国白乐桑(Bellassen Joël)与张朋朋合编"字本位"教材《汉语语言文字启蒙》,在对外汉语教学界产生了很大的影响。

在国内,有关汉语教学新体系的建立,也在进行理论探讨和教学实践。自上个世纪90年代以来,徐通锵在理论上首倡"字本位"理论(参见本章第二三两节)。虽然这一理论在语言学界尚存不少质疑,甚至是抵制,但在对外汉语教学界却不乏支持者。探索对外汉语教

[①] 汪琦《中级欧美留学生汉字学习的实验研究》,北京大学硕士研究生毕业论文,2003。

[②] 华卫民《汉语教材的整体设计及汉字教学的新途径》,翟汛主编《汉字、汉语、汉文化》,新世界出版社,2004。

[③] 印京华《探寻美国汉语教学的新路:分进合击》,《世界汉语教学》2006年第1期。

[④] 华卫民《汉语教材的整体设计及汉字教学的新途径》,翟汛主编《汉字、汉语、汉文化》,新世界出版社,2004。

学新体系的学者,多以"字本位"理论为指导。吕必松洞察现行"语文一体、语文同步"的"词本位"的对外汉语教学体系的严重缺陷,先是提出分别建立口语教学系统和书面语教学系统,以改革汉字和汉语教学。继而在"字本位"的理论基础上提出了"组合汉语"的新概念和"组合汉语"的理论框架(参见本章第二三两节)。同时,着手编写字本位教材。潘文国从理论上阐述字本位和汉语研究的关系,提出了一系列令人深思的涉及汉语研究方向和途径的问题(参见本章第二三两节)。张朋朋在理论上主张"字本位"①,在教学模式上主张"语文分开"、"语文分进"②。他在"字本位"教材的编写方面着力较多,1989年与白乐桑合作出版《汉语言文字启蒙》,后在国内编著了《现代千字文》、《新编基础汉语》(全套分口语篇、识字篇、写字篇)等字本位教材。

李大遂也曾在《关于对外汉字教学如何走出困境的思考》(《北大海外教育》第三辑,华语教学出版社,2000)一文中,就建立对外汉语教学新体系进行探讨。认为"对外汉字教学长期处于困境的突出表现,是汉字教学未能按汉字和汉字教学自身的特点和规律教授汉字。之所以出现这一问题,又是因为汉字教学受制于结构教学和功能教学。也就是说,对外汉字教学长期处于困境的主要症结,是现行对外汉语教学体系未能在整体设计上处理好汉字教学和结构教学、功能教学的关系"。文章认为解决汉字教学同功能教学关系矛盾,当考虑实行文语分开的"双轨制";解决汉字教学和结构教学的矛盾,就是解决汉字教学和语法、词汇教学的矛盾。解决的办法是理顺字、词、句三种教学的关系。"至少在初级阶段的读写课中,把从句型结构出发,以句带词,以词带字的教学路子,改为从基本结构单位——字出发,以字带词,以词带句的教学路子。换句话说,就是采用以汉字教学为主导,以汉字教学带动词汇教学,以词汇教学带动语法教学路子。这样做就可以给汉字教学以自主的空间,使之得以按汉字和汉

---

① 张朋朋的"字本位"概念与徐通锵、吕必松、潘文国等人的"字本位"概念不同,详见张朋朋《"字本位"的内涵》,载《汉字文化》2005年第3期。
② 张朋朋《语文分开、语文分进的教学模式》,《汉字文化》2007年第1期。

字教学自身的特点和规律进行,由简到繁,逐渐过渡。同时可以吸收中国小学语文教学的'集中识字'、'字族文识字法'、'字理识字法'等经验,来提高汉字教学效率"。文章认为这样做的"目的是协调汉字、语法、词汇三种教学的关系,为汉字教学创造本来就该有的条件。这样做不仅可以加强和改进汉字教学,而且可以把本来被颠倒的汉语字、词、句教学关系调整过来,对词汇教学和语法教学产生直接或间接的推动作用,正是得汉语教学'天理'的教学路子"。

最近,王汉卫提出汉字教学新构想。作者将其新构想概括为三点:"第一,以精读课为依托;第二,汉字内容相对独立;第三,汉字内容贯穿于初、中、高三个学习阶段"①。文章认为"精读教材的编写应该预留出汉字教学的时间和空间,然后再以汉字规律为'经',以课文内生字为'纬',以扩展性生字为'绣',编写汉字教学的具体内容"②。

从上述情况可以看出,拟建的对外汉语教学新体系已初具轮廓。大体上是基础阶段特别是初级阶段,采取"文语分进"的"双轨制"。起始阶段的"语"(口语和听力)的教学可先借助汉语拼音;而"文"(识字、阅读、书写)的教学则遵循"字本位"原则,按照汉字和汉字教学的特点和规律推展汉语教学。不过,新体系的建立是对外汉语教学领域重大理论和实践课题。目前,有关对汉语教学新体系建构的讨论还不多,远谈不上达成共识;开展教学实验的面还很小,至少在中国国内尚未进入主流课堂。可见,成熟的对外汉语教学新体系的建立,还需要付出极大的努力,要经历漫长的道路。我们对于这一历程的艰巨性和长期性要有足够的思想准备。

最近十年,对外汉字教学进展比较大的是独立汉字课的开设和独立汉字教材的编写。不同层次的独立的汉字课一般是选修课,其教学内容对于汉字教学薄弱的现行汉语教学来说,起到了补偏救弊的作用。不过,作用大小似乎不尽相同。据我了解,有的大学的独立的汉字课很受学生欢迎。例如:北京大学对外汉语教育学院选修课教研室提供的评估数据显示:2005—2007 三年中,由 3 位教师为 4

---

①② 王汉卫《精读课框架内相对独立的汉字教学模式初探》,《语言文字应用》2007年第1期。

班次留学生讲授中级汉字课,平均 AB 率为 91.77%;由 1 位老师为 3 班次留学生讲授高级汉字课,平均 AB 率为 94.75%。① 也有人对另外一所大学的汉字课进行调查,结果显示:对汉字课比较满意的学生占 28.2%,对汉字课不太满意的学生占 71.8%。其中 60.7%的学生不太满意的原因是没有课文,太单调;21.4%的学生不太满意的原因是汉字课上的知识太多②。我们认为,如果有理想的教材,调整好汉字知识与识字教学的比重,该校留学生对汉字课的满意程度应会大幅度提升。

　　在现有教学体系框架下开设汉字课,虽然是补偏救弊的治标的办法,却是相当一段时间内,加强汉字教学最切要最行之有效的办法。独立的汉字课开设时间不长,可供选择的教材种类不多,某些开课教师教学经验不足或无适用教材,教学效果不太理想,这是正常的。我们不能因此而怀疑独立汉字课开设的必要性。相反,应该在已有经验教训的基础上,进一步开好独立的汉字课。至于如何开好独立的汉字课,从对外汉字教材编写到汉字课讲授,可以努力的方面很多,其中有四点应特别予以注意:一、将汉字知识讲授与集中扩大识字量结合起来。识字量大幅度增长直接提高学生的汉语水平,增强学生成就感,激发学习积极性。集中识字需要理论知识的指导,理论知识也会在集中识字中巩固深化。二、识字教学内容要分出层次,所教汉字的级别要与学生识字水平接轨,与其他课程正在学或将要学的生字相呼应,总量也要适度。这样,学生既不会因熟字多而感到无聊,也不会因生字太多而畏难厌倦。三、知识教学和识字教学都应该突出汉字系统性的把握与应用,坚持以偏旁为纲。这样可以收到纲举目张的教学效果。四、把单个汉字的学习同词句的学习结合起来。字音字义的掌握是需要环境的,这样既可以促进学生较好地掌握所学汉字的形音义,也可以促进汉语词句的掌握。

---

　　① 该大学选修课评估每项分 A、B、C、D 四级,所谓 AB 率,指学生在评估中选择 A、B 两个等级的比率。相应三学期全院中级选修课平均 AB 率为 88.04%;相应三学期全院高级选修课平均 AB 率为 87.91%。
　　② 王汉卫《精读课框架内相对独立的汉字教学模式初探》,《语言文字应用》2007 年第 1 期。

古人有言："不谋全局者,不足以谋一域。"①汉字教学难度大、效率较低,是摆在我们面前的一道难题。要解开这道难题,既要对汉字教学具体方法技巧进行研究,更要加强对关系全局的大问题进行深入探讨。如果把对外汉字教学比作一场大的攻坚战的话,课堂教学方法技巧研究属于战术的层面,关系全局的大问题的谋划则属于战略的层面。一般来说,战术的优劣决定局部战斗的输赢,战略的高低则决定战争全局的成败。为了对外汉字教学尽早走出困境,我们应该高度重视事关全局的大问题的研究,具体教学方法的研究要尽可能在这一大背景下展开。

生　　词

全局	quán jú	（名）	general or overall situation
化解	huà jiě	（动）	melt; resolve
必昭昭然知其当然,知其所以然	bì zhāo zhāo rán zhī qí dāng rán zhī qí suǒ yǐ rán		must understand clearly what it should be and why it should be so
理念	lǐ niàn	（名）	theory and sense guiding behavior
小儿科	xiǎo ér kē	（名）	paediatrics
推敲	tuī qiāo	（动）	deliberate (especially about the ways of expression); weigh one's words
因人而异	yīn rén ér yì		vary with each individual
术	shù	（名）	a way or method to do something
道	dào	（名）	doctrine; principle
庖丁解牛	páo dīng jiě niú	（成）	The cook butchers and cuts apart a cattle.

---

① 陈澹然《迁都建藩议》(《江左忠略·寱言·二》,文海出版社,1968)。

䚡理	sāilǐ	（名）	veins between the ox horn cuticle and the bone stretched into the horn, extended meaning "jade veins"
谓	wèi	（动）	say
天理	tiānlǐ	（名）	natural justice; heavenly principles
奥	ào	（形）	profound mystery
端	duān	（名）	end; tip of sth.
于是乎	yúshìhū	（连）	thereupon; then
考	kǎo	（动）	test
备	bèi	（形）	get all the materials ready; complete
由表及里	yóubiǎojílǐ		from outside to inside
限于	xiànyú	（动）	be limited to; be confined to
兼顾	jiāngù	（动）	give due consideration to
尤为	yóuwéi	（副）	especially; particularly
参数	cānshù	（名）	parameter
盲目	mángmù	（形）	blind
纲举目张	gāngjǔmùzhāng	（成）	Once the key link is grasped, everything falls into place.
归类	guīlèi	（动）	classify
串联	chuànlián	（动）	series connetion
标本兼治	biāoběnjiānzhì		Treat a disease by looking into both its symptoms and itsroot causes
质疑	zhìyí	（名）	query; call in question
抵制	dǐzhì	（动）	resist; boycott
不乏	bùfá	（动）	there is no lack of
洞察	dòngchá	（动）	see clearly; have an insight into

缺陷	quēxiàn	（名）	flaw; shortcoming
涉及	shèjí	（动）	Involve; relate to
症结	zhēngjié	（动）	crux; crucial reason
框架	kuàngjià	（名）	frame
经	jīng	（名）	longitude
纬	wěi	（名）	latitude
绣	xiù	（名）	embroider
补偏救弊	bǔpiānjiùbì		correct errors and rectify abuses
评估	pínggū	（动）	appraise
构想	gòuxiǎng	（名）	conception
依托	yītuō	（动）	rely on; pretext
接轨	jiēguǐ	（动）	connect the trails
谋	móu	（动）	seek; work for; study
域	yù	（名）	territory; scope
攻坚战	gōngjiānzhàn	（名）	storming of heavily fortified positions
战术	zhànshù	（名）	tactic
战略	zhànlüè	（名）	strategy

主要参考书目

曹先擢、苏培成:《汉字形义分析字典》,北京大学出版社,1999。
陈　原主编《现代汉语用字信息分析》,上海教育出版社,1993。
丁福保《说文解字诂林》,上海医学书局,1928。
段玉裁《说文解字注》,上海古籍出版社影印,1981。
高家莺、范可育、费锦昌《现代汉字学》,高等教育出版社,1993。
高　明《中国古文字学通论》,文物出版社,1987。
高树藩:《中文形音义综合大字典》,中华书局影印,1981。
龚嘉镇《汉字汉语汉文化论集》,巴蜀书社,1995。
谷衍奎《汉字源流字典》,华夏出版社,2003。
桂　馥《说文解字义证》,中华书局影印,1986。
国家汉办汉语水平考试部《汉语水平词汇与汉字等级大纲》,北京语言学院出版社,1992年。
汉语大字典编辑委员会:《汉语大字典》,四川辞书出版社、湖北辞书出版社,1986。
何九盈、胡双宝、张猛主编《中国汉字文化大观》,北京大学出版社,1995。
黄德宽、陈秉新《汉语文字学史》,安徽教育出版社,1991。
黄德宽主编《古文字谱系疏证》,商务印书馆,2007。
姜忠奎《说文转注考》,济南东方书社影印,1933。
蒋善国《汉字学》,上海教育出版社,1987。
李孝定《甲骨文集释》,中央研究院历史语言研究所,1970。
陆宗达《说文解字通论》,北京出版社,1981。
吕必松主编《汉字与汉字教学研究论文选》,北京大学出版社,1999。
吕景和、钱晔、钱中立《汉字古今形义大字典》,黑龙江人民出版社,1993。
马叙伦《说文解字六书疏证》,科学出版社,1957。
裘锡圭《文字学概要》,商务印书馆,1988。
沈兼士《广韵声系》,文字改革出版社重印,1985。
宋永培《〈说文〉汉字体系研究法》,广西教育出版社,1999。
苏培成《现代汉字学纲要》,北京大学出版社,1994。

孙钧锡《中国文字学史》,学苑出版社,1991。
唐　兰《古文字学导论》,齐鲁书社,1981。
唐　兰《中国文字学》,开明书店,1949。
王　筠《说文释例》,武汉市古籍书店影印,1983。
王　宁《汉字构形学讲座》,上海教育出版社,2002。
尾崎雄二郎等《角川大字源》,(日本)角川书店,1992。
武占坤、马国凡《汉字·汉字改革史》,湖南人民出版社,1988。
徐中舒《甲骨文字典》,四川辞书出版社,1989。
许慎《说文解字》(大徐本),中华书局影印,1963。
〔苏〕伊斯特林著,左少兴译《文字的产生和发展》,北京大学出版社,2002。
赵　诚《甲骨文字学纲要》,中华书局,2005。
郑　樵《通志·六书略》,中华书局影印,1987。
中国大百科全书语言文字编辑委员会《中国大百科全书·语言文字卷》,中国大百科全书出版社,1988。
中国社科院语言文字应用研究所《汉字问题学术讨论会论文集》,语文出版社,1988。
朱骏声《说文通训定声》,武汉市古籍书店影印,1983。
邹晓丽《基本汉字形义释源》,北京出版社,1990。

修订本后记

《简明实用汉字学》出版于 1993 年 10 月。本书出版后,受到海内外读者的肯定,一些院校将其选定为对外汉字课教材,韩国还出版了本书的韩文版。现在,承蒙广大读者和北京大学出版社厚爱,本书又得以修订再版,诚为幸事。

长期以来,对外汉语教学界受西方语言学和语言教学理论的影响,对汉字和汉字教学重视不足,汉字教学内容薄弱,汉字和汉字教学的研究亦相对滞后,影响着对外汉语教学整体水平的提高。近几年,对外汉字教学受到越来越多的重视,汉字和汉字教学的研究开始升温。可以预见,在未来一段时间内,汉字和汉字教学的研究将成为对外汉语教学领域最大的热点之一。希望《简明实用汉字学》修订本在促进对外汉字教学发展方面继续发挥作用。

《简明实用汉字学》修订本,将原书第十四章第六节扩展独立为现在的第十五章,扩展的主要内容是"对外汉字教学发展简况"和"对外汉字教学研究的主要成果"。此外,第十一章后增补了"附录九:偏旁类推简化字例"。其他章节,一般只做文字上的修改,内容未作大的改动。

修订本一定还有错误和疏漏,敬请海内外读者和专家指正。

作　者
2003 年 2 月于北京大学燕北园

第三版后记

许慎《说文解字·叙》说:"盖文字者,经艺之本,王政之始。前人所以垂后,后人所以识古。""周礼八岁入小学,保氏教国子,先以六书。"汉代法律规定:"学僮十七已上始试,讽籀书九千字乃得为吏。"可见,汉字的研究和教学是关系国家政治推行、文化传承、人才培养选拔的大问题。中国传统语言学即小学,是围绕汉字展开的,因此,前人也称小学为"字学"。在中国传统语文教学中,识字和读书是相辅相成的。学生入学之始,可以说读书的主要目的就是识字,教材就是集中识字课本。认识两千多基础汉字之后,逐步转入以阅读理解为主的读书,内容出入于以儒家经典为主的经史子集之中。学生在阅读经典诗文过程中,巩固理解已学汉字,并进一步扩大识字量,识字是一辈子的事。亘古不变的传统,必有其根深蒂固的合理性,是应该好好继承的。汉语研究围绕汉字展开,汉语教学以汉字为出发点和首要重点,抓住了汉语的根本,切合汉语和汉语教学实际。单就汉语教学而言,作为母语的教学如此,作为第二语言教学也如此。

然而,长期以来,汉语研究和汉语教学领域却有一种令人质疑的轻本重末倾向。作为汉语根本的汉字的研究和教学被轻视,被边缘化、简单化;而相对次要的语法研究与教学却被突出,被无限扩大化、复杂化。这种倾向在对外汉语教学领域尤其明显,理论上长期将汉字排斥在汉语言要素之外,实践上把汉字作为不得不教的附属内容。以致基础汉语教材的汉字教学内容十分薄弱,个别教材甚至没有汉字教学内容。加之现行基础汉语教学体系基本以语法为纲,以功能为纲,随文识字,无法按汉字自身特点规律推展识字教学,汉字教学方法的科学性也有限,学生识字量普遍偏低。有资料显示,某大学汉语言专业本科四年级留学生人均综合识字量1591字。用我们基础教育语文新课标来衡量,这样的识字量大约是小学三年级的水平。

不改变现行对外汉语教学体系,不改变对外汉字教学现状,何以谈对外汉语教学整体水平提高?

2012年北京论坛期间,著名汉语教学专家柯彼德教授接受采访时说:"我觉得汉语跟其他的外语区别不是那么大,每种语言都有自己的规律,比如法语的语音也是非常复杂的,非常难的,跟汉语差不多;语法结构方面,俄语也是非常复杂的,所以说,汉语应该是世界上容易被接受的一般的外语。最大的障碍是汉字的问题。我们正在讨论欧洲外语教学框架中汉字阅读能力这个问题。""从框架来说,汉语的口语,与法语、西班牙语差不多,可以在差不多一样的时间之内达到一样的水平。可是一遇到阅读的能力,汉语就变成另外一个问题。"

柯彼德教授不是第一次发表类似观点,国内外为汉字教学大声疾呼的知名学者也不乏其人。柯彼德教授十几年前就指出:汉语教学面临的两大挑战之一就是汉字的教学。如果不接受挑战并马上寻找出路,汉语教学恐怕没有再向前发展的可能性。白乐桑教授也告诫我们:目前对外汉语教学面临着危机。危机的根源在于我们无论在理论还是教学实践方面,不承认中国文字的特殊性以及不正确地处理中国文字和语言所特有的关系。胡明扬先生也曾尖锐地指出我们的语言教学的弊病:无论对内对外都把重点放在语法上,教学安排也都以语法为纲。批评我们的语文教学完全违背了我们祖先几千年的经验,把重点放到似乎很有学问的语言知识上去,结果也只能误尽天下苍生!吕必松教授也早就开始对自己亲手构建起来的以语法为纲的汉语教学体系提出质疑,认为:我国对外汉语教学占主流地位的教学路子存在的主要问题,就是在很大程度上背离了汉语的特点,主张按照汉字自身的规律进行汉字教学,同时把汉字作为融形音义为一体的语言单位进行教学,而不是仅仅当作单纯的书写符号进行教学。他还积极编写以"字本位"理论为指导的"组合汉语系列教材",已部分投入教学实践。

徐通锵先生提出"字本位"理论,为汉语研究和语言教学界吹进了一股新鲜空气,已在对外汉语教学领域产生积极的影响。国内外有影响的汉语教学专家在不断呼吁加强汉字教学,并开始探索建立新的重视汉字教学的汉语教学体系。部分汉字和汉字教学研究者从教学出发,对汉字这个系统进行深入研究,探讨如何在基础课和选修课上加强和改进汉字教学,也取得一定成果。这些足以让我们对未来汉语研究和汉语教学发展前景充满信心。

改变汉语研究和汉语教学轻本重末的倾向不是一件容易的事,但"青山遮不住,毕竟东流去。"只要我们坚持不懈地按汉语自身特点去研究汉语,按汉语汉字自身的特点和规律去教汉语汉字,汉语汉字教学一定会有根本性的进展。如果《简明实用汉字学》第三版能为推进对外汉语汉字教学进程发挥点滴作用,那将令人感到安慰。

在第三版《简明实用汉字学》即将出版之际,我十分感念从小学到大学曾垂教于我的恩师们!感念为本书第一版作序的林焘先生!感念为本书提出宝贵意见的中外读者们!恩师们的教诲,让我有能力写书。林先生的肯定推荐,助本书影响不断扩大。中外读者的探讨指正,促使我不懈地进行修订增补工作。

这里还要感谢胡双宝、杜若明两位先生。胡双宝先生是前两版的责任编辑,杜若明先生是第三版的责任编辑。他们为本书的出版作了不少细致的工作,并提出了中肯的修改意见。

作者

2012年12月于北京西山庭院